LAS METAMORFOSIS DE LA ALEGORÍA
Discurso y sociedad en la Península Ibérica desde la Edad Media hasta la Edad Contemporánea

Rebeca Sanmartín Bastida & Rosa Vidal Doval (eds.)

LAS METAMORFOSIS DE LA ALEGORÍA

Discurso y sociedad en la Península Ibérica
desde la Edad Media hasta la Edad Contemporánea

editado por

REBECA SANMARTÍN BASTIDA & ROSA VIDAL DOVAL

introducción de

JEREMY LAWRANCE

Bibliographic information published by Die Deutsche Bibliothek
Die Deutsche Bibliothek lists this publication in the Deutsche Nationalbibliografie;
detailed bibliographic data are available on the Internet at <http://dnb.ddb.de>.

Reservados todos los derechos

© Iberoamericana, 2005
Amor de Dios, 1 – E-28014 Madrid
Tel.: +34 91 429 35 22
Fax: +34 91 429 53 97
info@iberoamericanalibros.com
www.ibero-americana.net

© Vervuert, 2005
Wielandstrasse. 40 – D-60318 Frankfurt am Main
Tel.: +49 69 597 46 17
Fax: 49 69 597 87 43
info@iberoamericanalibros.com
www.ibero-americana.net

ISBN 84-8489-198-4 (Iberoamericana)
ISBN 3-86527-229-0 (Vervuert)

Depósito Legal: Na- 2753/2005

Ilustración de cubierta: Grabado de la edición de Giovanni Boccaccio,
Cayda de principes, Toledo, [sucesor de Pedro Hagembach], 1511.
Cubierta: Marcelo Alfaro
Impreso en España por Ona Industria Gráfica, S.A.
The paper on which this book is printed meets the requirements of ISO 9706

ÍNDICE

Abreviaturas 11

REBECA SANMARTÍN BASTIDA & ROSA VIDAL DOVAL. Prefacio 13
JEREMY LAWRANCE. Introducción: las siete edades de la alegoría 17
JUAN CARLOS BAYO. La alegoría en el prólogo de los *Milagros de Nuestra Señora* de Gonzalo de Berceo 51
ANTHONY JOHN LAPPIN. El hilemorfismo universal, *Kitāb al-shifā'* de Avicena, un cuodlibeto de Santo Tomás y los infiernos amorosos del Marqués de Santillana: ensayo sobre la historia filosófica de la alegoría 71
SERXIO OTERO GONZÁLEZ. Alegorias na "cantiga de escarnho" galego-portuguesa: uma aproximação 83
LOUISE M. HAYWOOD. Palabra e imagen: algunos aspectos de la alegoría medieval 105
PAULO ALEXANDRE PEREIRA. Uma liberdade constrangida: aspectos do funcionamento alegórico em dois textos medievais 127
ROSA VIDAL DOVAL. El muro en el Oeste y *La fortaleza de la Fe*: alegorías de la exclusión de minorías en la Castilla del siglo XV 143
ESTHER GÓMEZ SIERRA. Duelo a la sombra: sobre Juan de Mena y la alegoría de la lujuria en las *Coplas de los siete pecados mortales* ... 169
LESLEY K. TWOMEY. Relectura del color rojo: la alegoría en la *Vita Christi* de Isabel de Villena 189
ÁNGEL GÓMEZ MORENO & TERESA JIMÉNEZ CALVENTE. La alegoría, por encima de épocas y estilos: los años de los Reyes Católicos 203
BARRY TAYLOR. Lecturas alegóricas de las *Metamorfosis* de Ovidio en la España del Siglo de Oro 225
B. W. IFE. *Pilgrims' Progress*: insinuaciones de la alegoría en el *Persiles y Segismunda* de Cervantes 249
FERNANDO R. DE LA FLOR. *El príncipe político-christiano*: alegorías del poder en el Barroco hispano 265
DOLORES BASTIDA DE LA CALLE. La alegoría en tiempos de Goya 281
REBECA SANMARTÍN BASTIDA. Un episodio en la construcción del canon literario: Núñez de Arce, Ferrari y las alegorías de la ciencia en el siglo XIX 293

ÓSCAR CORNAGO BERNAL. Alegorías de la modernidad: las ruinas de
la historia a finales del siglo XX 313
JOSÉ MANUEL PEDROSA. Mujeres en la ventana: alegorías del cuerpo,
alegorías del alma 331

Índice onomástico 349

LÁMINAS Y FIGURAS

1. Alfonso de Espina, *Fortalitium fidei* (El Burgo de Osma, Biblioteca de la Catedral, códice 154, 10ᵛ) 158
2. *Forteresse de la Foi* (Paris, BNF Ms. fonds français 20067, fol. 1) 159
3. Alfonso de Espina, *Fortalitium fidei*, [Lyon, Guillaume Balsarin], 1487 (Pontevedra, Biblioteca Pública del Estado, R-7, fol. 2ʳ) 160
4. Francisco de Goya, *Caprichos*, 43: "El sueño de la razón produce monstruos" 291
5. Francisco de Goya, *Caprichos*, 61: "Volaverunt" 292
6 y 7. Miguel Romero Esteo, *Horror vacui*: "y sabe que ya es el túnel del final de la Historia, y que ya viene otro túnel del que no habrá memoria, y será obscuro el túnel de obscura la esperanza" (dir. Luis Vera, 1996) 329

Abreviaturas

BAV	Biblioteca Apostolica Vaticana
BHi	*Bulletin Hispanique*
BHS	*Bulletin of Hispanic Studies*
BL	British Library
BN	Biblioteca Nacional
BNE	Biblioteca Nacional de España
BNF	Bibliothèque nationale de France
BRH	Biblioteca Románica Hispánica
c.	*circa*, aproximadamente
Cf.	Confróntese con
CA	Colección Austral
CC	Clásicos Castellanos
CCa	Clásicos Castalia
CSIC	Consejo Superior de Investigaciones Científicas
ed., eds.	editor, editado por; editores
facs.	facsímil, fac-simile, facsimilar, fac-similada
fl.	*floruit*, floreció
GS	Walter Benjamin, *Gesammelte Schriften*, ed. Rolf Tiedemann & Hermann Schweppenhäuser, con T. W. Adorno & G. Scholem, 7 vols. en 14 tomos & 3 suplementos, Frankfurt am Main, Suhrkamp, 1972–89
HSMS	Hispanic Seminary of Medieval Studies
ibid.	*ibidem*
introd.	introducción de, introdução de
JHPh	*Journal of Hispanic Philology*
l., ll.	línea, líneas
LH	Letras Hispánicas
ms., mss.	manuscrito, manuscritos
NRFH	*Nueva Revista de Filología Hispánica*
n.s.	nueva serie, nova série, new series, nouvelle série
OCart	Ordo Carthusianorum (cartujo)
OCist	Ordinis Cisterciensis (cisterciense)
OFM	Ordinis Fratrum Minorum (franciscano)
OP	Ordinis Praedicatorum (dominico)
OSB	Ordinis Sancti Benedicti (benedictino)

PL	*Patrologiae cursus completus: series Latina*, ed. J.-P. Migne, 221 tomos, Paris, Migne, 1844-65
PMHRS	Papers of the Medieval Hispanic Research Seminar
reimpr.	reimpresión, reimpressão
Reina-Valera Antigua	Cipriano de Valera (ed.), *La Biblia, que es los sacros libros del Viejo y Nuevo Testamento, revista y conferida con los textos Hebreos y Griegos y con diversas translaciones*, Amsterdam, Lorenço Jacobi, 1602; rev. de Casiodoro de Reina (trad.), *La Biblia, que es los sacros libros del Viejo y Nuevo Testamento*, s.l., s.n. [Basel, Thomas Guarin], 1569
re.	reinó
rev.	revisión, revisada (por)
RFE	*Revista de Filología Española*
s.a., s.l., s.n.	sin año, sin lugar, sin nombre
SJ	Societatis Jesu (jesuita)
trad.	traductor, traducción de, tradução de
UP	University Press
v., vv.	verso, versos
Vulg.	*Biblia Sacra iuxta Vulgatam versionem*, ed. Robertus Weber *et al.*, 4a. edición rev. Roger Gryson, Stuttgart, Deutsche Bibelgesellschaft, 1994 [1969]

Para las citas de la Biblia se emplean las abreviaturas de la Sociedad Bíblica:

Gn	Génesis		Mt	Mateo
Ex	Éxodo		Mc	Marcos
Dt	Deuteronomio		Lc	Lucas
Esd	Esdras		Jn	Juan
Sal	Salmos		Hch	Hechos
Pr	Proverbios		1 Co	1 Corintios
Ec	Eclesiastés		Ga	Gálatas
Cnt	Cantares		Ef	Efesios
Is	Isaías		1 Tm	1 Timoteo
Jer	Jeremías		2 Tm	2 Timoteo
Ez	Ezequiel		Ap	Apocalipsis
Dn	Daniel			
Sir	Sirac (Eclesiástico)			
Man	Oración de Manasés			

PREFACIO

Aunque la alegoría ha sido considerada con razón como una característica definitoria de la cultura literaria de la Edad Media y del Barroco, su uso en realidad se extiende más allá de estos períodos y se prodiga en más manifestaciones que las literarias. Esto es posible porque la alegoría muestra diversas significaciones; puede entenderse como artificio retórico, pero también como género literario e incluso como actitud filosófica. Es evidente, por tanto, la necesidad de abordar el estudio de la alegoría desde una perspectiva interdisciplinaria, donde la historia, la filología, la antropología y el arte puedan converger para iluminar un recurso que ha dominado el pasado y que ha vuelto con fuerza en el presente. A pesar de la brillante y reconocida aportación de la cultura hispánica a la historia de la alegoría, y frente a la ingente bibliografía anglo-germana iniciada por Walter Benjamin (*Ursprung des deutschen Trauerspiels*, 1928) y apuntalada por la propuesta de Paul de Man (*Allegories of Reading: Figural Language in Rousseau, Nietzsche, Rilke and Proust*, 1979), faltan todavía estudios generales sobre los modos de proceder alegóricos en la Península Ibérica. Esta monografía pretende cubrir ese notorio vacío teórico en el panorama crítico español.

Nuestro primer interés por una aproximación conjunta al tema de la alegoría surgió de una conversación en el vestíbulo de la British Library, que meses después se plasmó en el congreso *Metamorphoses of Allegory: Discourse and Power in Spain from Medieval to Modern Times* (Universidad de Manchester, 5-6 de septiembre de 2003), organizado por las dos editoras que suscriben este Prefacio. Para empezar a completar la laguna crítica, nuestro propósito era explorar la proyección social, artística y literaria de la alegoría en un corpus de producciones que abarcara desde el Medioevo hasta el presente. Con este fin, agrupamos en lo que creíamos que era una sólida propuesta de análisis a un grupo de estudiosos de una gran variedad de disciplinas y de períodos. Este volumen es el fruto de ese congreso; se unieron también otros autores, respondiendo amablemente a nuestra invitación.[1]

---

[1] Las conferencias que fueron leídas en inglés se han traducido al castellano. Debido a otros compromisos no se han podido incluir las contribuciones de Jeremy Robbins ("Allegory in *El Criticón*") y Julian Weiss ("Allegorical aspects in the *Debate entre Elena y María*"); aprovechamos esta ocasión para agradecerles su participación en el

Por supuesto, el libro no podrá cubrir todos los huecos habidos y por haber. No ha sido posible ocuparse de muchas obras dignas de ser analizadas ni contar con varios expertos hispanistas que han tratado ya el tema de la alegoría; faltan, por ejemplo, estudios específicos sobre Calderón de la Barca y Gracián. Sin embargo, confiamos en que a partir de este proyecto se avance en el logro de un mejor entendimiento del rol de la alegoría en la historia literaria y cultural de Iberia. Esperamos que la publicación de estos trabajos, que abarcan los campos de la crítica y la teoría de la literatura, la historia del pensamiento y los estudios culturales, contribuirá a que nuestros colegas se ocupen de la suerte de la alegoría, recordando su importancia en la construcción de cualquier discurso humano, y a que descubran el papel de la historia, la literatura, la sociedad y el arte de la Península Ibérica a la hora de crear lenguajes alegóricos.

Centrándonos en nuestra propuesta, diremos que entre las preguntas planteadas a los investigadores que han colaborado en este volumen se encuentran las siguientes: ¿Por qué los autores o artistas emplearon la alegoría para transmitir su mensaje? ¿Qué tipos de estructuras y de formas de comunicación son características de la alegoría? ¿Estuvieron las producciones alegóricas destinadas a lectores o espectadores específicos? ¿Cuáles fueron las relaciones entre la alegoría y otras formas de representación? ¿Fueron estables los significados de las imágenes alegóricas a través de los textos y del tiempo, o se sometieron a reinterpretación o a reapropiación? ¿Por qué algunos períodos más que otros parecen favorecer el uso de la alegoría como un arma retórica?

No vamos a anticipar las respuestas a las preguntas aquí planteadas, ya que el lector podrá hallarlas con mayor placer y provecho leyendo los trabajos que componen este volumen. Tan sólo haremos unas breves observaciones sobre las definiciones de la alegoría manejadas por nuestros autores. Utilizar el término *alegoría* en castellano a menudo remite a la simple personificación, casi siempre en forma de mujer, de realidades abstractas como la justicia o de instituciones como la república, que pasan así a ser la Justicia o la República. Hemos especulado entre nosotros si ésta no sería una de las razones por las que el estudio teórico de la alegoría en el ámbito de la cultura hispánica ha recibido tan poca atención hasta la fecha. Los autores de este volumen han ido mucho más allá de la personificación (aunque ésta

---

congreso. También expresamos nuestra gratitud a Serxio Otero González, Fernando R. de la Flor y Dolores Bastida de la Calle por haber respondido con tanta prontitud a nuestras invitaciones a llenar huecos particulares en el libro.

también se contempla) y se han centrado en la dimensión narrativa de la alegoría, abordando este aspecto desde perspectivas muy variadas: literarias, históricas, políticas y pictóricas. Es conveniente reseñar que el interés por las imágenes no se ha circunscrito solamente al análisis de la alegoría en el arte, sino que hemos entendido que la dimensión visual de la alegoría es quizá tan crucial para su existencia como la dimensión narrativa.

Deseamos agradecer el permiso para reproducir imágenes a las siguientes instituciones: el Cabildo de la Catedral de El Burgo de Osma, la Bibliothèque Nationale de France y la Biblioteca Pública del Estado de Pontevedra. Tambien queremos dar gracias al Student Enterprise Programme de la University of Manchester y al Cañada Blanch Centre for Advanced Hispanic Studies de Manchester por su ayuda financiera con los preparativos del congreso. Rebeca Sanmartín Bastida agradece al Ministerio de Educación y Ciencia la beca de investigación en el extranjero que le sirvió para una fructífera estancia en la universidad inglesa. Nos sentimos, además, particularmente agradecidas y en deuda con Jeremy Lawrance, maestro y amigo, quien ha prestado su ayuda para la organización del congreso, ha realizado una introducción a nuestra monografía y ha resultado imprescindible para las cuestiones de edición. Sin él, la ejecución de este libro no hubiera sido posible, no sólo por las razones susodichas sino también por el aliento constante, las enseñanzas y el apoyo personal que en los largos inicios de cualquier carrera de investigación son siempre necesitados. Por eso, es a Jeremy Lawrance a quien las dos editoras de este libro, de cuyos méritos es plenamente partícipe (los errores, por supuesto, corren a cuenta nuestra), dedican este trabajo.

Por último, no podemos dejar de mencionar a todos los colaboradores de este volumen, que han participado con tanta disposición en él, mostrando verdadera pasión por descifrar los mil recovecos que muestra el pensamiento sobre la alegoría; y, cómo no, a Ariadna Allés, por su ayuda en la edición del texto, y al editor, Klaus Vervuert, quien con presteza y amabilidad se interesó por nuestro proyecto investigador, y (aquí está) se decidió a publicarlo.

REBECA SANMARTÍN BASTIDA & ROSA VIDAL DOVAL
Madrid-Manchester, enero de 2005

Introducción: Las siete edades de la alegoría

Jeremy Lawrance
University of Manchester

Hubo un tiempo en que todos pensábamos que la alegoría alcanzó su plenitud en la época gótica del *Roman de la rose*, expirando en la época barroca de los autos sacramentales. La cenicienta –remota, extraña, arcaica– quedaba relegada así al desván del pasado; para Borges en 1949 (1960: 211, 213), era "un error estético", un artificio "intolerable, estúpido y frío". Pero he aquí que la alegoría –que, por cierto, se remonta al mito edénico de la mujer, la serpiente y la manzana– resurge en las fábulas de Kafka, Čapek, Orwell y Borges.[1] En el "latísimo campo de las allegorías", declaraba Gracián en 1642, "gran prueva es de su artificio el estar en todos tiempos tan validas" (1998: 402; cf. 1969: II, 201). De medio siglo a esta parte la crítica ha sentenciado a favor de Gracián, empeñándose en reivindicar el modo alegórico en todos sus aspectos.

¿Qué es la alegoría? Durante siglos se confundió con la personificación, la metonimia y la ironía, siendo tratada como figura retórica en vez de modo discursivo.[2] Sin embargo, el primer testimonio de la palabra (46 a.C.) aclara una distinción esencial: "cuando confluyen varias metáforas en continuidad," observa Cicerón, "el discurso se convierte en otra especie, llamada en griego *allēgoria*".[3] Esta continuidad, este bulto en el tiempo y espacio, separa la ale-

---

[1] Spivak (1971: 435 n10) "Toute énumération un peu complète des écrivains allégoriques, à l'époque moderne, devrait tenir compte, au moins, de Novalis, de Nerval, de Kafka et de *Borges*" (cursiva mía; también Spivak, 1972: 348 "Kafka, Beckett, *Borges*, Barth"). Véase Cornago, en este volumen.

[2] La definición más antigua, *Rhetorica ad C. Herennium* IV.xxxiv.46, de *c*.80 a.C. ("*permutatio* est oratio aliud verbis, aliud sententia demonstrans"), da ejemplos de tropos –llamar al juez "lobo", al tirano "Atreo", al hijo desobediente "Eneas"– que tienen poco que ver con nuestro concepto de la alegoría; cf. Cobarruvias (1977: 80, fol. 41ᵛ) "es una figura cerca de los retóricos".

[3] *Orator ad M. Brutum* xxiv.94 "Iam cum fluxerunt continuo plures translationes, alia plane fit oratio; itaque genus hoc Graeci appellant ἀλληγορίαν"; cf. *De oratore* III.xli.166 "non est in uno verbo translato, sed ex pluribus continuatis conectitur, ut aliud dicatur, aliud intellegendum sit"; Quintiliano, *Institutio oratoria* VIII.vi.44-59 "*Allegoria*, quam 'inversionem' interpretantur, [...] fit genus plerumque continuatis translationibus, ut 'O navis, referent in mare te novi' [Horacio, *Carmina* I.xiv], quo navem pro republica, fluctus et tempestates pro bellis civilibus", etc.

goría de los demás modos metafóricos. La definición puede aplicarse tanto a un emblema o imagen pictórica como a un discurso; su dimensión dinámica consiste no en la duración sino en la narrabilidad, como sugiere Walter Benjamin al distinguir entre la "vislumbre" simbólica y el "paisaje" alegórico:

> Das Zeitmaß der Symbolerfahrung ist das mystische Nu, in welchem das Symbol den Sinn in sein verborgenes und, wenn man so sagen darf, waldiges Innere aufnimmt. [...] Während im Symbol mit der Verklärung des Unterganges das transfigurierte Antlitz der Natur im Lichte der Erlösung flüchtig sich offenbart, liegt in der Allegorie die *facies hippocratica* der Geschichte als erstarrte Urlandschaft dem Betrachter vor Augen.[4]

Baltasar Gracián comprendió perfectamente esta dimensión espacial de la alegoría, distinguiendo entre la agudeza *incompleja* de "un acto solo" y la *compuesta* o compleja, que "consta de muchos actos y partes principales":

> Cada piedra de las preciosas, tomada de por sí, pudiera oponerse a estrella, pero muchas juntas en un joyel, parece que pueden emular el firmamento: composición artificiosa del ingenio en que se erige máquina sublime no de columnas ni arquitrabes, sino de asuntos y de conceptos. (Gracián, 1969: I, 62-63, Discurso III)

El Tratado Segundo de su *Agudeza y arte de ingenio* (1969: II, 167-257, Disc. LI-LXIII) está dedicado a esta forma compuesta, "la encadenada en una traza [...] en que los asuntos [...] se unen entre sí como parte para componer un todo artificioso mental" (167-68, Disc. LI), que Gracián también sintetiza en la imagen de un paisaje: "Propónese pasar entre los brutos, árboles y otras cosas inanimadas, por ficción, lo que entre los racionales por realidad" (206, Disc. LVI). A pesar de esto, ninguno de los modelos enumerados al frente de su *Criticón* –para Schopenhauer, "la alegoría más grandiosa y hermosa que jamás se ha escrito" (véase n40, *infra*)– corresponde con nuestro concepto del modo alegórico:

> He atendido a imitar [...] las alegorías de Homero, las ficciones de Esopo, lo doctrinal de Séneca, lo juizioso de Luciano, las descripciones de Apuleyo, las

---

[4] "Symbol und Allegorie in der Romantik" (1974a: 342-43 "La medida temporal de la percepción del símbolo es el 'ahora' místico en que asume el significado dentro de su interior secreto y, por decirlo así, emboscado. [...] En el símbolo, el resplandor de su caducidad deja vislumbrar fugazmente, a la luz de la redención, la cara transfigurada de la naturaleza; en la alegoría, aparece a los ojos del observador, como paisaje primordial petrificado, la máscara moribunda de la historia"). Véase n38, *infra*.

moralidades de Plutarco, los empeños de Heliodoro, las suspensiones de Ariosto, las crisis de Boquelino y las mordacidades de Barclayo. (Gracián, 1980: 63)

La desconcertante lista revela que, para Gracián, el término *alegoría* no denominaba la "agudeza compleja", sino la alegoresis o lectura alegórica pasiva, independiente de cualquier intención alegórica activa.[5] Lógicamente, dicha intención debiera preceder la alegoresis, pero en la práctica no sucede así; la exégesis alegorizante del panteón mitológico de Homero, o más tarde de las escrituras sagradas, no surge del interior del texto sino de la voluntad externa de recuperar una autoridad cuyo sentido literal se ha erosionado con el tiempo.[6] A veces esta "nostalgia sacralizante" se justifica por el tópico de la inefabilidad de Dios (Fineman, 1981: 27-30): "su mundo es otro, tan extraño que no lo abarca la lengua", afirma Abentofail de Guadix al defender su uso de "guiños y señales" alegóricos (*ramz wa-ishāra*) para contar los "misterios de la sabiduría sufí" –mundo en que "los destellos de la verdad parecen relámpagos que de pronto alumbran y velozmente se apagan".[7]

---

[5] A la misma conclusión lleva *Agudeza y arte de ingenio*, LV (1969: II, 197) "Homero con sus epopeyas, Esopo con sus fábulas, Séneca con sus sentencias, Ovidio con sus metamorfosis, Juvenal con sus sátiras, Pitágoras con sus enigmas, Luciano con sus diálogos, Alciato con sus emblemas, Erasmo con sus refranes, el Bocalino con sus alegorías y el príncipe don Manuel [*sic*] con sus cuentos" (cursiva mía; "Bocalino con sus alegorías" se refiere a los *Ragguagli di Parnasso* de Traiano Boccalini; para los emblemas de Alciato y los enigmas de Pitágoras cf. n31, *infra*). En otros pasajes figuran modelos alegóricos aún más sorprendentes: "el trágico maestre Álvaro de Luna en sus carrozas de las heroidas [*Claras e virtuosas mugeres*] y el encubierto aragonés en su ingeniosísima *Tragicomedia de Calixto y Melibea*" (1969: II, 202), o la "epopeya en prosa" *Guzmán de Alfarache* (195-97, 199, 203-06).

[6] Gracián (1969: II, 199, Disc. LVI) decía que la *Odisea* "pinta al vivo la peregrinación de nuestra vida por entre Cilas y Caribdis, Circes, cíclopes y sirenas de los vicios"; cf. Horacio, *Epistulae* I.ii.1-31; López Pinciano, *Philosophía antigua poética* v.197-98, XI.466-14, XII.506-08 (1973: II, 64-67, III, 174-77, 247-50). Para la alegoresis mitográfica véanse Seznec (1940), Allen (1970), Wittkower (1977), Clavería en Pérez de Moya (1995: 20-36), Lawrance (1994, 1999) y Taylor, en este volumen; para la exégesis escrituraria, Lubac (1959-64), Pépin (1958, 1970), Whitman (1987) y n27, *infra*.

[7] Prólogo a *Ḥayy ibn Yaqẓān*, c.1175 (Ibn Ṭufayl, 1936: texto árabe 2-20/trad. 1-18, en 4/2, 16/14, 6-7/5). La obra cuenta cómo "Viviente hijo de Vigilante", abandonado al nacer en una isla desierta –o generado de la arcilla– y amamantado por una gacela, llega a conocer al Creador por la vía de la Razón; pretende ser una parábola del camino hacia el estado de unión extática (*ḥāl*) en que la mente se convierte en "espejo sin mancha, cara a cara con el paraíso" (7/5). Ayuda así a "nadar el mar que nosotros hemos atravesado, [...] 'lección a los que tienen entendimiento' y 'aviso para quien tiene corazón o aguza el oído y es testigo'" (19-20/17-18, con citas del Qur'ān 12.111 & 50.37); véanse los comentarios en Hawi (1974), Bürgel (1996) y Kemal (1996). A partir de Pocockius (1671) el cuento inspiró una serie de alegorías occidentales, ya sociales o imperialistas, desde *Robinson Crusoe* al *Jungle Book* y *Tarzan*.

Pero la alegoresis no se limita a los textos sagrados. Gracián descubría "jeroglíficos" incluso en la fábula milesia del *Asno de Oro* de Apuleyo: "si sus apetitos bestiales y sus pasiones le transformaron en bruto, la sabiduría y el silencio simbolizado en la rosa que comió [...] le vuelven a rehacer hombre".[8]

En otro lugar, sin embargo, Gracián criticaba la exagerada "prolijidad" de tan "cansadas alegorías": "crueldad es, que no arte, condenar una hora entera al que oye o al que lee a la enfadosa cárcel de una metáfora" (1969: II, 168-69). En efecto, al sostener que un texto no significa lo que dice sino lo que el intérprete juzgue oportuno, la alegoresis produce un cortocircuito: su triunfo consistiría en eliminar el texto, substituyéndolo con una raquítica paráfrasis.[9] Ello no comporta que la alegoría sea un error estético (los dramas mitológicos de Calderón no son anulados por la invalidez de su alegoresis de los mitos), pero sí apunta a su aspecto más problemático: la duplicidad. La alegoría involucra una doblez "monstruosa", sugiere Borges (1960: 212), porque "aspira a cifrar en una forma dos contenidos: el inmediato o literal [...] y el figurativo". En este "laborioso enigma" el primer sentido parece superfluo –en la nítida fórmula de Gonzalo de Berceo, "*tolgamos* la corteza, al meollo entremos, | prendamos lo de dentro, lo de fuera *dessemos*" (*Milagros de Nuestra Señora*, copla 16, en Berceo, 1992: 565). Juan Pérez de Moya defendía la aparente superfluidad de la corteza alegórica como técnica para adoctrinar a los niños, *aide-mémoire*, truco para ahorrar papel o señal de distinción social.[10] Góngora pretendía, con más elegancia,

---

[8] *Agudeza y arte de ingenio*, LVI (1969: II, 200); cf. Cortegana (1988: 332-34, "Proemio") "Todos traemos a cuestas un asno, e no de oro sino de piedra, y aun [...] de lodo, del qual ninguno se puede despojar sino gustadas las rosas de Razón y Prudencia [...] En este *embolvimiento y escuridad* de transformación parece que quiso como de passo notar y señalar la natura de los mortales [...]. *Demás desto*, la reformación de asno en hombre significa que [...] resucita la razón y el hombre de dentro [...] *También* se puede referir esta materia de transmutación a los muchos trabajos [...] en los quales el hombre casi cada día se transmuda" (mis cursivas). El esquema remeda los cuatro niveles de la alegoresis escolástica.

[9] Para la alegoresis no existen textos insubstituibles; p.e. Cadalso, *Cartas marruecas*, LXI (1996: 284-85; cf. 143 n1) "En esta nación hay un libro muy aplaudido por todas las demás. [...] No dexa de mortificarme la sospecha de que el sentido literal es uno, y el verdadero es otro muy diferente. [...] Lo que se lee es una serie de extravagancias de un loco, que cree que hay gigantes, encantadores, &c. [...]; pero lo que hay debaxo de esta apariencia es en mi concepto un conjunto de materias profundas". La no parafraseabilidad del *Quijote* forma el tema de Borges (1956); para su alegoresis cf. nn36, 41, 57, *infra*.

[10] Pérez de Moya, *Philosofía secreta* I.1 (1995: 68-69) "Y la causa que a los antiguos movió escribir en este género sus secretos y otras cosas, según Platón [¿*República* 377c-383c?], fue para mostrar a los niños doctrina y aficionarlos a ella, dorándola como píldoras

que el "estilo entrincado" de sus *Soledades* ejercitara y deleitara el intelecto.[11] Son inútiles estas apologías instrumentales que escinden la alegoría en dos, reduciendo su integumento a una suerte de criptograma. Pero en los *Milagros* de Berceo, después de dar la glosa mecánica del "prado verde e bien sençido" (coplas 17-43), el poeta vuelve de repente a asumir su persona alegórica:

> Quiero en estos árboles un ratiello sobir
> e de los sos miraclos algunos escrivir;
> la Gloriosa me guíe que lo pueda complir,
> ca yo non me trevría en ello a venir.
> (copla 45, en Berceo, 1992: 571)

La imagen imprevista del niño travieso que trepa al manzano para robar su fruto (antitipo de la manzana de Eva) vierte sobre la alegoría inerte el fulgor de una espontaneidad vital. Para rebatir el ataque formalista contra la alegoría es precisa una teoría que tome en cuenta tales fusiones de corteza y meollo, que justifique la vertiginosa sorpresa de un personaje que de pronto decida subirse por las ramas de su propio libro.[12]

Cuatro décadas antes de la composición de los *Milagros*, el rabino cordobés Moisés ben Maimón (1135-1204), exiliado en Egipto por la dinastía almohade que patrocinaba a Abentofail, daba en su *Dalālat al-ḥā'irīn* ("guía de los perplejos") una reflexión sobre este problema. Maimónides admitía que los misterios de Dios sólo pueden expresarse "por medio de alegorías, enigmas y cosas muy oscuras" (*bi-l-amthāl wa-l-alghāz wa-bi-umūr mubhama jiddan*), pero encontraba en su exégesis una paradoja: "al exponer estas figuras mediante la alegoresis (*tamthīl*), [...] no explicamos nada, sino

---

con los fingimientos de apacibles cuentos, [...] o porque este género de escribir es más fácil para encomendar cosas a la memoria. Podríamos también decir que el poco papel y recaudo para escribir que tenían en aquel tiempo les debió necesitar a usar de las fábulas para declarar muchas cosas con pocas palabras; y también el no querer que sus secretos fuesen comunes a todos, porque [...] las cosas divinas de filosofía, puestas en modo que sean vulgares a rústicos, se corrompen y pierden mucho de su estima". Véase Taylor, en este volumen.

[11] Góngora, *Carta en respuesta de la que le escrivieron* (1921: III, 272-73) "si tiene [el Entendimiento] capazidad para quitar la corteça y descubrir lo misterioso que encubren, [hallará] debajo de las sombras de la obscuridad asimilaciones a su concepto". Véase Taylor, en este volumen.

[12] Semejantes fusiones son típicas de la alegoría medieval, que suele asumir formas autobiográficas; cf. Jauß (1970: 437, 446-49) sobre el "quereinlaufenden Detail" en Henri d'Andeli y la irónica disyunción entre alegoría y glosa en la *Razón de amor*. Sobre el pasaje berceano véase Bayo, en este volumen.

que substituimos una cosa por otra no menos incomprensible" (prólogo, en Maïmonide, 1856-66: I, texto árabe 1ᵛ-2ᵛ/trad. 6-32, en 5-5ᵛ/14-15). Sólo le parecía justificada una lectura que tomara en cuenta al mismo tiempo el integumento sensorial y el meollo intelectual:

> Dijo el Sabio, "como manzanas de oro en engastes de plata es la palabra bien torneada" [Pr 25.11]. Los "engastes" son filigranas con aberturas pequeñitas como las que fabrican los plateros, que la vista penetra [...]. Salomón quiere decir: "como manzana dorada en una red de plata es el discurso según sus dos caras". ¡Qué sentencia tan hermosa para describir una buena alegoría! Muestra que toda palabra con dos caras, exterior e interior, debe tener la exterior tan bella como la plata y la interior más bella, como el oro [...]. Es preciso también que la exterior dé al que la contemple una idea de lo que hay dentro, como la manzana de oro engastada en filigrana de plata, que cuando se la mira desde lejos parece de plata, pero cuando se la mira bien y con cuidado descubre lo que está dentro y se revela como de oro. Así son las alegorías de los profetas. (I, texto árabe 6ᵛ-7/trad. 18-19)[13]

Según esta bella figura, la duplicidad alegórica no implica una superfluidad de sentidos, sino su simultaneidad; no debemos "dejar lo de fuera", como recomendaba (sin practicarlo) Gonzalo de Berceo, sino mirar a través de ello como por las hendiduras de una filigrana para percibir la manzana dorada. En una alegoría lograda, los sentidos interior y exterior crean un hermoso "contrapunto" (Frye, 1957: 89-92, en 90).

La teoría de Maimónides derivaba en parte de la voluptuosa poética de la *khamriyya* y el *ghazal* (lírica del vino y del amor) de su patria andaluza, que también procuraba engastar en la joyería de una metáfora sensual un meollo moral o sentimental.[14] No obstante, su concepto de la función del contrapunto alegórico –de su necesidad, que no superfluidad– no resultaba ajeno a autores occidentales como Dante:

---

[13] Maimónides vierte el enigmático '*al-ofnaw* (Berlin & Brettler, 2004: 1487 "[phrase] well turned", lit. "en sus vueltas", pl. o dual) por '*alā wajhayhi* "según sus dos caras", aplicándola a la alegoría. Que el oro engastado en plata parezca blanco alude a las ilusiones ópticas de Ibn al-Haytham (Alhazen), que tanto fascinarían a los alegoristas del Barroco (Robbins, 1998: 27, 48-53, 82-88; R. de la Flor, 2004).

[14] Cf. por ejemplo la oda a la manzana del malagueño Salomón ben Gabirol ("¿Hay flor como ésta en la tierra, oro rojizo por fuera y plata por dentro? Miré a ella y su blancura, y fue como si con mis ojos la cubriera de sonrojo: así la doncella rodeada de hombres se ruboriza con pudor", Pérez Castro, 1989: 218-19); o, en árabe, la antología de metáforas *Rāyāt al-mubarrizīn* de 1243 (Ibn Sa'īd, 1978).

> In ciascuna cosa che ha "dentro" e "di fuori" è impossibile venire al dentro se prima non si viene al di fuori; [...] impossibile è venire all'altre [sentenze], massimamente all'allegorica, senza prima venire alla litterale. Onde, siccome dice il Filosofo nel primo della Fisica, la natura vuole che ordinatamente si procede nella nostra conoscenza, cioè procedendo da quello che conoscemo meglio in quello che conoscemo non così bene; dico che "la natura vuole", in quanto questa via di conoscere è in noi naturalmente innata.[15]

La alegoría, ¿"innata en nosotros"? La afirmación sugiere que, como modo de intuir la realidad, es universal, aun si contraviene las reglas aristotélicas de la mimesis que exigen una estricta paridad entre forma y contenido. En efecto, dichas reglas son irrelevantes porque la alegoría no es un arte mimético; no se funda en la imitación sino, como advertía Gracián, en la "semejanza", y como tal responde a la convicción espontánea de que "no hay cosa más contraria a la verdad que la verisimilitud" (*El Criticón*, III.10, en 1980: 757). La etimología tradicional afirma que *allēgoria* es "decir una cosa y significar otra"; de hecho es algo más paradójico, significar una cosa y decir otra –un lenguaje alternativo con sus propias reglas.[16] Como advierte Chesterton, el "mecanismo arbitrario de gruñidos y de chillidos" del habla humana no agota la realidad. Por tanto, hay lugar para otros lenguajes; la alegoría puede ser uno de ellos.[17] Prosigue así:

---

[15] *Convivio* II.i (Dante Alighieri, 1924: 252b); cf. Aquinas, *Summa theologiae* I.i.9 in c. "est autem naturale homini ut per sensibilia ad intelligibilia veniat, quia omnis nostra cognitio a sensu initium habet".

[16] Véanse nn2-3, *supra*, y cf. Isidoro de Sevilla, *Etymologiae* I.xxxvii.22 "allegoria est *alieniloquium*; aliud enim sonat, et aliud intelligitur" (Palencia, 1490: I, fol. 13 "Allegoría es [...] 'fabla ajena', quando al se entiende de lo que suena"; Nebrija, *Gramática* IV.7, 1980: 223-24 "agena significación"); estas definiciones no distinguen claramente entre la alegoría y varias categorías –siete, en Isidoro– de la ironía, pero Quintiliano capta su sentido específico con la traducción *inversio* (n3, *supra*).

[17] Chesterton (1904: 83-108), aducido por Borges (1960: 212-13), en 88-94 (saltando las láminas) "[Man] knows that there are in the soul tints more bewildering, more numberless and more nameless, than the colours of an autumn forest [...]. Yet he seriously believes that these things can [...] be accurately represented by an arbitrary system of grunts and squeals. [...] we can easily imagine an alternative state of things, [...] whereby the moods or facts of the human spirit were conveyed by something other than speech, by shapes or colours [...]. It would be another language: [...] it would not be a symbol of language, a symbol of a symbol, it would be one symbol of the reality, and language would be another. That is precisely the true position touching allegorical art in general". Cf. Benjamin ("Symbol und Allegorie im Klassizismus", 1974a: 339) "Allegorie [...] ist nicht spielerische Bildertechnik, sondern Ausdruck, so wie Sprache Ausdruck ist, ja so wie Schrift" ("no es una técnica de jugar con las imágenes, sino expresión, tal como lo es el habla, o mejor, como la escritura").

[The word] represents only a broken instantaneous glimpse of something that is immeasurably older and wilder than language [...]. The gusty light of language only falls for a moment on a fragment, and that obviously a semi-detached, unfinished fragment of a certain definite pattern on the dark tapestries of reality. [...]
But if we imagine [...] that as [a man] stared at that queer twilight picture, a dim and powerful sense of meaning began to grow upon him –what would he see? He would see something for which there is neither speech nor language, which has been too vast for any eye to see and too secret for any religion to utter. (1904: 94 & 97-98)

Considerar la alegoría como otro lenguaje plantea, sin embargo, la cuestión de su estatus referencial. "No se contenta el ingenio con sola la verdad, como el juicio", opinaba Gracián, "sino que aspira a la hermosura" (1969: I, 54, Disc. II); pero si la hermosa corteza alegórica es una "bella menzogna" (Dante, 1924: 252a), una "caligrafía" subordinada a la correcta descodificación del meollo, ¿en qué consistirá su verdad?[18] La clave esencial es que da indicios explícitos –animales que hablan, príncipes que viven en cuevas– de su propósito de significar una cosa diciendo otra; en frase de Antoine-Marin Le Mierre, "l'allégorie habite un palais diaphane".[19] Su estructura no busca la *clôture* narrativa, sino una aporía que excluye la posibilidad de una lectura simple: la doble intención convierte el texto en "palimpsesto".[20] Es polisémica, sobredeterminada, pero no ambigua; las ruedas y piñones del reloj tienen que ser visibles, aun si éste tiene dos caras. "El agua está clara", dice C.S. Lewis, "pero no alcanzamos a ver el fondo". La función poética de la alegoría reside, precisamente, en los residuos o resquicios de "opacidad" que se esconden en su ingeniosa polifonía.[21]

---

[18] De Man (1981: 1) "The 'realism' [...] is a calligraphy rather than a mimesis, a device to insure that the emblems will be correctly identified and decoded, not an appeal to the pagan pleasures of imitation". Sobre el dicho de Dante y su estela en la preceptiva renacentista véase Montgomery (1966).

[19] *La Peinture*, Chant III, vv. 311-38, en 318 (Le Mierre, 1810: 245-46), explicando que la alegoría "par une énigme vaine | se perche, avec le Sphinx, sur la roche thébaine; | [...] le sens doit être clair".

[20] Paxson (1994: 160, 164-66, 176 n5) "a palimpsest [...] that foregrounds the complexities of the text's figural structures, [...] the textual advertisement of aporia, of the text's failure to order itself or to offer epistemological certainty and closure, [...] the inscription of unreadability". Kurz (1979) expone las bases lingüísticas y pragmáticas de esta *Doppelrede* o "discurso doble"; Quilligan (1979) analiza las estrategias retóricas que conducen al "cumulative effect of textual ambiguity and suspension of closure", la función "programática" de figuras acumuladas de prosopopeya, etc.

[21] Lewis (1966: 143) "The 'thickness' or 'density' [of allegory] does not come from its language. It comes from its polyphonic narrative, from its different layers of meaning [...] The

Las causas materiales y formales que definen la alegoría son, pues, la continuidad (dimensión narrable), la superfluidad (doble sentido), la simultaneidad (contrapunto) y la polifonía (palimpsesto). Estas causas excluyen las reglas aristotélicas de la mimesis; las dos primeras definen la estructura retórica de la alegoría, las dos últimas su estética. Quedan por determinar sus causas eficientes y finales. "¿Cuál es la razón", pregunta Paul de Man (1981: 2), "que nos induce a expresar las verdades más profundas de modo tan sesgado (*lopsided*), tan indirecto?". Se han propuesto varias explicaciones históricas del auge de la alegoría –por ejemplo, que surge cuando "una autoridad teológica, política o familiar, antes poderosa, se encuentra amenazada" (Greenblatt, 1981: viii), o en "ambientes críticos o polémicos en que [...] ciertas cosas no pueden ser enunciadas" (Fineman, 1981: 28). Factores de este tipo tienen su papel en la telaraña de alusiones tópicas de cada obra alegórica –el murmullo seco de las notas a pie de página–, pero quedan al margen de cualquier historia rigurosa del fenómeno literario (Culler, 1975-76: 259-62). Piénsese tan sólo en Abentofail, Maimónides y Berceo, tan cercanos en el tiempo y en el espacio pero separados por tantas barreras sociales, religiosas y lingüísticas; si tratáramos de explicar su apego a la alegoría por determinadas circunstancias materiales tendríamos que postular tres hipótesis distintas, o una hipótesis tan general que, borrada toda distinción de detalle, dejaría de ser propiamente histórica.

Parece más convincente la célebre explicación de Johan Huizinga ("Het simbolisme uitgebloeid", 2004: 264-78; trad. 1978: 286-303), cuando describe la *Weltanschauung* platonista del Medievo como "polifonía o embriaguez de la imaginación" que practicaba la interpretación simbólica de todo lo existente, erigiéndolo en una "kathedraal van ideeën" (2004: 266).[22] Para Huizinga, la alegoría, con su "carácter escolástico y senil" (268), era no sólo una consecuencia de estas ideas, sino también su ruina:

---

water is very clear, but we cannot see to the bottom". Como afirma Jauß (1978: 303-04, 312-16), las figuras del *Roman de la rose* son todas transparentes pero la "senefiance" del poema resulta misteriosa. Cf. Isidoro, *Etymologiae* I.xxxvii.26 "Inter allegoriam autem et aenigma hoc interest, quod allegoriae vis gemina est et sub res alias aliud figuraliter indicat, aenigma vero sensus tantum obscurus est et per quasdam imagines adumbratus"; Quintiliano, VIII.vi.47-49 distingue entre la alegoría *permixta*, que incluye su glosa –por ejemplo, el pasaje citado de los *Milagros de Berceo*–, y la *pura* o *tota*, que deja al lector la tarea de descifrarla.

[22] Borges (1960: 213-15) también aducía el "realismo" escotista para explicar el favor otorgado a la "injustificable" forma alegórica; fijaba el "pasaje de alegoría a novela" en 1382, cuando Chaucer tradujo el verso boccacciano "con gli occulti ferri i Tradimenti" con "The smyler with the knyf under the cloke" (cf. Quilligan, 1981). Pero Auerbach (1946: 249) observa que las cosas iban al revés: en la baja Edad Media "todo realismo literario corría el peligro de ser ahogado por las ramas sarmentosas de la alegoría".

> Todo "realismo", en sentido medieval, es en último término antropomorfismo. Cuando quiere hacerse visible el pensamiento que ha reconocido a la idea una existencia real, no puede conseguirlo más que por medio de la personificación. Aquí se da el tránsito del simbolismo y realismo a la alegoría. La alegoría es el simbolismo proyectado sobre la superficie de la imaginación, la expresión deliberada de un símbolo y, por ende, su agotamiento. [...] Tiene, pues, ya en sí misma el carácter de una normalización escolástica, [...] un digerir y devolver del pensamiento en la imagen. (1978: 291, corregido a base de 2004: 268)

Pero este argumento confunde la alegoría con el panteísmo; equivale a suponer que, al elaborar la estructura (¡tan luminosa!) del *Roman de la rose*, Guillaume de Lorris creía que una rosa comparte alguna identidad ontológica con el amor carnal o con los genitales de una mujer. Ello implica una grave incomprensión del modo alegórico. El análisis de Huizinga resulta ser tan extrínseco a la historia literaria como los anteriores.[23]

Indica el camino correcto la reflexión de Umberto Eco (1987) sobre este pasaje de Huizinga. Aplicando los métodos de la semiótica, muestra cómo el alegorismo propuso "un nuovo modo di considerare l'esteticità delle cose" (100), contrapartida de la "pansemiosi metafisica" (75-79) descrita por Huizinga. La lección no tiene ripios: todo asedio a la historia de la alegoría debe descansar no en circunstancias materiales ni en grandes narrativas maestras sobre el *Zeitgeist*, sino en las estructuras epistemológicas y discursivas que la nutren.[24] Desde este enfoque la alegoría se divide en distintas edades, cada una con la fisonomía propia de su época cultural. Con el objeto de lograr una taxonomía cómoda y sin pretensiones de rigor científico, distingo siete edades.

---

[23] Para Lewis (1936: "Allegory", 44-111, en 44-45) el idealismo platónico y la cristalina arbitrariedad de la alegoría son, en efecto, polos opuestos: "to represent what is immaterial in picturable terms [...] you can start with an immaterial fact, such as the passions [...], and then invent *visibilia* to express them. [...] This is allegory [...]. But there is another way of using the equivalence, which is almost the opposite of allegory, and which I would call sacramentalism or symbolism, [...] 'the philosophy that this visible world is but a picture of the invisible, wherein [...] things counterfeit some real substance in that invisible fabrick'". Eco (1987: 89-94) propone la misma distinción entre la pansemiosis metafísica, "interrogazione del labirinto mondano", y el alegorismo, "luogo della decodifica retorica", dos caras distintas de una "voracità ermeneutica" general (véase también Eco 1985); Benjamin (1974a: 336-37) ofrece ideas similares sobre la diferencia entre la alegoría y la teoría mística del *symbolum* o sacramento.

[24] Culler (1975-76: 260) "the relationship between literature and society is not one of identity of content but of homology of form: it is the formal organization of literary works, the operations for the production of meaning [...], which relate directly to society, the operations which produce social and cultural objects, the devices which create a world charged with meaning".

Las dos primeras edades, la mitológica de la Antigüedad y la teológica de la exégesis sagrada, ya han sido aludidas. La tercera, iniciada por la *Psychomachia* de Prudencio (*c*.400), y la cuarta, de las grandes narrativas alegóricas de los siglos XII al XV, suelen atribuirse a la progresiva cristianización del panteón mitológico de la Antigüedad. La prosopopeya desempeñaba en ambas, es cierto, un papel primordial; hay, sin embargo, una diferencia importante entre la deificación antropomórfica (*Vergöttlichung*), heredada de cultos paganos, y la personificación de ideas abstractas (*Verbildlichung*).[25] En la alegoría medieval, afirma Lewis (1936: 48), "no había nada místico ni misterioso; los poetas tenían plena conciencia de lo que hacían y sabían que las figuras que presentaban eran ficciones". En la práctica las líneas no eran tan claras; las fuentes tardomedievales documentan casos en que las figuras alegóricas adquirieron en la mente popular una entidad no ficticia. En 1438, por ejemplo, el Arcipreste de Talavera advertía del peligro de que las gentes entendiesen mal la alegoría de las *Danzas de la Muerte*, pensando "que la muerte es persona invesible que anda matando ombres e mugeres":

> Pues, non lo piensen; que non es otra cosa muerte sinon separaçión del ánima al cuerpo. [...] Así que non diga ninguno, "Yo vi la Muerte en figura de muger, en figura de cuerpo de omne, e que fablava con los reyes, etc., como pintada está en León"; que aquello es ficçión natural contra natura. Es natural, porque natural es el morir; pero non que la muerte sea cosa que mate segund que la pintan en ficçión, que sería contra natura, como dar cuchilladas, lançadas o saetadas a los bivos la muerte.[26]

Tales errores pertenecían al mismo mundo que el simbolismo sacramental y la exégesis tipológica (*figura*); eran manifestaciones de la "tendencia general a la analogía" de la mentalidad precientífica, distintas de la alegoría aunque afines a ella.[27] Para distinguir entre estas formas de interpretación ana-

---

[25] Recuérdese que la personificación, aunque siempre una "despersonificación" (*Entpersonifizierung*) desde el punto de vista de la individualidad moderna, no es en sí alegórica; como toda figura metafórica, sólo lo es cuando se desarrolla en "agudeza compuesta" (Jauß, 1978: 310-11; Jung, 1971: 20-22, 214).

[26] *Arcipreste de Talavera*, Quarta Parte, cap. 2 (Martínez de Toledo, 1987: 271-72). Para otros testimonios sobre la recepción de la alegoría véanse Jauß (1978: 313-14 & n34), Jung (1977: 31-34).

[27] Cf. n23, *supra*. Para Auerbach (1967a: 83) el "ganze Analogismus, der in alle Gebiete mittelalterlicher Geistestätigkeit hineinreicht" es "charakeristisch für primitive Kulturen" y de "realistisch-magischer Kraft" (79, 80), pero distingue la *figura* (leer la cosa como tipo o prefiguración de otra) de la alegoría (tomar la cosa como signo de una idea abstracta) –ésta es

lógica y la alegoría propiamente dicha, los tratadistas medievales empleaban los términos *allegoria in factis* y *allegoria in dictis*.[28] El prestigio de la teología aseguraba, sin embargo, que, sin otro calificativo, *allegoria* tuviese el sentido de "interpretación figural"; la alegoría activa no tenía nombre propio, a pesar de una rica literatura sobre la alegoresis.[29] No nos despisten los tópicos esgrimidos por Abentofail, Maimónides y Berceo; aunque envolvían sus alegorías en una teodicea diseñada para justificar la inversión ideológica en ellas por parte del lector, la verdad es que el empleo de la alegoría siempre responde a una elección poética. Las claves semióticas de esta elección han de buscarse en nuevas formas de interioridad; la alegoría medieval servía como herramienta para representar lo invisible, abriendo una brecha en el canon de lo representable y marcando así una clara ruptura con la tradición cultural de la Antigüedad tardía.[30]

---

außergeschichtlich "extrahistórica", la *figura* es *innergeschichtlich* "intrahistórica" porque tanto el significante como el significado son sucesos reales, así que no hay corteza y meollo (77-81, 89-90). Para la tipología en las letras hispanas véanse Berceo (1985: 34-48 & n36), Burke (1973), y Bayo, Lappin, Pereira, Vidal y Twomey, en este volumen; sobre la exégesis escrituraria, Robertson (1962: 290-95), Whitman (1991: 162-67) y n6, *supra*.

[28] Eco, 1987: 80-83. La distinción se remonta a San Agustín (Strubel, 1975); cf. Aquinas, *Summa theologiae* I.i.10 in c. "auctor sacrae Scripturae est Deus, in cuius potestate est ut non solum *voces* ad significandum accommodet [...] sed etiam *res ipsas*. [...] Illa vero significatio, qua res [...] res alias significant, dicitur sensus spiritualis. [...] Secundum ergo quod ea quae sunt veteris legis significant ea quae sunt novae legis, est sensus *allegoricus*"; Palencia (1490: I, fol. 13) "*alegoría* algunas vezes, por *palabras* o por *obras*, significa negoçio historial, algunas vezes típico, otras tropológico".

[29] Jung (1971: 11-18, en 11) "Le terme *allégorie* signifie en ancien français presque toujours 'sens chrétien' ou 'explication chrétienne'. [...] De nos jours, on dirait plûtot moralisation" (de ahí la falta de declaraciones sobre la alegoría activa en las *artes poeticae*). El mismo sentido se halla en Gracián (n5, *supra*), y en los primeros testimonios castellanos: *General estoria*, Parte II (Alfonso el Sabio, 1957-61: II, 104b, cap. 504) "este mudamiento [de hombres en ranas, Ovidio, *Met.* VI.317-81] se esplana por *alegoría*, que son palavras de dezir uno e dar ál a entender"; Parte V (BAV Urb. Lat. 539, fol. 271^v) "el sabio [...] escodriñará las cosas ascusas ["escondidas"] de los proverbios e morará en las ascondejas ["escondrijos"] de las fazañas, que son las *allegorías* de lo que quieren dezir".

[30] Resumo la tesis de Jauß (1978; cf. 1977a: 28-34 "Allegorische Dichtung als Poesie des Unsichtbaren"): para Prudencio la lucha en el alma humana no era un fantasma sino una batalla real entre espíritus y demonios, fundada en la exégesis tipológica de la Biblia y considerada como etapa en la historia universal de la Redención (Jauß, 1978: 311-16; Jung, 1971: 25-34); el siglo XII superó esa superstición y convirtió la personificación en tropo para representar lo invisible celestial, natural o (en la literatura erótica) interior. Según Jauß hubo relativamente pocos ejemplos ibéricos (1968-70: 151 "nur wenige und unselbständige Nachahmungen"; sólo Berceo 169-70, *Lapidarios* 177-78), pero no son inferiores a los franceses ni como porcentaje de los textos conservados, ni en la calidad: véanse la *Razón de amor*, *Danza de la*

La quinta edad presenta facciones distintas. Skrine (1978: 1-40) y Robbins (1998) relacionan la alegoría barroca con la teatralidad y mascaradas de la cultura cortesana, y con los principios de la revolución científica y el escepticismo filosófico. La violenta fusión de estos elementos con la religiosidad tridentina produjo un sentimiento de desengaño hacia el mundo visible; la "extraña externalidad" de los dramas de Calderón reflejaba, según Benjamin (1977: 259), un mundo "en que las cosas profanas habían perdido todo valor porque sus impulsos éticos más profundos eran irrevocablemente trascendentales". El poeta "sólo podía garantizar la infinidad por la pura reflexión, incrustando en el diálogo debates casi bufonescos sobre la voluntad y el hado [...] en los que los protagonistas dan vueltas interminables a su destino como a una pelota entre las manos" (268). Este melancólico predominio del pensamiento creaba un gusto por lo grotesco y lo hiperbólico (*admiratio*) que se manifestaba en retruécanos y alegorías surrealistas (Margolin, 1977). Existía un parentesco estrecho entre la agudeza del conceptismo (unión tensa de signos dispares) y la alegoría, que también pretendía deconstruir la mimesis directa de la naturaleza en favor de una relación forzada (Frye, 1957: 92). Ambas eran, en la metáfora de Gracián, formas de contrabando intelectual: "son las verdades mercadería vedada; no las dejan pasar los puertos de la Noticia y Desengaño, y así han menester tanto disfraz para poder hallar entrada a la Razón" (1969: II, 202, Disc. LV). De ahí la fascinación del Barroco por los jeroglíficos y por las especulaciones sobre la lengua pre- o anti-babélica y la "escritura" de la naturaleza (Benjamin, "Ursprung der neueren Allegorie", 1974a: 344-53). Todos estos elementos se combinan en el primoroso tratado sobre la "pintura" alegórica de los símbolos que encabeza los *Emblemas morales* de Juan de Orozco Covarrubias:

> Como las cosas, todas representando en sí la virtud divina que en ellas resplandece, nos llevan a la consideración del Autor del universo y en esto recrean el alma, assí la pintura de las mismas cosas *en la razón de semejança* también nos lleva y recrea *de manera que algunas vezes lo que es natural no da tanto contento*. [...] Pone las cosas de suerte que se puede dezir permanecen, [...] por ser las figuras

---

Muerte, *Laberinto de Fortuna, Coplas de Mingo Revulgo, Batalla campal de los perros contra los lobos* de Palencia, *Doze trabajos de Hércules* de Villena, *Visión deleitable* de Alfonso de la Torre, etc. –sin contar el *Tractatus de Albino et Rufino* (traslación de Santos Oro y Argento) de Garsias Toletanus, *Milhamot ha-et we-ha-misparayim* (debate del cálamo y las tijeras) de Santob de Carrión, *Sefer ša'ašu'im* ("entretenimientos" del gigante Enan) de Ibn Zabarra, Ḥayy ibn Yaqẓān de Abentofail (n7, *supra*), etc. Véanse Post, 1915; Hart, 1959; Foster, 1970; Martins, 1975; y Bayo, Otero, Haywood, Pereira, Vidal, Gómez Sierra, Twomey y Gómez Moreno & Jiménez Calvente, en este volumen.

letras universales que en todos tiempos y en todas las gentes se conocen. Y assí no ay que admirarnos fuessen estas las antiguas letras de Egypto, como lo han sido hasta nuestros tiempos en muchas partes del Nuevo Mundo.[31]

Covarrubias afirma (I.ii; 1591: fol. 20ᵛ) que Polymnia inventó este "arte" para mostrar "que los hombres pueden sin hablar declarar lo que quieren, [...] como se cuenta de los que habitan en una montaña de Escocia que sin tener habla, aviendo nacido todos mudos, se entienden por señas". Este lenguaje primevo era anterior al habla, siendo sus primeros emblemas el arco iris, figura de Cristo arqueado en la cruz, y la zarza en llamas, tipo de la unión en Cristo de la divinidad y la humanidad.[32] El Medioevo usaba la alegoría para descubrir mundos invisibles; el Barroco prefirió emplearla para envolverlos de nuevo en las tinieblas del destino y de la trascendencia.[33]

La sexta edad, la del Romanticismo, encontraba en esos "disfraces" barrocos un artificio incompatible con su culto a la imaginación. Goethe consideraba la alegoría un abuso intelectualista porque "busca lo particular sólo como ejemplo o instancia de lo general"; opinaba que la verdadera poesía se expresa a través del simbolismo, en que "lo particular representa a lo general no como sueño o sombra, sino como revelación viva y momentánea de lo inescrutable".[34] Samuel Taylor Coleridge sistematizó esta diferencia en su distinción entre el arte mecánico y el arte orgánico:

---

[31] Horozco y Covaruvias, I.i (1591: fols. 17-21, en 17-17ᵛ, cursivas mías); nótese la referencia a los jeroglíficos mayas de América. La obra de Covarrubias –hermano del lexicógrafo Sebastián y obispo de Guadix, patria de Abentofail– contiene dos libros de emblemas y otro preliminar (fols. 17-101ᵛ) de 35 capítulos sobre los "Emblemas, Empresas, Insignias, Divisas, Symbolos, Pegmas, y Hieroglyphicos" desde Noé, Hermes Trismegisto y los egipcios, con elucubraciones sobre la escritura egipcia (I.xix-xxx), los "símbolos" o dichos oscuros de Pitágoras (I.xxxi), las coronas (I.xxxii-xxxiv) y la heráldica de los colores (I.xxxv). Sobre la estela de los *Hieroglyphica* de Horapolo (Venetiis, 1505) y los *Hieroglyphica, sive de sacris Aegyptiorum literis* de Giovanni Pierio Valeriano (Basileae, 1556) véanse Boas (1993) e Iversen (1993); para un precursor de la alegoría emblemática en España, *El alboraique* de c.1467, véase Lawrance (2003), y para la emblemática en general, Klein (1957), Tuve (1966). En este volumen R. de la Flor da una muestra del papel de estas formas de imaginación jeroglífica en la cultura política del Barroco, mientras Ife discute la otra clave semiótica, el debate en torno a los engaños de la verosimilitud y el sentido oculto de cosas y eventos.

[32] Cf. Gn 9.13 "Mi arco he puesto en las nubes, el cual será por señal del pacto entre mí y la tierra", Ex 3.2 "apareció el ángel de Jehová en una llama de fuego en medio de una zarza [...] y no se consumía". Sobre estas teorías barrocas del lenguaje véase Bouza Álvarez (1992: 29-32).

[33] No asigno aquí una edad a la alegoría de la siguiente época neoclásica, por la falta de ejemplos ibéricos de envergadura; pero es evidente que *Gulliver's Travels* no encaja en la alegoría barroca.

[34] Resumo dos aforismos publicados en la revista *Über Kunst und Alterthum* en 1825-26 (Goethe, 1993: 368, §6.17 "Es ist ein großer Unterschied, ob der Dichter zum Allgemeinen

The mechanical understanding [...] confounds SYMBOLS with ALLEGORIES. Now an Allegory is but a translation of abstract notions into a picture-language which is itself nothing but an abstraction from objects of the senses [...]. On the other hand a Symbol (ὅ ἐστιν ἀει ταυτηγόρικον) is characterized by a translucence of the Special in the Individual, or of the General in the Especial or of the Universal in the General. Above all by the translucence of the Eternal through and in the Temporal. It always partakes of the Reality which it renders intelligible [...] as a living part in that Unity, of which it is the representative.[35]

La superioridad del símbolo consistía, para Coleridge, en su "predominio absoluto", en contraste con la "disyunción de facultades" de la alegoría; ésta ofrece la extrapolación de un concepto, el símbolo da una visión consubstancial e inmediata.[36]

Estas distinciones implicaban una nueva metafísica: afirman que el símbolo no es una configuración establecida por la reflexión analógica, sino una sinécdoque motivada por cierta conexión natural entre el icono y el significado escondido en su interior.[37] Pero la única garantía de esta conexión

---

das Besondere sucht, oder im Besondern das Allgemeine schaut. Aus jener Art ensteht Allegorie, wo das Besondere *nur als Beyspiel, als Exempel* des Allgemeinen gilt; die letztere aber ist *eigentlich die Natur der Poesie*"; 33, §1.196 "Das ist die wahre Symbolik wo das Besondere das Allgemeine repräsentirt, nicht als *Traum und Schatten*, sondern als *lebendig augenblickliche Offenbarung des Unerforschlichen*", cursiva mía). Suele citarse también una nota ms. de 1807 que afirma que la imagen alegórica convierte "el fenómeno en concepto", la simbólica lo convierte en "una Idea infinitamente activa e inabarcable" (*ibid.* 207, §*2.72 "Die Allegorie verwandelt die Erscheinung in einen Begriff, den Begriff in ein Bild, doch so daß der Begriff im Bilde immer noch begränzt und vollständig zu halten und zu haben und an demselben auszusprechen sey. Die Symbolik verwandelt die Erscheinung in Idee, die Idee in ein Bild, und so daß die Idee im Bild immer unendlich wirksam und unerreichbar bleibt"). Véanse, entre muchos otros, Benjamin ("Allegorie und Trauerspiel", 1974a: 336-44), Fletcher (1964: 1-19) y Sørensen (1979).

[35] *The Statesman's Manual* (1972: 28-30); el neologismo griego *tautegóricon* (antónimo de "alegórico") significa que el símbolo "participa en la realidad que hace inteligible". Gadamer (1972: 66-77) indica el origen de estas ideas en la *Genieästhetik* kantiana y la doctrina de lo Sublime; cf. Schopenhauer, *Die Welt als Wille und Vorstellung*, I, iii, §49-50 (1977: I, 295-306, en 298) "Manieristen, *imitatores, servum pecus*, gehn in der Kunst vom Begriff aus [...]; sie glichen Maschinen [*mecánico*], die, was man hineinlegt, zwar sehr fein zerhacken und durch einander mengen [...]: der Genius allein gliche dagegen dem organischen, assimilirenden umwandelnden und producirenden Leibe [*orgánico*]".

[36] Nota ms. para las *1819 Lectures on Shakespeare, Milton, Dante, Spenser, Ariosto, and Cervantes* (1987: II, 418) "The advantage of symbolical writing over allegory, that it presumes no disjunction of Faculty –simple *predomination*", en la que cita a Cervantes como máximo ejemplo (cf. también n41, *infra*).

[37] Culler (1975-76: 262-65, en 263) "The symbol [...] is a motivated sign, a synecdoche, in which the signifier is naturally connected to the signified [...]. The symbolic [...] sees mea-

resulta ser la simpatía o subjetividad del poeta –es decir, descansa en una "falacia patética".[38] Schopenhauer intuyó este punto, declarando que el símbolo no es más que "una alegoría en la que se ha hecho arbitraria la conexión entre el icono y su sentido abstracto"; lo importante es la *Anschaulichkeit* o plasticidad visible del objeto representado, no la naturaleza de la relación entre él y el concepto que significa.[39] Thomas De Quincey decía lo mismo, distinguiendo tan sólo entre la "personificación" abstracta y la "encarnación" viva del concepto:

> In fables, the course of the action carries the different persons into the necessity of doing and suffering many things extra-essential to their allegorical character. [...] But in this there is no error. For allegoric characters, treated according to the rigour of this objection, would be volatilized into mere impersonated abstractions, which is not designed. They are meant to occupy a midway station between the absolute realities of human life, and the pure abstractions of the logical understanding. Accordingly they are represented not as mere impersonated principles, but as incarnate principles. (2000: 56n)

Estos argumentos borraban la línea divisoria, a primera vista tan tajante, entre la alegoría y el símbolo. Schopenhauer afirmaba conocer tres obras completamente alegóricas: una "abierta", el "incomparable *Criticón* de Baltasar Gracián", y dos "encubiertas" –como quien dice simbólicas–, el *Quijo-*

---

ning as something inherent, to be drawn out of the depths of the object itself, whereas the allegorical [...] treats it as the result of a relationship established between two orders in a process of analogical reflection".

[38] Culler (1975-76: 265) "this retreat to subjectivity protects the signifying relation [...] But paradoxically this strategy [...] introduces into the poetic structure the [...] problem of arbitrariness that the posture was designed to avoid"; cf. De Man (1983: 187-208), Spivak (1971: 430-31, 434) y (1972: 331 & n9), y n55, *infra*. Tales análisis derivan del pasaje de Benjamin citado en n4, *supra*, y de su aforismo, "Allegorien sind im Reiche der Gedanken was Ruinen im reiche der Dinge" ("Allegorie und Trauerspiel, I: Die Ruine", 1974: 353-58, en 354; véase Miller, 1981: 362-65, en 365 "The essence of allegory is the way in which [it] exposes itself as an unsuccesful projection [...], the failure of the idea to transform nature or thought. In this sense 'allegories are, in the realm of thought, what ruins are in the realm of things'").

[39] *Die Welt als Wille und Vorstellung*, I, iii, §50 (1977: I, 305-06) "geht die Allegorie in das Symbol über, wenn zwischen dem anschaulich Vorgeführten und dem damit bezeichneten Abstrakten kein anderer, als willkürlicher Zusammenhang ist". La alegoría literaria consigue esta *Anschaulichkeit* "mediante un ejemplo asimilable" (303-04 "in der Poesie [...] der nächste Zweck ist allemal von [dem Begriff] auf das Anschauliche zu leiten [...] durch irgend ein unter ihn zu subsumirendes Beispiel"). Sobre la imprescindible dimensión visual o visualizable de la alegoría véase Pedrosa, en este volumen.

te y *Gulliver's Travels*.⁴⁰ Tales juicios indican el carácter contradictorio de la doctrina romántica, que procuraba "asimilar rapazmente al ámbito de lo simbólico" a todos los autores geniales, fuesen alegóricos o no.⁴¹ Por tanto, De Man (1983: 195-98, 211) arguye que la distinción entre símbolo y alegoría es marginal –ambos atribuyen significados más o menos arbitrarios a la naturaleza–, y rechaza la apoteosis romántica del símbolo como "un acto de mala fe ontológica".

Al reclamar la alegoría como figura maestra de la literatura moderna, De Man la extiende al discurso en general porque, según él, todo acto lingüístico procura "atribuir significados arbitrarios a la naturaleza". Esta premisa trágica (o absurda; cf. Quilligan, 1979) confunde la alegoría activa con la pasiva, perdiendo de vista su esencia, la duplicidad intencional (Fineman, 1981: 27). No obstante, De Man tiene razón al advertir la presencia ubicua del modo alegórico en la literatura romántica. Wordsworth, al contemplar el panorama de la luna sobre el mar desde la cumbre de Snowdon, ve "the type | Of a majestic intellect, [...] the emblem of a mind | That feeds upon infinity" (*Prelude*, XIV.66-71, en 1979: 461); Coleridge escribe apuntes sobre la sugestión alegórica de un imán entre los alfileres del costurero de una dama, el roce de una barrita de lacre sobre la manga o la jarra de peltre en los labios de un bebedor.⁴² Tales figuras recuerdan la técnica alegórica de Calderón

---

⁴⁰ *Die Welt als Wille und Vorstellung*, I, iii, §50 (1977: I, 304). En 1825 Schopenhauer aprendió el español precisamente para leer *El Criticón*, "eines der besten Bücher der Welt, vielleicht der größten und schönsten Allegorie, die je geschrieben worden" (carta a Johann Georg Keil, 16 abril 1832).

⁴¹ Culler (1975-76: 263). Coleridge leía el *Pilgrim's Progress* de Bunyan "with the same illusion as we read any tale known to be fictitious, as a Novel –we go on with his characters as real persons", y elogiaba a Dante por su plasticidad orgánica, aunque en su "system of moral political, and theological Truths with arbitrary personal exemplifications [he] failed" (1987: II, 398-400 & n7); en cambio, el *Quijote* le parecía "a substantial living allegory" (los héroes "possess the world, alternately and interchangeably the cheater and the cheated. To impersonate them, and to combine the permanent with the individual, is one of the highest creations of genius", 1987: II, 162), y apuntaba en un ejemplar de *Pantagruel*, "All Rabelais Personages are phantasmagoric Allegories" (1990: I, 165-67, 384 n13). Sobre la problemática relación entre el sentido figurado y los requisitos de una narración verosímil véase Ife, en este volumen.

⁴² Coleridge (1957-2002: IV.1, §4831) "the momentary co-instantaneous presentation of a meaning to the Mind thro' the Eyes, a union of the greatest possible simplicity, rapidity, and pregnancy –a Magnet in a Lady's Needle-case, the friction of a stick of Sealing Wax on your Sleeve, a Pewter Pot of Porter held by the Hand to the Lips of the person drinking, are *Symbols* to the Intelligent of the whole physical powers of the corporeal world" –es decir, alegorías en las que se ha hecho arbitraria la conexión entre icono y significado (n39, *supra*). Sobre Wordsworth véase Spivak (1971: 431-33).

cuando descompone el estado anímico de Segismundo según los cuatro elementos.[43] Sin embargo, su esencia es distinta: el Romanticismo reemplaza la antigua idea del arte como "espejo" que refleja el mundo exterior con la de la "lámpara" de la imaginación que ilumina el mundo desde dentro (Abrams, 1953).

En este abismo de la subjetividad la alegoría "parece hacer lo opuesto de lo que pretende; en vez de recuperar la pura visibilidad de la verdad [...], resalta la oscuridad, la arbitrariedad y la ausencia" (Greenblatt, 1981: vii).[44] El intento de atribuir significados simbólicos al mundo acaba en el fracaso; éste es el drama que caracteriza la séptima edad de la alegoría, en la que el "contrapunto" estético reside no en la armonía entre tenor y contenido, sino en su tensión.[45] Como consecuencia, la alegoría moderna rechaza cualquier tipología icónica convencional, obligando al poeta a establecer su propio sistema de correspondencias y significados.[46] "O soul of man!", exclamaba Herman Melville, "how far beyond all utterance are your linked analogies! not the smallest atom stirs or lives in matter, but has its cunning duplicate in mind" (*Moby-Dick*, LXX, en Melville, 1992: 340); Baudelaire hablaba de la Naturaleza –cuidadosamente marcada con mayúscula en las pruebas de la primera edición (1968: 34)– como "temple où de vivants piliers | laissent parfois sortir de confuses paroles, [...] forêts de symboles" ("Correspondan-

---

[43] Para *La vida es sueño*, vv. 123-72 véase Wilson (1936), y en general Kurtz (1991). De Man (1983: 194-95, 205) aduce los precedentes de la "composición de lugar" barroca y el *paysage moralisé* del siglo XVIII –línea que conduce de Quevedo a las *Noches lúgubres* de Cadalso y a Larra (cf. n52, *infra*).

[44] El término "abismo" (Spivak, 1972: 331, 337, y 1971: 435; Culler, 1976: 266) deriva de Benjamin (p.e. "Grenze des Tiefsinns", 1974a: 406 "Versenkung").

[45] Culler (1975-76: 265) "The internalization of the signifying relation leads one back towards an allegorical mode in which a series of external objects or agents figure another, internal drama: the drama of attributing meaning to situations and scenes. The very considerations which support a preference for the symbolic –the desire that poetic meanings be true, inherent, and natural rather than artificial and arbitrary– provoke a self-conscious questioning of the symbolic mode". De Man (1983: 208-28) ve en ello una forma de ironía descrita por Baudelaire, la fuerza "de se *dédoubler* [...] comme spectateur désintéressé aux phénomènes de son *moi*" (1961c: 982), el vértigo "d'être à la fois soi et un autre" (993); o la "permanente Parekbase" –continua irrupción de la voz del autor– de Schlegel (1962-71: I, 85, §668).

[46] Spivak (1971: 428) "ce n'est pas l'écriture allégorique qui s'évanouit avec la Renaissance. Ce qui disparut, ce fut la décision délibérée de prendre pour réference, et de faire jouer, un système [...] organisée [de] significations attachées à des représentations imagées (*iconic*) et à leurs combinaisons". Spivak (1972) pasa a estudiar cómo cada artista forma su propio "diccionario" icónico, "a private allegoric system that would match the knowledge of public allegories in that earlier age" (333, 335, 337).

ces", 1961a: IV, 11), y declaraba que "tout pour moi devient allégorie" ("Le Cygne", 1961a: LXXXIX, 81-82).⁴⁷

El primer gran maestro español de esta edad de la alegoría fue Goya, cuyas obras dejaron atrás la personificación neoclásica en favor de un imaginario fantástico y grotesco que a veces parece anticipar el modo indirecto de la alegoría kafkiana.⁴⁸ No es extraño que constituyera más tarde uno de los "faros" de Baudelaire, quien alababa el "esprit [...] moderne" del *fantastique* goyesco (1961d: 1017-20, en 1018), y destacaba su gusto alegórico por "des physionomies humaines étrangement animalisées par les circonstances" (1018), su mezcla grotesca de lo humano y lo bestial:

> Le grand mérite de Goya consiste à créer le monstrueux vraisemblable, [...] l'absurde possible. Toutes ces contorsions, ces faces bestiales, ces grimaces diaboliques sont pénétrées d'*humanité*. [...] La ligne de suture, le point de jonction entre le réel et le fantastique est impossible à saisir [...], tant l'art est à la fois transcendant et naturel. (1961d: 1019-20)⁴⁹

---

⁴⁷ Sobre la alegoría en Baudelaire véanse Benjamin (1974b), Culler (1975-76: 265-67; 1993: xxiv-xxxi), Jauß (1979). Melville habla de la alegoría de *Moby-Dick* en la carta a Sophia Hawthorne de 1852 (2002: 44-45) "I had some vague idea while writing it, that the whole book was susceptible of an allegoric construction, & also that *parts* of it were –but the speciality of many of the particular subordinate allegories, were first revealed to me, after reading Mr Hawthorne's letter, which [...] intimated the part-&-parcel allegoricalness of the whole". Su libro es la piedra de toque de la alegoría moderna, en la que, según Edgar Allen Poe (1993: 244), "the suggested meaning runs through the obvious one in a *very* profound under-current, so as never to interfere with the upper one without our own volition, so as never to show itself unless *called* to the surface, [...] seen only as a shadow or by suggestive glimpses, and making its nearest approach to truth in a not obtrusive and therefore not unpleasant *appositeness*".

⁴⁸ Véase Bastida, en este volumen; cf. Steiner (1967: 143) "The contrast between the generality of statement and classic form in Dante or Goethe and the covert, idiosyncratic mode of Kafka denotes the tenor of the age, [...] a code full of silence and despairing paradox". En contraste con la abstracción académica de obras como las cuatro "Estaciones" de 1786-87 (Luna & Moreno de las Heras, 1996: 110-18, §35-38), "La agricultura", "El comercio" y "La industria" de 1801-05 (*ibid*. 211-13, §116-18), "La marquesa de Santa Cruz" de 1805 (221, §125) o la personificación de la Constitución de Cádiz en "España, el Tiempo y la Historia" de 1814 (236, §139), la alegoría goyesca da un paso decisivo hacia la modernidad en las estampas de los *Caprichos* de 1799 y *Disparates* de *c*.1818-20, y en cuadros como "La boda" de 1791-92 (137, §52), "La duquesa de Alba y la beata" de 1795 (177, §86), "El coloso" de *c*.1808 (226-27, §132) y las pinturas negras de la Quinta del Sordo de 1820-23 (254-73, §153-66, p.e. "Saturno", "Asmodea", "Duelo a garrotazos", "Las parcas" y "El perro").

⁴⁹ Véase "Les Phares" (1961a: VI, 12-14), vv. 25-28, citados en Bastida, en este volumen. Baudelaire (1961d: 1019) describe con esmero el grabado de "un malheureux [...] qui veut à toute force sortir de son tombeau", reprimido por "une myriade de vilains gnomes lilliputiens [...] réunis sur le couvercle de la tombe entrebâillée" (probablemente *Caprichos*, §59 "¡Y aún

La marca peculiar de horror surrealista en Goya encontró un eco literario en el periodismo de Larra. En una reseña escrita en junio de 1836 Fígaro declaraba que la alegoría –nombre con el que designaba el género caduco del "cuento alusivo, el poema satírico, el apólogo y la fábula" cultivado por Samaniego– estaba agotada, habiendo sido reemplazada por el artículo de costumbres, reflejo de "las nuevas y especiales formas de la sociedad" que, desde Inglaterra, anunciaban la modernidad "árida, [...] desdichada, asquerosa a veces y despreciable", mundo revelado por el "genio infalible" de Balzac como "abismo insondable, un mar salobre, amargo y sin playas, la realidad, el caos, la nada".[50] Pero el propio Larra ya había probado varios tropos alegóricos para captar, desde su postura de *dandy* o *flâneur*, sus sentimientos de hastío frente al hervidero multitudinario de la metrópolis moderna.[51] Este impulso afloró con tétrico esplendor en "El día de difuntos de 1836" (1997f: 582): "¿Dónde está el cementerio? ¿Fuera o dentro? El cementerio está dentro de Madrid. Madrid es el cementerio". La grotesca pesadilla final es uno de los mayores aciertos del modo moderno de la alegoría:

> Pero ya anochecía [...] Tendí una última ojeada sobre el vasto cementerio. Olía a muerte próxima. Los perros ladraban con aquel aullido prolongado, intérprete de su instinto agorero; el gran coloso, la inmensa capital, toda ella se removía como un moribundo que tantea la ropa; entonces no vi más que un gran sepulcro: una inmensa lápida se disponía a cubrirle como una ancha tumba. [...]

no se van!"), que parece haber inspirado su "Spleen" ("Quand le ciel bas et lourd pèse comme un couvercle", 1961a: LXXVIII, 70-71; véase Auerbach, 1967: 10 & n2 y 1967b); cf. también la escenografía goyesca de "La Béatrice" (1961a: CXV, 110-11 & n).

[50] Larra (1997e: 542). En la segunda entrega del artículo (544-45) declara: "La alegoría, [...] sobre cuya base se han fundado tantas obras eminentes, y acaso en las que más han brillado los esfuerzos del ingenio, la alegoría expira ya en el día a manos de la libertad de imprenta. [...] Desde el momento en que no haya idea, por atrevida que sea, que no pueda clara y despejadamente decirse y publicarse, [...] la alegoría entera viénese al suelo como un resorte usado, perteneciente a una mecánica antigua y sin uso ni aplicación posible en la nueva máquina". Como ejemplo de este agotamiento cita a J. Fenimore Cooper.

[51] Larra (1997a) y (1997b) pintan sus primeros paseos como *flâneur* por un Madrid cada vez más infernal; en 1835 la sátira cede a la fantasía con las caricaturas del "hombre-globo" (1997c) y la trapera de la Muerte (1997d), y luego la visión espectral de la hambrienta Bilbao entre las orgías navideñas de 1836 (1997g: 606-07), donde la entrevista final con la Némesis en figura de asturiano bestial, representante de la multitud, se compara explícitamente con la técnica de Esopo (608-09): "quedamos dentro casi a oscuras yo y mi criado, es decir, la verdad y Fígaro. [...] Misterios más raros se han visto acreditados; los fabulistas hacen hablar a los animales, ¿por qué no he de hacer yo hablar a mi criado?".

Una nube sombría lo envolvió todo. Era la noche. El frío de la noche helaba mis venas. Quise salir violentamente del horrible cementerio. Quise refugiarme en mi propio corazón, lleno no ha mucho de vida, de ilusiones, de deseos. ¡Santo cielo! También otro cementerio. Mi corazón no es más que otro sepulcro. [...]
¡Silencio, silencio! (1997f: 585-86)[52]

Hay una relación notable entre los términos de esta visión fantasmagórica y un pasaje en que Baudelaire comparaba la alegoría a la "iluminación" embriagada del narcótico:

L'allégorie, ce genre si *spirituel*, que les peintres maladroits nous ont accoutumés à mépriser, mais qui est vraiment l'une des formes les plus primitives et les plus naturelles de la poésie, reprend sa domination légitime dans l'intelligence illuminée par l'ivresse. Le haschisch s'étend alors sur toute la vie comme un vernis magique; il la colore en solennité et en éclaire toute la profondeur [...], perspectives de villes blanchies par la lividité cadavéreuse de l'orage ou illuminées par les ardeurs concentrées des soleils couchants, profondeur de l'espace, allégorie de la profondeur du temps. ("L'homme-dieu", 1961b: 372-83, en 376)

Larra y Goya, inventores geniales, no encontraron seguidores inmediatos de estas formas tóxicas de la alegoría; en efecto, están tan ausentes del panorama cultural español del siglo XIX como la propia drogadicción, motora de nuevas formas de sensibilidad en el resto de Europa y en los Estados Unidos. Hubo, en cambio, una vuelta a formas más convencionales del modo alegórico, que afloraron con fuerza en la novela de tesis de los epígonos del Biedermeier y los pioneros del Realismo.[53] Sólo a finales del siglo

---

[52] Cf. Quevedo (1993), y los sonetos "¡Ah de la vida!" y "Miré los muros de la patria mía" (1963: 4, §2, 31-32, §29); la "pintura más poética que verdadera" de España como una casa desmoronada en Cadalso (1996: 253, XLIV); y las imágenes goyescas del coloso y de la lápida (nn48-49, *supra*). Para Fígaro como *flâneur* véase Larra (1997: ix-x), Umbral (1976); cf. Benjamin, "Der Flaneur" (1974b: 537-69, en 554-61; 618-32, en 629-32); "Baudelaire oder die Straßen von Paris" (1982: 54-56).

[53] Véase Sanmartín, en este volumen. Para el concepto del "período Biedermeier", corriente en otras lenguas, véase Nemoianu (1984), quien por cierto lo emplea con tino para rechazar cualquier noción de retraso cultural en el Romanticismo ibérico (37-39). Con "novela de tesis" designo la categoría de las "alegorías nacionales" analizadas por Jameson (1986), asociadas con las crisis de identidad nacional. Desde el punto de vista del canon occidental, son formas de *pulp fiction* que borran la distinción entre lo privado (libido) y lo público (política) para hacer del destino del protagonista "an allegory of the embattled situation of the public [...] culture". La crisis de identidad de la España decimonónica se debía, según Jameson, a su condición "semi-periférica"; lo demuestra el caso excepcional de Pérez Galdós, "the

se retomaron los hilos de una alegoría distintamente moderna, si bien con las aureolas orquidáceas del panteísmo simbolista. Anunció esta vuelta al simbolismo el ensayo *En torno al casticismo* de Miguel de Unamuno, en el que intentó comprender su país a través del "presente intra-histórico" ("La casta histórica: Castilla", 1966: 799-816, en 799, §i). Este grandioso proyecto era abiertamente parabólico: Quijote y el Cid devenían alegorías de Castilla (*ibid.* §iii, 810); Castilla, una alegoría de España; el paisaje, una alegoría de la raza o viceversa ("almas vivas, con fondo transitorio y fondo eterno y una intra-historia castellana [...] casta de complexión seca, dura y sarmentosa", §iv, 811); la ausencia del paisajismo en la pintura española y los antiguos daguerrotipos de familia, alegorías del carácter nacional (§iv, 812; §v, 815); y todo, con ese egoísmo que en él hacía las veces de la introspección, una alegoría del alma de Unamuno:

> ¡Ancha es Castilla! ¡Y qué hermosa la tristeza reposada de ese mar petrificado y lleno de cielo! [...] Es, si cabe decirlo, más que panteístico, un paisaje monoteístico [...] en que se achica el hombre, y en que siente en medio de la sequía de los campos sequedades del alma.
>
> [...] En el inmenso páramo muerto, a la luz derretida del crepúsculo, un cardo quebrando la imponente monotonía, en el primer término, y en lontananza, las siluetas de Don Quijote y Sancho sobre el cielo agonizante. (§iii, 809, 810)

Paradójicamente, en la entrega siguiente Unamuno se empeñó en denigrar el arte alegórico en la figura de Calderón, su máximo representante ("El espíritu castellano", 1966: 817-38, en 817-20). En sus "dramas sarmentosos", alegaba Unamuno, los personajes actúan como "grabados al aguafuerte, sobre un fondo monótono, cual las precisas siluetas de los gañanes a la caída de la tarde, sobre el bruñido cielo"; atrapadas las figuras alegóricas en "el tablero de las categorías lógicas", se les ve "la pegadura" (818-19) y en vez de surgir "del protoplasma del nimbo orgánico" son "momias [...], huesos que admiran los osteólogos y paleontólogos" (820). En fin, el "espíritu castizo" de Calderón

> no llegó [...] a la entrañable armonía de lo ideal y lo real, a su identidad oculta; no consiguió soldar los conceptos, anegándolos en sus nimbos, ni alcanzó la

---

last and among the richest achievements of 19th-century realism", pero al mismo tiempo "more visibly allegorical (in the national sense) than [any of his] European predecessors" (Jameson, 1986: 78-79). En Latinoamérica la alegoría nacional dio frutos notables, p.e. *El matadero* de Echeverría, *Iracema* (anagrama de América) de José de Alencar y, más tarde, *La vorágine* del poeta colombiano Rivera.

inmensa sinfonía del tiempo eterno y del infinito espacio [...]. Para él dos mundos, un caleidoscopio de hechos y un sistema de conceptos, y sobre ellos un Motor inmoble. (818-19)

Para Unamuno el modo "disociativo, dualista, polarizador" de la alegoría calderoniana no era una magnífica manifestación de la cultura barroca, sino un reflejo del clima, paisaje y fanatismo españoles ("aquí entran en cuenta el sol y otros ingredientes", 821); así se lanzaba, ciegamente, contra el modo que él mismo empleaba con tanta pasión.[54] ¿Podría darse un ejemplo más claro del *impasse* de la sujetividad romántica? El simbolismo de *En torno al casticismo* no depende de una estructura doble ostensible; no obstante, recae forzosamente en la alegoría porque descansa en la ontología mística de la falacia patética.[55] El "diccionario" unamuniano de correspondencias alegóricas –mar, piedra, cielo, silueta, sequedad, hueso– define el escenario de un drama en que el yo procura proyectar sobre el paisaje su propio sentimiento trágico de la vida.

A la zaga de Unamuno la alegoría simbolista se insinuó un poco por todas partes en la literatura modernista. En sus extraordinarias *Meditaciones del Quijote*, Ortega y Gasset intenta construir una metafísica de ese simbolismo subjetivista. Lo presenta como una forma de empatía que pone los objetos que se arrojan "a nuestros pies como restos inhábiles de un naufragio" en fusión con el espíritu, para que cada uno quede "transfigurado, transubstanciado, salvado" ("Lector...", en Ortega, 1946: 311-12). Sin esta "visión amorosa" el universo resulta ser una "cosa rígida, seca, sórdida y desierta",

---

[54] Summerhill (1992: 23 n7) nota la incoherencia de este ataque; en vano procura disculparlo por haber antecedido la crisis psicológica de 1897, "origen de su estética alegórica modernista". El vocabulario unamuniano revela su dependencia de la poética romántica (p.e. el contraste entre obras "vivíparas" y "ovíparas" en "De vuelta" y "Escritor ovíparo", 1966-71: VIII, 206-10, y "A lo que salga", *ibid*. I, 1194-204; cf. n35, *supra*); así prefiere el término *símbolo* a *alegoría*, pero, por mucho que lo niegue, el prólogo a *Tres novelas ejemplares y un prólogo* (1966-71: II, 971-77, en 974-76) resalta el carácter rígidamente alegórico de sus obras: "ya sé la canción de los críticos que se han agarrado a lo de la *nivola*: novelas de tesis, filosóficas, símbolos, conceptos personificados, ensayos en forma dialogada ... y lo demás. Pues bien; un hombre [...] es un símbolo, y un símbolo puede hacerse hombre. Y hasta un concepto [...] puede llegar a hacerse persona. [Pero] como no lo ha sacado uno [...] del hombre cotidiano y crepuscular, [...] es capaz de llamarle símbolo o alegoría"; véase Summerhill (1992: 17-20, 22).

[55] Spivak (1972: 349) "The late eighteenth century [...] created the aesthetic of the symbol, where sign and meaning, instead of depending upon a deliberate double structure, are supposed to coalesce. [But] this aesthetic was the unwitting recognition of the allegoric tendency. For [...] to accept the artist's notion of the symbol at face value is to deny the inevitably truncated nature of signification and to accept an unnecessarily mystical model of the mind". Cf. n38, *supra*.

y cruzan nuestras almas por la vida, haciéndole una agria mueca, suspicaces y fugitivas como largos canes hambrientos. Entre las páginas simbólicas de toda una edad española, habrá siempre que incluir aquellas tremendas donde Mateo Alemán dibuja la alegoría del Descontento. (312; cf. *Guzmán de Alfarache* I.i.7, en Alemán, 1979: I, 186-90)

La exposición de esta filosofía idealista toma la forma, rigurosamente apropiada, de una extendida alegoría de una de sus excursiones solitarias por los bosques de El Escorial ("Meditación preliminar", 1946: 329-64). Para Ortega, como para Baudelaire, el bosque es un símbolo potente porque siempre "huye de los ojos"; en el centro encontramos una ausencia, "un rumor débil en brazos del silencio" (§i, 330-31). Al penetrar en el bosque, Ortega vislumbra en un claro "un temblor en el aire como si se aprestara a llenar el hueco que ha dejado al huir un ligero cuerpo desnudo"; es decir, una de esas "ninfas fugitivas" con que la Antigüedad poblaba la selva para proyectar "en formas corpóreas y vivas las siluetas de sus emociones" (331). Su pensamiento se convierte en "dialéctico fauno que persigue, como a una ninfa fugaz, la esencia del bosque"; busca la "pura iluminación subitánea" que alumbrará el trasmundo de significados que laten detrás de sus "caracteres superficiales" (§iii, 333-§iv, 336). No es casual esta alusión a la vieja figura barroca del "libro de la naturaleza"; la conclusión de Ortega suena como una defensa de la alegoría tradicional.[56] Termina su paseo en un estado de ánimo que no habría sorprendido al sufí Abentofail:

> El azul crepuscular había inundado todo el paisaje. Las voces de los pájaros yacían dormidas en sus menudas gargantas. Al alejarme de las aguas que corrían, entré en una zona de absoluto silencio. Y mi corazón salió entonces del fondo de las cosas como un actor se adelanta en la escena para decir las últimas

---

[56] Cf. §iv (336): "Cuando dice el hombre de mucha fe que ve a Dios en la campiña florecida y en la faz combada de la noche, no se expresa más metafóricamente que si hablara de haber visto una naranja. Si no hubiera más que un ver pasivo quedaría el mundo reducido a un caos de puntos luminosos". Ortega adopta la oposición romántica entre el "aparato *mecánico* de la prueba" y la imaginación "orgánica" ("Lector...", 318; cf. nn35, 54, *supra*), pero defiende la abstracción del concepto (§x "El concepto", 352-54 "se nos presenta como [...] umbrátil duplicación del organismo. [...] [Pero] las cosas como impresiones son fugaces, huideras [...] el concepto las fija y nos las entrega prisioneras"); la misión del arte es la "integración" de cosas y conceptos (§xiii, 358-59 "Hay en los grandes estilos como un ambiente estelar o de alta sierra en que la vida se refracta vencida y superada, transida de claridad"). Con todo, Ortega concede que el *Quijote* no es alegórico (§xiii, 360 "No existe libro alguno cuyo poder de alusiones simbólicas al sentido universal de la vida sea tan grande, y, sin embargo, no existe libro alguno en que hallemos *menos anticipaciones, menos indicios para su propia interpretación*", cursiva mía).

palabras dramáticas. Paf... paf... Comenzó el rítmico martilleo y por él se filtró en mi ánimo una emoción telúrica. En lo alto, un lucero latía al mismo compás, como si fuera un corazón sideral, hermano gemelo del mío, y, como el mío, lleno de asombro y de ternura por lo maravilloso que es el mundo. ("Meditación preliminar", epílogo, 363-64)

Puedes expulsar la alegoría con una horca; *tamen usque recurret*. Como demuestran los estudios que siguen, el modo alegórico asume una abigarrada variedad de formas y funciones; refleja aspectos vitales de la cultura circundante, y afecta no sólo la expresión literaria y artística sino también los campos de la semiótica, la filosofía, la política e incluso, como demuestra José Manuel Pedrosa, las estructuras antropológicas de la vida social. Lejos de ser un artificio intolerable, estúpido y frío, la alegoría ofrece, en todas sus edades, "una noble tarea para la imaginación receptora".[57]

Obras citadas

Abrams, M. H., 1953. *The Mirror and the Lamp: Romantic Theory and the Critical Tradition*, Oxford, Oxford UP.
Alemán, Mateo, 1979. *Guzmán de Alfarache*, ed. Benito Brancaforte, LH 86-87, 2 tomos, Madrid, Cátedra [*Primera parte de Guzman de Alfarache*, Madrid, Várez de Castro, 1599; *Segunda parte de la vida de Guzman de Alfarache, atalaya de la vida humana*, Lisboa, Pedro Crasbeeck, 1604].
Alfonso el Sabio, 1957-61. *General estoria: segunda parte*, ed. Antonio G. Solalinde, Lloyd A. Kasten & Víctor R. B. Oelschläger, 2 tomos, Madrid, CSIC.
Allen, Don Cameron, 1970. *Mysteriously Meant: The Rediscovery of Pagan Symbolism and Allegorical Interpretation in the Renaissance*, Baltimore, Johns Hopkins UP.

---

[57] Spivak (1972: 349) "What [the reader] has to do [...] in order for the multivalent, often mystifying texture of the work to reveal itself is a noble task for the receptive imagination"; (*ibid*. 333) "It is no use saying the layer of meanings around [the symbol is] more complex than it would be around a 'mere' allegoric icon. It is only a symbolist chauvinism that would deny the imaginative magic needed to make meaning out of the utter complexity of the allegorical coherence of *La dame à la licorne*". De los pocos libros en español sobre nuestro tema, no he podido ver Cvitanovic *et al*. (1983) ni Cvitanovic (1995). Agradezco a Renate Smithuis por su ayuda lingüística con el texto de Maimónides; a Óscar Cornago e Iris Bachmann por haberme orientado en mis lecturas alemanas, especialmente de Benjamin; a Adrian Armstrong, por su sabiduría bibliográfica en torno al francés medieval; a Alan Hoyle, por sus consejos sobre Unamuno; a Sergio Otero, por varios libros y charlas; y a Esther Gómez Sierra y las editoras de este volumen por sus *castigationes* estilísticas, científicas y morales.

Auerbach, Erich, 1946. *Mimesis: dargestellte Wirklichkeit in der abendländischen Literatur*, Bern, Francke.
— 1967. *Gesammelte Aufsätze zur romanischen Philologie*, Bern, Francke.
— 1967a. "Figura", en *Gesammelte Aufsätze*, 55-92 [*Archivum Romanicum*, 22, 1938, 436-89].
— 1967b. "Baudelaires *Fleurs du Mal* und das Erhabene", en *Gesammelte Aufsätze*, 275-90 [*Vier Untersuchungen zur Geschichte der französischen Bildung*, Bern, Francke, 1951, 107-27].
Baudelaire, Charles, 1961a. "*Les Fleurs du Mal* (Texte de 1861)", en *Œuvres complètes*, ed. Y.-G. Le Dantec, rev. Claude Pichois, 2a. edición, Bibliothèque de la Pléiade 1 & 7, Paris, Gallimard, 1961, 1-189 [Paris, Poulet-Malassis & De Broise, 1861; 1a. edición 1857].
— 1961b. "Le poëme du haschisch', en *Les Paradis artificiels: opium et haschisch*, en *Œuvres complètes*, 345-462 (347-87) ["De l'Idéal artificiel: le haschisch", *Revue contemporaine et Athenæum français*, 30 septembre 1858, 274-307, reimpr. en *Les Paradis artificiels*, Paris, Poulet-Malassis & De Broise, 1860].
— 1961c. "De l'essence du rire et généralement du comique dans les arts plastiques", en *Œuvres complètes*, 975-93 [*Le Portefeuille*, 8 juillet 1855].
— 1961d. "Quelques caricaturistes étrangers: Hogarth, Cruikshank, Goya, Pinelli, Brueghel", en *Œuvres complètes*, 1014-24 [*Le Présent*, 15 octobre 1857].
— 1968. "*Les Fleurs du Mal*": texte de la deuxième édition. "*Les Épaves*". *Additions de la troisième édition. Documents et bibliographie*, ed. Jacques Crépet & Georges Blin, 2a. edición rev. Georges Blin & Claude Pichois, Paris, José Corti.
Benjamin, Walter, 1974a. *Ursprung des deutschen Trauerspiels*, en *GS*, I/1-3, I, 203-430 [Berlin, Rowohlt, 1928].
— 1974b. *Charles Baudelaire: ein Lyriker im Zeitalter des Hochkapitalismus*, en *GS*, I/1-3, II, 509-690 [ampliación de "Über einige Motive bei Baudelaire", *Zeitschrift für Sozialforschung*, 8, 1939, 50-89].
— 1977. "*El mayor monstruo, los celos* von Calderon und *Herodes und Mariamne* von Hebbel: Bemerkungen zum Problem des historischen Dramas", en *GS*, II/1-3, I, 246-76 [Ms. inédito de *c*.1923].
— 1982. "Paris, die Hauptstadt des XIX. Jahrhunderts", en *GS*, V/1-2: *Das Passagen-Werk*, I, 45-59 [obra no terminada, póstumamente editada en *Schriften*, ed. Theodor W. Adorno & Gretel Adorno, con Friedrich Podszus, 2 tomos, Frankfurt, Suhrkamp, 1955, I, 408-22].
Berceo, Gonzalo de, 1985. *Milagros de Nuestra Señora*, ed. Michael Gerli, LH 224, Madrid, Cátedra.
— 1992. *Obra completa*, ed. Isabel Uría *et al.*, CC n.s., Madrid, Espasa-Calpe & Gobierno de la Rioja.
Berlin, Adele, & Marc Zvi Brettler (eds.), 2004. *The Jewish Study Bible: Jewish Publication Society Tanakh Translation*, New York, Oxford UP.
Boas, George (trad.), 1993. *The "Hieroglyphics" of Horapollo*, introd. Anthony Grafton, Bollingen Series 23, 2a. edición, Princeton, Princeton UP.

Borges, Jorge Luis, 1956. "Pierre Menard, autor del Quijote", en *Ficciones*, 2a. edición, Buenos Aires, Emecé, 45-57 [*Sur*, año 9.56, mayo 1939, 7-16].
— 1960. "De las alegorías a las novelas", en *Otras inquisiciones*, 2a. edición, Buenos Aires, Emecé, 211-15 [*La nación* (Buenos Aires), 7 agosto 1949, 2a. secc., 1].
Bouza Álvarez, Fernando J., 1992. *Del escribano a la biblioteca: la civilización escrita europea en la alta Edad Moderna (siglos XV-XVII)*, Madrid, Síntesis.
Bürgel, J. Christoph, 1996. "'Symbols and Hints': Some Considerations Concerning the Meaning of Ibn Ṭufayl's *Ḥayy ibn Yaqẓān*", en *The World of Ibn Ṭufayl: Interdisciplinary Perspectives on "Ḥayy ibn Yaqẓān"*, ed. Lawrence I. Conrad, Leiden, Brill, 114-32.
Burke, James F., 1972. *History and Vision: The Figural Structure of the "Libro del cavallero Zifar"*, Colección Támesis A28, London, Tamesis.
Cadalso, José de, 1996. *Cartas marruecas. Noches lúgubres*, ed. Russell P. Sebold, LH 78, Madrid, Cátedra [*Cartas marruecas del coronel D. Joseph Cadahalso*, Madrid, Sancha, 1793].
Chesterton, G. K., 1904. *G.F. Watts*, London, Duckworth.
Cobarruvias Orozco, Sebastián de, 1977. *Tesoro de la lengua castellana o española*, ed. Martín de Riquer, Madrid, Turner [Madrid, Sánchez, 1611].
Coleridge, Samuel Taylor, 1957-2002. *The Notebooks of Samuel Taylor Coleridge*, ed. Kathleen Coburn, Merton Christensen & Anthony John Harding, Bollingen Series 50, 5 tomos en 10 vols., Princeton, Princeton UP.
— 1972. *The Collected Works*, VI: *Lay Sermons*, ed. R.J. White, Bollingen Series 75, Princeton, Princeton UP, 1-114 [*The Statesman's Manual; or, The Bible the Best Guide to Political Skill and Foresight: A Lay Sermon*, London, Gale & Fenner, 1816].
— 1987. *The Collected Works*, V: *Lectures 1808-1819*, ed. R. A. Foakes, Bollingen Series 75, 2 tomos, Princeton, Princeton UP.
— 1990. *The Collected Works*, XIV: *Table Talk, Recorded by Henry Nelson Coleridge (and John Taylor Coleridge)*, ed. Carl Woodring, Bollingen Series 75, 2 tomos, Princeton, Princeton UP.
Cortegana, Diego López de (trad.), 1988. *Apuleyo: El asno de oro*, ed. Carlos García Gual, Libro de bolsillo 1296, Madrid, Alianza [*Lucio Apuleyo del asno de oro, corregido y añadido*, 2a. edición, con prólogo, Medina del Campo, Pedro de Castro, 1543; 1a. edición, ¿Sevilla, Cromberger, 1513?].
Culler, Jonathan, 1975-76. "Literary History, Allegory, and Semiology", *New Literary History: A Journal of Theory and Interpretation*, 7, 259-70.
— 1993. "Introduction", en Charles Baudelaire, *"The Flowers of Evil": A New Translation with Parallel French Text*, trad. James McGowan, Oxford, Oxford UP, xiii-xxxvii.
Cvitanovic, Dinko, 1995. *De Berceo a Borges: la alegoría en las letras hispánicas*, Estudios latinoamericanos 36, Buenos Aires, F. García Cambeiro.
— et al., 1983. *Estudios sobre la expresión alegórica en España y América*, Bahía Blanca, Universidad Nacional del Sur.

Dante Alighieri, 1924. *Le opere*, ed. E. Moore, rev. Paget Toynbee, 4a. edición, Oxford, Stamperia dell'Università.

De Man, Paul, 1981. "Pascal's Allegory of Persuasion", en *Allegory and Representation: Selected Papers from the English Institute, 1979-80*, ed. Stephen J. Greenblatt, Selected Papers from the English Institute n.s. 5, Baltimore, Johns Hopkins UP, 1-25.

— 1983. "The Rhetoric of Temporality: Allegory and Symbol", en su *Blindness and Insight: Essays in the Rhetoric of Contemporary Criticism*, introd. Wlad Godzich, 2a. edición, London, Methuen, 1983, 187-228 [*Interpretation: Theory and Practice*, ed. Charles S. Singleton, Baltimore, Johns Hopkins Press, 1969, 179-90].

De Quincey, Thomas (trad.), 2000. "Gallery of the German Prose Classics, II: Lessing, with Notes and a Postscript", en *The Works of Thomas De Quincey*, VI: *Articles from the "Edinburgh Evening Post", "Blackwood's Edinburgh Magazine" and the "Edinburgh Literary Gazette", 1826-1829*, ed. David Groves & Grevel Lindop, London, Pickering & Chatto, 51-72 [*Blackwood's Magazine*, 20, enero 1827].

Eco, Umberto, 1985. "L'*Epistola* XIII, l'allegorismo medievale, il simbolismo moderno", en su *Sugli specchi e altri saggi: il segno, la rappresentazione, l'illusione, l'immagine*, Milano, Bompiani, 215-41.

— 1987. "Simbolo e allegoria", en su *Arte e bellezza nell'estetica medievale*, Milano, Bompiani, 67-100 [rev. de "6: L'Universo simbolico e allegorico", en su "Sviluppo dell'estetica medievale", en *Momenti e problemi di storia dell'estetica*, Problemi ed orientamenti critici di lingua e di letteratura italiana 5, 2 tomos, Milano, Marzorati, 1959-61, I: *Dall' antichità classica al Barocco*, 115-229 (158-70)].

Fineman, Joel, 1981. "The Structure of Allegorical Desire", en *Allegory and Representation: Selected Papers from the English Institute, 1979-80*, ed. Stephen J. Greenblatt, Selected Papers from the English Institute n.s. 5, Baltimore, Johns Hopkins UP, 26-60.

Fletcher, Angus, 1964. *Allegory: The Theory of a Symbolic Mode*, Ithaca, Cornell UP.

Foster, David William, 1970. *Christian Allegory in Early Hispanic Poetry*, Studies in Romance Languages 4, Lexington, University of Kentucky Press.

Frye, Northrop, 1957. "Second Essay: Ethical Criticism. Theory of Symbols", en su *Anatomy of Criticism: Four Essays*, Princeton, Princeton UP, 69-128.

Gadamer, Hans-Georg, 1972. *Wahrheit und Methode: Grundzüge einer philosophischen Hermeneutik*, 3a. edición, Tübingen, Mohr [1960].

Goethe, Johann Wolfgang von, 1993. *Sämtliche Werke. Briefe, Tagebücher und Gespräche*, XIII: *Sprüche in Prosa: sämtliche Maximen und Reflexionen*, ed. Friedmar Apel, Frankfurt am Main, Deutscher Klassiker Verlag.

Góngora y Argote, Luis de, 1921. *Obras poéticas de D. Luis de Góngora*, ed. R. Foulché-Delbosc, 3 tomos, New York, Hispanic Society of America.

Gracián, Baltasar, 1969. *Agudeza y arte de ingenio*, ed. Evaristo Correa Calderón, CCa 14-15, 2 tomos, Madrid, Castalia [Huesca, Nogués, 1648; rev. de Gracián, 1998].

— 1980. *El Criticón*, ed. Santos Alonso, LH 122, Madrid, Cátedra [*Parte* I, Zaragoza, Nogués, 1651; II, Huesca, Nogués, 1653; III, Madrid, Pablo de Val, 1657].
— 1998. *Arte de ingenio, Tratado de la agudeza*, ed. Emilio Blanco, LH 443, Madrid, Cátedra [Madrid, Juan Sánchez, 1642].
Greenblatt, Stephen J., 1981. "Preface", en *Allegory and Representation: Selected Papers from the English Institute, 1979-80*, ed. Stephen J. Greenblatt, Selected Papers from the English Institute n.s. 5, Baltimore, Johns Hopkins UP, vii-xiii.
Hart, Thomas R., 1959. *La alegoría en el "Libro de buen amor"*, Madrid, Revista de Occidente.
Hawi, Sami S., 1974. "Ibn Ṭufayl: His Motives for the Use of Narrative Form and his Method of Concealment in *Ḥayy ibn Yaqẓān*", *The Muslim World*, 64, 322-37.
Horozco y Covaruvias, Juan de, 1591. *Emblemas morales*, Segovia, Juan de la Cuesta (portada 1591, privilegio 1588, fols. A2-2^v, colofón 1589, fol. vv8).
Huizinga, Johan, 1978. *El otoño de la Edad Media: estudios sobre la forma de la vida y del espíritu durante los siglos XIV y XV en Francia y en los Países Bajos*, trad. José Gaos, Alianza Universidad 220, Madrid, Alianza (traducción del libro siguiente).
— 2004. *Herfsttij der middeleeuwen: studie over levens- en gedachtenvormen der veertiende en vijftiende eeuw in Frankrijk en de Nederlanden*, ed. Anton van der Lem, 27a. edición, Amsterdam, Olympus [Haarlem, Willink, 1919].
Ibn Saʿīd, 1978. *"El libro de las banderas de los campeones" de Ibn Saʿīd al-Magribī: antología de poemas arábigoandaluces*, ed. & trad. Emilio García Gómez, 2a. edición, Barcelona, Seix Barral.
Ibn Ṭufayl, Abū Bakr, 1936. *"Hayy ben Yaqdhân", roman philosophique d'Ibn Thofaïl: texte arabe, avec les variantes des manuscrits et de plusieurs éditions, et traduction française*, ed. & trad. Léon Gauthier, Publications de l'Institut d'études orientales de la Faculté des lettres d'Alger 3, 2a. edición, Beyrouth, Imprimerie Catholique.
Iversen, Erik, 1993. *The Myth of Egypt and its Hieroglyphics in European Tradition*, 2a. edición, Princeton, Princeton UP [Copenhagen, Gad, 1961].
Jameson, Fredric, 1986. "Third-World Literature in the Era of Multinational Capitalism", *Social Text: Theory, Culture, Ideology*, 5, núm. 15 (Fall: *Contemporary Cuban Culture*), 65-88.
Jauß, Hans Robert, 1968-70. "Entstehung und Strukturwandel der allegorischen Dichtung", en *Grundriß der romanischen Literaturen des Mittelalters*, VI: *La Littérature didactique, allégorique et satirique*, ed. Hans Robert Jauß & Jürgen Beyer, 2 tomos, Heidelberg, Winter, I, 146-244 (bibliografía, II, 203-80); reprod. parcial en Jauß, 1977, [154-218].
— 1970. "Ernst und Scherz in mittelalterlicher Allegorie", en *Mélanges de langue et de littérature du Moyen Age et de la Renaissance offerts à Jean Frappier*, 2 tomos, Genève, Droz, II, 433-51; reprod. en Jauß, 1977, [219-37].
— 1977. *Alterität und Modernität der mittelalterlichen Literatur: gesammelte Aufsätze 1956-1976*, München, Wilhelm Fink.

— 1977a. "Alterität und Modernität der mittelalterlichen Literatur", en *Alterität und Modernität der mittelalterlichen Literatur*, 9-47.
— 1978. "Form und Auffassung der Allegorie in der Tradition der *Psychomachia*: von Prudentius zum ersten *Romanz de la Rose*", en *Der altfranzösische höfische Roman*, ed. Erich Köhler, Wege der Forschung 425, Darmstadt, Wissenschaftliche Buchgesellschaft, 301-41 [*Medium Aevum vivum: Festschrift für Walther Bulst*, ed. Hans Robert Jauß & Dieter Schaller, Heidelberg, Winter, 1960, 179-206].
— 1979. "Baudelaires Rückgriff auf die Allegorie", en *Formen und Funktionen der Allegorie: Symposium Wolfenbüttel 1978*, ed. Walter Haug, Germanistische Symposien Berichtsbände 3, Stuttgart, Metzler, 686-700.
Jung, Marc-René, 1971. *Études sur le poème allégorique en France au moyen âge*, Romanica Helvetica 82, Berne, Francke.
Kemal, Salim, 1996. "Justifications of Poetic Validity: Ibn Ṭufayl's *Ḥayy ibn Yaqẓān* and Ibn Sīnā's *Commentary on the 'Poetics' of Aristotle*", en *The World of Ibn Ṭufayl: Interdisciplinary Perspectives on "Ḥayy ibn Yaqẓān"*, ed. Lawrence I. Conrad, Leiden, Brill, 195-228
Klein, Robert, 1957. "La théorie de l'expression figurée dans les traités italiens sur les *imprese*, 1555-1612", *Bibliothèque d'humanisme et Renaissance*, 19, 320-42.
Kurtz, Barbara E., 1991. *The Play of Allegory in the "Autos sacramentales" of Pedro Calderón de la Barca*, Washington, Catholic University of America.
Kurz, Gerhard, 1979. "Zu einer Hermeneutik der literarischen Allegorie", en *Formen und Funktionen der Allegorie: Symposium Wolfenbüttel 1978*, ed. Walter Haug, Germanistische Symposien Berichtsbände 3, Stuttgart, Metzler, 12-24.
Larra, Mariano José de, 1997. *Fígaro: Colección de artículos dramáticos, literarios, políticos y de costumbres*, ed. Alejandro Pérez Vidal, introd. Leonardo Romero Tobar, Biblioteca Clásica 92, Barcelona, Crítica [5 tomos, Madrid, José M. Repullés, 1835-37; más "Apéndice" de artículos no incluidos en esta edición, 639-700].
— 1997a. "¿Quién es el público y dónde se le encuentra? Artículo mutilado, o sea refundido (Hermite de la Chaussée d'Antin)", en *Fígaro*, 657-64 [*El pobrecito hablador: revista satírica de costumbres, &c. &c. por el bachiller D. Juan Perez de Munguía*, 1, agosto 1832].
— 1997b. "El mundo todo es máscaras: todo el año es carnaval", en *Fígaro*, 665-77 [*El pobrecito hablador*, 12, marzo 1833].
— 1997c. "El hombre-globo", en *Fígaro*, 318-24 [*Revista española: periódico dedicado a S.M. la Reina Gobernadora.- Mensagero de las Cortes*, 9, 9 marzo 1835].
— 1997d. "Modos de vivir que no dan de vivir: oficios menudos", en *Fígaro*, 393-401 [*Revista-Mensagero*, 121, 29 junio 1835].
— 1997e. "*Panorama matritense*: cuadros de costumbres de la capital observados y descritos por un Curioso Parlante, Artículo I: Consideraciones generales acerca del origen y condiciones de los artículos de costumbres. Escritores franceses modernos que más se distinguen en este ramo de literatura", & "Artículo segun-

do y último', en *Fígaro*, 538-43, 544-48 [*El español: diario de las doctrinas y los intereses sociales*, 231, 19 junio 1836 & 232, 20 junio 1836].
— 1997f. "El día de difuntos de 1836: Fígaro en el cementerio", en *Fígaro*, 580-86 [*El español*, 368, 2 noviembre 1836].
— 1997g. "La Noche buena de 1836: yo y mi criado, delirio filosófico", en *Fígaro*, 604-11 [*El redactor general de España*, 42, 26 diciembre 1836].
Lawrance, Jeremy, 1994. "El comentario de textos, III: después de Nebrija", en *Antonio de Nebrija: Edad Media y Renacimiento*, ed. Carmen Codoñer & Juan Antonio González Iglesias, Acta Salmanticensia EF257, Salamanca, Universidad, 179-93.
— 1999. "La tradición pastoril antes de 1530: imitación clásica e hibridación romancista en la *Traslación de las Bucólicas de Virgilio* de Juan del Encina", en *Humanismo y literatura en tiempos de Juan del Encina*, ed. Javier Guijarro Ceballos, Acta Salmanticensia EF271, Salamanca, Universidad, 101-21.
— 2003. "Alegoría y apocalipsis en *El alboraique*", *Revista de poética medieval*, 11, 11-39.
Le Mierre, Antoine-Marin, 1810. *La Peinture: poëme en trois chants*, en *Œuvres de A.-M. Le Mierre*, ed. René Périn, 3 tomos, Paris, Maugeret fils, III, 201-55 [Paris, Le Jay, 1769].
Lewis, C. S., 1936. *The Allegory of Love: A Study in Medieval Tradition*, London, Oxford UP.
— 1966. "Edmund Spenser, 1552-99", en sus *Studies in Medieval and Renaissance Literature*, ed. Walter Hooper, Cambridge, Cambridge UP, 121-45.
López Pinciano, Dr. Alonso, 1973. *Philosophía antigua poética*, ed. Alfredo Carballo Picazo, Biblioteca de Antiguos Libros Hispánicos A19, 3 tomos, Madrid, CSIC [Madrid, Tomás Junti, 1596].
Lubac, Henri de, 1959-64. *Exégèse médiéval: les quatre sens de l'Écriture*, Études de la Faculté de Théologie SJ de Lyon-Fourvière 41-42 & 59, 4 tomos, Paris, Aubier.
Luna, Juan J., & Margarita Moreno de las Heras (eds.), 1996. *Goya: 250 Aniversario (Museo del Prado, del 30 de marzo al 2 de junio 1996)*, Madrid, Museo del Prado.
Maïmonide, 1856-66. *Le Guide des égarés: traité de théologie et de philosophie par Moïse ben Maimoun, dit Maïmonide, publié pour la première fois dans l'original arabe et accompagné d'une traduction française et de notes critiques, littéraires et explicatives*, ed. & trad. S. Munk, 3 tomos, Paris, Franck.
Margolin, Jean-Claude, 1977. "Aspects du surréalisme au XVIe siècle: fonction allégorique et vision anamorphique", *Bibliothèque d'humanisme et Renaissance*, 39, 503-30.
Martínez de Toledo, Alfonso, 1987. *Arcipreste de Talavera, o Corbacho*, ed. Michael Gerli, 2a. ("tercera") edición rev., LH 92, Madrid, Cátedra [1979].
Martins, Mário, 1975. *Alegorias, Símbolos e Exemplos Morais da Literatura Medieval Portuguesa*, Lisboa, Brotéria.

Melville, Herman, 1992. *Moby-Dick; or, The Whale*, introd. Andrew Delbanco, notas de Tom Quirk, New York, Penguin [New York, Harper, 1851].
— 2002. *Tales, Poems, and Other Writings*, ed. John Bryant, New York, Modern Library.
Miller, J. Hillis, 1981. "The Two Allegories", en *Allegory, Myth, and Symbol*, ed. Morton W. Bloomfield, Harvard English Studies 9, Cambridge MA, Harvard UP, 355-70.
Montgomery, Jr., Robert L., 1966. "Allegory and the Incredible Fable: The Italian View from Dante to Tasso", *PMLA*, 81, 45-55.
Nebrija, Antonio de, 1980. *Gramática de la lengua castellana*, ed. Antonio Quilis, Madrid, Editora Nacional [Antonio de Lebrixa, *Gramatica sobre la lengua castellana*, Salamanca, s.n., 1492].
Nemoianu, Virgil, 1984. *The Taming of Romanticism: European Literature and the Age of Biedermeier*, Harvard Studies in Comparative Literature 37, Cambridge MA, Harvard UP.
Ortega y Gasset, José, 1946. *Meditaciones del Quijote*, en *Obras completas*, I: *1902-1916*, Madrid, Revista de Occidente, 309-400 [Madrid, Residencia de Estudiantes, 1914].
Palencia, Alfonso de, 1490. *Universal vocabulario en latin et en rromance*, 2 tomos, Hispali, Paulus de Colonia Alemanus & socii (reimpr. facs., Madrid, RAE, 1967).
Paxson, James J., 1994. *The Poetics of Personification*, Cambridge, Cambridge UP.
Pépin, Jean, 1958. *Mythe et allégorie: les origines grecques et les contestations judéo-chrétiennes*, Paris, Aubier.
— 1970. *Dante et la tradition de l'allégorie*, Montréal, Institut d'études médiévales.
Pérez Castro, Federico (ed. & trad.), 1989. *Poesía secular hispano-hebrea: traducción del hebreo de poemas, notas y prólogos a cada poeta, editados por Schirmann en su "Ha-Širâ ha-'ibrît bi-Sĕfarad û-bĕ-Provence"*, Literatura hispano-hebrea A2, Madrid, CSIC.
Pérez de Moya, Juan, 1995. *Philosofía secreta de la gentilidad*, ed. Carlos Clavería, LH 404, Madrid, Cátedra [*Philosofía secreta, donde debaxo de historias fabulosas se contiene mucha doctrina provechosa a todos estudios, con el origen de los ídolos o dioses de la gentilidad*, Madrid, Sánchez, 1585].
Pocockius, Eduardus (ed. & trad.), 1671. *Philosophus autodidactus; sive, Epistola Abi Jaafar ebn Tophail de Hai ebn Yokdhan, in qua ostenditur quomodo ex inferiorum contemplatione ad superiorum notitiam ratio humana ascendere possit*, Oxonii, H. Hall.
Poe, Edgar Allan, 1993. "Nathaniel Hawthorne", en *Complete Poems and Selected Essays*, ed. Richard Grey, Everyman Library, London, Dent, 240-52 [*The Works of the Late Edgar Allan Poe*, III: *The Literati*, ed. R. W. Griswold, New York, J. S. Redfield, 1850, 188-202; reimpr. de *Godey's Lady's Book*, 35, November 1847, 252-56].
Post, Chandler Rathfon, 1915. *Mediaeval Spanish Allegory*, Harvard Studies in Comparative Literature 4, Cambridge MA, Harvard UP.

Quevedo, Francisco de, 1963. *Obras completas*, I: *Poesía original*, ed. José Manuel Blecua, Clásicos Planeta 4.1, Barcelona, Planeta.
— 1993. *Sueños y discursos*, ed. James O. Crosby, CCa 199, Madrid, Castalia.
Quilligan, Maureen, 1979. *The Language of Allegory: Defining the Genre*, Ithaca, Cornell UP.
— 1981. "Allegory, Allegoresis, and the Deallegorization of Language: The *Roman de la rose*, the *De planctu naturae*, and the *Parlement of Foules*", en *Allegory, Myth, and Symbol*, ed. Morton W. Bloomfield, Harvard English Studies 9, Cambridge MA, Harvard UP, 163-86.
R. de la Flor, Fernando, 2004. "*Oculos* [sic] *non vidit nec auris adivit*: poética anamórfica y óptica aberrante en el barroco hispano", en *Clarines de pluma: homenaje a Antonio Regalado*, ed. Vincent Martin, Madrid, Síntesis, 121-34.
Robbins, Jeremy, 1998. *The Challenges of Uncertainty: An Introduction to Seventeenth-Century Spanish Literature*, London, Duckworth.
Robertson, D.W., Jr., 1962. "Allegory, Humanism, and Literary Theory", en su *A Preface to Chaucer: Studies in Mediaeval Perspectives*, Princeton, Princeton UP, 286-390.
Schlegel, Friedrich von, 1962-71. *Philosophische Lehrjahre (1796-1806)*, ed. Ernst Behler, Kritische Friedrich-Schlegel-Ausgabe 2.XVIII-XIX, 2 tomos, München, Schöningh.
Schopenhauer, Arthur, 1977. *Die Welt als Wille und Vorstellung*, ed. Arthur Hübscher, rev. Angelika Hübscher, Zürcher Ausgabe der Werke in zehn Bänden I-IV, Diogenes Taschenbuch 20421-24, 4 tomos, Zürich, Diogenes [Leipzig, Brockhaus, 1844; 1a. edición, 1818].
Seznec, Jean, 1940. *La Survivance des dieux antiques: essai sur le rôle de la tradition mythologique dans l'humanisme et dans l'art de la Renaissance*, Studies of the Warburg Institute 11, London, Warburg Institute.
Skrine, Peter N., 1978. *The Baroque: Literature and Culture in Seventeenth-Century Europe*, London, Methuen.
Sørensen, Bengt Algot, 1979. "'Die 'zarte Differenz': Symbol und Allegorie in der ästhetischen Diskussion zwischen Schiller und Goethe", en *Formen und Funktionen der Allegorie: Symposium Wolfenbüttel 1978*, ed. Walter Haug, Germanistische Symposien Berichtsbände 3, Stuttgart, Metzler, 632-41.
Spivak, Gayatri, 1971. "Allégorie et histoire de la poésie: hypothèse de travail", *Poétique: revue de théorie et d'analyse littéraires*, 2, 427-41.
— 1972. "Thoughts on the Principle of Allegory", *Genre*, 5.4 (December), 327-52.
Steiner, George, 1967. "K" [1963], en *Language and Silence: Essays 1958-1966*, London, Faber & Faber, 141-49.
Strubel, Armand, 1975. "*Allegoria in factis* et *allegoria in verbis*", *Poétique*, année 6, núm. 23, 342-57.
Summerhill, Stephen J., 1992. "Theory and Practice of the Novel in Unamuno: The Case of *Dos madres*", *Revista hispánica moderna*, 45, 15-34.
Tuve, Rosemund, 1966. *Allegorical Imagery: Some Medieval Books and their Posterity*, Princeton, Princeton UP.

Umbral, Francisco, 1976. *Larra: anatomía de un dandy*, 2a. edición, Madrid, Biblioteca Nueva.

Unamuno, Miguel de, 1966-71. *Obras completas*, ed. Manuel García Blanco, 9 tomos, Madrid, Escelicer.

— 1966. *En torno al casticismo*, en *Obras completas*, I, 773-869 ["En torno al casticismo, II: La casta histórica: Castilla" & "III: El espíritu castellano", *La España Moderna*, año 7, núm. 75, marzo 1895, 57-82, & núm. 76, abril 1895, 27-58; 1a. edición en libro, Madrid, F. Fé, 1902].

Whitman, Jon, 1987. *Allegory: The Dynamics of an Ancient and Medieval Technique*, Oxford, Clarendon Press.

— 1991. "From the Textual to the Temporal: Early Christian 'Allegory' and Early Romantic 'Symbol'", *New Literary History: A Journal of Theory and Interpretation*, 22, 161-76.

Wilson, E.M., 1936. "The Four Elements in *La vida es sueño*", *Modern Language Review*, 31, 34-47.

Wittkower, Rudolf, 1977. *Allegory and the Migration of Symbols*, London, Thames & Hudson.

Wordsworth, William, 1979. *The Prelude 1799, 1805, 1850: Authoritative Texts, Context and Reception, Recent Critical Essays*, ed. Jonathan Wordsworth, M. H. Abrams & Stephen Gill, New York, Norton [*The Prelude: An Autobiographical Poem; or, Growth of a Poet's Mind*, London, E. Moxon, 1850].

La alegoría en el prólogo de los *Milagros de Nuestra Señora* de Gonzalo de Berceo

Juan Carlos Bayo
University of Exeter

El prólogo de los *Milagros de Nuestra Señora* ha sido considerado como la cima del arte poético de Berceo desde la primera edición moderna de su obra. Ya en el siglo XVIII don Tomás Antonio Sánchez (1780: II, 285) afirmaba:

> Esta introduccion que Don Gonzalo formó para tratar de dichos Milagros, es una parábola hermosa, en la qual brilló su ingenio mas que en todas las demás poesias que nos dexó, ò de que tenemos conocimiento.

En esta cita se llama parábola a lo que la crítica posterior denomina alegoría, un uso quizá extraño para algunos críticos literarios pero comprensible para los exegetas de la Biblia, pues ambos términos son utilizados como equivalentes por San Pablo al hablar de los tipos o prefiguraciones en la Escritura (Ga 4.24, Heb 9.9). Este juicio de Sánchez es una prueba más de su condición de pionero. El prólogo de los *Milagros* se ha revelado como una cantera inagotable para la crítica literaria, que en el siglo XX ha vuelto una y otra vez a él desde distintas perspectivas.[1] Con todo, no me parece ocioso considerar el problema de su interpretación una vez más, situándolo en el contexto del desarrollo de la forma alegórica y de su aplicación en las colecciones universales de milagros de la Virgen.

El mapa del desarrollo de la alegoría románica fue trabajosamente trazado por Jauß (1960, 1962, 1964, 1968). Después de un tortuoso camino por el frondoso paisaje de Francia, hallaba una solución de continuidad: la alegoría románica no había desarrollado a partir de los modelos antiguos (con la *Psychomachia* de Prudencio a la cabeza) ni del llamado Renacimiento del siglo XII (representado por el *Anticlaudianus* de Alain de Lille), sino sobre

---

[1] Ahí están Campo (1944), Foresti (1957), Lorenz (1963), Orduna (1967), Uli (1974), Martin (1975), Drayson (1981), Ackermann (1983), Gerli (1985), Montoya (1985a, 1985b), Casalduero (1988), Suárez (1989-90) o Lada (1997), por no mencionar más que artículos.

todo a partir de la exégesis bíblica, cuyos procedimientos de interpretación pasaron a ser recursos de composición en la poesía religiosa y después en la profana. Esta conclusión concuerda con lo que se puede observar en el paraje mucho menos poblado de los inicios de la alegoría hispánica medieval.

La forma alegórica aparece ya en los primeros testimonios de la literatura románica hispánica que han llegado hasta nosotros. La *Disputa del alma y el cuerpo*, conservada fragmentariamente en el vuelto de una escritura datada en 1201 procedente de Oña, nos cuenta una visión en la que aparece una personificación del alma, "desnuda ca non vestida, | en guisa d'un ifant" (15-16), una representación alegórica muy extendida en la Europa occidental durante la Edad Media. La obra se inserta en una de las tradiciones más difundidas de las nacientes literaturas románicas y prueba la difusión en la Península Ibérica de las tendencias dominantes más allá de los Pirineos (Solalinde, 1987: 29-34, 81-95; Franchini, 2001: 23-42). Más evidencia de este influjo constante la proporciona un poema leonés más tardío, *Elena y María*, de la segunda mitad del siglo XIII y también conservado en estado fragmentario. Esta obra deriva de la rica tradición de las disputas entre dos mujeres para decidir la primacía entre sus respectivos amantes, un clérigo y un caballero; tales debates suelen concluir con un juicio en la corte del dios Amor y recurrir a un lenguaje alegórico, sobre todo al hablar de flores y pájaros (Jung, 1971: 192-226). Por esta época también está bien representada en la Península Ibérica la tradición alegórica de la *armatura Dei*, de clara ascendencia bíblica (Ef 6.11-17), que establece una correspondencia entre cada una de las piezas del arnés del caballero y las virtudes cristianas: deben mencionarse en particular la sección "De la significança qui és en les armes de cavaller" del *Llibre de l'orde de cavalleria* de Ramon Llull, de hacia 1275-76, y el capítulo primero de los *Castigos y documentos de Sancho IV*, de 1293.

Este sucinto panorama basta para recelar de la ya ajada imagen de Gonzalo de Berceo como poeta ingenuo al abordar el análisis del prólogo de los *Milagros de Nuestra Señora*, compuesto según los indicios antes de 1246, y hace necesario sopesar con cuidado su peculiar mezcla de tradición y originalidad.[2] Cuando el poeta anuncia la explicación del significado de la alegoría con "tolgamos la corteza, al meollo entremos" (16c) para referirse a la dicotomía entre *sensus litteralis* y *sensus spiritualis*, respectivamente, el lector actual poco avisado puede gustar de lo que parece una rústica metáfora (también presente en la *Vida de Santo Domingo de Silos*, 39d, en Berceo,

---

[2] Todas las referencias a los *Milagros* (*Mil.*) remiten a mi edición en colaboración con Ian Michael, en Berceo (en prensa).

1992: 269), pero en realidad se trata de un típico ejemplo de concepto con raíces evangélicas (Mt 3.12, 13.30; Lc 3.17), desarrollado en San Agustín y el corpus patrístico, y en el que la formulación de Gonzalo de Berceo ocupa una rama a cierta altura entre el "en l'escorce des batons | solement le letre notons" (vv. 2065-2066) de la paráfrasis del salmo "Eructavit cor meum" (Sal 45, Vulg. 44) atribuida a Adam de Perseigne, de 1180, y el "taketh the fruyt, and lat the chaf be stille" de Chaucer en *The Canterbury Tales*, v. 3443, a finales del siglo XIV (Brinkmann, 1980: 169-98; Robertson, 1963: 58, 316-17). De hecho, el prólogo escrito por Berceo muestra el uso más sofisticado de la forma alegórica en la literatura románica hispánica de la época junto a un poema cuya mención se ha omitido, la *Razón de amor* de Lope de Moros (primera mitad del siglo XIII), con la que guarda insoslayables similitudes. Ambas obras recurren a una alegoría introductoria donde se reinterpreta el tópico del *locus amoenus*, y la circunstancia de que los dos autores sean contemporáneos sumada a su proximidad geográfica hace preguntarse hasta qué punto bebieron de fuentes comunes o incluso si alguno de ellos llegó a conocer al otro. Sin embargo, el hecho de que los dos poemas compartan una misma cultura no impide que nos hallemos ante dos tipos de alegoría diferenciados. Aunque probablemente fuera anterior, Lope de Moros representa un estadio de evolución posterior al de Gonzalo de Berceo. En tanto que el prólogo de los *Milagros* es una muestra de alegoría religiosa, la *Razón* proporciona un buen ejemplo de alegoría secularizada, más que profana, pues todavía se perciben en ella resonancias inequívocas del origen del género en la exégesis bíblica. La alegoría religiosa tiende a ser estática y la secularizada ofrece mayor predisposición al dinamismo, pues aquélla tiene un significado prefijado por su base teológica, mientras que el sentido de ésta se deriva más bien de su base poética. La actitud del autor ante el dilema fundamental de la forma alegórica ha cambiado: toda su atención aparece centrada en la corteza; sin embargo, la obra no se agota en ella y es la presencia virtual de un sentido ulterior lo que en último término la justifica. Tal es la dialéctica provocada por la secularización en la alegoría medieval. Si se prefiere continuar con las imágenes del mundo vegetal, se pueden comparar ambos tipos de alegoría a dos clases de fruto: la alegoría religiosa es un fruto seco, con alto contenido nutritivo, como la nuez, de la que resulta divertido romper la cáscara, como ya venía a notar San Agustín en *De doctrina christiana* (*PL* XXXIV, 38-39), pero de la que a fin de cuentas sólo se puede comer la semilla; en cambio, la alegoría secularizada es un fruto carnoso con hueso como el melocotón, donde la pulpa es lo que alimenta y en el que quien muerda torpemente puede hacerse daño en los dientes (no hay más que repasar la crítica literaria sobre la *Razón de amor* para encontrar unos cuantos ejemplos). La alegoría religiosa suele ser exotérica, mientras que la alegoría secularizada tiende a ser esotérica: en tanto que aquélla suele incluir una interpretación explícita y tener una intención didáctica respecto a su audiencia, ésta llega a dejar la búsqueda del significado a un público de iniciados. Para complicar aún más la situación, la alegoría secularizada puede estar abierta a la parodia y a las formas de la risa, excluidas de la alegoría religiosa. La labor de desentrañar su significado puede ser de extrema dificultad, hasta llegar a la impenetrabilidad, pues, dada la ausencia de una interpretación por parte del autor, tal operación depende por completo de la claridad del sentido literal, y éste no es transparente porque las imágenes empleadas muy raramente suelen tener una única significación. Tal oscuridad puede acercar la alegoría secularizada a lo que la retórica clásica desde Quintiliano denominaba enigma, condenado como vicio, pero también a lo que la crítica moderna desde Goethe suele separar de la alegoría y llamar símbolo, para acto seguido ensalzarlo como forma artísticamente superior a aquélla. La alegoría secularizada suele soportar una tensión extrema en su empeño de construir su significado a partir de la elaboración de su argumento, y al no proponer su propia interpretación se acerca a lo inacabado como categoría estética. El fenómeno llega hasta sus últimas consecuencias en las obras compuestas entre *Le Conte du Graal* de Chrétien de Troyes y el *Roman de la Rose* de Guillaume de Lorris, y se puede observar en la breve *Razón de Amor*. Estas distinciones, hay que advertir, apuntan más a tendencias que a rasgos esenciales y se refieren al estadio inicial de diferenciación que se observa en las alegorías vernáculas compuestas en la Península Ibérica en el siglo XIII.

Lo recién expuesto no significa que una de las características de la alegoría religiosa sea la simplicidad, y Gonzalo de Berceo nos proporciona un buen ejemplo en los *Milagros de Nuestra Señora*. Su prólogo consta de cuarenta y seis estrofas y se divide en cuatro partes. En la primera (*Mil.* 1-15), el narrador, que se identifica a sí mismo como Gonzalo de Berceo, se nos presenta como un peregrino que llega a un prado maravilloso, "egual de Paraíso" (*Mil.* 14a), que es descrito con detalle. En la segunda (*Mil.* 16-30), el poeta nos explica el significado del lugar y de los elementos que lo componen: el prado es la Virgen, adonde acude la humanidad en busca de la Salvación; las cuatro fuentes que lo riegan son los Evangelios; los árboles frutales son los milagros de María; la sombra que hacen es su amparo; los pájaros que cantan en las ramas son San Agustín, San Gregorio y otros Padres de la Iglesia considerados fundadores de la mariología; las flores son los nombres de la Virgen basados en la Escritura. La tercera parte (*Mil.* 31-41) está dedicada exclusivamente a éstos; es ante todo una exaltación de

María como mediadora en la economía de la Salvación, concepto que sirve de fundamento a todo el poema. La cuarta y última parte (*Mil*. 42-46) es una transición en la que el poeta anuncia su propósito de pasar a hablar de los árboles frutales o milagros marianos.

El modo de composición seguido por Gonzalo de Berceo en el prólogo es la alegoría tipológica, un procedimiento proveniente de la exégesis bíblica. Dentro del campo de la filología románica, el primer toque de atención sobre la importancia de la tipología para los estudios literarios fue un artículo de Auerbach (1938), fundamental por más que después se le haya reprochado una división en exceso tajante con otras formas alegóricas; sin embargo, habría que esperar casi medio siglo hasta la primera aplicación sistemática de tal principio a la explicación del prólogo de los *Milagros* (Gerli, 1985). La tipología aplicada a la interpretación de la Escritura, muy cultivada en la Edad Media pero ya presente en San Pablo, ve en los acaecimientos del Antiguo Testamento prefiguraciones de los narrados en el Nuevo Testamento, un punto de vista justificado por la idea de que la palabra de Dios se revela progresivamente; de tal modo, por ejemplo, se establece una relación entre Melquisedec como tipo (Gn 14.17-20) y Cristo como antitipo (Heb 7.1-17). Los Padres de la Iglesia, por otra parte, desarrollaron conceptos de cara a la exégesis bíblica que continuarían en el siglo XIII y que son de interés a la hora de comprender el prólogo de los *Milagros*. Así, la huella de la distinción fundamental trazada por Beda en *De schematibus et tropis Sacrae Scripturae*, II.12 (*PL* XC, 184-86) entre la alegoría *in factis*, expresada en acontecimientos, y la alegoría *in verbis*, expresada en profecías, puede observarse en Santo Tomás de Aquino, *Summa Theologiae* I.1.10 (Thomas Aquinas, 1963-81: I, 36-41). También elaboraron conceptos para refinar el análisis alegórico. La dicotomía entre sentido literal y sentido espiritual se enriquece con la descomposición de este último en tres. De tal modo, se llegan a distinguir cuatro sentidos en la Escritura: literal, alegórico, tropológico –o moral– y anagógico –también final, eterno o escatológico– (Caplan, 1929; Lubac, 1959-64). Aunque la teoría de los cuatro sentidos raramente fue aplicada de modo sistemático, estamos ante conceptos que facilitan la aproximación al prólogo de los *Milagros*. La natural tendencia de los críticos a pensar en su autor como poeta y el importante papel de los predicadores en el desarrollo de la literatura vernácula (Lomax, 1969) pueden incitar a la búsqueda de influencias, pero no debería olvidarse el hecho obvio de que Gonzalo está documentado ya en 1237 como sacerdote de Berceo y que debió de preparar sus propias homilías, por lo que su familiaridad con los procedimientos alegóricos puede deberse más a su formación religiosa que a su gusto por la poesía.

El prólogo de los *Milagros* descansa sobre una tipología con el Paraíso como tipo y la Virgen como antitipo, con una elaboración escatológica basada en la ambivalencia del Paraíso como Edén y Cielo. Este doble valor resulta natural en la tipología, cuyo supuesto fundamental, como se ha explicado, es la revelación progresiva de la palabra de Dios: el Nuevo Testamento es prefigurado por el Antiguo Testamento, pero a su vez prefigura la vida eterna. El presente de Berceo se proyecta hacia el pasado de la Creación y hacia el futuro de la Salvación, con lo que se llega a vislumbrar el plan divino. El prólogo nos muestra un tiempo circular, y la impresión que produce en el público es un efecto de suspensión a menudo buscado en la forma alegórica (un resultado también logrado en la alegoría secularizada de la *Razón de amor*). Un corolario de lo recién expuesto es que Gonzalo de Berceo se presenta a sí mismo como antitipo de Adán y tipo del Hombre redimido. La estructura además se refuerza con elementos tipológicos que pueden escapar al lector actual. Al componer un prólogo con cuarenta y seis estrofas, el poeta riojano recurre a una cifra cargada de resonancias, como advierte Montoya (1985b). Según el Evangelio, es el número de años que duró la construcción del Templo (Jn 2.20), y por tanto conviene a la Jerusalén celestial de la que habla Berceo. Además, tenía importantes conexiones tipológicas en el Antiguo y Nuevo Testamento: así, cuarenta y seis fueron los días que tardó en formarse el cuerpo de Jesús en el vientre de María, templo de Cristo, y también es el resultado de la suma de las cuatro letras que forman el nombre de Adán en griego (αδαμ = 1 + 4 + 1 + 40) –simplificando un tanto una larga tradición patrística a la que contribuyeron San Agustín en *De Trinitate* (*PL* XLII, 894), Juan Casiano en *De incarnatione Christi* (*PL* L, 256), San Euquerio en las *Formulae spiritalis intelligentiae* (*PL* L, 772), San Isidoro en el *Liber numerorum qui in Sanctis Scripturis occurrunt* (*PL* LXXXIII, 198), (Pseudo-)Beda en *In Evangelium S. Joannis* (*PL* XCII, 666), San Ildefonso o uno de los *Sermones* a él atribuidos (*PL* LXXIX, 274), Alcuino en *In Evangelium Joanni* (*PL* C, 776-77), Rabano Mauro en los *Commentaria in libros Machabeaorum* (*PL* CIX, 1163) y San Pedro Damián en *De variis sacris questionibus* (*PL* CXLV, 631), entre muchos otros–.

Si nos preguntamos si el prólogo de los *Milagros* es una alegoría *in factis* o *in verbis*, podemos ahondar aún más, independientemente de que la respuesta sea clara. Gonzalo de Berceo difumina la frontera entre ambas al introducir su narración como *aveniment* (*Mil.* 1c) y después calificarla de *palavra* (*Mil.* 16b). Aquí se puede apreciar la sofisticación que se oculta bajo la aparente ingenuidad del poeta. El sentido literal de la alegoría de Gonzalo de Berceo comienza por remitir a una de las experiencias más comunes a su audiencia: la de hacer un alto en el camino para pararse a descansar a la sombra de una arboleda. Su propósito no es sólo hacer más asequible a su público un contenido doctrinal por medio de una figura cotidiana, sino establecer la conexión entre lo terrenal y lo espiritual de modo que el pensamiento de la Salvación no deje de acudir a la memoria de quienes le han escuchado cuando vuelvan a encontrarse en tal situación, tan acostumbrada. Debajo de esta concepción se halla la idea de que la Naturaleza es un libro escrito por Dios y que por tanto debe ser leído en clave eterna. El mundo no fue creado por sí mismo, sino como reflejo de la divinidad y escenario del drama de la Salvación. La alegoresis, pues, no es un pasatiempo para clérigos, sino el deber de todo buen cristiano. Si consideramos el prólogo de los *Milagros* desde el punto de vista de los cuatro sentidos de la Escritura, también resulta más clara su estructura. La simetría entre la narración y su exposición es perfecta, y el poeta se encarga de realzarla al organizarla en dos secciones de quince estrofas encabezadas por apóstrofes, una dedicada al sentido literal (*Mil*. 1-15) y otra al sentido alegórico (*Mil*. 16-30). La articulación del resto del prólogo, sin embargo, puede parecer menos coherente. Berceo continúa con una parte dedicada a las "flores" o nombres de María que puede parecer una digresión. En realidad, es una continuación lógica, pues el autor profundiza en la nueva alegoría que ha desarrollado con una exposición de tipología bíblica ya conocida. Esta parte ha de ser calificada ante todo como tropológica, pues lo que hace Berceo es aducir figuras marianas de la Escritura e indicar su sentido moral para la audiencia, por ejemplo *porta clausa*: "Ella es dicha puerta en sí bienençerrada, | pora nós es abierta por darnos la entrada" (*Mil*. 36ab; cf. Ez 44.1-2 y 46.1-2). Existe una cierta tendencia en la crítica reciente a suponer que Berceo utilizó como fuente a San Bernardo de Claraval, en especial su *In Nativitate B.V. Mariae*, también conocido como *De aquaeductu* (PL CLXXXIII, 437-48), pero en su época tales figuras formaban parte del acervo de la retórica mariana y también se podían encontrar, por ejemplo, en los himnos compuestos por Adam de Saint-Victor (cf. Salzer, 1886-94). Aunque se haya aducido la mención de San Bernardo en el *Duelo de la Virgen*, 3a (Berceo, 1992: 805) como prueba de que Berceo estaba familiarizado con sus escritos, en el prólogo de los *Milagros* no se le nombra a pesar de haber una ocasión ideal para ello (*Mil*. 26c) y esto resta credibilidad a la hipótesis de que tuviera sus obras ante sí a la hora de componerlo.

Esta parte dedicada a los nombres de la Virgen es la más necesitada de explicaciones para el lector actual, quien hará bien en recurrir a dos repertorios básicos, Salzer (1886-94) y el "Index Marianus" (PL CCXIX, 493-527); sin embargo, debía de resultar mucho más inmediata para el público contemporáneo. En primer lugar, ha de tenerse en cuenta que la alegoría es el único método de plasmar contenidos religiosos en las artes visuales y que tales imágenes eran comunes en las iglesias. Dentro de la cultura de la época, hay que hacer sobre todo referencia a la tradición iconográfica del árbol de Jesé, inspirado en la profecía de Is 11.1 según la cual el Mesías sería vástago suyo ("et egredietur virga de radice Iesse et flos de radice eius ascendet"), a la que alude explícitamente Berceo (*Mil.* 28c) y que ya había sido usada por Beda como ejemplo por excelencia de alegoría (o, en su terminología, asteísmo) *in verbis* en *De schematibus et tropis Sacrae Scripturae* (*PL* XC, 185). La representación de la genealogía del Salvador por medio de un árbol que brota del padre de David es un tema que se desarrolla con gran fuerza en las artes visuales a partir del siglo XII, impulsado en gran medida por la expansión contemporánea del culto a la Virgen que se produce en Europa occidental. Algunas de las piezas más características se hallan en lugares donde también se recopilaron colecciones de milagros marianos, como Reims, Laon o, sobre todo, la catedral de Chartres con su famosa vidriera; el Pórtico de la Gloria de la catedral de Santiago, terminado en 1188 por el maestro Mateo, es una de las más destacadas muestras escultóricas –cf. Watson (1934); también Lacarra (1996) y Salvan (2000), que tratan de ejemplos posteriores–. Ya a mediados del siglo XII es habitual encontrar a la Virgen con el niño Jesús en sus brazos ocupando el centro de atención de la composición; al pie suele aparecer Jesé durmiendo, y en muchas representaciones el árbol llega a nacer de su costado. Es una clara referencia tipológica al sueño de Adán, a la creación de Eva de una de sus costillas y al árbol del bien y del mal. Gonzalo de Berceo utiliza parejos elementos en su prólogo: el poeta se halla tumbado cuando tiene lugar la contemplación mariana y los milagros de la Virgen, decisivos para la Salvación, aparecen como árboles frutales. Hay otras afinidades con la tradición iconográfica del árbol de Jesé, a menudo representado como una vid (cf. *Mil.* 39a) y con ramas que contienen prefiguraciones de María, por ejemplo el vellocino de Gedeón (*Mil.* 34ab), aunque no conozco ningún ejemplo que presente una correspondencia perfecta con el prólogo de los *Milagros*. Ello es natural, pues las prefiguraciones de la Virgen son incontables, como sus milagros, y cada artista realiza su propia selección para dar testimonio de su infinita variedad: el mismo Berceo pudo haber repetido exactamente la misma serie que aparece en los *Loores* 5-13 (Berceo, 1992: 869-71), pero prefirió elaborar una variación.

La cuarta y última parte del prólogo (*Mil.* 42-46) puede calificarse de anagógica: es la transición que conduce a los milagros de la Virgen, quien procura la Salvación del alma en el otro mundo. Aquí se podría trazar una comparación entre la estructura cuaternaria del prólogo y el plano del templo de Jerusalén, con su vestíbulo, santo, santo de los santos y edificio anexo. Al mismo tiempo, es inevitable plantearse si es legítima tal aproximación. Interpretaciones como ésta no pueden dejar de provocar un comprensible horror en el crítico literario moderno, para cuya sensibilidad son rebuscadas y traídas por los pelos, por no decir una mera exhibición de erudición de pacotilla. El problema radica en que se trata precisamente de la actitud esperada en el lector medieval. El prólogo de Gonzalo de Berceo contiene una interpretación, sin duda necesaria para su público menos cultivado, pero ésta funciona como una invitación a la meditación para los más preparados. Todos los elementos que ha presentado cuentan con precedentes en la tradición exegética de la Escritura; la asociación con los múltiples sentidos ya propuestos es inevitable entre los cultos, que así ejercitan su memoria y su pensamiento. Al leer los *Milagros* hemos de tener en cuenta que su autor se sitúa en un estadio anterior al de su joven contemporáneo Santo Tomás de Aquino y su intento de circunscribir la tipología a la Escritura –y la consiguiente separación entre la alegoría de los poetas y la alegoría de los teólogos (cf. Eco 1985)–. En tal sentido, Berceo está todavía próximo a la capacidad de ver significados de San Euquerio, obispo de Lyon en la primera mitad del siglo V, cuyas *Formulae spiritalis intelligentiae* (*PL* L, 727-72) se hallaban en la biblioteca del monasterio de San Millán (Díaz, 1979: 262).

Todo esto nos lleva a lo que se suele plantear como el problema de la originalidad del prólogo de los *Milagros de Nuestra Señora*. Por lo que sabemos, Gonzalo de Berceo basó su colección en una sola fuente latina. El manuscrito que utilizó no se ha conservado o no ha sido identificado, pero sí que conocemos tres pertenecientes a la misma rama: Madrid, BNE Ms. 110; Copenhague, Kongelige Bibliotek Ms. Thott 128; y Lisboa, BN Cód. Alcobacense 149. Ninguno de ellos ofrece una alegoría introductoria, sino, con mínimas variantes, el prólogo con más larga tradición en las colecciones universales de milagros de la Virgen. Aparece ya en la primera recopilación conservada, University of Chicago Library Ms. Phillipps 25142, probablemente compilada en Bury Saint Edmunds bajo Anselm, sobrino de San Anselmo de Canterbury y abad del cenobio entre 1121 y 1148, período durante el que cabe datar también la copia conservada (Bayo, 2004: 855-59). Este prólogo es habitualmente conocido por sus palabras iniciales, "Ad omnipotentis Dei laudem" (Carrera de la Red, 2000: 106; cf. Dexter, 1927: 15):

> Ad omnipotentis Dei laudem cum sepe recitentur sanctorum miracula, que per eos egit divina potencia, multo magis sancte Dei genitricis Marie debent referri preconia, que sunt omni melle dulciora. Ergo ad roborandas in eius amore mentes fidelium et excitanda corda pigritancium, ea que fideliter narrari audivimus, largiente Domino, recitare studeamus.

La circunstancia de que, en la medida en que se ha podido comprobar, los *Milagros de Nuestra Señora* acostumbren a seguir de cerca su fuente latina ha empujado a algunos estudiosos a pensar que Gonzalo de Berceo fue menos original de lo que supuso Sánchez y pudo haberse limitado en el prólogo a adaptar con algunos retoques un presunto modelo. El prado como imagen de la Virgen es muy común en la Edad Media (Salzer, 1886-94: 319-20), y San Bernardo había llamado a María "pratum virginale" en *De laude novae militiae* (*PL* CLXXXIV, 929; cf. Berceo, 1980: 41). Sin embargo, la distancia entre emplear tal nombre de la Virgen y utilizarlo como un elemento de una narración donde el mismo poeta actúa como personaje es enorme. Brian Dutton adujo como más cercano un pasaje del prólogo del *Liber miraculorum Sancti Emiliani*, compuesto hacia 1230 por Fernando, un monje de San Millán (Berceo, 1980: 37):

> Ecce flores miraculorum subito occurrunt et iam quasi in campo diversis florum generibus refero positus, cum omnes sint mirabiliter fragrantes, copia me facit inopem, quos eorum potius eligam ignorans, ac sic quasi quedam contentio surgit in animo. Quid enim campus floribus plenus nisi beati Emiliani materia miraculis copiosa?

Este pasaje ofrece gran interés como término de comparación, pero resulta problemático considerado como fuente del prólogo de los *Milagros de Nuestra Señora*. Dutton señala que aquí aparece la imagen del campo florido como concepto alegórico, pero es lo máximo que se puede afirmar. La mera equiparación de las flores del campo y los milagros de un santo no es propiamente una alegoría, sino una comparación. Otros estudiosos (Montoya, 1985b: 350-51; Carrera de la Red, 2000: 63-64) han añadido que la imagen de las flores era ya parte de la retórica mariana y había sido utilizada por Gautier de Coinci (I Prol. 2.31-48, II Mir. 18.1-12, en 1955-70: I, 21-22 & IV, 110), pero es importante notar que lo había hecho precisamente al modo de Fernando, no al de Gonzalo de Berceo, es decir, no como motivo para confeccionar una narración alegórica. Por tanto, nos hallamos ante un elemento aprovechado por el poeta riojano, pero que no es determinante en la estructura del prólogo de los *Milagros de Nuestra Señora*. Si se quiere, es la piedra angular del edificio, pero no explica de por sí la planta de éste. Sin embargo, ello no significa que la originalidad de Berceo no se halle arraigada en la tradición eclesiástica. Ya Spitzer (1963: 176) señaló un pasaje de San Agustín en *De civitate Dei* (*PL* XLI, 395) con el que el prólogo de los *Milagros* guarda obvios puntos de contacto:

> Paradisum scilicet ipsam Ecclesiam, sicut de illa legitur in Cantico canticorum: quatuor autem paradisi flumina, quattuor evangelia; ligna fructifera, sanctos; fructus autem eorum, opera eorum.

Lo que hizo Berceo, pues, fue aplicar el consabido método de interpretación procedente de la exégesis bíblica como método de composición en la nueva literatura mariana. En este punto, es necesario examinar el contexto para comprender los motivos que le impulsaron en tal dirección.

Al construir los *Milagros de Nuestra Señora*, Gonzalo de Berceo se enfrentó a los mismos problemas que otros autores de colecciones marianas. Las soluciones a las que llegó no fueron iguales, pero las herramientas eran comunes y por ello no dejan de presentar elementos semejantes. Entre otras colecciones medievales de milagros de la Virgen que merecen atención se halla la llevada a cabo por Éverard de Gateley, un monje de la ya citada abadía de Bury Saint Edmunds. Por desgracia, tan sólo se han conservado copias fragmentarias del inicio de su colección, la más extensa de las cuales es Oxford, Bodleian Library Ms. Rawlinson Poetry 241 (Meyer, 1886: 272-73 y 1900: 27-47; Hunt, 2001). En este manuscrito se pueden leer el prólogo y tres milagros. El autor comienza afirmando que el propósito de hacer accesibles los milagros de la Virgen a un público más amplio es lo que le mueve a romancearlos; también se identifica como Éverard de Gateley, monje de Bury Saint Edmunds. Siguen tres milagros: el primero es la historia de un monje al que María cura de un cáncer de boca, el segundo relata cómo San Ildefonso recibió de la Virgen una casulla como recompensa por sus servicios, y el tercero es el relato del clérigo entregado a la devoción mariana en cuya boca fue encontrada una flor después de muerto. Estas dos últimas narraciones son bien conocidas del lector de Berceo, pero es la inicial la que resulta de mayor interés para situar el prólogo de los *Milagros de Nuestra Señora*. Se trata de una leyenda que aparece sobre todo en las colecciones anglo-normandas y las latinas compuestas en Inglaterra, y por tanto de origen insular, en la que la Virgen cura con leche de su seno a un monje que ha enfermado de cáncer de boca. En la variante recogida por Éverard de Gateley la aparición de María es el clímax de una visión donde se hallan elementos que también aparecen en el prólogo compuesto por Berceo. El monje enfermo que cantaba las horas de María recibe la visita de un ángel que lo conduce fuera de su celda (vv. 155-160, en Meyer, 1900: 40):

> Mès al drein se sunt entré
> En un champ de grant bealté;
> Tot lui champ fluriz estoit,
> Et la douçour qe venoit
> Des douces herbes et des flurs
> Surmontout totes savours.

En este campo florido el ángel muestra al monje un maravilloso macizo de veintitrés plantas. Veintidós de ellas rodean a otra, todavía más alta y hermosa, que tiene siete flores de diversos colores que esparcen un perfume delicioso, mientras que las demás tienen ocho cada una, también distintas entre sí. Cuando el asombrado monje pregunta qué es lo que está viendo, ésta es la respuesta del ángel (vv. 197-206, en Meyer, 1900: 40-41):

> "Ci bel champ tant ahourné
> Paraïs est appelé;
> Tu vendras en haste yci,
> Car ceo beal leu as deservi [...]
> Et la mere Dieux Marie
> As servi devoutement
> Et l'as amé parfitement."

El ángel prosigue con una exposición detallada del significado. La planta principal es el salmo 54 (Vulg. 53) "Deus in nomine tuo salvo me fac", y las siete flores que tiene son sus siete versículos. Las veintidós plantas que la acompañan son los veintidós capítulos del salmo 119 (Vulg. 118), "Beati immaculati", y sus correspondientes ocho flores son los ocho versículos de cada uno de ellos. Es de notar que "Deus in nomine" es el salmo que precede a "Beati immaculati" en el oficio parvo u horas de María, la devoción seguida por el monje (curiosamente, el prólogo de Berceo cuenta 184 versos, el número más aproximado al que se puede llegar con la cuaderna vía a los 183 versículos que suman ambos salmos; sin embargo, es probable que se trate de una coincidencia dada la composición en 46 estrofas tetrásticas a la que ya se ha hecho referencia).

La pregunta que aquí se plantea de modo inevitable es si Gonzalo de Berceo pudo conocer la colección de Éverard de Gateley. Paul Meyer (1900: 27), hasta ahora el único editor de los fragmentos conservados, se inclinaba a datar su composición en la segunda mitad del siglo XIII, con lo que quedaría descartada en principio tal posibilidad. Más tarde, sin embargo, Dominica Legge defendió la hipótesis de que Éverard de Gateley es el mismo Éverard el Monje ("Le Moine") que firma una versión anglo-normanda de los *Disticha Catonis* habitualmente fechada en el siglo XII, pero que ella juzga posterior con buenos motivos (1950: 12-17, aunque cf. Hunt, 2001: 31). La diferencia en el nombre se podría explicar por la circunstancia de que Éverard compuso la colección de milagros cuando aún no era un autor conocido, mientras que ya lo era y podía prescindir de gentilicio cuando redactó la otra adaptación. Legge aduce como término de comparación los poemas de

Chrétien de Troyes, y no costaría encontrar otros ejemplos en escritores medievales, sin ir más lejos Gonzalo de Berceo, quien al versificar anciano el *Poema de Santa Oria* tan sólo utiliza ya el nombre de pila, sin duda porque con su obra anterior ya había adquirido cierta fama entre su público. En cualquier caso, la implicación de la hipótesis de Legge es que Éverard de Gateley elaboró su colección de milagros marianos a principios del siglo XIII, es decir, algunas décadas antes que el poeta riojano.

La conclusión de lo anterior es que no existen obstáculos cronológicos para conjeturar una influencia directa sobre Gonzalo de Berceo por parte del romanceador de Bury Saint Edmunds, pero no hay indicios de que la labor de éste se difundiera en el continente y es preferible buscar explicaciones menos simples para dar cuenta de las semejanzas entre el inicio de ambas colecciones. La leyenda en que la Virgen cura con su leche a un monje enfermo se encuentra ya en la que es seguramente la copia más temprana que se ha conservado de una colección universal de milagros marianos, el mencionado Ms. Phillipps 25142 de la University Library of Chicago, aunque sin la visión del campo florido. El milagro aparece aquí en penúltimo lugar (trigésimo cuarto) y salta a la vista por ser el único que está dispuesto en forma de verso. Todos los anteriores están en prosa, y el que le sigue está versificado, mas también copiado a renglón seguido. Ello apunta a una circulación independiente de esta leyenda, lo que debió favorecer la formación de diferentes versiones. De hecho, también aparece en colecciones elaboradas en la Península Ibérica, como la de Alfonso X el Sabio y la de Juan Gil de Zamora, pero sin la visión de las veintitrés plantas en flor, típica de las recopilaciones anglo-normandas aunque parta de un modelo latino. Se encuentra ya en la más temprana de ellas que ha llegado hasta nosotros, que es también la primera vernácula conservada, el *Gracial* de Adgar, del que se conocen dos redacciones distintas: una de hacia 1165-70 y otra de hacia 1175-80. Este punto refleja el sostenido interés por la Virgen y guarda cierto paralelo con el caso de los *Milagros* de Berceo, según se infiere del problema editorial planteado por sus dos finales en la tradición manuscrita (Bayo, 2000). La versión del milagro compuesta por Adgar fue aprovechada, a veces casi al pie de la letra, por Éverard de Gateley, si bien aquél ofrece una interpretación más extensa, tomada de su fuente latina, que también relaciona las siete flores con los siete dones del Espíritu Santo y las ocho flores con las ocho bienaventuranzas del Sermón de la Montaña (Mt 5.3-11, sin dividir 10 y 11). Así pues, la originalidad, o al menos el aspecto sobresaliente, de la colección de Éverard en este respecto es el lugar que ocupa en ella la leyenda con la visión del campo florido, inmediatamente después de un prólogo donde nos dice su nombre y antes de comenzar a contar la historia de San

Ildefonso. Si buscamos un poco más entre las recopilaciones latinas, el milagro del monje curado por la leche de María aparece también en posición inicial en la *Stella maris* de Jean de Garlande, compuesta entre 1248 y 1249 (Wilson, 1946: 77-79) y que por tanto no pudo influir en el poema de Berceo (aunque sí en las *Cantigas*). Jean de Garlande no cuenta propiamente los milagros de la Virgen, sino que los da por conocidos y los comenta en breves poemas latinos que redacta para uso escolar. Éste es el dedicado a la curación del monje por la leche de María, "De lingua clerico restituta" (vv. 31-45, en Wilson, 1946: 92-93):

> Clerus matrem salutavit,
> Linguam quam hic devoravit
> Hec lacte restituit.
> Formam gerit pietatis
> Dulce lac et ubertatis,
> Que de celo defluit.
> Lac est vere virginale,
> Nectar vite spiritale,
> Quo mors victa corruit.
> Sicut eger coniectabat,
> Rose celi supplicabat
> Angelus pulcherrimus.
> Eius fuit sub tutela,
> Et servatus sub cautela
> Surgendo sanissimus.

Según Wilson (1946: 82, 155-56), este poema alude a una versión del milagro que no incluye el viaje por el campo florido, aunque las anotaciones de un manuscrito prueban que algunos lectores la identificaron con la recogida por Éverard de Gateley (en mi opinión, la aparición del ángel implica al menos un estadio próximo). En cualquier caso, lo importante es notar la habitual interpretación de la leche de la Virgen como concepto alegórico; en la copia aludida, procedente del monasterio de Bury Saint Edmunds, figura la siguiente glosa (en Wilson, 1946: 92 n33):

> Lac potest hic sumi ad literam vel mistice. Ad literam est quia sibi videbatur quod beata virgo lac virginale ori suo inposuit. Si mistice sumatur tunc dicatur lac, dulcedo vite spiritualis.

De nuevo encontramos aquí, incluso en ausencia del prado alegórico, la ambivalencia y el efecto de suspensión temporal características de la tipología: la leche de la Virgen es la dulzura del Paraíso, pero lo es porque fue el alimento del Mesías. También se debe observar que la versión del milagro con la visión del campo florido aparece en una colección anglo-normanda anónima de sesenta leyendas que debió de ser compuesta entre 1230 y 1250 (Kjellman, 1922), y que es la más importante de esa tradición que se ha conservado junto a la de Adgar y la de Éverard. En ella, al igual que en su fuente latina, este milagro era el último, si bien más tarde fueron añadidos dos (es posible que algo similar ocurriera también en el caso de University of Chicago Library Ms. Phillipps 25142). Tales alegorías prefiguran el papel de la Virgen en la economía de la Salvación y por ello tienden a ocupar un lugar privilegiado, que es naturalmente el principio o el fin de toda colección. Algo parecido ocurre con el milagro de Teófilo, el más difundido en la Edad Media. Su pecado es el peor imaginable, pues al firmar un pacto con el diablo reniega de Cristo y su Madre, y su Salvación es el mejor ejemplo del poder de María y de su condición de "mediatrix Dei ad homines". Ello hace que algunos autores, como William of Malmesbury, Nigel of Canterbury o Gautier de Coinci, lo utilicen como primer milagro, mientras que en otras colecciones constituye el final, como en la de Gonzalo de Berceo o en una recopilación de finales del siglo XIII procedente de la biblioteca del monasterio cartujo de Buxheim, cerca de Memmingen en Baviera (Crane, 1911). Los escritores de leyendas marianas se mueven dentro de unas pautas que les hacen llegar a soluciones semejantes. Sin salirnos del caso de Teófilo, por ejemplo, tenemos el poema compuesto por Radewin (muerto hacia 1177), que termina así (vv. 648-651, en Meyer, 1873: 116):

> me quoque, crimina pessima plurima que male fedant,
> fac, genitrix pia, ne cruciamina flammea ledant,
> et dum Tartarei deseuiet ira camini,
> tu miseri miserere tui uatis Radewini.

La afinidad entre estos versos y los que cierran la leyenda en los *Milagros de Nuestra Señora* (estr. 911/866), claramente concebidos como final de la obra, salta a la vista. Tanto Radewin como Berceo concluyen con una invocación a la Virgen que no es sólo una muestra más de devoción mariana. Al referirse a sí mismos como "tu Gonçalvo" o "tui vatis Radewini" se produce un cambio en la situación de la enunciación que hace que tales versos finales se transformen en una oración para que María interceda por el alma del autor en cada lectura de su obra.

Al componer su alegoría para encabezar los *Milagros de Nuestra Señora*, Gonzalo de Berceo debió de apartarse de su fuente latina, pero siguiendo las tendencias de su propia época. Como hemos visto, la rama de la que depende utiliza el prólogo "Ad omnipotentis Dei laudem", que se remonta a la que parece ser la más temprana colección universal de milagros marianos, compuesta probablemente por Anselm of Bury, o bajo su supervisión, durante su período como abad de dicho monasterio (1121-48). Ello se explica porque una postura muy extendida entre los recopiladores latinos es obedecer en el inicio a una tendencia conservadora y reservar las innovaciones para el final, donde se suelen introducir nuevas leyendas de carácter local. El prólogo "Ad omnipotentis Dei laudem" puede parecer pobre al lector moderno cuando lo compara con el de Gonzalo de Berceo. De hecho, ya lo era en época de éste, pero expresaba ideas de gran importancia cuando fue compuesto en el segundo cuarto del siglo XII. Por aquel entonces, la devoción mariana aún pugnaba en la Europa occidental por alcanzar el rango que pronto ostentaría. La novedad que suponía la recopilación general de milagros de la Virgen se justifica por comparación con el uso plenamente establecido en la tradición hagiográfica de recoger los milagros de los santos. Hacia mediados del siglo XIII, sin embargo, la situación era del todo distinta. El culto a la Virgen se hallaba firmemente establecido, y a los esfuerzos de los autores latinos ya se iban sumando los nuevos poetas en romance. Una recopilación de milagros marianos no necesitaba ya de justificación. En todo caso, convenía una exposición doctrinal que dejara claro entre el público menos preparado cuál era, más allá de nimios favores terrenales, su auténtico significado: la importancia del culto a la Virgen por su papel como mediadora en la economía de la Salvación. Ésta es la tarea a la que se aplicó Gonzalo de Berceo en su prólogo, y para ello recurrió a la forma poética que estaba abriendo nuevas perspectivas en las nacientes literaturas vernáculas, y que además tenía sus raíces hundidas en la exégesis patrística: la alegoría.[3]

Obras citadas

Ackerman, Jane E., 1983. "The Theme of Mary's Power in the *Milagros de Nuestra Señora*", *Journal of Hispanic Philology*, 8, 17-31.
Auerbach, Erich, 1938. "Figura", *Archivum Romanicum*, 22, 436-89.
Bayo, Juan Carlos, 2000. "La tradición manuscrita de los *Milagros de Nuestra Señora* de Gonzalo de Berceo", en *Studies on Medieval Spanish Manuscripts and Texts: Papers from the King's College Colloquium*, ed. David Hook, London, King's College London, 51-78.

---

[3] Esta investigación ha sido llevada a cabo gracias a una beca de la British Academy.

— 2004. "Las colecciones universales de milagros de la Virgen hasta Gonzalo de Berceo", *Bulletin of Spanish Studies*, 81.7-8 (November-December: *The Iberian Book and its Readers: Essays for Ian Michael*), 849-71.
Berceo, Gonzalo de, 1980. *Obras completas*, II: *Los Milagros de Nuestra Señora*, ed. Brian Dutton, London, Tamesis.
— 1992. *Obra completa*, ed. Isabel Uría *et al.*, CC n.s., Madrid, Espasa-Calpe & Gobierno de la Rioja.
— en prensa. *Milagros de Nuestra Señora*, ed. Juan Carlos Bayo & Ian Michael, Madrid, Castalia.
Brinkmann, Hennig, 1980. *Mittelalterliche Hermeneutik*, Tübingen, Niemeyer.
Campo, Agustín del, 1944. "La técnica alegórica en la introducción a los *Milagros de Nuestra Señora*", *RFE*, 28, 15-57.
Caplan, Harry, 1929. "The Four Senses of Scriptural Interpretation and the Mediaeval Theory of Preaching", *Speculum*, 4, 282-90.
Carrera de la Red, Avelina, & María Fátima Carrera de la Red, 2000. *"Miracula Beate Marie Virginis" (Ms. Thott 128 de Copenhague): una fuente paralela a "Los Milagros de Nuestra Señora" de Gonzalo de Berceo*, Logroño, Instituto de Estudios Riojanos, 2000.
Casalduero, Joaquín Gimeno, 1988. "Función de una alegoría: los *Milagros de Nuestra Señora* y la romería de Berceo", *Mester*, 17, 1-12.
Crane, T. F., 1911. "Miracles of the Virgin", *Romanic Review*, 2, 235-79.
Dexter, Elise F. (ed.), 1927. *Miracula Sanctae Virginis Mariae*, Madison, University of Wisconsin.
Díaz y Díaz, Manuel C., 1979. *Libros y librerías en la Rioja altomedieval*, Logroño, Instituto de Estudios Riojanos.
Drayson, Elizabeth, 1981. "Some Possible Sources for the Introduction to Berceo's *Milagros de Nuestra Señora*", *Medium Aevum*, 50, 274-83.
Eco, Umberto, 1985. "L'Epistola XIII, l'allegorismo medievale, il simbolismo moderno", en su *Sugli specchi e altri saggi: il segno, la rappresentazione, l'illusione, l'immagine*, Milano, Bompiani, 215-41.
Foresti Serrano, Carlos, 1957. "Sobre la introducción de los *Milagros de Nuestra Señora*", *Anales de la Universidad de Chile*, 107, 361-67.
Franchini, Enzo, 2001. *Los debates literarios en la Edad Media*, Madrid, Ediciones del Laberinto.
Gautier de Coinci, 1955-70. *Les Miracles de Nostre Dame*, ed. V. Frédéric Koenig, 4 tomos, Genève, Droz.
Gerli, Michael, 1985. "La tipología bíblica y la introducción a los *Milagros de Nuestra Señora*", *BHS*, 62, 7-14.
Hunt, Tony, 2001. "The Miracle of Ildephonsus in the Version by Éverard of Gateley", *Medioevo Romanzo*, 25, 25-43.
Jauß, Hans Robert, 1960, "Form und Auffasung der Allegorie in der Tradition der *Psychomachia*: von Prudentius zum ersten *Romanz de la Rose*", en *Medium Aevum vivum: Festschrift für Walther Bulst*, ed. Hans Robert Jauß & Dieter Schaller, Heidelberg, Winter, 179-206.

— 1962. *Genèse de la poésie allégorique française au Moyen-âge (de 1180 à 1240)*, Heidelberg, Winter.

— 1964. "La transformation de la forme allégorique entre 1180 et 1240: d'Alain de Lille à Guillaume de Lorris", en *L'Humanisme médiéval dans les littératures romanes du XIIe au XIVe siècle*, ed. Anthime Fourrier, Paris, Klincksieck, 107-46.

— (con Uda Ebel), 1968. "Entstehung und Strukturwandel der allegorischen Dichtung", en *Grundriß der romanischen Literaturen des Mittelalters*, VI: *La Littérature didactique, allégorique et satirique*, ed. Hans Robert Jauß & Jürgen Beyer, 2 tomos, Heidelberg, Winter, I, 146-244 & 315.

Jung, Marc-René, 1971. *Études sur le poème allégorique en France au moyen âge*, Romanica Helvetica 82, Berne, Francke.

Kjellman, Hilding, 1922. *La Deuxième Collection anglo-normande des miracles de la Sainte Vierge et son original latin avec les miracles correspondants des Mss. fr. 375 et 818 de la Bibliothèque Nationale*, Paris, Champion.

Lacarra Ducay, María del Carmen, 1996. "Pintura mural gótica en Navarra y su ámbito de influencia", *Cuadernos de sección: artes plásticas y monumentales* (San Sebastián, Sociedad de Estudios Vascos), 15, 169-93.

Lada Ferreras, Ulpiano, 1997. "La iteración como elemento organizador del prólogo de los *Milagros de Nuestra Señora*", *Castilla*, 22, 93-106.

Legge, M. Dominica, 1950. *Anglo-Norman in the Cloisters: The Influence of the Orders upon Anglo-Norman Literature*, Edinburgh, Edinburgh UP.

Lomax, Derek, 1969. "The Lateran Reforms and Spanish Literature", *Iberorromania*, 1, 299-313.

Lorenz, Erika, 1963. "Berceo, der 'Naïve': über die Einleitung zu den *Milagros de Nuestra Señora*", *Romanistisches Jahrbuch*, 14, 255-68.

Lubac, Henry de, 1959-64. *Exégèse médiévale: les quatre sens de l'Écriture*, 4 tomos, Paris, Aubier.

Martin, Roger Duane, 1975. "The Influence of the Exegetical Tradition of the *Song of Songs* on the Introduction to the *Milagros de Nuestra Señora* of Gonzalo de Berceo" (PhD., University of Colorado, 1974), *Dissertation Abstracts International*, 35, 5354A.

Meyer, Paul, 1886. "Les manuscrits français de Cambridge", *Romania*, 15, 236-357.

— 1900. "Notice du Ms. Rawlinson Poetry 241 (Oxford)", *Romania*, 29, 1-84.

Meyer, Wilhelm, 1873. "Radewin's Gedicht über Theophilus", *Sitzungsberichte der Königlich Bayerischen Akademie der Wissenschaften zu München: philosophisch-philologische und historische Classe*, 3, 49-120.

Montoya Martínez, Jesús, 1985a. "El prólogo de Gonzalo de Berceo al *Libro de los Milagros de Nuestra Señora*", *La Corónica*, 13, 175-89.

— 1985b. "El prólogo de Gonzalo de Berceo al *Libro de los Milagros de Nuestra Señora*: composición numérica", en *Actas del Congreso Internacional de Lengua y Literatura en tiempos de Alfonso X (Murcia, 5-10 de marzo, 1984)*, ed. Fernando Carmona & Francisco J. Flores, Murcia, Universidad de Murcia, 347-63.

Orduna, Germán, 1967. "La introducción a los *Milagros de Nuestra Señora*: el análisis estructural aplicado a la comprensión de la intencionalidad de un texto literario", en *Actas del II Congreso Internacional de Hispanistas*, ed. Jaime Sánchez Romeralo & Norbert Poulussen, Nijmegen, Instituto Español de la Universidad de Nimega, 447-56.

Robertson, D. W., 1963. *A Preface to Chaucer: Studies in Medieval Perspectives*, Princeton, Princeton UP.

Salzer, Anselm, 1886-94. *Die Sinnbilder und Beiworte Mariens in der deutschen Literatur und lateinischen Hymnenpoesie des Mittelalters*, Darmstadt, Wissenschaftliche Buchgesellschaft (Reprografischer Nachdruck 1967).

Salvan Guillotin, Marc, 2000. "Le thème de l'Arbre de Jessé dans les Pyrénées Centrales à la fin du Moyen Âge", *Mémoires de la Société archéologique du Midi de la France*, 60, 135-53.

Sánchez, Thomás Antonio (ed.), 1779-90, *Colección de poesías castellanas anteriores al siglo XV*, 4 tomos, Madrid, Antonio de Sancha.

Solalinde, Antonio G., 1987. *Poemas breves medievales*, Madison, HSMS.

Spitzer, Leo, 1963. *Classical and Christian Ideas of World Harmony: Prolegomena to an Interpretation of the Word "Stimmung"*, ed. Anna Granville Hatcher, prefacio de René Wellek, Baltimore, Johns Hopkins Press.

Suárez Pallasa, Aquilino, 1989-90. "El templo de la introducción de los *Milagros de Nuestra Señora* de Gonzalo de Berceo", *Letras*, 21-22, 65-74.

Thomas Aquinas, 1963-81, *Summa Theologiae*, ed. Thomas Gilby, 61 tomos, London, Blackfriars.

Uli Ballaz, Alejandro, 1974. "¿Es original de Berceo la introducción a los *Milagros de Nuestra Señora?*", *Berceo*, 86, 93-117.

Watson, Arthur, 1934. *The Early Iconography of the Tree of Jesse*, London, Oxford UP.

Wilson, Evelyn Faye, 1946. *The "Stella Maris" of John of Garland*, Cambridge, MA, Mediaeval Academy of America.

El hilemorfismo universal, *Kitāb al-shifā'* de Avicena, un cuodlibeto de Santo Tomás y los infiernos amorosos del Marqués de Santillana: ensayo sobre la historia filosófica de la alegoría*

Anthony John Lappin
University of Manchester

Una de las funciones de la alegoría consiste en actualizar las narraciones religiosas cuando su sentido se vuelve rechazable en un contexto filosófico, moral o literario determinado. Sin duda, esta función, que representa el nivel primario o primera fase del uso de la alegoría, puede verse en la alegoresis de Homero en la época en que Platón promulgaba su retirada de las manos del público lector; para preservar la poesía, algunos pensadores optaron por alegorizar las narraciones, al parecer tan poco ejemplares, de dioses impúdicamente adúlteros o clamantemente egoístas (Tate, 1929-30). Tal impulso alegorizador se debió a un desplazamiento epistemológico: esto es, la absoluta necesidad de conservar el patrimonio cultural de un cuerpo de narraciones, imágenes e historias épicas amenazado por el cambio de valores sociales e intelectuales en el mundo helenístico, siglos después de que se cantaran por vez primera la cólera asesina del guerrero de pie veloz y la astucia madura del viajero polítropo taimado. Un uso parecido de la alegoría se daba por parte del judío Filón de Alejandría, y luego por parte de los cristianos de la misma cosmópolis que intentaban hacer llegar a un público sofisticadamente literario y culto la *sermo humilis* bíblica (MacCartney, 1986). El siguiente artículo investiga las consecuencias de otro desplazamiento epistemológico en el siglo XIII, el cual generaría nuevos tipos de alegoría que denomino de nivel secundario.

Comencemos, como comienzan las buenas historias, por el principio; o acaso debemos comenzar antes del principio, cuando (aunque todavía no se pueda hablar de secuencias temporales) sólo había Dios; y luego *in principio*, cuando (aún sin poder hablar de secuencias temporales) Dios creó el

---

* Traducido por Serxio Otero.

cosmos. Ésta fue una creación *ex nihilo*: antes no había nada, después hubo un algo compuesto de una infinitud de cosas –el universo. Al menos, ésta es una manera de contemplar el proceso; es la exégesis tradicional del sentido de Gn 1.1-2, "En el principio crió Dios los cielos y la tierra, y la tierra estaba desordenada y vacía, y las tinieblas estaban sobre la haz del abismo, y el Espíritu de Dios se movía sobre la haz de las aguas".[1]

En seguida retomo el tema de la Creación, pero primero conviene tratar el asunto de lo creado. Al exponerlo aludiré al hilemorfismo, una de las explicaciones aristotélicas sobre el estatus del mundo natural, teoría también conocida como la hipótesis de la materia-forma (ὕλη "materia", μορφή "forma"). Según Aristóteles, todo ser es creado a partir de una materia que tiene cierta forma. Es decir, todo lo creado se compone de dos constituyentes: la materia (la sustancia) y su forma (aquello que la perfila). Algunas formas son estables; otras, como la cera candente, están en constante cambio; pero siempre estarán compuestas de materia y forma (Elders, 1996: 47-55).

Como tema de especulación filosófica, el concepto de materia-forma es relativamente simple si pensamos en las piedras, en la cera o incluso en los peces. Se vuelve más complejo, sin embargo, cuando llegamos a hablar de seres espirituales: almas, ángeles y entes similares. Las tres religiones mediterráneas más importantes de la Edad Media, el judaísmo, el cristianismo y el islamismo, postulan la inmortalidad del alma individual y (en un rango de menor importancia) la existencia de los ángeles.[2]

El problema filosófico que suscitan las almas y los ángeles en cuanto seres espirituales radica en saber cómo pueden ser enmarcados en un univer-

---

[1] Para las citas bíblicas empleo la traducción Reina-Valera Antigua (ver Abreviaturas).

[2] Ansari al-Qaderi (1992), Chap. 1, "Foundations of the Islamic Faith" cuenta entre los fundamentos del Islam las siguientes verdades escatológicas: inmortalidad o continuidad de la vida después de la muerte; destrucción del orden mundial presente en el Día del Juicio; resurrección; juicio divino; cielo e infierno. Del mismo modo, los "Trece principios de la fe judaica" de Maimónides (*Comentario al Mišná*, Sanhedrin 10.1, en Alexander, 1984: 24-25, 111-16, Principio 13) exigen, según el resumen de Nadler (2002: 42), "no solo una creencia en la resurrección del cuerpo después de la muerte para los justos –doctrina que parece implicar la supervivencia *post-mortem* del alma, la cual se reunirá con el cuerpo– sino también la creencia de que el alma del malvado 'será extirpada, de modo que perecerá y no tendrá vida eterna'. El alma del justo, por otra parte, gozará una recompensa eterna en el mundo venidero. La persona que rechaza estas doctrinas 'no cree en ninguna religión verdadera, y ciertamente no tiene ningún lazo con el judaísmo'" (trad. mía); para algunas voces que discrepan de esta ortodoxia véase Raphael (1994). No es preciso apurar las autoridades cristianas para tales doctrinas; baste recordar el Credo y el *Quicunque vult* (Denzinger, 1911: 6, §6 "venturus est iudicare vivos et mortuos [...] carnis resurrectionem et vitam aeternam"; 17-19, §40 "omnes homines resurgere habent cum corporibus suis [...] et qui bona egerunt ibunt in vitam aeternam, qui vero mala in ignem aeternum").

so en el que toda existencia es el resultado de una combinación de materia y forma. La respuesta más simple es que almas y ángeles están en parte compuestos de un tipo de materia que es bastante diferente de la materia ordinaria, y que resulta invisible para nosotros en circunstancias normales. Bajo esta perspectiva, todo salvo Dios ha sido creado y en consecuencia es de algún modo material. Y esta visión del universo es lo que se conoce como hilemorfismo universal. De ahí que San Buenaventura, uno de los escolásticos más conservadores del siglo XIII, argumentara que los seres finitos, para ser finitos, deben de ser limitados, puesto que son creados a partir de algo material: "el principio de toda limitación es la materia o algo material" (*Quaestio disputata de mysterio Trinitatis*, IV.1.13 "Principium omnis limitationis est materia vel aliquid materiale", en Bonaventura, 1882-1902: V, 79).

Para Buenaventura y la mayoría de los teólogos anteriores, había una clara distinción entre Dios, ser infinito e inmaterial, y todos los seres finitos, creados de la materia. Almas y ángeles (buenos y malos) poseen cierta materialidad; los cielos y los infiernos, adonde las almas viajan y donde viven después de la muerte, son también materiales. En consecuencia, los viajes al Otro Mundo –esas experiencias visionarias al borde de la muerte, o tal vez *post-mortem*, tan populares en la Antigüedad tardía y en la temprana Edad Media– dibujaban una verdadera geografía del Más Allá, una geografía que sin duda estaba cargada de emoción y, en consecuencia, impregnada de simbolismo, pero que no obstante describía un mundo real (Gurevič, 1982). Y esta idea fue compartida tanto por los estamentos cultos como por el vulgo durante la Alta Edad Media.[3]

Retomemos, pues, el tema de la Creación y, en particular, las especulaciones de Avicena (Abu 'Alī Ibn Sīnā) sobre el asunto. Para Aristóteles, la materia del cosmos era eterna, y por lo tanto no pudo haber sido creada *ex nihilo*; la deidad, el Primer Motor, transmitió formas a esta materia inerte o caótica (*Physica* VIII.1.6, en Bossier & Brams, 1990: II, 306). En consecuencia, carecería de sentido tratar de explicar de dónde proviene la materia, puesto que ha existido siempre. Por otro lado, para sostener la idea contraria de la creación *ex nihilo*, primero habría que explicar a partir de qué creó Dios el universo. Una respuesta posible sería que Dios creó el Universo a partir de Sí mismo. En esencia, ésta es la solución propuesta por Avicena. En su enciclopédico *Kitāb al-shifā'*, redactado en torno al año 1020 d.C., arguye que los cielos emanan de Dios como una cascada; los seis firmamentos más altos del cielo son inteligencias espirituales no materiales; éstas, en

---

[3] Véanse, entre otros, Patch (1950), Le Goff (1981 y 1985), Zaleski (1987).

emanaciones sucesivas de su propio ser, se vuelven más y más toscas para finalmente acabar como cielos perfectos y visibles; y bajo éstos se encuentra la materia sublunar, la cual es perfilada y moldeada en formas gracias al movimiento de los cielos.[4] Las emanaciones de Dios, aunque sean, al igual que Dios, inmateriales y espirituales, se distinguen de Dios porque dependen de Él (la existencia de Dios, por el contrario, no depende de más que de Sí mismo); las emanaciones son, en una palabra, contingentes.[5] La diferencia entre el Creador y lo creado es, en esta instancia, una distinción lógica que Buenaventura, por ejemplo, no podía aceptar, como hemos mencionado; él estaba convencido de que tenía que haber algo más que impidiese que los seres espirituales se deslizasen dentro del *esse* divino o dentro de las otras criaturas con quienes compartían la misma forma o especie.[6]

En líneas generales, el escolasticismo no aceptaba la versión emanantista de Avicena sobre la Creación, y con razón.[7] Con todo, la distinción lógica entre lo contingente (los seres creados) y lo necesario (Dios) se consideraba extremadamente útil, y fue empleada por Santo Tomás para explicar la existencia y naturaleza de los ángeles como seres espirituales no materiales, y para poder hablar, del mismo modo, de las almas incorpóreas. A este propósito, sin adentrarme en las profundidades de la *Summa theologiae* (cuya discusión sobre los ángeles se desarrolla en I.50-64), aduzco un cuodlibeto impartido en París entre 1256 y 1259, durante la primera estancia del santo en la capital francesa como profesor.[8] El cuodlibeto era una especie de lección pública basada en cuestiones propuestas por la audiencia. Las pregun-

---

[4] Para los siete firmamentos del cielo véase el Qur'ān 65.12 "Alá es Quien ha creado los siete cielos y otras tantas tierras; la orden desciende gradualmente entre ellos para que sepáis que Alá es omnipotente y que Alá todo lo abarca en Su ciencia" (trad. Abboud & Castellanos).

[5] Véanse Goichon (1944); Gilson (1944: 354); Jalbert (1961: 21-32); Doig (1972: 31-34).

[6] Véase su discusión de la existencia de la materia en los ángeles, *Commentaria in IV libros Sententiarum Magistri Petri Lombardi*, II *Sent.*, dist. iii, pars 1, a.1, q.1 (Bonaventura, 1882-1902: II, 89-91).

[7] Véase Quinn (1973: 628-49), así como uno de los tomistas modernos más importantes, Burrell (2004: 75-82), quien señala otra influencia islámica, la versión árabe del *Liber de causis* de Proclo en la cual se apoyaba Santo Tomás para refutar la explicación emanantista de Avicena. El previo intento de Honorio Augustodunense de definir el cielo, el infierno y los dominios situados entre éstos como *loci* espirituales, "lugares" sin existencia material, naufragó por la incapacidad de la teología coetánea para definir el significado de "espiritual" (el elenco iba desde lo simbólico/metafórico –el sentido "espiritual" de un texto, por ejemplo– hasta la sublimidad corpórea –los "espíritus vitales" que llevan las impresiones sensoriales al cerebro–: véase Gurevich, 1983: 73).

[8] Cuodlibeto VII q.5 a.3, en Thomas Aquinas (1949: 7, 144-46); para la fecha sigo a Steenberghen (1931-42: II, 541-43).

tas versaban sobre todo tipo de asunto, y las formulaban desde cortesanos a carniceros; las materias tratadas dan cierta idea de las inquietudes intelectuales a finales del siglo XIII, y de cómo los legos se interesaban en los debates más abstrusos (Synan, 1978).

Preguntaron a Santo Tomás si el castigo en el infierno es llevado a cabo por gusanos reales. Su respuesta da un indicio notable de su conciencia (y la de otros aristotélicos) de los posibles corolarios de un rechazo del hilemorfismo universal. Su propósito era deliberativo, no revolucionario; no obstante, aquel cuodlibeto parisino marcó, a mi modo de ver, una modificación en el entendimiento occidental del mundo, si bien del mundo espiritual.

La *quaestio* parte de la descripción que hace Jesús del infierno, "Ubi vermis eorum non moritur et ignis non extinguitur" (Mc 9.47, "donde el gusano de ellos no muere, y el fuego nunca se apaga" –cita de Is 66.24) para plantear, quizá de manera muy simple, si realmente hay gusanos en el infierno. La réplica de Santo Tomás es también relativamente simple: no hay gusanos, sino que "vermis ille erit spiritualis, ut ipse remorsus conscientiae interius animam corrodens vermis dicatur" (145; "aquel gusano debe de ser espiritual, de modo que 'gusano' significa el remordimiento íntimo que corroe el alma").

La descripción bíblica, física e inmediata, de cadáveres en proceso de descomposición y de su incineración podía aplicarse fácilmente a las almas materiales, como cualquier tortura que una imaginación acostumbrada a la crueldad cotidiana y habitual de la Edad Media podía representar en una narrativa visionaria. Al promediar el siglo XIII, sin embargo, estas descripciones físicas resultaban demasiado crudas para representar las almas inmateriales. Si no resulta lógico admitir que las almas inmateriales y separadas del cuerpo puedan ser torturadas por gusanos, tampoco es lícito afirmar que los gusanos sean eternos. Sería a la vez imposible para las almas, e injusto para con los gusanos. La descripción bíblica se convierte en algo filosófica, teológica, racional y científicamente más aceptable mediante la alegoría.

Los gusanos que corroen la carne representan alegóricamente (lo que no resulta nada tosco) el estado espiritual de los condenados y el insoportable remordimiento que tienen que sentir por los siglos de los siglos. El infierno consiste en no ser salvado, y en los efectos psicológicos que se derivan de este fracaso único, total e irremediable; el infierno es, en otras palabras, un estado mental, permisible a un alma incorpórea consciente de las consecuencias de acciones para las que el arrepentimiento llega demasiado tarde. Este movimiento filosófico que convierte gusanos en remordimientos de la conciencia atormentada implica una sustitución de la predicación (en su sentido lógico) por la analogía, la cual forma una parte esencial de la epistemología teológica de Santo Tomás. Una frase como "Jehová es mi roca" (Salmos 18.2), por ejemplo, no debe interpretarse unívocamente (predicación): Dios no es una roca, la frase no implica el culto de "abominaciones e ídolos, madera y piedra" (Dt 29.17). No obstante, la similitud entre Dios y una roca tampoco debe interpretarse equívocamente: los conceptos de Dios y una roca no son enteramente diferentes. La relación entre Dios y la roca es una *analogia entis*: la comparación entre ambos nos indica que Dios es firme, que protege a los fieles, que es imperecedero, pero no que sea material, gris o proclive a la erosión. La roca es de algún modo parte de la naturaleza de su Creador y nos permite hablar de Él en función de Sus criaturas, siempre que se reconozca la distinción entre el Creador y lo creado.[9] Desde el punto de vista de nuestro entendimiento, dado que, en cuanto seres contingentes, conocemos el mundo a través de los sentidos, la continuidad entre lo material y lo espiritual –aunque sea metafísicamente grande el salto entre los dos– al menos nos proporciona cierto conocimiento (Santo Tomás diría *scientia*), por impreciso que sea. Como dice Roy Ahmed-Jackson:

> Nuestro lenguaje proviene, en último término, de un intento por interpretar el mundo, y el mundo, a su vez, refleja la naturaleza de Dios. El lenguaje nos libera y nos limita al mismo tiempo; es todo lo que tenemos. Incluso nos facilita el entendimiento, del mismo modo que el uso de la analogía entre el corazón humano y una bomba mecánica. Obviamente el corazón no *es* una bomba mecánica, pero la analogía nos ayuda a entender su funcionamiento. (Jackson, 1999, trad. mía, cursiva del autor)

El uso de la analogía es fundamental cuando se intenta hablar de realidades espirituales como el cielo y el infierno, que no pueden ser experimentadas bajo condiciones materiales. Si Dios no puede equipararse sencillamente a una roca, o si se descarta la idea de que los gusanos reales sean una parte integral e imprescindible de la experiencia del infierno, la relación entre lo material y lo espiritual tendrá que ser analógica. Debe de haber una conexión orgánica entre la imagen y la realidad espiritual; el medio a través del cual se establece esta conexión es la alegoría. Lo que previamente se tenía por real (los gusanos en el infierno, por ejemplo) se transforma en una imagen de la realidad psicológica o espiritual y, por eso, superior a la meramente material. Esta realidad espiritual se expresa mejor mediante las formulaciones académicas y filosóficas de los teólogos que por una imaginería

---

[9] Para el concepto tomista de la analogía, y una comparación con el de Duns Escoto, véase Swinburne (1993: 74-82).

narrativa. De este modo la alegoría es, en primer lugar, una expresión de la sujeción de lo imaginativo a lo dogmático.

Hasta aquí, la alegoría que denomino de primera fase. La alegoría de segunda fase puede definirse como una inversión del proceso que produjo la de primera fase: la formulación filosófica o teológica se convierte en una imagen verbal o pictórica, pero se mantiene una clara conexión entre la idea original y su integumento retórico.

Como ejemplo de este proceso referido a las imágenes escatológicas, considérese una de las metáforas más típicas del tránsito al otro mundo: el puente. El puente era, en las visiones altomedievales, el lugar donde las almas se ponían a prueba, y del que algunas se desplomaban a un río de fuego o brea hirviente.[10] Sin embargo, en el siglo XIV Santa Catalina de Siena, al relatar su visión del cielo, interpreta el puente como figura alegórica de Cristo, vía por la que entra el alma en la ciudad celestial.[11] En la descripción que hace Catalina del infierno también influye la conciencia tomista de la relación análoga entre los seres materiales y espirituales. Cuatro son los castigos que describe: la privación de la visión divina, concepto puramente teológico que no lleva asociada imaginería narrativa alguna; el gusano del remordimiento, que ya hemos encontrado en Santo Tomás y que representa los efectos psicológicos del pecado; la visión del demonio, narrada como una visión beatífica al revés y que en cierto modo representa la ausencia de la visión divina; y finalmente el fuego, por el que Catalina expresa las penas físicas del infierno y en torno al cual luce sus conocimientos de los principios escolásticos:

> Questo fuoco arde e non consuma, perché l'anima non può consumare sé stessa; non è cosa materiale che il fuoco può consumare, perché essa è incorporea. Ma Io per divina giustizia ho permesso che il fuoco li bruci dolorosamente, così che li affligga e non li consumi, e li affligga e li bruci con grandissime pene in diversi modi, secondo la diversità dei peccati; chi più e chi meno, secondo la gravità della colpa.[12]

---

[10] Patch (1950: 8). El primer testimonio importante del puente al Otro Mundo se da en San Gregorio, *Liber dialogorum* IV.xxxvii.10 (Grégoire le Grand, 1978-79: III, 130); aparece asimismo en obras más periféricas, como la visión del monje de Wenlock narrada por San Bonifacio, misionero anglosajón del siglo VIII (Tangl, 1916: 7-15, en 11-12), o la irlandesa *Fís Adamnáin* "visión de Adamnán" del siglo X/XI (Boswell, 1908: 28-47, en 38-39, §12).

[11] *Dialogo*, caps. xxii, xxvi-xxvii, en Caterina di Siena (2000: 65-66, 71-74): "Yo [Dios] te he dicho que un puente llega desde el cielo a la tierra gracias a que Yo me he hecho hombre, al cual creé del barro. Este puente es mi Único Hijo" (mi trad.). Véase Ioannes Paulus PP. II (1980).

[12] *Dialogo*, cap. 38 (Caterina di Siena, 2000: 90 "Este fuego arde pero no consume, porque el alma no puede consumirse; no es una cosa material que el fuego pueda consumir, sien-

El fuego es, por tanto, algo más que una metáfora que representa el castigo de los condenados en relación con la gravedad de sus pecados. En la descripción de Catalina no existe la noción de lugar, geografía o –el demonio aparte– otros habitantes en el infierno. Es también destacable que la simple visión del demonio sea una tortura. Las púas, tridentes y calderos ardientes, tan típicos en este marco, brillan por su ausencia.

El apogeo del escolasticismo a finales del siglo XIII introdujo así una escisión entre la concepción teológica de la vida eterna y el discurso "público" de la religión popular (por decirlo así), que creía felizmente en la existencia de ciertos espacios privilegiados de comunicación con el Más Allá.[13] En efecto, la aprobación por la Iglesia del concepto del purgatorio al inicio del siglo XIII no señaló su *naissance*, como decía Le Goff (1981), sino la mera sistematización de antiguas creencias populares (Gurevich, 1983: 83). La espiritualización del Más Allá servía, pues, para distanciar de nuevo las concepciones académicas de aquellas creencias mito-poéticas sobre la muerte.

La percepción alegórica de las descripciones que tratan del Más Allá conllevaba asimismo un efecto colateral, ya que liberaba a la imaginería de su función sagrada primaria. Los ríos de brea ardiente, los lagos de leche, las pozas de azufre infestadas de escorpiones o los puentes que se estrechan hasta impedir el paso a los pecadores –todos estos elementos del cielo y del infierno– ya no describían nada realmente existente. La imaginería se volvía tan accesoria y prescindible como el lenguaje de los Salmos que describe a Dios como una roca. En la Alta Edad Media las visiones eran una representación de la realidad hacia la que apuntaba toda la sacralidad: el cielo, reino de Dios, o su contrario, el infierno, reino del Demonio. Cuando se consolidó la interpretación analógica de estas descripciones, la sacralidad de las imágenes que se utilizaba para describirlos se hizo cada vez más tenue.

La disminución de la sacralidad de estas descripciones constituía una liberación. La imaginería del infierno no era exclusivamente bíblica; combinaba motivos judeo-cristianos con otros tomados de fuentes grecorromanas,

---

do incorpórea. Pero Yo [Dios] por la justicia divina he permitido que el fuego les queme dolorosamente, afligiéndoles sin consumirles, y que así les aflija y queme con gran sufrimiento de modos diferentes en consonancia con el tipo de pecado; unos más y otros menos, según la gravedad de la falta", mi trad.).

[13] Pongo por caso el Purgatorio de San Patricio de Lough Derg en Irlanda; en las palabras del franciscano Tuileagna Ó Maolchonaire, probablemente escritas en Madrid antes de 1659, "Ar uaimh Phádraig léaghthar linn | don neach nigheas a anntinn | nach fuil teagh aithrighe as fheárr, | aithnighe a chean ní chaitheann" (citado en Harbison, 1991: 55; "Sobre la cueva de San Patricio leemos que para aquel que quiera purgar su alma no existe mejor casa de penitencia; nunca deja de lavar los pecados", mi trad.).

celtas (la *Navigatio Sancti Brendani*, por ejemplo), budistas (*Barlaam y Josafat*) o islámicas (el *Miʻrāj* de Muhammad). Negada la posibilidad de dibujar una geografía del Más Allá, estos tablados variopintos dejaron de presentarse como acreditadas referencias de lo real, pudiendo ser reconocidos como lo que eran: literatura moralizante. Por eso, no debe extrañarnos que Dante usara la *Scala Machometi* como fuente para la *Divina Commedia* (Asín Palacios, 1919; Daniel, 1993: 29). Los orígenes islámicos de la leyenda tuvieron una importancia secundaria, o acaso ninguna; más preocupante, o más indignante, era que Virgilio –pagano idólatra y politeísta– fuera el guía de Dante, o que un autor cristiano imitara a poetas clásicos que evocaban el fácil descenso al Averno entre las mentiras de su religión. Lo que importaba en el siglo XIV era el perfil teológico dado a los distintos elementos, cualquiera que fuese su procedencia.

Los motivos no cristianos, al ser literaturizados así por los lectores, fueron despojados de sacralidad. De ahí que fuera posible para el Marqués de Santillana usar sus lecturas de la *Commedia* de Dante no para dictar versos sublimes, sino para escribir el *Infierno de los enamorados* (Santillana, 1983-91: I, 225-58). En él la reminiscencia clásica se mezcla con la mirada ocasional hacia las *bolgie* del poeta toscano, como por ejemplo en la mención de Francesca de Rimini y su amante Paolo Malatesta (vv. 435-38, pág. 33), explícitamente tomada de *Inferno*, canto V, 88-142; pero el resoluto marco pagano, con su evocación de los amantes míticos de la antigüedad (la única referencia moderna de cierta originalidad es la de Macías, copla LXIV, v. 511, pág. 256), define al poema como una parodia tanto de la "religión del amor" –muy en boga a mediados del siglo XV– como de las visiones de las torturas físicas del Infierno. Dichas torturas, tanto en Santillana como en Dante, son proporcionales a la gravedad de los pecados:

> E por el siniestro lado
> cada qual era ferido
> en el pecho e foradado
> de grand golpe dolorido,
> por el qual fuego ençendido
> salía que los quemava.
> (copla LXIV, vv. 449-54, en 1983-91: I, 252-53 & n454)

Las ardientes torturas descritas por Santillana representan, en esencia, una continuación de la condición mundana del amante que sufre las penas del amor cortés (con la diferencia de que, en el infierno, se actualiza lo que es puramente metafórico, o al menos invisible, en la vida terrena). No por eso deben ser consideradas un sacrilegio, ni aducidas como síntomas de un declive de la creencia religiosa. Al contrario, se encuadran en un plano literario en el que existe una conciencia clara de cómo funcionan los distintos tipos de lenguaje teológico: el narrativo es considerado fundamentalmente alegórico, mientras que las formas escolásticas del discurso presentan una mejor aproximación a las realidades fundamentales, por ser más precisas a la hora de definir la psicología y no confiar excesivamente en la imaginería. Así, los elementos narrativos, los motivos, los bloques alegóricos de construcción podían ser reutilizados, hasta transformados para otros usos que también serían alegóricos. El rechazo del hilemorfismo universal llevado a cabo por Avicena y Santo Tomás condujo a un proceso mediante el cual la imaginería religiosa original pudo ser secularizada dentro de un contexto cristiano general.[14]

Obras citadas

Alexander, Philip S. (ed. & trad.), 1984. *Textual Sources for the Study of Judaism*, Manchester, Manchester UP.

Ansari al-Qaderi, Muhammed Fazl-ur-Rahman, 1992. *Foundations of Faith: A Common-Sense Exposition*, Karachi, World Federation of Islamic Missions (en *World Islamic Network* <muslims.ws/library/foundation.htm>).

Asín Palacios, Miguel, 1919. *La escatología musulmana en la "Divina comedia": discurso leído en el acto de su recepción y contestación de D. Julian Ribera Tarragó, el dia 26 de enero de 1919*, Madrid, Real Academia Española.

Bonaventura, Doctor seraphicus, OFM, 1882-1902. *Opera omnia*, 10 tomos, Ad Claras Aquas (Quaracchi), Collegium S. Bonaventurae.

Bossier, Fernand, & Jozef Brams (eds.), 1990. *Aristoteles Latinus*, VII: *Physica*, 2 tomos, Leiden, Brill.

Boswell, C.S. (trad.), 1908. *An Irish Precursor of Dante: A Study of the "Vision of Heaven and Hell" Ascribed to the Eighth-Century Irish Saint Adamnán, with Translation of the Irish Text*, Grimm Library 18, London, D. Nutt.

Burrell, David B., 2004. "Thomas Aquinas and Islam", *Modern Theology*, 20, 71-89.

Casas Rigall, Juan, & Eva María Díaz Martínez (eds.), 2002. *Iberia cantat: estudios sobre poesía hispánica medieval*, Colección Lalia Series maior 15, Santiago de Compostela, Universidade de Santiago de Compostela.

Caterina da Siena, 2000. *Dialogo*, ed. Gabriella Anodal, L'anima del mondo 34, Casale Monferrato, Piemme.

---

[14] Quisiera dar las gracias a mi traductor, Serxio González, por su labor; a las editoras de este libro por sus infinitas indulgencias; y al P. Robindra Ganeri, OP, por discusiones siempre alumbradoras.

Daniel, Norman, 1993. *Islam and the West: The Making of an Image*, 3a. edición, Oxford, Oneworld. [Edinburgh, Edinburgh UP, 1960]

Denzinger, Henricus (ed.), 1911. *Enchiridion symbolorum, definitionum et declarationum de rebus fidei et morum*, ed. Clemens Bannwart, 11a. edición, Friburgi Brisgoviae, Herder.

Doig, James C., 1972. *Aquinas on Metaphysics: A Historico-Doctrinal Study of the Commentary on the Metaphysics*, The Hague, Martinus Nijhoff.

Elders, Leo J., 1996. *La filosofia della natura di San Tommaso d'Aquino: filosofia della natura in generale, cosmologia, filosofia della natura organica, antropologia filosofica*, Teologia e Filosofia 25, Città del Vaticano, Libreria Editrice Vaticana.

Gilson, Étienne, 1944. *La Philosophie au Moyen Age: des origines patristiques à la fin du XIVe siècle*, 2a. edición rev., Paris, Payot. [*La philosophie au moyen âge: de Scot Érigène à G. D'Occam*, Paris, Payot, 1922]

Goichon, A. M., 1944. *La Philosophie d'Avicenne et son influence en Europe médiévale*, Paris, Librairie d'Amérique et d'Orient.

Grégoire le Grand, 1978-79. *Dialogues*, ed. Adalbert de Vogüé, 3 tomos, Sources chrétiennes 251, 260 & 265, Paris, Le Cerf.

Gurevič, A.J., 1982. "Au moyen âge: conscience individuelle et image de l'au-delà", *Annales E.S.C.*, 37, 255-75.

Gurevich, Anton J., 1983. "Popular and Scholarly Medieval Cultural Traditions: Notes in the Margin of Jacques Le Goff's Book", *Journal of Medieval History*, 9: 71-90.

Harbison, Peter, 1991. *Pilgrimage in Ireland: The Monuments and People*, London, Barrie & Jenkins.

Ioannes Paulus PP. II (Karol Wojtiła), 1980. *Epistula apostolica "Amantissima providentia" ad episcopos, sacerdotes et Christifideles Italiae: sexto expleto saeculo ab obitu Sanctae Catherinae Senensis, virginis et Ecclesiae doctoris*, Città del Vaticano, Libreria Apostolica Vaticana.

Jackson, Roy Ahmed-, 1999. "Religious Language", *The Philosophers' Magazine*, 6 (Spring), 32-33 (en *TPM Online*: <www.philosophers.co.uk/>).

Jalbert, Guy, 1961. *Nécessité et contingence chez saint Thomas d'Aquin et chez ses prédécesseurs*, Ottowa, Université d'Ottowa.

Le Goff, Jacques, 1981. *La Naissance du Purgatoire*, Paris, Gallimard (trad. española: *El nacimiento del Purgatorio*, trad Francisco Pérez Gutiérrez, Ensayistas 251, Madrid, Taurus, 1985).

MacCartney, Dan G., 1986. "Literal and Allegorical Interpretation in Origen's *Contra Celsum*", *Westminster Theological Journal*, 48, 281-301

Nadler, Steven, 2002. *Spinoza's Heresy: Immortality and the Jewish Mind*, Oxford, Clarendon Press.

Patch, Howard Rollins, 1950. *The Other World According to Descriptions in Mediaeval Literature*, Smith College Studies in Modern Languages n.s. 1, Cambridge MA, Harvard UP.

Quinn, John Francis, 1973. *The Historical Constitution of St Bonaventure's Philosophy*, Studies and Texts 23, Toronto, Pontifical Institute of Medieval Studies.
Raphael, Simcha Paull, 1994. *Jewish Views of the Afterlife*, Northvale NJ, Aronson.
Santillana, Iñigo López de Mendoza, måarqués de, 1983-91. *Poesías completas*, ed. Miguel Ángel Pérez Prieto, 2 tomos, Clásicos Alhambra 25 & 35, Madrid, Alhambra.
Steenberghen, Fernand van, 1931-42. *Siger de Brabant d'après ses œuvres inédites*, 2 tomos, Les philosophes belges 12-13, Louvain, Institut supérieur de philosophie.
Swinburne, Richard, 1993. *The Coherence of Theism*, 2a. edición, Oxford, Clarendon Press [1a. edición, 1977].
Synan, Edward A., 1978. "Aquinas and his Age", en *Calgary Aquinas Studies*, ed. Anthony Parel, Toronto, Pontifical Institute of Mediaeval Studies, 1-25.
Tangl, Michael (ed.), 1916. *Die Briefe des heiligen Bonifatius und Lullus: S. Bonifatii et Lullii epistolae*, Monumenta Germaniae Historica, Epistolae Selectae 1, Berlin, Weidmann.
Tate, J., 1929-30. "Plato and Allegorical Interpretation", *Classical Quarterly*, 23 (1929), 142-54, & 24 (1930), 1-10.
Thomas Aquinas, OP, 1949. *Quaestiones quodlibetales*, ed. Raymundus Spiazzi, Editio VII Taurinensis, 2a. edición rev., Taurini (Torino), Marietti.
Zaleski, Carol, 1987. *Otherworld Journeys: Accounts of Near-Death Experience in Medieval and Modern Times*, Oxford, Oxford UP.

ALEGORIAS NA "CANTIGA DE ESCARNHO" GALEGO-PORTUGUESA: UMA APROXIMAÇÃO

SERXIO OTERO GONZÁLEZ
University of Manchester

Uma das lacunas que mais surpreende ao estudioso da lírica galego-portuguesa é a escassez de publicações críticas relativas à alegoria. Os numerosos trabalhos publicados nos últimos anos quase não referem o emprego desta figura tão escorregadia e tão difícil de delimitar na lírica trovadoresca peninsular. Neste artigo analisaremos as diversas formas em que a alegoria foi utilizada por alguns trovadores galego-portugueses e a que intenções responde, procurando lançar um pouco de luz sobre a questão.

Desde o tempo dos primeiros Padres da Igreja a alegoria era considerada um instrumento teológico que permitia aceder a realidades transcendentais mediante a interpretação das Escrituras. O mesmo seria dizer que a Bíblia, além do sentido literal, oferecia outros significados.[1] No final do século XII, o conceito da alegoria desdobra esta dimensão diegética e alguns autores, como Richard de Saint-Victor, começam a interpretar o mundo material também de maneira alegórica.[2] Mas estes tipos de alegoria devem ser estudados no campo da teologia e da metafísica porque a sua natureza responde a realidades, em certa medida, reveladas. Para o homem medieval, a Bíblia, por exemplo, ainda que fosse escrita pelo homem, fora inspirada por Deus, o que implicava que mediante um estudo atento, os exegetas podiam destrinçar mistérios de ordem divina.

---

[1] Bruyne (1946, II: 302) "Pour les exégètes, l'allegorisme est avant tout une technique théologique qui sert à découvrir sous le sens immédiat des Écritures des vérités d'un ordre supérieur qui y sont cachées dans la juste mesure qui convient".

[2] Eco (1998: 88-89) "La pansemiosis metafísica, la que nace con los *Nombres divinos* de Dionisio, sugiere la posibilidad de representación de tipo figural, pero de hecho desemboca en la teoría de la *analogia entis* y, por lo tanto, se resuelve en una visión semiótica del universo en la que cada efecto es signo de la propia causa. Si se comprende qué es el universo para el neoplatonismo medieval, nos daremos cuenta de que en este contexto no se habla tanto de la semejanza alegórica entre los cuerpos terrenos y cosas celestes, como de una significación más filosófica que tiene que ver con la ininterrumpida secuencia de causas y efectos de la 'gran cadena del ser' [...] El alegorismo universal representa una forma mágica y alucinada de mirar el universo, no por lo que parece, sino por lo que podría sugerir".

Por outro lado, no mesmo século XII, o conceito da alegoria recupera parte do seu valor clássico como figura retórica. O mais característico deste tipo de alegorismo poético é o processo inverso da sua gestação: se os alegorismos teológicos eram de base interpretativa, o alegorismo poético segue o caminho contrário; passa a ser um recurso do processo criativo mais que do interpretativo. Noutras palavras, dá-se o processo que Paul Zumthor identificou como *alegorese*.[3]

Abrolha uma nova maneira de escrever, aparecem alegorias que não sendo exclusivamente religiosas exigem uma leitura figurada complementar: este tipo de alegorias surge mais depurado da sua significação religiosa embora continue a caracterizar-se por um processo de codificação-descodificação de texto.

As alegorias da lírica galego-portuguesa medieval aparecem como um disfarce que possibilita a alusão; são um recurso que logra ou satisfaz as expectativas do leitor consoante este for bem ou mal sucedido na tarefa de deslindar, para além do que o texto quer dizer, aquilo que realmente diz.[4]

Todas as cantigas que utilizámos para o estudo da alegoria neste artigo encerram uma dupla leitura: literal uma e figurada outra, esta última geralmente desprovida de qualquer intenção moralizante. Neste contexto, a alegoria não vai além de um divertimento literário relativamente complexo que implica uma leitura dupla donde se deriva a sua dimensão alegórica, entendida no seu sentido isidoriano.[5]

Já o redactor da *Arte de trovar* do *Cancioneiro da Biblioteca Nacional* tinha chamado a atenção para o duplo sentido de algumas cantigas:

> Cantigas d'escarneo som aquelas que os trobadores fazem querendo dizer mal d'alguen en elas, e dizen-lho per palavras cubertas que hajan dous entendimentos, pera lhe-lo no entenderen ... ligeiramente: e estas palavras chamam os clérigos *hequivocatio*. E estas cantigas se podem fazer outrossi de mestria ou de refram.

---

[3] Zumthor (1978: 80) "Complémentaire de l'allégorie, l'allegorèse suit le mouvement inverse: partant d'une vérité, elle engendre, des éléments de celle-ci, une *littera*".

[4] Zumthor (1978: 81) "Le philosophe découvre syllogistiquement une vérité; l'allégorète contemple celle-ci face à face, puis la voile pour la communiquer, de la manière dont, par prudence pour les yeux des spectateurs, on leur désignerait le soleil à travers une nuée".

[5] Isidoro, *Etymologiae* I.xxxvii.22 "Allegoria est alieniloquium; aliud enim sonat, aliud intelligitur", o que remite à concepção quintiliana do termo (*Institutio oratoria* VIII.vi.44 "*Allegoria* [...] aut aliud verbis, aliud sensu ostendit, aut etiam interim contrarium"). Contudo, Dagenais (1991: 247-63) prefere chamar a este recurso "hipoalegoria" sem fornecer uma explicação sobre tal preferência.

E pero que alguns dizen que há i algūas cantigas de "joguete d'arteiro", estas nom son mais ca d'escarnho, nem ham outro entendimento. Pero er dizem que outras há i "de risabelha": estas ou serám d'escarnho ou de maldizer; e chamam-lhes assi porque riim ende a vezes os homens, mas nom som cousas em que sabedoria nem outro bem haja. ("Capítolo quinto", in Tavani, 1999: 42)

Segundo Isidoro, "*aequivoca* sunt quando multarum rerum nomen unum est, sed non eadem definitio" (*Etymologiae* II.xxvi.2). Esta definição da "equivocatio" parece-nos insuficiente para definir o "escarnho", pois o sentido último das cantigas estudadas encerra um significado superior conseguido mediante uma articulação de distintos termos, que em muitos casos só têm esta múltipla significação no marco duma cantiga determinada. O caso das cantigas da "madeira nova" estudadas mais abaixo é paradigmático; nestes poemas o uso dos diversos termos tirados do campo da construção se articulam para propiciar uma dupla leitura de ordem sexual que é a que realmente transmite a intenção humorística da cantiga. Consideramos que o autor da *Arte* poética já tem sido consciente desta articulação e assim tem feito a diferenciação tipológica entre cantigas de "escarneo" por uma parte, de "joguete d'arteiro" e de "risabelha" pela outra, considerando as primeiras artisticamente superiores, pois dizendo que as cantigas de "joguete d'arteiro" e de "risabelha" "nom som cousas em que sabedoria nem outro bem haja" implica que as primeiras eram de uma categoria superior.

Estas cantigas oferecem diversos degraus de genialidade artística, pelo que optamos por hierarquizá-las de acordo com a sua complexidade.[6] Consideramos mais simples aquelas que encerram trocadilhos de ordem sexual e que analisaremos em seguida, nas quais se incluem as de Afonso Lopez de Baian e de Pai Gomez Charinho que versam sobre a mesma temática: a casa que Baian quer fazer em Arouca e para a qual pede "madeira nova" à abadessa do célebre convento de São Pedro na mesma localidade.

> En Arouca ūa casa faria;
> atant' ei gran sabor de a fazer,
> que já mais custa non recearia
> nen ar daria ren por meu aver,

---

[6] Os textos tiram-se de Brea *et al.* (1996); podem-se consultar também em *MedDB: Base de datos da Lírica profana galego-portuguesa* do Centro Ramón Piñeiro <www.cirp.es>. Citamo-los pelo nome do trovador e a numeração fixada nesta obra (§ = número do trovador, cantiga), seguido do número que lhe corresponde dentro de cada um dos manuscritos: *A* (*Cancioneiro de Ajuda*, Lisboa, Biblioteca do Paço Real da Ajuda s.n.), *B* (*Cancioneiro Colocci-Brancuti* ou *da Biblioteca Nacional*, Lisboa, BN Ms. 10991), *V* (*Cancioneiro da Vaticana*, BAV Ms. Vat. lat. 4803).

> 5   ca ei pedreiros e pedra e cal;
>   e desta casa non mi míngua al
>   se non madeira nova, que queria.
>   E quen mi a desse, sempr' o serviria,
>   ca mi faria i mui gran prazer
> 10 de mi fazer madeira nova aver,
>   en que lavrass'ūa peça do dia,
>   e pois ir logo a casa madeirar
>   e telhá-la; e, pois que a telhar,
>   dormir en ela de noit' e de dia.
> 15 E, meus amigos, par Santa Maria,
>   se madeira nova podess' aver,
>   logu' esta casa iria fazer
>   e cobri-la; e descobri-la-ia
>   e revolvê-la, se fosse mester;
> 20 e se mi a mi a abadessa der
>   madeira nova, esto lhi faria.
>   (Afonso Lopez de Baian, §6.3, B1471/V1081)

Como já dissemos, a coordenação dos termos tirados do campo semântico da construção acaba por criar uma imagem de ordem sexual. Assim, o uso de palavras como *pedreiros*, *pedra* e *cal* (5) fazem referência ao órgão e fluido sexual masculinos, e *lavrar* (11), *telhar* (13), *cobrir* e *descobrir* (18), à copulação (Lorenzo Grandín, 1999: 885-86). Menção à parte merece o termo *madeirar* (12), que neste contexto parece que alude ao acto da penetração, no mesmo sentido que a cantiga de Alfonso X onde *madeira* representa o órgão sexual masculino ("Joan Rodríguiz foi osmar a Balteira | sa midida, per que colha sa madeira", §18.21, B481/V64; veja-se Lapa, 1965: 17).

Esta cantiga de Lopez de Baian complementa-se nos cancioneiros com outra de Pai Gomez Charinho, onde o célebre almirante dá valiosos conselhos sobre como se tem que trabalhar a "madeira nova":

>   Don Affonsso López de Baiám quer
>   fazer sa casa se el pod' aver
>   madeyra nova; e sse mi creer,
>   fará bon siso, tanto que ouver
> 5   madeyra, logo punh' ena cobrir
>   o fundamento ben alt', e guarir
>   pode lavor por hy, se o fezer.
>   E quand' el a madeyra adusser
>   guárdea ben, e fáçaa iazer
> 10 en logar que no chovha, ca torcer

> ss' ya mui tost' e no ar á mester,
> e, sse o lavor no quer escarnir,
> ábralh' o fundament' alt' e ferir
> e muyto batelo quanto poder.
> 15 E poys o fundamento aberto for,
> alt' e ben batudo, polo lavor
> en salvo sobr' el, e poys s' acabar
> estará da madeyra sen pavor.
> E do que diz que a revolverá
> 20 ant' esto faça, se no matarss' á,
> ca est' é o começo do lavor.
> E Don Affonso, poys á tal sabor
> de fazer bõa casa, começar
> a dev' el assy, e des y folgar
> 25 e iazer quand' e quando mester for
> descobrila e cobrila poderá
> e revolvela, ca todo sofrerá
> a madeyra, e seer aly en melhor.
> E don Affonso tod' esto fará
> 30 que lh' eu conselho, se no, perderss' á
> esta casa, por mão lavrador.
> (Pai Gomez Charinho, §114.9, B1625/V1159)

Na cantiga de Gomez Charinho, o almirante pontevedrino aconselha Lopez de Baian a trabalhar a madeira de forma que esta não se estrague; a protegê-la da chuva para que não se torça (9-11); a "batê-la" bem no "fundamento" até abri-lo bem (13-14).[7] Ambos os textos podem ser interpretados como uma mera descrição de como Baian quer fazer uma casa em Arouca para a qual precisa de madeira nova, uma vez que "pedreiros e pedra e cal" já ele tem, e assim o entendeu Carolina Michaëlis de Vasconcelos, que não pôde ultrapassar o sentido literal.[8] Paralelamente, a leitura figurada destas cantigas baseia-se na interpretação correcta do termo *fazer casa* (Baian, vv. 1, 17; Charinho, vv. 2, 23). Nas palavras de Manuel Rodrigues Lapa (1965:

---

[7] *Fundamento* aqui não tem o sentido literal de suporte das paredes, senão que designa à escavação que se destina a assentar o alicerce, como em *Cantigas de Santa Maria*, §364 "e faziam os fundamentos fondos, per que mais tente | fosse a obra e mais firme" (Alfonso X el Sabio, 1986-89: III, 278).

[8] Vasconcellos (1904: II, 402-03) "Outro dizer tem assumpto singularmente prosaico: a construção de uma boa casa em Arouca, para a qual o rico-homem procura madeira nova. Se nelle se escondem ironias e gracejos, confesso que não os descobri; nem tampouco os percebo na resposta com que D. Affonso foi favorecido pelo almirante de Alfonso X, Pae Gomez Charinho".

101), "'fazer casa com madeira nova' seria no século XIII um modo malicioso de dizer tomado no sentido de 'tomar mulher nova para viver com ela amancebado'". Pilar Lorenzo Grandín (1999: 884-88) também se debruçou sobre os vários sentidos da terminologia usada nestas cantigas rasteando as significações dialógicas que aparecem em textos latinos.

"Madeira nova" é, no entanto, a expressão mais problemática do texto. Se considerarmos que esta remete para outra leitura que ultrapassa a simples figuração sexual, enriqueceremos consideravelmente a intenção lúdica do texto. Baian e Charinho brincam com termos retirados da construção que dão às cantigas um "outro entendimento". Os termos *casa*, *fundamento*, *pedras*, *bem alto* e particularmente *madeira nova* são inspirados nas Sagradas Escrituras, nomeadamente em Esd 6.3-4:

> anno primo Cyri regis Cyrus rex decrevit ut *domus* Dei quae est in Hierusalem aedificaretur in loco ubi immolent hostias, et ut ponant *fundamenta* subportantia *altitudinem* cubitorum sexaginta latitudinem cubitorum sexaginta, ordines de *lapidibus inpolitis* tres et sic ordines de *lignis novis*; sumptus autem de domo regis dabuntur.

A alegoria funciona a dois níveis. Por um lado temos uma leitura figurada da expressão *fazer casa* com sentido sexual, como já tínhamos visto. Mas esse sentido sexual encerra uma espécie de glosa paródica do texto bíblico, como parece desprender-se da cantiga de Charinho. Este autor não só entendeu o sentido figurado do texto (o sexual) como também completou a referência bíblica empregando termos ausentes na cantiga de Baian como *fundamento* e *alto*. Este tipo de secularização quase blasfema de terminologia bíblica era muito do gosto medieval e prefigura um uso do divino ao serviço do profano muito similar à que um século depois se pode encontrar no *Libro de Buen Amor*. Estes usos respondem a uma intenção artística, um sentido figurado onde os limites do blasfemo amplificam a intenção humorística da cantiga. Tal como o rei Ciro, o trovador quer construir uma casa onde se façam sacrifícios ("inmolent hostias"), mas no caso deste, são sacrifícios de condição diferente.

Poderia argumentar-se que algumas expressões como "fazer casa" ou "ferir o fundamento", por exemplo, já tinham uma conotação sexual na língua popular da época, algo que desde a perspectiva actual resulta muito difícil de dilucidar. Em qualquer caso, isto parece-nos irrelevante, pois o que sim é inquestionável é que nos poemas estudados os termos vão tecendo, por acumulação, as suas próprias redes de significação dentro do marco das cantigas, e acabam por expressar um sentido figurado que difere completamente do seu sentido literal, e este sentido último consegue-se mediante um processo mais complexo que a simples "hequivocatio".

Um sistema de codificação semelhante é utilizado numa das cantigas que Pero Garcia d'Ambroa dedicou a Pedr'Amigo de Sevilha.

> Ora vej' eu que est' aventurado
> já Pedr' Amigo e que lhe fez Deus ben
> ca non desejou do mund' outra ren
> se non aquesto que á já cobrado:
> 5 hũa ermida velha que achou
> e entrou dentr' e, pois que hi entrou,
> de sair d' ela sol non é pensado.
> E pois achou logar tan aguisado
> en que morasse, por dereito ten
> 10 de morar hi; e vedes que lh' aven:
> con a ermida é muit' acordado
> e diz que sempre querrá hi morar
> e que quer hi as carnes marteirar
> ca d' este mundo muit' á já burllado.
> 15 E non sei eu no mund' outr' ome nado
> que s' ali fos-se meter; e mal sén
> faz se o ende quer quitar alguen,
> ca da ermida tant' é el pagado,
> que á jurado que non saia d' i
> 20 morto nen viv', e sepultura hi
> ten en que jasca quando for passado.
> (Pero Garcia d'Ambroa, §126.8, B1596/V1128)

Nesta espécie de *contemptu mundi* o autor apresenta-nos um Pedr'Amigo "aventurado" porque finalmente achou o que procurava, uma "ermida velha" (5) para onde pode fugir do mundo que "muit' á já burlado" e onde pode "as carnes marteirar" (13-14). Aparentemente, esta cantiga não tem um segundo significado. Mas se considerarmos que esta composição é um *contrafactum* doutra cantiga do próprio Pedr'Amigo de Sevilha, "Meus amigos, tan desaventurado" (§116.16, B1595/V1127), uma interpretação diferente se nos afigura. No seu poema, Pedr'Amigo faz uma inversão paródica dos elementos típicos da lírica cortês dedicando a cantiga a uma mulher velha. Nesta mesma cantiga, o trovador declara que perde o "sen" por uma dona "fea e velha", e pede a Deus que o salve pois está "morrendo de amor, e sen falha, | polo seu rostro velh'e enrugado". Por outro lado, Pero d'Ambroa emprega os mecanismos de descodificação alegórica que já vimos nas cantigas da "madeira nova". A ermida representa a "dona velha puta" e por sinédoque também o seu órgão onde o ermitão, Pedr'Amigo, entrou e já não quer de lá sair.

Como último exemplo deste tipo de cantigas onde o sentido figurado da poesia é de ordem sexual, mencionaremos a de Martim Soarez que diz:

> Ũa donzela jaz [preto d'] aqui,
> que foi ogan' ũa dona servir
> e non lhi soube da terra sair:
> e a dona cavalgou e colheu [i]
> 5 Don Caralhote nas mãos; e ten,
> pois lo á preso, ca está mui ben,
> e no quer d' ele as mãos abrir.
> E pois a dona Caralhote viu
> antre sas mãos, ouv' en gran sabor
> 10 e diss' esto: –O falso treedor
> que m' ogano desonrou e feriu,
> praz-me con el, pero trégoa lhi dei,
> que o no mate; mas trosquiá-l'-ei
> come quen trosquia falso treedor.
> 15 A bõa dona, molher mui leal,
> pois que Caralhote ouv' en seu poder,
> mui ben soube o que d' ele fazer:
> e meteu-o logu' en un cárcer atal,
> u muitos presos jouveron assaz;
> 20 e nunca i, tan fort' e preso jaz,
> quer que en saia, meios de morrer.
> (Martim Soarez, §97.44, B1369/V977)

Nesta cantiga podemos observar o emprego do mesmo sistema descodificador que nas cantigas anteriores: se antes era uma ermida ou uma casa, agora é um cárcere onde vai parar esse "Don Caralhote", evidente sinédoque do órgão sexual masculino. Para Carlos Alvar (1993: 45), o nome "parece un cruce de Caradós (nombre del traidor señor de la Dolorosa Torre) y Lanzarote, y que remite a un episodio de la Vulgata contenido en el *Lancelot* propiamente dicho". Esta referência e o facto de que a protagonista cavalgue na procura do tal Caralhote (Soarez, v. 4), como se de uma nova *Queste* se tratasse, permite-nos deduzir que nesta cantiga Martim Soarez está a jogar com elementos tirados do imaginário dos romances de cavalaria. Paralelamente, a cantiga também ecoa uma série de elementos tomados do âmbito legal. Assim temos um "falso traedor" que a protagonista da cantiga diz que vai "trosquiar" porque a desonrou (10-14), e por isso vai metê-lo num cárcere (aqui sinónimo de vagina) "u muitos presos jouveron assaz" (18-19), acrescenta maliciosamente o trovador. Estos termos parecem que evocam penas de castigo específicas para o delito de força contra as mulheres e pelas quais, o forçador podia ser entregado à sua vítima; além disto, também podia ser "trosquiado" (13) que, a parte de significar 'cortar rente o pêlo ou os cabelos', também tinha significado de 'sinalar' ou 'marcar'.[9]

A estes exemplos temos de juntar a cantiga de Pedro de Portugal, Conde de Barcelos, "Un cavaleiro avia" (§118.11, V1039), que também esconde uma leitura obscena sob o argumento aparentemente inócuo de uma mulher que derruba uma tenda à força de "tirar pelo esto". Da mesma forma que a cantiga da "madeira nova", o texto remete para uma citação bíblica (Jer 10.20). Mencionamo-la sem aprofundar no seu estudo por ser já analisada no artigo de John Dagenais (1991: 247-63).

Como já dissemos, o nexo comum entre todas as cantigas anteriores é a representação figurada com conotações sexuais. No plano literal os textos mencionam diferentes tipo de albergue: uma casa, uma ermida, um cárcere e, na última, uma tenda. Nestas cantigas dá-se um processo de descodificação similar ao da exegese bíblica, se bem que concordemos que nelas não há um *sensus allegoricus* em sentido estrito. Estas cantigas não apresentam uma intenção moral ou teológica. Revelam, sim, um gosto pela palavra encoberta, por uma maneira de dizer algo significando outra coisa diferente do sentido literal.

No conjunto das cantigas galego-portuguesas a cantiga "Pois que Don Gómez cura querria" de Arias Perez de Vuitoron é interessante porque é a única que menciona expressamente o termo *alegoria*. O poema versa sobre um tal Dom Gomes, satirizado pelas suas habilidades ornitománticas. Na *cobra* terceira o poeta diz:

> 15   E pois sab' el tod' alegoria
> d' agoiro, quando da sa casa sal,
> se ouvess' el ũa cornelha tal
> qual xa Don Gómez consinaria,
> con atal viss' el a casa arder

---

[9] Como exemplo citamos as seguintes disposições do *Fuero juzgo* III.3.1 (Real Academia Española, 1815: 53) "Si algun omne libre lieva por fuerza muier virgen ó vibda [...] sea dado por siervo al padre de la mujer que levó por fuerza, ó á la mujer virgen ó bibda que levó por fuerza", e mais adiante (III.3.9, *ibid.* 54) "Si el siervo lieva por fuerza la muier que fué sierva hy es libre [...] debe seer batido de C. azotes, é desfollarle muy layda mientre toda la fruente". Incluso podia ser condenado a morte (III.3.8, *ibid.* 54) "Hy el siervo que se ayunta con la mugier que levó por fuerza, debe seer descabezado".

20 e lhi leixasse Deus morte prender
    sen confisson, ca pois s' ar porria.
    (Arias Perez de Vuitoron, §16.14, B1476/V1087)

Para Lapa (1965: 662, "Vocabulário"), *alegoria* apenas significa "arte, ciência", mas consideramos que neste contexto o significado é "sentido escondido", ou seja, algo apenas compreensível para uns poucos. Esta é uma acepção popular do termo, entendido na sua dimensão pansemiótica que já temos comentado: a capacidade de interpretar o mundo real transcendendo a sua realidade material e penetrando nalgum tipo de mistério. Nesta caso Vuitoron censura a este desconhecido "Dom Gómez" por acreditar tanto na agouraria que não se importa com morrer em pecado ("E con bom corvo, foss'el pois caer l eno [infern'e] ficass' en poder l do diabo, ca pois s' ar porria", vv. 22-24). O *Bestiário de Aberdeen* (Aberdeen, University Library Ms. 24) declara que é um "grande pecado" crer o que dizem os agoureiros a respeito das qualidades proféticas da *cornix* o cornelha ("aiunt augures hominum curas significationibus agere, insidiarum vias monstrare, futura predicere; *magnum nefas* hec credere est, ut deus consilia sua cornicibus mandet", fol. 58). A respeito do corvo o mesmo *Bestiário* diz:

> Corvus in divina pagina diversis modis accipitur, ut per corvum aliquando predicator, aliquando peccator, aliquando diabolus intelligitur. [...] Corvus prius in cadaveribus petit oculum, quia in carnalibus intellectum discretionis extinguit et sic per oculum extrahit cerebrum qui[a] extincto discretionis intellectu sensum mentis evertit. [...] Sicut ait beatus Gregorius, est quisque predicator doctus, qui magna voce clamat dum peccatorum suorum memoriam quasi quandam coloris nigredinem portat. (fol. 37-37^v, com emendas)

Como se pode apreciar na citação, o corvo representa ao diabo que extrai o cérebro pelos olhos, ao pecador, e ademais ao predicador. Por isso concordamos com Lapa (1965: 128) em que nos primeiros versos "parece haver [...] uma alusão a vícios sexuais do personagem, que se recomporia facilmente depois de ter caído neles":

> Pois que Don Gómez cura querria
> con boas aves ante prender mal
> ca ben con outras, non lhi dé Deus al
> ergu' estes corvos, per que s' el fia;
> 5 e, con qual corv' el soubess' escolher,
> o leixasse mal andante seer
> Deus, ca depois en ben tornaria.

Isto explicaria porque Dom Gomes ficaria "mal andante". Provavelmente o protagonista da cantiga também seja um predicador ou homem de igreja, como parece insinuar a alusão a "cura" no primeiro verso, mas a cantiga não fornece outros indícios para dilucidar a identidade deste tal "Don Gómez".

Do ponto de vista da alegoria, o caso de Martin Moxa é provavelmente o mais singular de todos os trovadores galego-portugueses. Cultivador por excelência do sirventês moral, de forte inspiração ocitânica, o autor trata com frequência o tema do "mundo às avessas", onde os vícios, a mediocridade, a adulação e a maledicência suplantam os seus respectivos antónimos. Dentro desta linha, Moxa escreveu uma cantiga que apresenta a peculiaridade de concluir com uma visão onírica, um *devinalh* em que vícios e virtudes aparecem representados por dois pássaros: uma *bubela* (poupa, em castelhano *abubilla*) domina uma *cerzeta* ou marrequinho, uma ave de maior tamanho.

> En muyto andando cheguey a logar
> hu lealdade, nen manha, nen sém,
> nen crerezia non vejo preçar;
> nen pod' om' i de senhor gãar rrem
> 5 se non loar quanto lh' y vir fazer,
> e lousin[h]ar, e rem non lhi dizer,
> pero lhi veja o sal semear.
> E quen aly, com' eu cheguey, chegar
> se[n] mentir, e non tever mal por bem,
> 10 quitar-ss' á én, com' eu vi min quitar,
> mays non come ss' én vi quitar alguen
> (nen quen nen como non quero dizer);
> e vi alhur quen mentiral seer
> non quer nen pode, nen bon prez leixar.
> 15 Mentr' aly foy, tal somnio vy, a sonhar,
> muytas vezes; e no sonho vi quen?
> Vi a bubela a cerzeta filhar
> e a[a] bubel' a crista que tem;
> e a cerzeta, o que quer dizer?
> 20 ou com' a pod' a bubela prender?
> Este sonho quen-no pode soltar?
> (Martin Moxa, §94.9, B915/V502)

Os motivos da cantiga e da alegoria já foram suficientemente estudados. Para Luciana Stegagno Picchio,

> in un concreto contesto istorico (le allusioni presenti nelle prime due strofe contegnono senza dubbio riferimenti a cose e persone del mondo del poeta), upupa

ed alzavola potrebbero rapresentare due opposte casate nobiliari o due opposte fazzioni politiche [...], l'upupa, animale inmondo per arabi ed ebrei, amuleto dei commercianti, provista di varie prerogative sanatrici, era simbolo della pietà filiale; mentre l'alzavola inquanto anitra (*Anas querquendula*), simboleggiava la fedeltà coniugale. (Moya, 1968: 207-08)

Por outro lado, Mercedes Brea, José María Díaz de Bustamante e Isabel Gónzalez Férnandez afirmam que quando Martim Moxa falava da "bubela",

> no pensaba en la *pietas* como distintivo de sus aves, sino más bien –al igual que Rabano Mauro– en un sentido moral de las cualidades más repugnantes: *haec avis sceleratos peccatores significat, homines qui sordibus peccatorum se assidue delectant...* En consecuencia cabe la posibilidad de que el sueño reiterado del poeta signifique que en la Utopía que menciona, los mayores (la cerceta) y más poderosos, aunque consigan robar su cresta [...] o infligir una pequeña derrota a sus adversarios, están llamados a ser vencidos por los más débiles, pero rastreros e inmundos. No se trataría, así pues, de una visión *sub specie futuri*, sino de una alegoría amarga en la línea de lo expuesto por el resto del poema. (Brea *et al.*, 1984: 98-99).

O *devinalh* final apresenta uma leitura diferente ao considerar o significado alegórico da "cerzeta". As referências desta ave em bestiários medievais são mínimas ou inexistentes; não é mais que um tipo de ave aquática de cor grisalha, facto relevante ao considerarmos que, no *Aviarium* de Hugue de Fouilloy, se diferencia entre patos domésticos e selvagens, e sobre estes últimos se afirma: "in campestribus habetur color cinericius, id est in his qui a saeculo sunt remoti poenitentia vilis habitus. Hi vero qui in urbibus vel in vicis habitant pulcrioris coloris vestem portant" (Clark, 1992: 226). Do *Aviarium* conservam-se duas cópias em Portugal: o *Livro das Aves* de Lorvão (Lisboa, Torre do Tombo Ms. 90), copiado em 1184, e o *Livro das Aves* de Alcobaça (Lisboa, BN Cód. Alcob. 238), redigido entre 1200 e 1210. Ficaria aqui demonstrado que a ideia de que os "grises patos selvagens" representavam os penitentes afastados do mundo não era desconhecida na Península Ibérica.

Consideramos que talvez esta composição seja um "escarnho" pessoal dirigido a um membro da corte, favorecido por intrigas ou corruptelas mais do que por méritos pessoais. A razão desta possibilidade assenta na menção desse "alguen" cuja identidade o trovador se resiste a divulgar ("nen quen nen como non quero dizer", 11-12). A implicação deste "alguém" faz que a cantiga tenha um tom mais directo pessoal que as outras cantigas morais em que também aparece o tópico do "mundo às avessas" ("Amygos, cuyd' eu que Nostro Senhor", §94.2, B889/V0473; "Per como achamus na Sancta Scriptura", §94.13, B887/V471; "Per quant' eu vejo", §94.15, B896/V481/ A305), se bem que de uma maneira mais geral. A este respeito, convém analisar em detalhe dois versos da segunda estrofe:

> quitar-ss' á én, com' eu vi min quitar,
> mays non come ss' én vi quitar alguen.
> (Martin Moxa, §94.9: 10-11)

Moxa usa o termo *quitar* três vezes em dois versos, pelo que conjecturamos que está a jogar com os diferentes significados do verbo, que no primeiro verso significaria "afastar-se" e no segundo "receber dinheiro".[10] Com outras palavras, continua a queixar-se de que os vícios vençam as virtudes, mas desta vez o tom parece mais dirigido a alguém em particular que o poeta não quer nomear por razões que desconhecemos.

Nesta discussão interessa referir a problemática disposição das cantigas de Moxa nos cancioneiros. As suas dezanove composições aparecem agrupadas de modo pouco habitual nos manuscritos, pois por uma parte estão umas cantigas de amor e os sirventeses morais (§94.2-6, 12-17 & 19; B887-98/V471-83; §94.4, também em A307), aos quais há que adir outras três de amor mais uma moral que aparecem só no *Cancioneiro da Ajuda* (§94.1, 7, 11, 18; A303-06), e por outra parte um segundo grupo de três cantigas de escárnio, das quais a segunda é decididamente um escárnio pessoal ("Maestr' Acenço, dereito faria", §94.10, B916/V503) e a terceira o célebre "auto-escárnio" ("De Martin Moya posfaçan as gentes", §94.8, B917/V504).[11] O relevante é que a cantiga "En muyto andando cheguey a logar" que nos ocupa encabeça este segundo grupo (§94.9, B915/V502). Cremos que este agrupamento não é casual e que a cantiga tivesse sido primeiramente considerada um escárnio pessoal de diferente tipo que as cantigas morais, dirigido contra um membro da corte conhecido pelo poeta.

Finalmente gostaríamos de chamar a atenção sobre a seguinte cantiga, que provavelmente também foi a última escrita por Alfonso X:

---

[10] Como por exemplo acontece na cantiga "Quen nunca sal da pousada" de Gil Perez Conde (§56.14, B1520) "Quen nunca sal da pousada | pera ir en cavalgada | e quitan come mesnada | del-Rei ou de Don Fernando, | ai, Deus, aquesta soldada | se lha dan por aguilando?" (vv. 1-6).

[11] "Vós que soedes en corte morar" (§118.11bis, B888/V472) foi tradicionalmente atribuída a Moxa, mas parece ter sido escrita por Dom Pedro Conde de Barcelos; veja-se a introdução a Brea *et al.*, 1996: I, 13-69 (21) para as explicações que permitem tal atribuição.

Non me posso pagar tanto
do canto
das aves nen de seu son,
nen d'amor nen de mixon
5 nen d'armas –ca ei espanto,
por quanto
mui perigoosas son,
–come dun bon galeon,
que mi alongue muit' aginha
10 deste demo da campinha,
u os alacrães son;
ca dentro no coraçon
senti deles a espinha!
E juro par Deus lo santo
15 que manto
non tragerei nen granhon,
nen terrei d'amor razon
nen d'armas, por que quebranto
e chanto
20 ven delas toda sazon;
mais tragerei un dormon,
e irei pela marinha
vendend' azeit' e farinha;
e fugirei do poçon
25 do alacran, ca eu non
lhi sei outra meezinha.
Nen de lançar a tavolado
pagado
non sõo, se Deus m'ampar,
30 aqui, nen de bafordar;
e andar de noute armado,
sen grado
o faço, e a roldar;
ca mais me pago do mars
35 que de seer cavaleiro;
ca eu foi já marinheiro
e quero-m' ôi-mais guardar
do alacran, e tornar
ao que me foi primeiro.
40 E direi-vos un recado:
pecado
nunca me pod' enganar
que me faça já falar
en armas, ca non m'é dado

> 45 (doado
> m'é de as eu razõar,
> pois-las non ei a provar);
> ante quer' andar sinlheiro
> e ir come mercadeiro
> 50 algũa terra buscar,
> u me non possan culpar
> alacran negro nen veiro.
> (Alfonso X o Sabio, §18.26, B460/V63)

Ao longo de quatro *cobras* de treze versos, Dom Alfonso põe na boca de um cavaleiro o seu desejo de renunciar ao mundo da cavalaria e de "ir come mercadeiro | algũa terra buscar" (49-50). O poeta régio vai contrapondo em cada *cobra* elementos que representam o mundo das armas e o da vida marítima, insistindo especialmente no motivo do escorpião ou "alacran", que aparece sistematicamente no final de cada estrofe e do qual o protagonista quer fugir, pois é o único remédio contra a sua ferroada ("ca eu no | lhi sei outra meezinha", 25-26).

O tópico da renúncia à vida cavalheiresca não era desconhecido na poesia medieval. Guilhem de Peitieu, o primeiro trovador provençal, utilizou termos semelhantes para se exprimir na cantiga "Pos de chantar m'es pres talenz" (Riquer, 1975: I, 139-41). Escrita por volta de 1111 ou 1112, altura em que o trovador estivera muito tempo doente como consequência de uma ferida sofrida no campo de batalha, a cantiga exprime as suas preocupações pela sorte do seu filho, o futuro Guilhem X, assim como o desejo de desprender-se das coisas de que tinha gozado neste mundo de forma a dele se desterrar ("Qu'era m'enirai en eisil", v. 5). Se bem que a temática desta cantiga seja diferente, não podemos deixar de pôr em destaque certos paralelismos. O trovador provençal expressa-se da seguinte forma nas estrofes sétima e nona:

> 25 De proeza e de joi fui,
> mais ara partem ambedui;
> et ieu irai m'en a Cellui
> on tut peccador trobam fi. [...]
> Tot ai guerpit cant amar sueill:
> cavalaria et orgueill;
> 35 e pos Dieu platz, tot o acueill,
> e prec li que·m reteng'am si.
> (Riquer, 1975: I, 141)

Fui homem de proezas e de alegrias, mas agora ambas afastam-se de mim, e irei a Aquel onde todos os pecadores encontram fim [...] Renunciei a tudo o que estimava, cavalaria e orgulho; e dado que a Deus praz, aceito tudo e rogo-lhe que me retenha consigo. (minha tradução)

Encontramos certas semelhanças entre o poema de Alfonso e a "Cançó" de Guilhem, por isso cremos que o poema afonsino também representa a atitude de alguém que ao ver a morte perto decide renunciar aos bens do mundo para empreender essa viagem final e ir à procura de alguma outra "terra" ("Non me posso pagar tanto", v. 50). Lapa (1965: 13) insiste na ideia de que "o rei despiu o manto e quis ser um homem como os outros, à procura do seu quinhão de felicidade neste mundo". Consideramos porém que esta não é a atitude de um homem enfermo e cansado prestes a morrer.

Neste contexto temos que ter em conta outro poema também atribuído ao Rei, embora de autoria questionável, que diz:

> Nom me desampare Dios cuando por mi embiare.
> Ya yo oí otras veces de otro rey contar,
> que con desamparo se ovo de meter en alta mar
> á morir en las ondas o en las aventuras buscar.
> Apolunio fue aqueste e yo faré otro tal.
> (Martínez, 2003: 624-25)

Deixando de lado os paralelos com o *Libro de Apolonio* já estudadas por Camilo Flores Varela (1988), gostaríamos de salientar o valor do mar como lugar inóspito, mas também lugar de purificação, de espaço intermédio entre este mundo e o outro que era necessário atravessar para ir ao encontro de Deus. A esta interpretação poderia contrapor-se o argumento de que o poema é demasiado realista para representar esta viagem ao outro mundo, mas devemos ter em conta que para o homem medieval tanto o Paraíso como o Inferno eram lugares físicos que se poderiam encontrar neste mundo. O Paraíso, em concreto, aparece frequentemente situado num lugar do Leste (na Ásia) e é descrito em vários textos como uma alta montanha separada por um mar, um oceano ou um rio (Patch, 1950: 146-60). Do mesmo modo, a passagem para o outro mundo aparece representada de diferentes maneiras, sendo uma delas a da viagem de barco. A este propósito o cisterciense Aelred de Rievaulx, falando sobre o *thema* de Sir 24.26 ("Transite ad me omnes"), diz dos obstáculos que nos separam de Cristo:

> Aut murus est inter nos et ipsum, aut mare aut aliquid tale, quod debemus transire ut ad eum veniamus. [...] Noverimus ergo, fratres, quod mare hoc quod est inter nos et Deum praesens saeculum est, de quo dicit Psalmista: "Hoc mare magnum et spatiosum manibus" (Sal 104.25, Vulg. 103). Nisi istud mare tran-

sierimus, nullo modo poterimus venire ad illum qui ait: "Transite ad me omnes". Alii merguntur in hoc mari, alii transeunt. Illi demerguntur, qui sine navi sunt in hoc mari, vel qui de navi exeunt, vel qui aliqua tempestate expelluntur. (*Sermones de tempore* XIX: *In Nativitate B. Mariae*, in *PL* CXCV: 316)

As razões para explicar este desejo de renuncia à vida anterior já têm sido suficientemente estudadas. Sabemos que Alfonso X escreveu este poema por volta de 1282, no momento de uma extenuante guerra civil contra seu filho, o futuro Sancho IV, que apoiado por grande parte da nobreza castelhana liderou uma revolta para proclamar-se rei e destituir o pai (Martínez, 2003: 393-96). Seria prolixo descrever aqui o processo da insurreição. O certo é que o Rei apenas conseguiu conservar um pequeno número de súbditos leais; quase toda a nobreza castelhana, mais o clero e os mestres das principais ordens militares, estavam com Sancho. O rei tentou procurar a paz para evitar uma guerra civil, mas fracassou nos seus anseios. Proclama então a maldição de Sancho num acto público celebrado em Sevilha em 1282, e no ano seguinte promulga o seu primeiro testamento, onde deserda o infante e o acusa de traição:

> Otrosi, por fuero e por ley del mundo que non herede en lo nuestro él, ni los que vinieren dél, por siempre jamás [...]; et que así como traición fizo de aquestas cosas, que así lo damos nos por traidor en todas et por cada una dellas de guisa que non tan solamente haya aquella pena que traidor meresce en España, mas en todas las tierras do él acaeciere vivo o muerto. (Citado por Martínez, 2003: 611)

O poema insiste neste facto pela presença obsessiva da figura do "alacran", que na Idade Média, além de outras significações, era considerado símbolo da traição. O escorpião representava aqueles aduladores perversos que lisonjeiam com a boca mas que executam a traição pelas costas. Diz Martín de León dos escorpiões no Apocalipse (Ap 9.3 "sicut habent potestatem scorpiones terrae"): "vultu apparent innoxii, cauda gravissime nocent; scorpio blandus est facie, cauda percutit occulte" (*Expositio libri Apocalypsis*, in *PL* CCIX, 350c), citado depois por Richard de Saint-Victor:

> "Scorpio facie blandus apparet, cauda nocet". Sic pravorum universitas quod non potest per apertam saevitiam, hoc adimplere nititur per occultam malitiam. (*In Apocalypsim Joannis*, Cap. VI *ad* Ap 6.3, in *PL* CXCIV, 783-84)

Pensamos que o motivo do alacram é o elemento central do poema. A presença obsessiva de alacrães em cada estrofe faz ressoar os ecos da maldição promulgada em 1282 contra seu filho e os insurrectos. Esta seria a intenção primeira do poema, denunciar um acto de traição que não lhe deixa mais alternativa que empreender essa última viagem e "tornar I ao que me foi primeiro" (vv. 38-39; cf. Ec 3.20: "et omnia pergunt ad unum locum; de terra facta sunt, et in terram pariter revertentur").

Mas o que realmente faz o poema singular, é o facto de que o cavaleiro da cantiga queira deixar as armas e converter-se em mercador. Apesar das discrepâncias que possam surdir para considerar que um poema medieval possa ser a expressão íntima do ego poético, consideramos que o poema de Alfonso exprime esse desejo de fugida, provavelmente impossível, mas é um sentimento de fugida causado pelo desencanto da vida de corte e das suas intrigas. Em outras palavras este poema é uma denuncia contra aqueles "alacraes" que não lhe deixam outra alternativa que renunciar a todo o que foi a sua vida e ir "outra terra buscar" para o que a escolha do ofício de "mercadeiro" era ideal, pois os "mercadeiros" alem dos peregrinos e em menor medida os cruzados eram na sociedade medieval os que principalmente viajavam a "outras terras", e o que é mais importante, este ofício permitia percorrer o mundo de maneira anónima. Por outro lado, queremos dissentir dos comentários de Peter Dronke quando afirma:

> El ensueño de Alfonso el Sabio es demasiado sutil, demasiado fantástico para que haya algún detalle que pueda relacionarse con determinadas personas o determinados acontecimientos de su vida. No existen correspondencias alegóricas. Es un poema simbolista, que establece sus leyes de asociación y no está atado por los requerimientos de la realidad. Reproduce la imaginación de un hombre dejada en libertad. (Dronke, 1995: 287)

Estas afirmações podem ser apropriadas desde a perspectiva actual, mas não se tivermos em conta o contexto histórico em que esta cantiga foi inspirada. Qualquer leitor (ou ouvinte) coetâneo de Alfonso X não poderia dissociar o poema dos dramáticos eventos em que o Rei estava envolvido. Também seria inadmissível para o receptor interpretar a cantiga como um escárnio contra outro nobre covarde, como tem proposto Carolina Michaelis de Vasconcelos (1901). Da mesma maneira, o poema também não podia ter sido interpretado literalmente. Bem é certo que a figura do Rei não aparece em todo o poema, mas também há que considerar que o poema está escrito na primeira pessoa, o que dificulta a dissociação entre a temática do poema e a vida do próprio Rei. Em consequência, consideramos que, forçosamente, o poema tem uma leitura alegórica.

Como conclusão queremos insistir na ideia de que os trovadores galego-portugueses utilizaram frequentemente os mecanismos da alegoria nas suas composições. Ainda que reconheçamos que os exemplos aduzidos representam formas muito primárias de alegorização, queremos deixar patente que os trovadores estudados estavam familiarizados com tais processos, provavelmente por influência do alegorismo escriturário. Contudo gostaríamos de salientar que as alegorias estudadas, com a excepção da de Alfonso X e da de Moxa, têm uma função lúdica e que o processo de codificação e descodificação que se detecta nestas brincadeiras ultrapassa pela sua complexidade a do simples "hequivocatio". Também queremos referir que estes mecanismos alegóricos poderão ser encontrados noutras cantigas, por exemplo, nas que descrevem o acto sexual empregando uma terminologia bélica, assim como em muitas outras em que, apesar de intuirmos uma leitura diferente da literal, carecemos da agudeza necessária para poder descodificá-las, porque ou bem foram deterioradas na sua transmissão ou bem empregam expressões hoje em desuso.[12]

Obras citadas

Alfonso X el Sabio, 1986-89. *Cantigas de Santa María*, ed. Walter Mettmann, CCa 134, 172 & 178, 3 tomos, Madrid, Castalia.

Alvar, Carlos, 1993. "Poesía gallego-portuguesa y materia de Bretaña: algunas hipótesis", em *O cantar dos trobadores: actas do congreso celebrado en Santiago de Compostela entre os días 26 e 29 de abril de 1993*, ed. Mercedes Brea, Santiago de Compostela, Xunta de Galicia, 31-51.

Basto, A. de Magalhães (ed.), 1945. *"Crónica de Cinco Reis de Portugal": inedito quatrocentista reproduzido do Cód. 886 da Biblioteca públ. municipal do Pôrto, seguido de capítulos inéditos da versão portuguesa da "Crónica Geral de Espanha" e outros textos. Edição diplomática*, Biblioteca Histórica de Portugal e Brasil Série Régia, Porto, Livraria Civilização.

Brea, Mercedes, José María Díaz de Bustamante & Isabel Gónzalez Férnandez, 1984. "Animales de referencia y animales de significación en la lírica gallego-portuguesa", *Boletim de Filologia*, 29 (*Homenagem ao Professor Rodrigues Lapa*), II, 75-100.

---

[12] Quero expressar meus agradecimentos à Vanessa Pereira, Leitora do Instituto Camões na University of Manchester, e ao catedrático José Luís Rodríguez por terem revisto este artigo, a Jeremy Lawrance e a Ladányi-Turóczy Csilla, do Instituto de História da Academia das Ciências Húngara de Budapest, pelas suas observações imprescindíveis e especialmente às pacientes e nunca suficientemente estimadas editoras Rosa Vidal Doval e Rebeca Sanmartín por terem-me dado a oportunidade de publicar esta modesta contribução.

— (coord.), Fernando Magán Abelleira, Ignacio Rodiño Caramés, María del Carmen Rodríguez Castaño & Xosé Xabier Ron Fernández (eds.), 1996. *Lírica profana galego-portuguesa: corpus completo das cantigas medievais, con estudio bibliográfico, análise retórica e bibliografía específica*, 2 tomos, Santiago de Compostela, Centro de Investigacións Lingüísticas e Literarias Ramón Piñeiro.

Bruyne, Edgar de, 1946. *Études d'esthétique médiévale*, 3 tomos, Werken uitgegegeven door de Fakulteit van de Wijsbegeerte en Letteren, Rijksuniversiteit te Gent, Brugge, De Tempel (reimpr. Genève, Slatkine, 1975).

Clark, Willene B. (ed. & trad.), 1992. *The Medieval Book of Birds: Hugh of Fouilloy's "Aviarium"*, Medieval & Renaissance Texts & Studies 80, Binghamton NY, Center for Medieval & Renaissance Studies.

Dagenais, John, 1991. "*Cantigas d'escarnho* and *serranillas*: The Allegory of Careless Love", *BHS*, 67, 247-63.

Dronke, Peter, 1995. *La lírica en la Edad Media*, trad. Josep M. Pujol, Barcelona, Ariel [*The Medieval Lyric*, London, Hutchinson, 1968].

Eco, Umberto, 1998. *Arte y belleza en la estética medieval*, trad. Helena Lozano Miralles, Barcelona, Lumen [*Arte e bellezza nell'estetica medievale*, Milano, Bompiani, 1987].

Flores Varela, Camilo, 1988. "Malheurs royaux et bonheur bourgeois: à propos d'une chanson d'Alphonse X le Sage", *Verba: anuario galego de filoloxía*, 15, 351-59.

Lapa, Manuel Rodrigues (ed.), 1965. *Cantigas d'Escarnho e Maldizer dos Cancioneiros Medievais Galego-Portugueses*, Vigo, Galaxia.

Lorenzo Grandín, Pilar, 1999. "O Mosteiro de Arouca e a madeira nova", em *Cinguidos por unha arela común: homenaxe ó profesor Xesús Alonso Montero*, ed. Rosario Álvarez & Dolores Vilavedra, Santiago de Compostela, Universidade de Santiago, II, 877-97.

Martínez, H. Salvador, 2003. *Alfonso X, el Sabio: una biografía*, Crónicas y memorias 6, Madrid, Polifemo.

Moya, Martin, 1968. *Le poesie: edizione critica, introduzione, commento e glossario*, ed. Luciana Stegagno Picchio, Roma, Ateneo.

Patch, Howard Rollin, 1950. *The Other World According to Descriptions in Medieval Literature*, Cambridge MA, Harvard UP.

Post, Chandler Rathfon, 1915. *Mediaeval Spanish Allegory*, Cambridge, Harvard UP.

Real Academia Española, 1815. *Fuero juzgo en latin y castellano, cotejado con los mas antiguos y preciosos códices*, Madrid, Ibarra (reprod. facs. 1971).

Riquer, Martín de (ed. & trad.), 1975, *Los trovadores: historia literaria y textos*, Ensayos de lingüística y crítica literaria 34-36, 3 tomos, Barcelona, Planeta.

Tavani, Giuseppe (ed.), 1999. *"Arte de trovar" do Cancioneiro da Biblioteca Nacional de Lisboa*, Lisboa, Colibri.

Vasconcellos, Carolina Michaëlis de, 1901. "Randglossen zum altportugieschen Liederbuch, V: Ein Seeman möcht ich werden, ein Kaufmann möcht ich sein!", *Zeitschrift für romanische Philologie*, 25, 278-85.

— (ed.), 1904. *Cancioneiro da Ajuda: Edição Crítica e Commentada*, 2 tomos, Halle, Niemeyer [reimpr. facs., introd. Ivo Castro, Lisboa, Imprensa Nacional-Casa da Moeda, 1990].

Zumthor, Paul, 1978. *Le masque et la lumière: la poétique des grands rhétoriqueurs*, Paris, Seuil.

PALABRA E IMAGEN:
ALGUNOS ASPECTOS DE LA ALEGORÍA MEDIEVAL

LOUISE M. HAYWOOD
Trinity Hall, Cambridge

Hace algunos años, mientras preparaba un artículo sobre la alegoría en la ficción sentimental de la primera época (Haywood, 2000), me fijé en una notable asociación entre la mnemotécnica arquitectónica y lo que James J. Paxson ha llamado la "topification fabulation" (1994: 42-44; de aquí en adelante, "topificación").[1] Para Paxson, quien la distingue de la personificación, la topificación es la cristalización de un concepto abstracto y complejo en un *locus* concreto visitado por un protagonista psíquicamente disminuido (82, 93-99). Aunque no traté la *Cárcel de Amor* de Diego de San Pedro entonces, un ejemplo sobresaliente de los dos tropos se encuentra en el estado melancólico que experimenta Leriano en la cárcel de amor, cuando éste queda pasivo y afásico, es decir, sin capacidad para hablar. La cárcel se representa en una escena alegórica poblada de cualidades abstractas personificadas en forma de seres humanos o topificadas en los rasgos de la cárcel misma. Esta imagen visual tan llamativa dio forma a un grabado en madera que apareció en la versión catalana de 1493 impresa por Johan Rosenbach en Barcelona.[2] Aunque no puedo presumir de original en hacer una asociación entre la palabra, la imagen y la alegoría, fue entonces cuando se despertó mi interés por el tema; de ahí que con prontitud y con enorme placer acepté la invitación de Rebeca Sanmartín Bastida y Rosa Vidal Doval de participar en este volumen.

En este estudio, por métodos de lectura sugeridos, o apoyados, por las artes de la memoria, indago la *descriptio* de la tienda de Don Amor del

---

[1] Veáse Haywood (2000). Para estudios útiles sobre la alegoría en la Edad Media véanse Piehler (1971) y Whitman (1987); en la literatura castellana medieval, Post (1915) y Seidenspinner-Núñez (1981). Para las tres etapas del desarrollo de la ficción sentimental veáse Rohland de Langbehn (1999).

[2] El grabado se reproduce en la edición de San Pedro (1971: 87). Sobre la mnemotécnica del castillo interior véanse Chorpenning (1978-79) y Haywood (2000: 420-22, 423 y 425).

Libro de Buen Amor de Juan Ruiz (*LBA* 1264-1301).[3] Las lecturas que presento pueden ser, o a lo mejor son, subjetivas, pero espero que puedan también arrojar luz sobre algunos de los aspectos más oscuros de este episodio. En primer lugar, trato los procesos mnemotécnicos y su relación con las imágenes y luego paso a estudiar la *descriptio*, teniendo en cuenta su contexto y sus fuentes análogas. De ahí paso a considerar cómo funciona la parodia que ofrece Juan Ruiz de la tienda imperial del *Libro de Alexandre*, y las implicaciones que surgen de una meditación sobre el simbolismo del rubí que ostenta el mástil principal de la tienda de Don Amor. Llego a la conclusión de que Juan Ruiz nos muestra una visión parcial del interior de la tienda de Don Amor, una visión producida bajo la señal del sueño y de la *acedia*.

La escena que abre la batalla alegórica entre Carnal y Cuaresma empieza con la participación directa del Arcipreste y su invitado para la cena, Don Jueves Lardero, una personificación (*LBA* 1067-79), en la lectura y respuesta a los carteles de desafío de Doña Cuaresma; a partir de ahí el papel del Arcipreste se reduce hasta que reaparece en el mundo diegético en *LBA* 1258 como participante en la procesión de Don Amor. A medida que la narración pasa desde la mesa del Arcipreste a una descripción de la batalla alegórica, el papel activo del protagonista va disminuyendo, y se adopta una voz narrativa de tercera persona mientras los objetos de la prosopopeya se dejan ver y dominan la narración. Al final de la batalla, cuando el Arcipreste reaparece en la procesión de Don Amor, en la línea principal narrativa, se vuelve a usar la primera persona en singular. De ahí que cuando empieza la *descriptio* de la tienda, Don Amor y el Arcipreste se quedan afásicos e inactivos, mientras se describen otra vez en tercera persona las personificaciones que actúan como caracteres y que ocupan la tienda sin que haya interacción entre los dos mundos diegéticos. He aquí, pues, los dos grados alegóricos del episodio. En el primero el Arcipreste actúa junto con los personajes alegóricos dentro del mundo diegético. En el segundo, por medio del cambio de voz narrativa y la focalización en la acción, se separan ontológicamente el mundo puramente alegórico, que por consiguiente pasa a ser un mundo intradiegético, y el mundo diegético en el que el Arcipreste toma un papel activo –técnica común en la narración medieval (Paxson, 1994: 95-98). El empleo de esta técnica hace hincapié en los dos episodios pura-

---

[3] Todas las citas del *Libro de Buen Amor* (*LBA*) remiten a las estrofas de la edición de Blecua en Ruiz (1992). Sobre el uso de la memoria en el *Libro* véase Jenaro-MacLennan (1974-79: 157-58).

mente alegóricos, y aísla temporal y espacialmente la esfera alegórica e intradiegética del mundo diegético. En el caso de la batalla entre Carnal y Cuaresma este aislamiento apunta hacia el aspecto ritual y cíclico de la acción, mientras que la estrategia de trasladar la *descriptio* a una posición narrativa primaria la coloca como una imagen mental que, por esta condición, se sujeta al proceso mnemotécnico de *lectio* y *meditatio*.

Estudios sobre las artes de la memoria como los de Frances A. Yates (1966) y Mary J. Carruthers (1990, 1998) han mostrado cómo, desde una perspectiva medieval, lo visual es un componente imprescindible en la memorización, la cual, a su vez, está fuertemente vinculada con la palabra. Carruthers afirma que el recuerdo se consideraba como "a mental picture (phantasm; Latin *simulacrum* or *imago*) physically imprinted or inscribed upon that part of the body which constitutes memory" (1990: 16).[4] El fantasma es el último producto del proceso entero de percepción sensorial, sea cual sea el origen que tenga ésta. Se activan mejor la retención y la recuperación por medios visuales ya que "the visual form of sense perception is what gives stability and permanence to memory storage" (17); hasta el material que se recibe por los oídos se puede transformar en cualquier tipo de imagen visual: colores, grabados, palabras o números.

Los dibujos marginales de los manuscritos componían una entrada visual perfecta para imprimir en la memoria una imagen recordatoria de un salmo, por ejemplo. Claro está, el dinamismo y las connotaciones indecentes que las figuras del margen a veces producen aumentan el valor mnemotécnico de la imagen.[5] También se pueden utilizar pequeños fragmentos de citas, como las primeras palabras o un verso, para dar entrada al recuerdo de extractos más largos. Algunos ejemplos se pueden encontrar en el prólogo en prosa del Ms. *S* del *Libro de Buen Amor* –tales como "Da michi intellectum e cetera" o "Intellectus bonus omnibus façientibus eum e cetera" (*LBA*, Prólogo, págs. 5-11, líneas 15, 21-22)–, donde estas frases cumplen la función de recordar el contexto de los salmos de origen, mediante el uso del recurso de entrada convencional "e cetera".[6]

Juan Ruiz varía este uso de fragmentos de citas para evocar una rememoración del contexto y significado de los mismos en su parodia de las horas

---

[4] Para la relación entre la memoria y la imagen véase Gerli (2001: 8-9).

[5] Véase también Carruthers (1990: 137). Camille (1992: 36-40) versa sobre la lectura obscena de los dibujos y miniaturas del margen; pero véanse las críticas de Hamburger (1993).

[6] Sobre el Prólogo véanse Ullman (1967), Chapman (1970), Jenaro-MacLennan (1974-79). La función mnemotécnica de la *divisio* se revela claramente en las prácticas de la predicación erudita, a las que se atiene la estructura del prólogo del *Libro de Buen Amor*.

canónicas (*LBA* 372-87).⁷ Se dirige despreciativamente a Don Amor el Arcipreste, que aquí está dotado del papel, en palabras de Gail Phillips, del "archetypal lustful priest, fallen victim to *acedia*" (1983: 109), en cuanto que falla en meditar apropiadamente sus devociones (Bueno, 1983: 68-69), explayándose sólo en las frases con connotaciones obscenas y perdiendo la asociación debida con el contexto devocional: un desliz tanto de memoria como de atención.⁸ Por supuesto, la connotación obscena de las palabras, como indica Carruthers, es idónea para dar pie o entrada a la memorización de las oraciones que corresponden a los oficios, posibilitando así la intención declarada de Juan Ruiz de no componer "por dar manera de pecar ni por maldezir, mas [...] por reduçir a toda persona a memoria buena de bien obrar e dar ensienplo de buenas costunbres" (*LBA*, Pról. ll. 132-34). Si Julián L. Bueno y Phillips tienen razón en su análisis de esta sección del *Libro*, es probable que Ruiz conociera las técnicas de las artes de la memoria.

Para aumentar la memorización aún más, a menudo se concebían llamativas, incluso obscenas imágenes de acción como si se desarrollaran en espacios tridimensionales o ubicaciones mentales. La mnemotécnica arquitectónica, a la que tales prácticas iban vinculadas, gozó de un resurgimiento en los siglos XII y XIII, cuando se asociaba especialmente con el aristotelismo humanístico. Estaba ligada a convenciones pictóricas en las que la imagen misma llegó a ser el sitio de la *collatio* mental –es decir, de la reunión en un solo lugar o localización de varios hilos interconectados–, y parece haber sido relacionada con la práctica escolar de las técnicas alegóricas. Por consiguiente, Carruthers sostiene que el proceso de la recepción de imágenes se consideraba semejante al de la lectura porque implicaba una fase oral, la *lectio*, seguida por una *meditatio* (1990: 162-74, especialmente 169-70). Así, una imagen (*pictura*) se debía entender retóricamente como algo que refiere directamente no al objeto concreto representado sino a un texto, una *historia* (222).⁹

Ahora bien, la tienda de Don Amor tiene un mástil central de mármol blanco octagonal, decorado de piedras preciosas que emanan luz, "alúnbrase la

---

⁷ Sobre las horas véanse Lecoy (1938: 214-21), Green (1963-66: I, 53-62), Zahareas (1965: 93-99), Deyermond (1970: 61-62), y Zahareas & Pereira (1990: 119-29).

⁸ Camille (1992: 24, lámina 9) describe una iluminación que parece mostrar un desliz de este tipo por parte de un escribano; a mi modo de ver, tiene razón en cuanto a que la división poco oportuna de una palabra latina al final de una línea produce una palabra vernácula (*cul*), aunque se equivoca en reconstruir una frase vernácula de la línea latina entera, "Liber est a cul".

⁹ Juan Ruiz usa *estoria* en este sentido en *LBA* 1571c (véanse Ruiz, 1988: 433-34 n1571c; Ruiz, 1992: 406 n1571c); el sintagma "grand estoria" en *LBA* 1266c suele interpretarse como "larga historia".

tienda del su gran resplandor" (*LBA* 1267d); el mástil está rematado con una sola piedra, un "robí, al fuego semejava: | non avia mester sol, tanto de sí alunbrava" (*LBA* 1268bc). Dentro de la tienda, a la mano derecha, ante una hoguera grande, tres caballeros se sientan a comer en una mesa, descrita como *messa* o *tablero*; descripción que termina enigmáticamente: "non se alcançarién con un luengo madero, | e non cabrié entr'ellos un canto de dinero" (*LBA* 1271cd). El primer caballero come tubérculos, y comienza a alimentar a su ganado con zanahorias y a sus bueyes aradores con harina; el segundo come carne salada y está envuelto en niebla; el tercero tiene una cabeza de doble faz que mira en dos direcciones, come pollo estofado en salsa rica y empieza a prepararse para la labor agrícola del año siguiente. Pero sucede que la tienda alberga otros tres grupos, *fijosdalgo*, *ricos omnes*, y *labradores*, cada uno de los cuales consta de tres individuos que se ocupan de una serie de actividades semejantes; éstas son la viticultura, la agricultura de subsistencia y la ganadería. Las identidades de las figuras no se desvelan en el transcurso de la *descriptio*, pero cualquier persona familiarizada con la tradición de las Ocupaciones de los Meses las puede identificar fácilmente.[10] La descripción llamativa de Enero, el Jano de las dos caras, es quizá la indicación más obvia.

La división de la *descriptio* entera en cuatro trípticos sugiere que los *tableaux* de grupo al principio de cada tríptico representan las estaciones, empezando con el invierno. A cada grupo se da un símbolo enigmático: los caballeros se sientan ante su *tablero*, los *fijosdalgo* ante una *tabla*, los *ricos omnes* bailan (*dança*) y los campesinos siguen un sendero (*carrera*). Además, cada descripción de grupo termina con una adivinanza:

> non se podrian alcançar con las vigas de gaula,
> non cabrié entre uno e otro un cabello de paula
> (*LBA* 1278cd)

> el segundo al terçero con cosa non le alcança
> e non cabrié entre ellos una punta de lança
> (*LBA* 1287cd)

> al segundo atiende el que va en delantera,
> el terçero al segundo atiénde·l en frontera,
> el que viene non alcança al otro que·l espera.
> (*LBA* 1294bcd)

Cuando se cierra la *descriptio*, el Arcipreste y Don Amor aparecen de nuevo como actores en el mismo espacio diégetico, y cuando aquél, en estado

---

[10] Los nombres de las figuras descritas están anotados sólo en los márgenes del Ms. *G*.

desorientado, le ruega a Don Amor que le explique el sentido de la descripción, éste expone lo siguiente:

> El tablero, la tabla, la dança, la carrera
> son quatro tenporadas del año del espera;
> los omes son los meses, cosa es verdadera,
> andan e non se alcançan, atiéndese en ribera.
>
> (*LBA* 1300)

El narrador entonces alude a la presencia en la tienda de "otras cossas estrañas, muy graves de creer" (*LBA* 1301a), pero utiliza un *topos* de brevedad para obviar una *descriptio* adicional ("mas por non vos detener | e porque enojoso non vos querría ser, | non quiero de la tienda más prólogo fazer", *LBA* 1301bcd); después, Don Amor se retira a dormir. El poder de Don Amor parece menguar cuando le abandona su mesnada para seguir a Don Carnal, y cuando atribuye su larga ausencia, "con sospiro e como con coidado" (*LBA* 1303d), al rechazo que se le dirigió durante el periodo de la abstinencia de la Cuaresma, y se marcha dejando al Arcipreste, también "con cuidado, pero con allegría" (*LBA* 1313c).

Michel Zink (1986) ha observado que la afasia y la disminución lingüística están presentes a menudo en los personajes humanos participantes en la alegoría que contiene personificación. Los orígenes de este fenómeno los atribuye a la experiencia del que dormita despierto a caballo, al que se denomina *dorveille*. Este estado de sueño-vela pasó a ser un motivo común literario que dio entrada a una experiencia de otro mundo.[11] Paxson estudia el empleo de este motivo en relación con la personificación narrativa y lo enlaza con el hecho de que el sujeto que testimonia la presencia de caracteres personificados sufra o bien un agotamiento físico o mental o bien sequedad espiritual o intelectual (1994: 93-99, 116-17). Visto así, *dorveille* es una especie de disminución humana semejante a la *acedia*, que produce un estado de incomodidad e inquietud similar al estado anímico en el que se encuentran Don Amor y el Arcipreste (*LBA* 1303d & 1313c, citados arriba). Puede ser que ese *dorveille* relacionado con la *acedia*, un pecado que tiene fuertes nexos con Don Amor y quizás ligado al fracaso de la *meditatio* de las horas canónicas, sea tematizado en la línea narrativa principal en la que el narrador no logra terminar la descripción del interior de la tienda y se muestra incapaz de interpretar el tópico sumamente común de las Ocupaciones

---

[11] Veáse Haywood (2000) para un estudio de la presencia de este motivo en la ficción sentimental de la primera época.

de los Meses. Don Amor también parece ser contagiado por la *acedia* ya que, aunque conteste la adivinanza, no llega a resolver el enigma de los emblemas de las estaciones.

La *descriptio* de las características exteriores u interiores de la tienda crea con mucho éxito una imagen visual marcada. Esta descripción se podría interpretar como una señal para ser descifrada, en palabras de Carruthers, "not primarily by virtue of imitating an object [en nuestro caso, la tienda de Don Amor] but by virtue of recalling something that is past to memory" (1990: 222). El significado de la tienda, entonces, se puede entender por medio del recuerdo activo y de la *collatio* de sus características. Ahora bien, repasemos los materiales que podrían haber servido de fuente tratándolos como una serie de imágenes de *historias* cuya *collatio* con la tienda de Don Amor puede arrojar luz sobre el significado de ésta. Para hacer esto, postulo un poeta y un público eruditos y cultos, entrenados en las siete artes liberales y enterados de una gama de materias, duchos en estudiar y en componer los ejercicios retóricos estereotipados de la clase y, quizás, bien versados en las artes de la memoria.[12] A pesar del anuncio en el Prólogo de que la *memoria* "non es apropiada al cuerpo umano" (*LBA*, Pról. l. 85), el interés que tiene Juan Ruiz en la memoria se manifiesta en la manera en que es tratada en el Prólogo; y su conocimiento de la discusión contemporánea acerca del papel de las imágenes en los procesos de memoria se vislumbra en su observación: "Otrosí fueron la pintura e la escriptura e las imágenes primeramente falladas por razón que la memoria del ome deslezņadera es" (*LBA*, Pról. ll. 76-78).[13]

La *descriptio* de la tienda cuyo interior se adorna con las Ocupaciones de los Meses forma parte de una tradición retórica larga estudiada por Edmond Faral (1924: 65-69, 321 y 338-39) y Félix Lecoy (1938), que tiene antecedentes literarios que remontan a la descripción del palacio del Sol en Ovidio, *Metamorfosis*, ii.1 (Faral, 1924: 65), y ejemplos análogos más inmediatos en los *romans antiques* franceses. Estos últimos inspiraron, según Raymond S. Willis (1935: 41-46) e Ian Michael (1970: 216-19 & 266-69), la *descriptio* de la tienda de Alejandro en el *Libro de Alexandre* que, a su vez, se ha propuesto como fuente inmediata de la versión de Juan Ruiz (Post, 1915: 141-42, 144; Forastieri Braschi, 1972; Álvarez, 1976; Martínez, 1977), aunque Lecoy (1938: 270-86, 287) y Manuel Criado del Val (1960: 218-39) sostuvieron que Ruiz utilizaba otras fuentes debido a algu-

---

[12] Carruthers (1998) documenta el uso de las artes de la memoria en la Edad Media. Sobre la erudición del Arcipreste y el público del *LBA* véanse Lawrance (1984, y 2004: 49-52, 59), De Looze (2004: 136 y 139) y Haywood (2004a: 34 y 37).

[13] Sobre esta cita véanse Jenaro-MacLennan (1974-79: 183-86) y Gerli (2001: 8-9).

nas diferencias en el tratamiento de las Ocupaciones, y al hecho de que las dos series empiecen con meses distintos. Sin embargo, los datos que aportan las representaciones de los ciclos de las Ocupaciones estudiadas por los historiadores del arte demuestran que los artistas adaptaron con frecuencia sus calendarios al rito local; por ejemplo, Emile Mâle muestra que en Saint-Savin de Poitou el calendario y el ciclo de las Ocupaciones empiezan con marzo, en Amiens con diciembre y en Chartres con enero (1984: 69-70), mientras James Carson Webster (1938) señala discrepancias entre los calendarios italianos y franceses atribuibles a las diferencias observadas en los contornos específicos de producción de cada ciclo, y apunta que los españoles comparten a menudo motivos con ambas tradiciones.

El argumento a favor del préstamo directo del *Libro de Alexandre* incluye el hecho de que cada descripción comparta un gran número de motivos (Forastieri Brachi, 1972: 230-32; Álvarez, 1976: 7-10), de que en el episodio de la pelea se den referencias a Alejandro Magno y a Darío (*LBA* 1081d & 1215d), y de que el *Libro de Buen Amor* parodie el estilo épico (Deyermond, 1970: 64-65; Álvarez, 1976: 2). Además, es similar el contexto de las *descriptiones*; es decir, en el *Libro de Alexandre* el héroe epónimo ya ha alcanzado la cumbre de sus conquistas terrenales, ha descendido a las profundidades del océano y subido a los cielos, y realiza una entrada triunfal en Babilonia, donde ordena que armen su tienda para que celebre un consejo y reciba homenaje. En el *Libro de Buen Amor*, Don Amor comparte la entrada triunfal de Don Carnal, que celebra la derrota de las tropas de Doña Cuaresma logrando así el triunfo del amor mundano; esto sucede en Toledo, donde acepta la oferta de hospitalidad del Arcipreste y ordena que armen su tienda para recibir a sus vasallos, los amantes. Sin embargo, el aspecto externo de las tiendas comparte algunas propiedades y se diferencia en otras:[14]

Ante que a las parias entremos resçebir
quiérovos de la obra de la tienda dezir
segunt que lo entendí cuídolo departir
qui mejorar pudiere avréle que gradesçir

Larga era la tienda redonda e bien tajada [...]
Apelles el maestro la ovo debujada
non farié otro omne obra tan esmerada

Desque ovo yantado, fue la tienda armada:
nunca pudo ver omne cossa tan acabada;
bien creo que de ángeles fue tal cosa obrada,
que omne terrenal d'esto non faria nada.

La obra de la tienda vos querría contar,
avérsevos ha un poco a tardar la yantar:
es una grand estoria, pero, non de dexar,
muchos dexan la çena por fermoso cantar.

---

[14] Para las citas del *Libro de Alexandre* (*Alex*) sigo la edición del Ms. *P* en Willis (1934), con ortografía y tildes regularizados; las referencias remiten a la numeración sinóptica de estrofas.

[El paño] era de seda fina de un xamit vermejo
[...]
cuando el sol rayaba luziá como espejo [...]

Guarniólo el maestro de alto a fondón
de piedras de grant presçio todas bien a razón
non fallesçiá ninguna de las que ricas son [...]

Tenié en la cabeza tres pomas de buen oro [...]

Non querría el tienpo en las cuerdas poner [...]
eran de fina seda podián mucho valer
las lazadas de oro do avién a prender.

Las estacas cabdales que las cuerdas tiraban [...]

Querría a la obra de la tienda entrar
en estas menudençias non querría tardar
avemos un estonda assaz que deportar
irsenos ha aguisado de mientre la yantar

Bien paresçié la tienda cuando era alzada
suso era redonda a derredor cuadrada
de bajo entro ad alto era estoriada

(*Alex* 2539, 2540acd, 2541bd, 2543abc, 2544a,
2545acd, 2546a, 2548-49c)

El mástel en que se arma es blanco de color,
un marfil ochavado, nunca l·vistes mejor:
de piedras muy preçiosas çercado en derredor,
alúnbrase la tienda del su grand resplandor.

En la çima del mástel una piedra estava;
creo que era robí, al fuego semejava:
non avia mester sol, tanto de sí alunbrava;
de seda son las cuerdas con que ella se tirava.

En suma vos lo cuento por non vos detener:
do todo esto escriviese, en Toledo non ay papel;
en la obra de dentro ay tanto de fazer,
que, si lo dezir puedo, meresçía el bever.

(*LBA* 1265-69)

Al comparar las dos citas se corroboran las sugerencias de Nicolás Emilio Álvarez (1976: 6, 11-13) de que Juan Ruiz hizo una parodia de cómo la *enumeratio* y otras técnicas eran empleadas por el poeta del *Alexandre*. El efecto humorístico de la parodia –sobre todo en los tópicos de brevedad en los que Juan Ruiz se centra en la habilidad del artista y la duración de la *descriptio*, y sigue al poeta del *Alexandre* en vincularlos con la comida– sólo podía ser apreciado en su totalidad por los que eran capaces de recordar la descripción del *Alexandre*. El exceso de la *descriptio* también es otro foco burlesco, ya que sus materiales y su maestría exceden a los de la tienda de Alejandro pese a que la descripción de la de Don Amor sea mucho más corta, y su estructura menos compleja.[15] A diferencia de la estructura redonda y sencilla del *Libro de Buen Amor*, la tienda enorme de Alejandro ostenta varios mástiles principales además de algunos puntales dorados, y una gran

---

[15] Sobre la técnica retórica de exceder a los precursores véase Curtius (1979: 162-65).

carpa circular. El pomo de rubí montado sobre el mástil de marfil incrustado de joyas de la tienda de Don Amor rivaliza e incluso sobrepasa la lona alejandrina de seda roja tachonada de piedras preciosas que brillan con la luz del sol, porque la luz que emana de éste se compara con un espejo mientras la que procede de aquél hace que no haya necesidad de luz natural. Por contraste, la tienda de Alejandro está coronada de "tres pomas de buen oro" (*Alex* 2544a) en vez de por el rubí de la descripción de Juan Ruiz, y todas sus cinco superficies interiores se encuentran decoradas: el techo muestra los cielos y la expulsión de Lucifer, la creación y la caída, la destrucción de la torre de Babel y el Diluvio; el primer paño representa las ocupaciones de los Meses; el segundo muestra a Hércules y la caída de Troya; el tercero es un *mapamundi* en que se destaca la geografía española; y el último ostenta las hazañas de Alejandro hasta su casamiento con Roxana.

La *abbreviatio* de Juan Ruiz de la *descriptio* significa que se destacan aún más las características que quedan; sobre todo las calidades luminosas de las piedras preciosas, sacadas de la fuente y que en el *Libro de Buen Amor* comprenden alrededor de sólo cuatro y medio de los veinte versos de la descripción del exterior de la tienda. La alusión al rubí se le podría haber ocurrido a Juan Ruiz por dos razones; primero, porque la *descriptio* del *Libro de Alexandre* le hizo recordar otras descripciones en las que se hace referencia al rubí; o, segundo, la alusión a la tienda de seda roja brillando como un espejo a la luz del sol le trajo a la memoria las propiedades del rubí. Naturalmente, estas posibilidades no son mutuamente excluyentes.

Willis (1935: 42) anota que en el *Roman d'Alexandre*, tanto en la versión de Ms. *B* (rama a que parece haber pertenecido la versión usada por el poeta del *Libro de Alexandre*) como en la versión posterior de Alexandre de Paris, se remata el mástil central con dos pomos, uno de ellos de rubí:[16]

>Li estace dedans fu d'un bel fust ovré;
>Li pomel dedesus fu d'or fin esmerré,
>Un angle sist el som qui fu d'or neellé
>Et ot en som la teste un carboncle fermé;
>La nuit n'est si oscure qu'il ne get tel clarté
>Que par trastoste l'ost n'a cirge alumé.
>(*Roman d'Alixandre*, Ms. *B*, vv. 7657-62,
>en La Du, 1937: 354)

---

[16] Sobre la versión del *Roman d'Alexandre* empleada por el poeta del *Libro de Alexandre* véase Haywood (2004b). Para estudios de las versiones francesas de la leyenda alejandrina véanse las introducciones a Willis (1934), La Du (1937) y Armstrong *et al.* (1937).

> L'estache en fu d'ivoire a riche entailleüre [...]
> A pierres precïeuses estoit la bordeüre;
> Deus pomiaus i a tieus qui sont bon par nature,
> Li uns est d'un charboucle, que luist par nuit obscure,
> Li autres d'un topasce, la pierre est clere et pure
> Et trempe du soleil la chaleur et l'ardure [...]
> Seur le feste du tref, ou sont li dui pommel,
> Par mout grant maiestire i assis un oisel
> En samblance d'une aigle.
>   (*Roman d'Alixandre*, versión de Alexandre de Paris,
>   vv. 1950, 1952-57, 1989-91, en Armstrong *et al.*, 1937: 44)

El águila podría denotar el poder imperial de Alejandro. La selección del rubí en la versión del Ms. *B* remite a una de las propiedades que el lapidario atribuye a la piedra preciosa, mientras que la versión de Alexandre de Paris se refiere a la naturaleza opuesta de las calidades de las dos piedras, una de las cuales es eficaz de noche y la otra de día.[17] Este análisis apoya la propuesta de Faral (1924: 69, 321) de que la popularidad del motivo del mástil decorado con piedras preciosas se vincula al aumento de interés por los lapidarios, que por supuesto se usaban como entradas en los procesos mnemotécnicos.

Faral (1924: 339) sostiene a continuación que el común ejercicio retórico de la *descriptio* de la tienda podía haber procedido en último término del *Roman de Thèbes*, cuya descripción de la tienda del rey Flori comparte algunos de los detalles señalados, inclusive el adorno de la tienda con un *mapamundi* y una escena de las Ocupaciones de los Meses; además:

> Colombe ot une en mé la boge,
> D'ivuêre fu et teinte roge,
> Que sostint l'aigle et l'escharboncle.
>   (vv. 4053-56, en Constans, 1890: I, 198)

Como la tienda de Don Amor y a diferencia de la de Alejandro, las descripciones en francés medieval consideradas hasta aquí tienen un mástil central de marfil, por lo que contrastan con los muchos mástiles o estacas de *Alex* 2544a, 2546a. Es posible, pues, que la *amplificatio* del poeta del *Libro de Alexandre* surja de un deseo de exceder a su fuente en maestría. El exterior

---

[17] Sobre el lapidario medieval véase Evans (1922).

de la tienda de Calcas en la *Historia troyana polimétrica* se parece más en su sencillez a la del rey Flori que a la del *Roman d'Alexandre*, y el poeta añade el detalle de una referencia al rubí (Lecoy, 1938: 273):

> [...] auia todo el tendal
> e la cuenca e la pella
> d'oro fina ca non d'al,
> e vn aguila sobrella
> otrosy d'oro seye
> muy grande e syn mesura,
> commo escarboncla luzie
> en la noche muy escura.
> (vv. 9-16, en Menéndez Pidal, 1934: 172)

En cada uno de los casos que he estudiado, la selección de la piedra o imagen para los pomos del mástil de la tienda proviene no solamente de los tratamientos tradicionales de la *descriptio* sino también de una elección activa por parte del poeta apoyada por su conocimiento de las funciones y el simbolismo de las piedras preciosas de los lapidarios. La calidad principal que se achacaba al rubí fue su luminosidad, que lo hizo popular sobre todo en la literatura francesa coetánea: aparece, por ejemplo, en la *Chanson de Roland* adornando un buque escuadra, desde el cual da luz por la noche. Juan Ruiz hace una referencia directa a la calidad de la iluminación que procede del rubí; y aunque emplee una frase en la que se sobreentiende que el rubí ilumina cuando falta la luz del sol, lo hace bajo el signo de una *descriptio* que parece intentar exceder a sus antecedentes.

El rubí que remata una estructura se encuentra en otra parte del *Roman de Thèbes* encima de una torre que funciona como faro:

> Vit resplendir une clareté
> En la tor d'Arges la cité
> De la cité vit le danjon,
> L'escharbocle qui luist el son:
> Uns escharbocles i luist fort,
> Qui monstre as notoners le port,
> Quant vont de nuét najant par mer
> Et ne sévent ou arriver.
> (vv. 629-36, en Constans, 1890: I, 33-34)

Aquí, el rubí está vinculado contextualmente a Argos, a quien degüella Mercurio después de arrullarlo. La asociación entre el sueño, la noche y el rubí, sin embargo, existe en la tradición lapidaria; de hecho, se conoció esta piedra como la "piedra de suenno" en el lapidario alfonsí en el que, tras el relato de sus calidades luminosas, se destacan sus propiedades higiénicas:

> Et a tal uertud que, qui tiene della sobressi peso de una dragma o mas, dormira tres dias et tres noches; et si gela tuellen, despierta complida miente como deue, mas si el despertamiento fuere sin tollerge la, esta una pieça amorecido, assi como beudo, et torna se a dormir de cabo; et desta guisa faz todavia fasta que gela tuellen. Et si la ponen sola cabeça al que se echa a dormir, faz esso mismo. Et los físicos et los cirurgianos husan della en los que quieren fender o taiar por que non sientan la dolor. Et esso mismo faz alos que non pueden sofrir la grand dolor de alguna enfermedat que ayan. Pero hay otro departimiento entrel suenno que faz esta piedra et el natural; que este non inche la cabeza de bafos, nin se falla cansado daquel dormir el que despierta. (Alfonso X, 1981: 62)

A Juan Ruiz la frase "de piedras de grant presçio" (*Alex* 2543b) de la *descriptio* del *Libro de Alexandre* le podía haber hecho recordar el lapidario, puesto que una frase suya, "piedras muy preçiosas" (*LBA* 1267c), se hace eco de ella. Su conocimiento del *Libro de Alexandre* le podría también haber hecho pensar en el uso de las variantes de esta frase con referencia al lapidario en dos contextos del *Libro de Alexandre* en los que se destacan las virtudes de las piedras: "las uvas de la viña" que adornaban el palacio de Poro, las cuales eran "piedras [...] preçiosas todas de gran potençia" (*Alex* 2126-30, en 2127ab), y la *digressio* que trata el lapidario (*Alex* 1468-92). El rubí o carbúnculo, sin embargo, no aparece en ninguna de las listas del poeta del *Alexandre*. Además, Ruiz podría haber sacado detalles de otras imágenes parecidas a la del *Alexandre* que emplean el rubí con el fin de enfatizar las cualidades lapidarias de la piedra preciosa.[18]

La presencia de la piedra que luce brillante de noche en el adorno exterior de la tienda suntuosamente embellecida del héroe de una epopeya o *roman antique* puede acarrear asociaciones de sueño profundo y sosegado por su uso higiénico, y ésta puede ser la razón por la que un detalle descriptivo por lo demás insólito se haga en un contexto de descripciones de tiendas "extrêmement banal", en palabras de Lecoy (1938: 273). Desde luego, hubo una tradición de *descriptiones* de tiendas u otros edificios rematados con un rubí a la que Juan Ruiz pudiera haber recurrido; pero las asociacio-

---

[18] Lawrance (1984: 227-30) estudia el uso ruiziano del lapidario, inclusive del rubí, en relación con la sección del *Libro* que trata las mujeres pequeñas, *LBA* 1606-17, y lo atribuye a un público implícito escolástico y cortés.

nes lapidarias de la piedra están latentes en su descripción, excesiva y burlona, de la luz que emana de ella. No obstante, a mi parecer, es posible que en ese contexto su virtud lapidaria con respecto al sueño sea un subtexto que se produce desde la *meditatio* de algunas características de este episodio. Primero, la tienda se arma una vez que la procesión triunfal se ha dispersado:

> Fuéronse a sus posadas las más de aquestas gentes,
> pero que en mi cassa fincaron los intrumentes;
> mi señor Don Amor en todo paró mientes:
> vido pequeñas cassas para tantos servientes.
>
> Diz: "Mando que mi tienda finque en aquel prado:
> si me viniere a ver algún enamorado,
> de noche e de día allí sea el estrado,
> ca todo tienpo quiero a todos ser pagado.
>
> (*LBA* 1263-64)

Aunque la pareja inclusiva "de noche e de día" parece ser al principio un relleno de verso anodino, su fuerza se ve consolidada por la repetición de su sentido en la línea siguiente con la frase "todo tienpo", y así se hace hincapié en la posibilidad del uso nocturno del rubí como fuente de luz. Segundo, después de la descripción de su interior, Don Amor se retira a dormir, no a recibir visitas, según parece que se plantea en la estrofa 1264: "Mio señor, desque fue su tienda aparejada, | vino dormir a ella" (*LBA* 1302ab). Tercero, la posibilidad de una procedencia sobrenatural de la tienda se señala jocosamente en la refundición hiperbólica del *topos* de lo inexpresable aplicado a la calidad de la artesanía de la tienda en el *Alexandre* (cf. *LBA* 1265bcd, citados arriba). En cuarto lugar, como ya he mencionado, una vez que entra el Arcipreste en la tienda las imágenes que observa se superponen de tal manera que, por ejemplo, una sola figura parece al mismo tiempo comer y dar de comer a su ganado; de ahí que sea poco probable que la *descriptio* de Juan Ruiz se deba entender como una simple representación plástica de, por ejemplo, un paño. Las últimas dos observaciones parecen sugerir que se trata de un sueño o de una visión, tal como parecen entender el episodio el episodio Forastieri Braschi (1972: 228) y Álvarez (1976: 4-5).[19] Finalmente, la petición que hace el Arcipreste a Don Amor de que le oriente también parece remitirnos a un ruego de aclaración dirigido por el sujeto de la visión onírica al guía:

---

[19] Nótese que es posible que lo califiquen de "visión" en el sentido llano de la palabra.

> Yo fui maravillado desque vi tal visión:
> cuidéme que soñava pero que verdat son;
> rogué a mi señor que me diese raçón [...]
>
> por do el que lo oyere será çertificado;
> ésta fue su respuesta, su dicho abreviado.
> (*LBA* 1298abc, 1299cd)

Alan Deyermond (2004) ha sostenido que existen motivos para entender el episodio de Doña Endrina como secuencia de un sueño-visión, y anota las relaciones entre esa secuencia y la de Carnal/Cuaresma: cada una de ellas emplea alegorías con personificación; en ambas, Don Amor aparece en calidad de interlocutor del Arcipreste y se marcha antes del alba al final del episodio:

> Partióse Amor de mí e dexóme dormir;
> desque vino el alva, pensé de comedir
> en lo que me castigó e, por verdat dezir,
> fallé que en sus castigos usé sienpre bevir.
> (*LBA* 576)
>
> Otro día mañana, antes que fues de día,
> movió con su mesnada Amor e fue su vía;
> dexóme con cuidado, pero con allegría:
> este mi señor sienpre tal costunbre avía.
> (*LBA* 1313)

Deyermond afirma que estas secciones, que ocupan 247 estrofas o el 14,3% del *Libro* según sus cálculos, no constituyen un sueño, "but they continue the dream-vision material" (2004: 122) relacionado con el episodio de Endrina/Melón. A mi modo de ver, el planteamiento de Deyermond junto con lo dicho arriba acerca del rubí y el *dorveille* es evidencia suficiente de que la experiencia del Arcipreste dentro de la tienda debe ser comprendida como una experiencia de sueño-visión.

La clave de esta interpretación es el uso de algunas convenciones de la visión onírica, como son los índices léxicos que remiten a la noche, al sueño y a la visión; la alusión a la lectura a principios del episodio (el cartel de desafío); los vínculos entre el contenido del sueño-visión y las preocupaciones del soñador despierto (en cuanto a referencias a la comida y la estación del año, y en un contexto más amplio también al amor); y la aparición de un personaje imponente, a veces como guía (Don Amor). Sobre todas ellas, el poder que reside en la imagen visual como objeto de meditación y *collatio* alrededor de la cual se reúnen imágenes e ideas relacionadas sugiere que interpretemos la tienda como un sueño-visión del tipo que, según los teóricos medievales del sueño, se experimenta en un estado de duermevela, el cual hemos relacionado con la *acedia* en el *Libro de Buen Amor*.[20]

Me he centrado especialmente en el rubí para intentar demostrar que, como aspecto de una *descriptio* alegórica, sugiere algo más allá de su sentido literal. En cada uno de los antecedentes literarios en que se describe una tienda, la escena de las Ocupaciones es el primero de una serie de cuatro adornos de la superficie interior. La combinación habitual son las Ocupaciones, un *mapamundi*, la vida de Hércules y la caída de Troya, pero, acorde con su estilo de exceder obras anteriores, el poeta del *Libro de Alexandre* desenrolla los temas de Hércules y Troya en un paño único, llena el espacio en blanco con los hechos de Alejandro, y añade una descripción del adorno del techo. Juan Ruiz, al contrario, sólo describe una escena, la de las Ocupaciones.

En la mayoría de los casos, el ciclo de adornos interiores tiene una importancia temática que traspasa su sentido literal. En realizaciones artísticas como las puertas de las catedrales (Mateo Gómez, 1979: 226; Mâle, 1984: 68-69), los programas de pinturas en las paredes interiores de iglesias (Kupfer, 1993: 78-80, 116, 121) y los libros de horas (Wieck, 1988: 45-54), los meses forman parte de un esquema decorativo totalizador que remite a la relación entre el tiempo del calendario, controlado por el diseño cosmológico de Dios, y el tiempo litúrgico, algo que Marcia Kupfer describe como "a story about the sacramentalization of history" y "the progressive unfolding of salvation history within an encyclopaedic image of the fallen world" (1993: 116, 121). En el *Alexandre*, la *descriptio* de la tienda, una de las más largas del poema, aparece en el momento narrativo culmen de los logros de Alejandro, entre el complot de *Natura* para asesinar al héroe y su realización. Michael observa que la *descriptio* realiza así una función importante en la estructura temática de la composición, ya que "[it] places Alexander's deeds in historic and moral perspective"; las escenas del techo enfatizan las consecuencias de la caída de Lucifer, ocasionadas por el pecado principal de Alejandro, la Soberbia, y en conjunto el esquema decorativo de la tienda sugiere "the futility and fleetingness of human achievement and the vanity

---

[20] Me refiero sólo a las convenciones analizadas por Deyermond (2004); véanse también Hieatt (1967), Spearing (1976) y Goldberg (1983), que parten de la idea de que la Edad Media conocía bien el comentario de Macrobio sobre el *Sueño de Escipión* ciceroniano, postura criticada por Bodenham (1985) y Peden (1985), y modificada por Kruger (1992). Deyermond (2004: nn12-13) aporta más bibliografía.

of human ambition *sub species aeternitatis*" (1970: 267, 268).[21] En el *Libro de Buen Amor*, lo que el Arcipreste cuenta de la tienda de Don Amor parece situar a *natura*, en el sentido del mundo creado, bajo el dominio de Don Amor de la misma manera en la que el programa decorativo de la tienda de Alejandro sugiere el dominio de éste. Sin embargo, lo que el Arcipreste observa tiene el sello de la confusión y la contingencia. Lo que nos proporciona es un informe incompleto hecho por un visionario desorientado desde el dominio del sueño, en el que no se describe el alcance total del poder de Don Amor, caso de ser más que ilusorio. El guía mismo, Don Amor, no logra explicarlo satisfactoriamente y también aparece como un actor disminuido, privado de su mesnada y sufriendo cuidados. Así, pues, la comparación entre Alejandro y Don Amor sugiere que las potencias de Don Amor son tan frágiles y transitorias como las de Alejandro.[22]

Obras citadas

Alfonso X, el Sabio, 1981. *"Lapidario" (según el manuscrito Escurialense H.I.15)*, ed. Sagrario Rodríguez M. Montalvo, BRH 4.14, Madrid, Gredos.

Álvarez, Nicolás Emilio, 1976. "El recibimiento y la tienda de Don Amor en el *Libro de buen amor* a la luz del *Libro de Alexandre*", *BHS*, 63, 1-14.

Armstrong, E. C., D. L. Buffum, Bateman Edwards & L. F. H. Lowe (eds.), 1937. *The Medieval French "Roman d'Alexandre"*, II: *Version of Alexandre de Paris Text*, Elliott Monographs in the Romance Languages and Literatures 37, Princeton, Princeton UP.

Bodenham, C. H. L., 1985. "The Nature of the Dream in Late Mediaeval French Literature", *Medium Aevum*, 54, 59-73.

Bueno, Julián L., 1983. *La sotana de Juan Ruiz: elementos eclesiásticos en el "Libro de buen amor"*, York SC, Spanish Literature Publications.

---

[21] No estoy de acuerdo con las conclusiones de H. Salvador Martínez (1979: 95), quien ve la tienda de Don Amor "como un espejo de la vida, la muerte y el más allá en el que puede mirarse el hombre y contemplar su verdadera imagen, [...] versión del tiempo terrestre *sub specie aeternitatis*", porque no tiene en cuenta el contexto de la *descriptio*, como lo hace Michael respecto al *Alexandre*. Sin embargo, hay que señalar que su respuesta a la adivinanza planteada por *LBA* 1278cd, 1287cd, 1294bcd y 1300 va más allá de la referencia obvia a las estaciones del año.

[22] Phillips (1983: 113) también duda del triunfo de Don Amor. Recuérdese que la victoria de Don Carnal y Don Amor es ritual y cíclica dentro del tiempo terrenal, pero que en el día del Juicio ambos sufrirán una derrota eterna –punto de vista que apoya la presente lectura. Agradezco a Geraldine Coates (Robinson College, Cambridge), a Alan Deyermond (Queen Mary, London), a Jan Gilbert (Trinity Hall, Cambridge) y a Rebeca Sanmartín (Universidad Complutense, Madrid) su cuidadosa lectura del borrador de este estudio, y sus comentarios.

Camille, Michael, 1992. *Image on the Edge: The Margins of Medieval Art*, Cambridge MA, Harvard UP.

Carruthers, Mary J., 1990. *The Book of Memory: A Study of Memory in Medieval Culture*, Cambridge Studies in Medieval Literature 10, Cambridge, Cambridge UP.

— 1998. *The Craft of Thought: Meditation, Rhetoric, and the Making of Images 400-1200*, Cambridge Studies in Medieval Literature 34, Cambridge, Cambridge UP.

Chapman, Janet A., 1970. "Juan Ruiz's 'Learned Sermon'", en *"Libro de buen amor" Studies*, ed. G. B. Gybbon-Monypenny, Colección Támesis A12, London, Tamesis, 29-51.

Chorpenning, Joseph F., 1978-79. "The Literary and Theological Method of the *Castillo interior*", *Journal of Hispanic Philology*, 3, 121-33.

Constans, Léopold (ed.), 1890. *Le roman de Thèbes, publié d'après tous les manuscrits*, Société des anciens textes français 30, 2 tomos, Paris, F. Didot.

Criado del Val, Manuel, 1960. *Teoría de Castilla la Nueva: la dualidad castellana en la lengua, la literatura y la historia*, BRH 2.46, Madrid, Gredos.

Curtius, Ernst Robert, 1979. *European Literature and the Latin Middle Ages*, trad. Willard R. Trask, London, Routledge & Kegan Paul [1a. edición 1953; trad. de *Europäische Literatur und lateinisches Mittelalter*, Bern, Francke, 1948].

De Looze, Laurence, 2004. "Text, Author, Reader, Reception: The Reflections of Theory and the *Libro de Buen Amor*", en Haywood & Vasvári, 2004: 131-49.

Deyermond, Alan, 1970. "Some Aspects of Parody in the *Libro de buen amor*", en *"Libro de buen amor" Studies*, ed. G.B. Gybbon-Monypenny, Colección Támesis A12, London, Tamesis, 53-78.

— 2004. "'Was it a Vision or a Waking Dream?': The Anomalous Don Amor and Doña Endrina Episodes Reconsidered", en Haywood & Vasvári, 2004, 107-22.

Evans, Joan, 1922. *Magical Jewels of the Middle Ages and the Renaissance, Particularly in England*, Oxford, Clarendon Press.

Faral, Edmond, 1924. *Les Arts poétiques latins du XIIe et du XIIIe siècle: recherches et documents sur la technique littéraire du Moyen Âge*, Bibliothèque de l'École des Hautes Études 238, Paris, Honoré Champion.

Forastieri Braschi, Eduardo, 1972. "La descripción de los meses en el *Libro de Buen Amor*", *RFE*, 55, 213-32.

Gerli, E. Michael, 2001. "On the Edge: Envisioning the *Libro de buen amor* in the *Cancionero de Palacio*", *eHumanista*, 1, 1-11.

Goldberg, Harriet, 1983. "The Dream Report as a Literary Device in Medieval Hispanic Literature", *Hispania* (USA), 66, 21-31.

Green, Otis H., 1963-66. *Spain and the Western Tradition: The Castilian Mind in Literature from "El Cid" to Calderón*, 4 tomos, Madison, University of Wisconsin Press.

Hamburger, Jeffrey F., 1993. Reseña de Camille, 1992, *The Art Bulletin*, 75, 319-23.

Haywood, Louise M., 2000. "'La escura selva': Allegory in Early Sentimental Romance", *Hispanic Review*, 64, 415-28.

— 2004a. "Juan Ruiz and the *Libro de Buen Amor*: Contexts and Milieu", en Haywood & Vasvári, 2004, 21-38.
— 2004b. "Spring Song and Narrative Organization in the Medieval Alexander Legend", *Troianalexandrina: Anuario sobre literatura medieval de materia clásica*, 4, 87-105.
— & Louise O. Vasvári, 2004. *A Companion to the "Libro de Buen Amor"*, Colección Támesis A209, Woodbridge, Tamesis.
Hieatt, Constance B., 1967. *The Realism of Dream Visions: The Poetic Exploitation of the Dream-Experience in Chaucer and his Contemporaries*, De Proprietatibus Litterarum Series Practica 2, The Hague, Mouton.
Historia troyana polimétrica: véase Menéndez Pidal, 1934.
Jenaro-MacLennan, L., 1974-79. "Los presupuestos intelectuales del prólogo al *Libro de buen amor*", *Anuario de estudios medievales*, 9, 151-86.
Kupfer, Marcia, 1993. *Romanesque Wall Painting in Central France: The Politics of Narrative*, New Haven, Yale UP.
Kruger, Steven F., 1992. *Dreaming in the Middle Ages*, Cambridge Studies in Medieval Literature, 14, Cambridge, Cambridge UP.
La Du, Milan S. (ed.), 1937. *The Medieval French "Roman d'Alexandre"*, I: *Text of the Arsenal and Venice Versions*, Elliott Monographs in the Romance Languages and Literatures 36, Princeton, Princeton UP.
Lawrance, Jeremy N. H., 1984. "The Audience of the *Libro de buen amor*", *Comparative Literature*, 36, 220-37.
— 2004. "*Libro de Buen Amor*: From Script to Print", en Haywood & Vasvári, 2004, 39-68.
Lecoy, Félix, 1938. *Recherches sur le "Libro de Buen Amor" de Juan Ruiz, Archiprêtre de Hita*, Paris, Droz (reimpr. facs., introd. A. D. Deyermond, Farnborough, Gregg International, 1974).
Libro de Alexandre: véase Willis, 1934.
Mâle, Émile, 1984. *Religious Art in France: The Thirteenth Century. A Study of Medieval Iconography and Its Sources*, trad. Marthiel Mathews, ed. Harry Bober, Bollingen Series 90.2, Princeton, Princeton UP [trad. de *L'Art religieux du XIIIe siècle en France: étude sur l'iconographie du Moyen Âge et sur ses sources d'inspiration*, Paris, Ernest Leroux, 1898].
Martínez, H. Salvador, 1977. "La tienda de Amor, espejo de la vida humana (*LBA*, estr. 1265-1301)", *NRFH*, 26, 56-95.
Mateo Gómez, Isabel, 1979. *Temas profanos en la escultura gótica española: las sillerías de coro*, Madrid, CSIC.
Menéndez Pidal, R. (ed.), con E. Varón Vallejo, 1934. *Historia troyana en prosa y verso: texto de hacia 1270*, Anejos de la *RFE* 18, Madrid, Centro de Estudios Históricos.
Michael, Ian, 1970. *The Treatment of Classical Material in the "Libro de Alexandre"*, Publications of the Faculty of Arts of the University of Manchester 17, Manchester, Manchester UP.

Paxson, James J., 1994. *The Poetics of Personification*, Literature, Culture, Theory 6, Cambridge, Cambridge UP.

Peden, Alison M., 1985. "Macrobius and Mediaeval Dream Literature", *Medium Aevum*, 54, 59-73.

Phillips, Gail, 1983. *The Imagery of the "Libro de Buen Amor"*, Spanish Series 9, Madison, HSMS.

Piehler, Paul, 1971. *The Visionary Landscape: A Study in Medieval Allegory*, London, Edward Arnold.

Post, Chandler Rathfon, 1915. *Mediaeval Spanish Allegory*, Harvard Studies in Comparative Literature 4, Cambridge MA, Harvard UP.

Rohland de Langbehn, Regula, 1999. *La unidad genérica de la novela sentimental española de los siglos XV y XVI*, PMHRS 17, London, Department of Hispanic Studies, Queen Mary & Westfield College.

Roman d'Alexandre: véase Armstrong *et al.*, 1937; La Du, 1937.

Roman de Thèbes: véase Constans, 1890.

Ruiz, Juan, Arcipreste de Hita, 1988. *Libro de buen amor*, ed. G.B. Gybbon-Monypenny, CCa 161, Madrid, Castalia.

— 1992. *Libro de buen amor*, ed. Alberto Blecua, LH 70, Madrid, Cátedra.

San Pedro, Diego de, 1971. *Obras completas*: II, *Cárcel de Amor*, ed. Keith Whinnom, CCa 39, Madrid, Castalia.

Seidenspinner-Núñez, Dayle, 1981. *The Allegory of Good Love: Parodic Perspectivism in the "Libro de Buen Amor"*, University of California Publications in Modern Philology 112, Berkeley, University of California Press.

Spearing, A. C., 1976. *Medieval Dream-Poetry*, Cambridge, Cambridge UP.

Ullman, Pierre L., 1967. "Juan Ruiz's Prologue", *MLN*, 82, 149-70.

Webster, James Carson, 1938. *The Labors of the Months in Antique and Medieval Art*, Northwestern University Studies in the Humanities 4, Evanston, Northwestern University.

Whitman, Jon, 1987. *Allegory: The Dynamics of an Ancient and Medieval Technique*, Oxford, Clarendon Press.

Wieck, Roger S., 1988. *Time Sanctified: The Book of Hours in Medieval Art and Life,* con ensayos de Lawrence R. Poos, Virginia Reinberg & John Plummer, New York, George Braziller in association with the Walters Art Gallery.

Willis Jr., Raymond S. (ed.), 1934. *El "Libro de Alexandre": Texts of the Paris and the Madrid Manuscripts Prepared with an Introduction*, Elliott Monographs in the Romance Languages and Literatures 32, Princeton, Princeton UP; Paris, Presses Universitaires de France.

— 1935. *The Debt of the Spanish "Libro de Alexandre" to the Old French "Roman d'Alexandre"*, Elliott Monographs in the Romance Languages and Literatures 33, Princeton, Princeton UP.

Yates, Frances A., 1966. *The Art of Memory*, Chicago, University of Chicago Press.

Zahareas, Anthony N., 1965. *The Art of Juan Ruiz, Archpriest of Hita*, Madrid, Estudios de Literatura Española.

— & Óscar Pereira, con Thomas McCallum, 1990. *Itinerario del "Libro del Arcipreste": glosas críticas al "Libro de buen amor"*, Spanish Series 56, Madison, HSMS.

Zink, Michel, 1986. "The Allegorical Poem as Interior Memoir", trad. Margaret Miner & Kevin Brownlee, *Yale French Studies*, 70 (*Images of Power: Medieval History/Discourse/Literature*, ed. Kevin Brownlee & Stephen G. Nichols), 100-26.

UMA LIBERDADE CONSTRANGIDA: ASPECTOS DO FUNCIONAMENTO ALEGÓRICO EM DOIS TEXTOS MEDIEVAIS

PAULO ALEXANDRE PEREIRA
Universidade de Aveiro

> In effect, the allegory seems trapped between constraint and licence: unable to lift its anchor, on the one hand, and liable to go adrift, on the other.
>
> (Whitman, 1987: 7)

1

Conquanto superficial, qualquer estudo que aspire a iluminar alguma face da alteridade da ordem literária medieval terá de demorar-se na estação intorneável que constitui a teoria e a prática da alegoria. E ver-se-á, com idêntica inexorabilidade, enleado no lugar-comum epistemológico, de memória romântica, que, sobretudo na esteira das reflexões de Goethe, posiciona em relação antipodal alegoria e símbolo, fazendo contrastar o suposto imagismo, hierático e transparente, da primeira com a indeterminação, opaca e semanticamente rendosa, do segundo.[1] A história deste *topos* crítico é também a história de um preconceito intelectual que permite aferir o desfavor contemporâneo dispensado à retórica da alegoria, acaso explicável pela desqualificação moderna da univocidade do tético, pela recusa da moralização desassombrada ou do didactismo directivo. Mais importante: a

---

[1] "Rappelons brièvement quelques-unes des différences que postulait le grand romantique allemand [Goethe] entre ces deux concepts: l'allégorie est transparente alors que le symbole est opaque; elle s'abolit dans sa fonction, qui est de signifier le sens figuré, alors que le symbole conserve toujours une existence propre et indépendante; le symbole produit un effet, et à travers lui une signification, tandis que l'allégorie n'a qu'un sens conventionnel et appris; le symbole, enfin, est produit inconsciemment, il peut n'être compris qu'à retardement et provoque un travail d'interprétation infini" (Vandendorpe, 1999: 81). Veja-se também Lawrance, neste volume, 30 & n34.

subtileza da distinção parece não revestir qualquer pertinência para o homem medieval. Como observa Umberto Eco (1989: 70-72), até ao século XVIII alegorismo e simbolismo constituem termos sinonimicamente imbricados, designações que suportam, num caso como noutro, um raciocínio de ordem figurativa, centrado na decifração dos sentidos encerrados na *duplex sententia*. Não obstante, delineia-se, desde a Antiguidade, uma outra destrinça, esta sim comunicada aos autores medievais: a que separa uma alegoria produtiva ou poética de uma alegoria interpretativa, adoptada como *modus legendi* de textos profanos ou sagrados.

Ora, esta diferença promana, aliás de forma algo paradoxal, do domínio da convenção. Consabidamente, no decurso da Idade Média, o termo *allegoria*, atinente ao terreno da teoria retórica, encontrava-se sobretudo enfeudado aos procedimentos de tipologia prefigurativa agenciados pela operação de exegese bíblica, nunca designando um género literário particular ou uma qualquer estratégia de engendramento textual (Badel, 1986: 34). Pese embora a distinção agustiniana entre *allegoria in factis* e *allegoria in verbis*, nos testemunhos medievais, nomeadamente nos oriundos dos escritos da patrística, a alegoria representa, invariavelmente, uma modalidade hermenêutica, um regime de interpretação, e não um ingrediente de conformação genológica. A alegoria escriturística é, pois, *allegoria sermonis* e *allegoria historiae*, quer dizer, a um tempo tropo fundado numa contiguidade de sentido humanamente intuída e, por isso, artificial e contingente; e tipo, sancionado por uma equivalência substantiva e essencial de autoria divina (Strubel, 1975).

Enquanto procedimento de leitura, a alegoria busca a sua legitimidade na pressuposição de que "si le sens est dans les choses, la vérité, elle, n'y réside pas. La vérité reste paradigmatique; le sens se déroule syntagmatiquement. Le langage communique le second, mais voile le premier" (Zumthor, 1978: 79). Transposto para a leitura da *sacra pagina*, este postulado permite desvelar liames analógicos que, caucionando a Revelação, confirmam a tradição dogmática. Enquanto modo de escrita, o alegorismo descreve uma órbita de sentido inverso: "Partant d'une vérité, elle [l'allégorie] engendre, des éléments de celle-ci, une *littera*" (80). Trata-se neste segundo caso, em rigor, do fenómeno que genericamente se tem designado como alegorese e que, ao invés de uma "técnica de ilustração", consubstancia uma verdadeira "forma de expressão" (Tamen, 1995: 115-16). Em todo o caso, a fortuna medieval da alegoria como processo de escrita, isto é, da alegoria produtiva, é nitidamente posterior à sua introdução como processo de leitura e procedimento exegético. A passagem de uma modalidade a outra permite adivinhar, como com propriedade observa Pierre-Yves Badel, um projecto quimérico de suster a entropia semântica dispersiva, decorrência natural das desconcertadas leituras a que eram submetidos o macrotexto bíblico ou os *auctores* antigos. Ao coligar texto e comentário, o *dizer* e o *querer-dizer*, intentava-se assegurar a perenidade da justa interpretação (Badel, 1986: 59), a acomodação vitalícia de letra e sentido.

2

O facto de os textos medievais, em língua portuguesa, exonerarem o termo *alegoria* não constitui dado surpreendente, nem tão-pouco significa desconhecimento dos processos de escrita ou de leitura por ele implicados. Como nota Teresa Amado, "o termo erudito deve ter entrado tarde na língua, mas o processo retórico de representar uma personagem por outra, ou de dar a uma personagem uma nova identidade, para a fazer falar ou agir de uma maneira de outro modo impossível, é conhecido desde cedo, e leva diferentes nomes" (Amado, 1997: 15). A inequívoca consciência de que alguns autores dão provas da copresença sistemática do literal e do figurado na contextura das obras que traduzem ou compõem, porque configura um indicador seguro da dicção alegórica, não deixa margem para dúvidas. O tradutor do *Livro de Exopo*, por exemplo, adverte no prólogo, convocando em seu auxílio um metaforismo tópico, que o autor

> assemelha este sseu livro a hũu orto no quall estam flores e fruytos. Pellas frores sse emtemdem as estorias e pello fruyto sse emtemde a semtença da estoria. [...] Ainda compara este sseu livro aa noz, que há dura casca, e aos pinhoões, que demtro teem ascomdido o meolo, que he ssaborido. Assy este livro tem em ssy escondido muitas notavees semtenças. (Calado, 1994: 38)

Geralmente sob variantes de maior sobriedade denotativa, os símiles da *dura casca* e do *meolo ssaborido*, instaurando o primado da obliquidade alegórica, aqui evocados a propósito de um florilégio de fábulas esópicas, são objecto de assíduas reverberações em textos da mais díspar filiação genológica.[2] Exemplifico, desde já, com os dois textos de que a seguir me

---

[2] No *Boosco Deleitoso*, o símile do *miolo* ocorre igualmente no discurso da alegoria da Ciência das Santas Escrituras, quando esta certifica ao *mezquinho Pecador* o papel axial da Sabedoria na inteligibilidade bíblica: "Filho, bem sabes tu que, quando eu viim a ti, logo te foi dito que eu era a Ciência das Santas Escrituras; mas esta nobre senhora é a Sabedoria, que faz veer e entender e gostar o meolo da Santa Escritura e as cousas que se enela conteem" (Magne, 1950: 300).

ocuparei com maior delonga. O autor anónimo de uma compilação de *exempla* edificantes, o *Orto do Esposo*, reivindica para a interpretação escriturística, sob os auspícios da *auctoritas* de Santo Ambrósio, análoga operação, preconizando um trabalho de decifração estribado na equivalência figural:

> Sancto Anbrosio [canta seu] cantar muy praziuel, espoendo a Sancta Scriptura per figuras, fazendo entender como a Sancta Scriptura diz hũa coisa em figura doutra. (Maler, 1956: I, 31)

E, no *Boosco Deleitoso*, é o Pecador protagonista que, no rescaldo da viagem expiatória e de iluminação a que é submetido, se revela exímio conhecedor da *inteligência espiritual* das Escrituras:

> e porém, leendo eu pela Santa Escritura, comecei de enquerer e escodrinhar enela a inteligência espiritual e a sabedoria celestrial do Senhor Deus, que jaz em na Santa Escritura escondida sô encobrimento mui fremoso e de mui apostas figuras, de muitas semelhanças e sinifiçoões espirituaaes. (Magne, 1950: 291)

O investimento hermenêutico solicitado ao destinatário por esta operação de *permutatio* é assumido, nestes passos, como prerrogativa recomendável de leitura, o que, em boa verdade, parece antecipar a opinião de Heinrich Lausberg, para quem a alegoria deve figurar entre os "tropos de salto" (*Sprungtropen*), isto é, aqueles "em que a diferença entre o que se diz e o modo como se diz se encontra mais notoriamente marcada e em que, por definição, a convencionalidade, a arbitrariedade e a historicidade da substituição mais se fazem sentir" (Tamen, 1995: 118). Se outra utilidade não se reconhecer a esta breve sondagem de alguns dos vestígios que o procedimento alegórico inscreveu na produção literária medieval em língua portuguesa, dela se poderá, pelo menos, deduzir a sua ubiquidade genológica, comprovando-se, deste modo, a "movência da alegoria" (Strubel, 1988: 341).

3

Nos dois textos que já mencionei, a alegoria não concretiza a função ancilar de mera estratégia compositiva de uso intermitente. Pelo contrário: tanto no *Orto do Esposo*, como no *Boosco Deleitoso*, a omnicircundante vocação catequética e a força injuntiva do corpo doxológico a inculcar impõem-na como princípio programador do mundo textual, deixando uma impressão indelével na fisionomia discursiva das obras. Apresento-as brevemente.

O *Orto do Esposo*, uma obra anónima, redigida na transição do século XIV para o século XV, não constituindo uma recolha de *exempla stricto sensu*, participa inequivocamente, como demonstrou Mário Martins, desse "ciclo literário de vasta ondulação" (Martins, 1948a: 170; veja-se também Martins, 1980a). Trata-se de um texto de espiritualidade, plausivelmente composto *em linguagem* por um monge anónimo, tido como seguramente ligado à abadia cisterciense de Alcobaça, cuja eficácia demonstrativa se escora num inexaurível *thesaurus* de apólogos da mais heteróclita filiação genológica.

O *Boosco Deleitoso*, redigido provavelmente em data aproximada à do *Orto*, foi transmitido em versão impressa, por ordem da rainha D. Leonor, datada de 1515. Reportando-se a dados de cariz historico-linguístico, Leite de Vasconcelos fez remontar, sem que outros dados tenham entretanto infirmado a hipótese, a época da sua composição a finais do século XIV ou início do seguinte (Calafate, 1999: 522). Trata-se, ainda como o *Orto*, de um livro de espiritualidade anónimo, em que uma substância doutrinária afim –que prefigura já algumas das postulações inovadoras da *devotio moderna*– é igualmente assessorada por persistente ilustração narrativa com finalidade probatória. Os pontos de contacto entre *Boosco* e *Orto* não ficam por aqui: em ambos os textos, é indisfarçável (logo a começar nos títulos respectivos) a assimilação paragramática do *Cântico dos Cânticos* (Martins, 1979); em ambos, ecoa a apologia do ermo, de inspiração petrarquista, e se usa como fonte o *De vita solitaria*; em ambos, se ausculta uma tonalidade estilística com flagrantes semelhanças (Dias, 1989: 230) marcada por regulares infiltrações de um lirismo místico e sensorial e de uma comoção retórica de reverberação bernardina. Estas afinidades de conteúdo e forma de expressão conduziram estudiosos como Mário Martins (1948a: 175-76) e Cruz Pontes (1986: 67-70) a arriscar o alvitre de ser um mesmo o autor do *Orto*, do *Boosco* e também do coevo *Livro da Corte Enperial*.

É ainda o estudioso jesuíta que, de modo inspirado, qualifica o *Boosco* como "autobiografia espiritual" (Martins, 1944: 366), "odisseia mística" (Martins, 1948b: 35) ou "romance místico" (Martins, 1979: 105). A obra pode, com efeito, ser descrita como um relato de viagem em primeira pessoa, sob a forma de uma "vasta alegoria desdobrada em alegorias menores" (Martins, 1980b: 282). O argumento, tópico na Idade Média, é particularmente propício à veiculação doutrinária em formato romanesco. A alma de um *mezquinho pecador*, acolitada por um Anjo, alternadamente sujeita às admoestações rigoristas da Justiça ou às promessas lenificantes da Misericórdia, é conduzida, em jornada penitencial, a testemunhar a superioridade da vida ermítica, presenciando um debate que se desenrola sob o pontificado da Ciência da Escritura de Deus, e onde se dá voz a figuras solitárias exemplares. A assembleia é composta por solitários oriundos dos universos pagão e cristão, Padres e Doutores da igreja, oficiantes da filosofia e da retórica: Cícero, Séneca, S. Bernardo, S. Tomás de Aquino, Quintiliano, Platão, Santo Agostinho, etc. Um dos interlocutores é, justamente, um "Dom Francisco solitário", ou seja, o próprio Francesco Petrarca, cujo tratado *De vita solitaria* o anónimo decalcou sem inibições. Através de uma "sinédoque contrastiva" (Rosa, 1999: 94), relata-se primeiro a rotina diária do *occupatus* e do *solitarius*, sucedendo-se-lhe a correlativa abonação narrativa por via da colagem multiplicadora de *exempla*. Num segundo momento, e após confissão de contrito arrependimento, a alma do Pecador é, em sobressaltado ascenso, transportada da espera purgatorial (o *bosque nevooso*) à união mística com o Esposo no espaço hierofânico do "alto monte da perfeiçom e da contemplaçom divinal". A geografia eutópica representada (sobretudo na sua vertente de pastorilismo edénico) congrega todos os *loci* conformadores da tradição alegórica do Além, comunicados, por exemplo, pela literatura visionária.

O recurso, nestes dois textos de devoção, ao "didactismo exploratório" da alegoria (Clifford, 1974: 43) satisfaz, pode dizer-se, um imperativo da *elocutio*. É sabido como as técnicas exegéticas prescritas para a mensagem escriturística foram, por via translatícia, largamente assimiladas por outros géneros, nomeadamente os integráveis na esfera da literatura doutrinária e de espiritualidade. Por outro lado, tanto o *Orto* como o *Boosco*, porque materializam o projecto de constituir *summae* doutrinárias vulgarizadoras, parecem eleger como destinatário privilegiado os *simplices,* isto é, um público debilmente municiado para, apenas pelo exercício do estudo teológico e da meditação, ascender da *simplicitas litterae* à *altitudo prophetiae*. Detentor de uma competência hermenêutica substancialmente mais rudimentar do que a dos *litterati* clericais, não é de estranhar que a alegoria, de par com o *exemplum*, configure, junto deste auditório monástico ou laico, um dispositivo catequético dotado de inexcedível *utilitas*.

4

No *Orto*, o discurso alegórico, escorado nas homologias metafóricas decalcadas do *Cântico dos Cânticos* e já preludiado no título, é tão abundante como convencional: os pares Esposo-Jesus Cristo e Horto-Sagradas Escrituras são recursivamente ampliados, gerando uma extensa cadeia analógica, como os títulos de alguns dos capítulos, incluídos no Livro II, deixam perceber: "Dos ēxertos do parayso terreal", "Das plantas do Orto da Sancta Escriptura", "Das especias aromaticas do Orto da Sancta Escriptura", "Dos uētos que uentã ēno orto da Sancta Scriptura". Este alegorismo exuberante, alimentado por um insustido desdobramento metafórico, coabita com uma outra modalidade que se repercute no próprio acto de composição: a dos *exempla* alegorizados. Stanley Kahrl (1965: 110) distingue a categoria dos *exempla* tradicionais –"tales marked by realism and economy in the telling and presented as 'true' examples of a general statement"– de uma outra constituída pelos *exempla* alegorizados. Nesta última, a progressão diegética é subalternizada em favor da expansão do nível interpretativo e da digressão moralizante, uma vez que o relato "acts as a bridge rather than as a terminal" (107). Por outro lado, a frequência, neste grupo, de motivos folclóricos e a preferência notória por personagens investidas de fraca individualização, guindam o facto narrativo a um grau elevado de abstracção generalizante, aliviando-o das constrições da verosimilhança. Na verdade, esta distinção recobre a que, em data posterior, Claude Brémond estabelece entre *exempla* sinedóquicos e *exempla* metafóricos ou transdutivos.[3] Com efeito, se todos os *exempla* invariavelmente reclamam uma leitura de natureza alegórica, fundada numa operação de *applicatio* do caso narrativo à experiência individual e intransmissível do crente, nem todos se socorrem da alegoria como estratégia de composição. A justaposição, na micronarrativa exemplar, de nível narrativo e nível interpretativo, a coexistência de *casca* e *miolo*, para recuperar uma analogia já mencionada, refracta o equilíbrio de letra e espírito, os pólos entre os quais oscila a operação alegórica. Nem sempre, todavia, o *exemplum* agrega à história um apêndice dilucidativo da equivalência figural.[4]

---

[3] Brémond (1982: 115-17) distingue, nos seguintes termos, *exempla* sinedóquicos de *exempla* metafóricos: "Relève de la synecdoque l'*exemplum* qui illustre la règle générale par une de ses manifestations particulières [...] Le fait relaté dans l'anecdote synecdochique est toujours présenté, sinon comme vrai, du moins comme vraisemblable [...] Plus précisément encore, ce type d'*exemplum* suppose une identité de statut entre l'un des héros de l'anecdote et les destinataires de l'exhortation". Pelo contrário, "Relève [...] de la métaphore (ou plus exactement de la comparaison) l'*exemplum* qui illustre la règle générale en recourant à une analogie. L'anecdote ne cite plus alors une manifestation interne de la règle, mais un fait externe qui lui 'ressemble' [...] La fable animalière, la parabole, l'allégorie, la simple *similitude* sont les matériaux habituels de l'*exemplum* 'metaphorique' ou 'transductif'".

[4] Sobre esta colocação marginal da interpretação alegórica, veja-se as palavras de Ralph Flores (1996: 16-17): "As medieval manuscripts are illuminated at their edges, allegorical texts generate commentaries that are themselves called allegories, and even when given a specific name (allegoresis), the result is often indistinguishable from 'other' allegories. Allego-

No *Orto*, a primeira categoria, a dos *exempla* sinedóquicos, isto é, de narrativas que condensam a manifestação particular de um ensinamento abstracto, destituídas de alegorização explícita, é claramente predominante. Por razões que se prendem com o tema deste trabalho, as considerações que a seguir apresento tomam, naturalmente, como ponto de referência *exempla* metafóricos ou alegorizados. Neste caso, a modalidade mais regularmente empregue é a alegorização termo-a-termo, um processo claramente tributário da oratória sagrada.[5] Compreende-se porquê: doutrinariamente sincrético, o repertório narrativo de que o compilador se apropria terá de subjugar-se à contextura teológico-didáctica do conjunto. Quando a lição não é evidente, há que asseverar o monismo ortodoxo da interpretação, clarificando as correspondências analógicas que o autor tem em mente, de modo a cancelar uma putativa dilogia. É a possibilidade dessa disrupção da leitura que um curioso *exemplum*, provavelmente colhido em Étienne de Bourbon (Maler, 1956: II, 17), parece ilustrar. Nele, a alegoria-personificação da Igreja é indevidamente tomada pelo visionário como sendo a Virgem, cabendo à própria rectificar a identidade equivocada –assim demonstrando que nem todas as alegorias são transparentes–:

> Exemplo. O arcebispo de Sena preguntou hũa uez hũũ monge de Claraual leygo, que era muytas uezes arreuatado en cõtenplaçom, que lhe disesse algũa visom que uira. E dise-lhe o mõge: Eu vi este outro dia hũa dona muy fremosa em seu rostro, muy bem apostada cõ ouro e com pedras preciosas, e eu estaua espantado, marauilhando-me da sua fremusura e do seu apostamẽto. E ella me disse: Quẽ som eu? Eu respondi-lhe: Parece-me que sodes a bẽẽta Uirgem Maria. E ella me disse: Para mentes aas minhas costas. E eu parey mentes aas costas della e via podre cõ muytos uermẽẽs. E ella me disse: Agora podes entender que nõ sõõ eu a gloriosa Uirgem Maria, ca eu nõ som a Uirgem Maria, mais som a egreya, que ẽno primeyro estado foy muy sancta ẽnos apostolos e ẽnos marteres e ẽnos confessores e uirgẽẽs, e porem soo[m] asy fremosa ẽna parte deanteyra e asy apostada. Mais agora, ẽ este tempo derredeyro, soom ẽçuyada e fea e corrupta e chea de desonrra pellos maaos prelados, e porẽ pareço asy podre da parte de tras. (Maler, 1956: I, 18)

ries may be 'on the margins' –of myth, of Scriptures, of 'history', of other texts (Homer in Virgil, Virgil in Dante)–, yet there are no 'pure' margins. The supplementary text takes on a 'life' of its own, displacing or opening up, in complicated ways, the texts it begins from".

[5] Trata-se da técnica exegética que Siegfried Wenzel denomina "point-by-point allegorization". Observa o autor que "Any page of a sermon produced in thirteenth or fourteenth centuries furnishes ample evidence of the preacher's extracting moral lessons from one detail after another contained in a classical myth, or a historical or pseudo-historical event, or a biblical story, or the properties and behavior of plants, stones or animals" (Wenzel, 1983: 24).

Mais frequentemente, porém, é no sintagma interpretativo aposto ao *exemplum* que se faculta a sua chave hermenêutica, como acontece no relato de Moisés e da rainha da Etiópia:

> Asy he que Moyses foy casado cõ hũa raynha de hũa terra de Ethiopia, e el queria-sse partir della e hyr-sse pera sua terra, e ella tanto o amaua, que o nõ queria leixar per nehũa maneyra. E entom elle per sua sabedoria fez dous anees com duas pedras preciosas, ẽ que escauou certas ymagees. E hũũ destes anees auia força de [fazer] esquecer a aquel que o trouuesse, e este anel deu Moyses a sua molher. E o outro anel fazia relenbrãça, e este guardou el pera sy. E ella per uirtude do anel começou a esqueecer o amor que auia a Moyses, e leixou-o hir lyuremẽte pera sua terra.
> Per esta raynha de Etyopia se entende a carne do homẽ que he fea, con a qual he esposada a alma em este mũdo, que he terra alhea e estranha pera [a] alma, ca a sua propria terra o ceeo he. E quando a alma quer hir per caminho do ceeo, estorua-a a carne. Mas o homẽ deue poer ante os olhos da sua carne a ymagem da [carne] que faz esqueecer as cousas terreaaes e as maas deleitaçõões. (Maler, 1956: I, 98-99)

A memória folclórica do relato, cuja presença residual se pressente na geografia longínqua e na introdução do motivo do anel do esquecimento, constitui um indicador evidente: trata-se, na sua forma original, de um conto maravilhoso em que os motivos profanos se encontram funcionalmente desfigurados pela alegoria, que impôs a domesticação do sobrenatural num sentido apologético cristão. A reconversão alegórica instaura um verdadeiro refluxo ideológico do reconto, contendo o seu excesso de sentido nos diques da mais estrita ortodoxia, como se a *delectatio* proporcionada pela superfície textual (a *casca*) tivesse de, a bem da edificação, ser subsumida ao *docere* da sua pedagogia profunda (o *miolo*).

Análoga operação de releitura subjaz ainda a uma curiosa reelaboração do esteio narrativo arturiano, que ocorre numa micronarrativa incluída no *Orto*. No *exemplum* novelesco do físico prodigioso –em que, não casualmente, Jorge de Sena se inspirou para criar uma magistral novela–, a copresença de motivos comuns ao conto e às refacções cristianizadas da matéria da Bretanha, que integram a Vulgata, para além de confirmarem a filiação cisterciense de ambas as obras, tornam plausível, segundo Maler, a suposição de que "o texto português deve basear-se nalgum resumo desta última obra [*Queste del Saint Graal*], existente no mosteiro de Alcobaça" (Maler, 1956: II, 27-28). O relato é extenso, mas valerá a pena transcrevê-lo, pelo menos em parte:

> Exemplo. Hũũ homẽ passaua per acerqua de hũũ edificio muy fremoso, ẽno qual eram todalas cousas que perteenciã pera deleitaçom, e achou tres donzellas

estar chorando acerqua dos ryos que sayam daquel castello, porque a senhora do castello estaua tam emferma que era chegada aa morte. E disse-lhe aquel homẽ caminheyro: Ha esperança de uida em uossa senhora? E as donzelas responderõ: Os fisicos desse[s]perarom da sua uida, mais ella espera cõtinuadamẽte hũũ [filho] de hũũ rey que há em sy tres condiçõões muy nobres, s. [*scilicet*] elle he muy fremoso e grande fisico e he uirgem. E dise-lhe o mãcebo: Eu sõõ esse que ella espera, que hey todas essas cousas muy conpridamẽte. E entõ leuarom aquellas donzellas aquelle mãcebo ao castelo muy cortesmẽte. E a senhora do castello o recebeo muy bem e com grande reuerẽça. E elle começou a fazer sua cura e suas meezinhas aa senhora do castello, e ffez hũũ banho de sangue do seu proprio braço deestro, que fez sair, e posse a senhora em aquelle banho. E tanta foy a uirtude daquel sangue muy casto, que cõ a queentura do sangue foy tornada a aquella senhora a quẽẽtura natural, em guisa que sayu sãã e curada daquel banho, depois que foy banhada em elle sete uezes. (Maler, 1956: I, 38)

Lido em clave alegórica, o *exemplum* obedece um duplo desígnio –proporcionar solaz laico e instrução piedosa–:

E per este edificio tam nobre se entende a sancta jgreya, que he ajuntamẽto dos fiees [...]. O qual castello da sancta jgreya estam arredor delle trres donzellas, que som tres uirtudes theologicas, comvem a saber fe e sperança e caridade. E estas chorauã polla linhagem humanal, que era emferma de morte ante a viinda de Jhesu Christo. E estas uirtudes o leuarõ e meterõ ẽno castello da sancta jgreya ante o ajũtamẽto de fiees. E elle fez banho, per que deu saude a todollos fiees auõdosamẽte pello sangue que fez correr e sahir do seu coraçom. (Maler, 1956: I, 38-39)

O facto de, por exemplo, o motivo simbólico do banho de sangue redentor ser, no *Orto*, inoculado de uma função indubitavelmente positiva, contraditando o efeito mórbido que lhe é atribuído na *Queste* (Madureira, 2002: 249), constitui prova evidente da versatilidade cotextual do argumento narrativo.

Aliada à narrativa exemplar, a alegoria interpretativa –e retomo agora a distinção estabelecida por Jon Whitman– constitui um eficiente operador de legibilidade. Reduzindo a uma estrita monossemia um arsenal narrativo não especialmente propenso à edificação e rendibilizando o seu capital de deleite fruitivo, ele passa a subservir um idêntico projecto de ensinamento espiritual. Na verdade, é na sua forma alegorizada que mais cabalmente o *exemplum* é chamado a cumprir a sua função sacramental. É precisamente esta noção de incorporação da verdade do dogma que investe o *exemplum* de força sacramental, porque, como sintetiza Alan Bernstein (1990: 93), "the exemplum incorporates truth just as Christ did". Compreende-se, pois, que o paralelismo entre o *exemplum* e a Incarnação, isto é, o *exemplum* tomado como Verbo feito Carne, constitua estilema recorrente entre os cultores do género.

5

Pode afirmar-se que o *Boosco* rasura, programando desde o início o seu desfecho de teor visionário, todas as instâncias de vinculação realista que, no *Orto*, davam o tom à estética de representação de grande parte dos *exempla*, em especial os de natureza sinedóquica. Com efeito, tudo na obra comunga agora de uma natureza alegórica: desde o título, à viagem redentora da alma escolhida para enquadramento diegético, à topografia simbólica do caminho percorrido, aos múltiplos interlocutores com quem entabula diálogo, tudo parece concertar-se numa verdadeira "pansemiose metafísica" (Eco, 1989: 73).

No *Boosco*, a opção por uma exemplaridade *in fieri* –encenando dramaticamente o atribulado itinerário de conversão do protagonista, pontuado de avanços e retrocesos– prescreve uma particular modalidade de transmissão do ensinamento. É, porventura, a insistência na vertente icástica da demonstração doutrinária enquanto *opsis* (as *cousas corporaaes*), o "ódio à abstracção" (Martins, 1948b: 35), que justifica que as *auctoritates* surjam encarnadas na obra. Na realidade, os participantes no concílio de autores da filosofia e da patrística, furtando-se a replicar aquela que fora a solução formal de Petrarca, proferem de viva voz as suas *sententiae*, ao invés de estas serem aduzidas em citação pelo autor de segundo grau. Nas suas tiradas, as autoridades presentes tendem, de resto, a glosar trechos constantes das suas próprias obras. É o que acontece, por exemplo, com Dom Tomás de Aquino e Dom Reimondo (Pontes, 1986: 69-70). De certo modo, estas figuras históricas, identificadas por meio de insígnias (Dias, 1989: 239) e que asseveram, em face de uma alma pusilânime, a excelência espiritual da vida solitária situam-se no pólo oposto ao da construção alegórica personificante: já não é uma abstracção que encarna numa figura, mas sim a figura que é chamada a corporizar uma abstracção, no caso vertente dar rosto e voz a uma mesma filosofia de vida contemplativa e retirada. É esse papel de abonação experiencial que a cada um compete endossar:

> E logo a dona fremosa disse:
> –Dom Bernardo, grorioso doutor, falade alguũa cousa, cá vós provastes a vida contemprativa e a autiva.
> Entom se levantou uũ monge vestido em uũa cugula mui alva; e a sua face era mui crara e mui lêda. E êle tiinha em sua cabeça arredor ũa coroa mais luzente que o sol. E começou sua razom per esta guisa:

–A mente que é acostumada aas boas obras recebe consolaçom de folgança, quantas vêzes é tirada aa luz da contemplaçom, assim como sooe fazer. (Magne, 1950: 76)

No *Boosco* o estatismo emblemático, quase heráldico, destas personagens compagina-se com a maior plasticidade de múltiplas alegorias personificantes que, no transcurso da sua jornada purgatória, desfilam perante a alma: a Misericórdia, as virtudes teologais (Fé, Esperança e Caridade) e cardinais (Temperança, Fortaleza, Prudência e Justiça), a Ciência da Escritura de Deus, a Memória e Relembrança da Morte, a Sabedoria. Desconhecida na fonte petrarquiana, a presença destas personagens femininas no *Boosco* "mostra o quanto os prosadores da casa de Avis, humanistas clássicos-cristãos, estiveram atentos à rica tradição alegórica, principalmente medieval" (Mongelli, 2001: 133). A despeito de constituírem figuras-tipo, inapelavelmente unidimensionais, parece, ainda assim, esboçar-se, para algumas delas, um carácter por antonomásia. Trata-se de um efeito funcionalmente conseguido por meio da associação sistemática de perífrases valorativas a cada personagem: a "mui graciosa donzela" (Misericórdia), a "formosa dona" (Ciência da Escritura de Deus), a "espantosa dona" (Justiça), a "graciosa ifante" (Sabedoria). Como nota Christian Vandendorpe, no caso particular da alegoria-personificação não se acede, como acontecia com a alegoria "clássica", do concretismo narrativo à esfera da abstracção moralizante. Consagrando a elevação do nome comum a nome próprio, transita-se do abstracto ao abstracto, situando o leitor, desde o início, num plano superior de generalização (Vandendorpe, 1999: 78-79).

Em virtude de a alma revelar uma incipiente competência hermenêutica, o interpretante da semiose alegórica é, aliás em sintonia com os precedentes fornecidos pela tradição visionária, o Anjo guiador. O retrato minudente que este traça das virtudes teologais e cardinais, por exemplo, confirmando o cromatismo, os adereços ou o lapidário simbólico consignados em abundantes testemunhos iconográficos (Azevedo, 1961: 299-305), demonstra, precisamente, que em tudo o que é visível se encontra gravado um sentido outro e que, efectivamente, as personificações são "both ideological and anthropomorphic" (Madsen, 1994: 67). Veja-se, a título exemplificativo, a *effictio* da Justiça, que possibilita que, pela mera aparência, a personificação anuncie as suas características:

> E eu preguntei ao anjo quem era aquela dona tam fremosa e tam espantosa. E êle me disse que era Justiça, que é mui espantosa aos maaos e mui graciosa aos boōs. E porém a sua vistidura é de duas colores. A color preta demostra a tribu-

laçom e a door, que a justiça faz padecer aos maaos; e a color alva demostra o prazer e o galardom que ela dá aos boõs, e a pedra priciosa que tem em a coroa, que há atal propiadade que queima a maão do homem que a tever apertado, pero que é graciosa aa vista, demostra que a justiça queima os maaos corregendo-os e faz prazer aos boõs; e a regra dereita que tem em a mããо sinifica a obra da justiça, que dá a cada uũ dereitamente o que seu é. (Magne, 1950: 10)

A dramaticidade que deflui da estrutura dialógica empregue, ora com uma dinâmica de pleito tribunício (a alma em julgamento), ora próxima da *disputatio* teológica com propósitos maiêuticos (a discussão em torno das vantagens da vida solitária) é particularmente favorável à tradução do *agon* alegórico. Como acentua Angus Fletcher, o progresso e a batalha (que pode revestir as formas mais amenas do debate ou do diálogo) configuram cenários dilectos da acção alegórica (Fletcher, 1964). O esquema narrativo da alma peregrina, cindida entre as tentações do "segre" e a promissão de bem-aventurança, propicia, além disso, uma ocasião ímpar para abordar a questão do *livre alvedrio*, tópico candente já na experiência religiosa pré-reformista. Dilacerado pela dúvida, o Pecador resume do seguinte modo este estado intervalar de *departimento*:

mas eu sentia dentro em na minha alma grande contrariadade e grande departimento, assi como se sooe fazer em a cidade e em a casa em que som contrairos os moradores dela. Ca, de uũa parte, me enduzia o temor de Deus e as boas cuidaçoões e os dizeres dos santos homees e a Santa Escritura, que leixasse a vida do segre e me tornasse ao Senhor e me apartasse do arroído do mundo e dos negócios dêle. E, de outra parte, me poinham muitos embargos as fortes tentaçoões da carne e da vaã-gróaria e da aucídia e dos beẽs terreaaes; e enesto se perlongava o meu convertimento. (Magne, 1950: 229-30)

Alimentando-se de um modelo de espiritualidade em tudo análogo, não são, portanto, surpreendentes as coincidências que, à primeira vista, aproximam o "mezquinho Pecador" do *Boosco* e a protagonista do *Auto da Alma* vicentino. Ambos aspiram, na verdade, a transcender a menoridade da sua condição de "manequins alegóricos" (Saraiva, 1981: 47). Todavia, se no primeiro caso a alegoria conhece uma resolução provisória no tipo (transformando-se o Pecado no Pecador), na moralidade vicentina a Alma conquista, pelo menos em parte, a espessura psicológica do carácter por ter, se assim se pode dizer, imanentizado o conflito dramático externo. Neste sentido, como muito bem anota António José Saraiva, o teatro de Gil Vicente documenta já um tempo de "decomposição das alegorias" (159).

6

Angus Fletcher remata o seu penetrante estudo sobre a alegoria com a afirmação lapidar de que "allegories are the natural mirrors of ideology" (Fletcher, 1964: 368). A asserção, seguramente válida para múltiplos contextos, é especialmente acertada para as obras de que me ocupei. No caso do *Orto*, como no do *Boosco*, a alegoria, empregue como programa de vigilância hermenêutica, assiste quer o trabalho de composição, quer o de interpretação dos textos de espiritualidade. Permitindo afinar por um mesmo diapasão ideológico fontes de natureza ecléctica, consegue-se, por seu intermédio, disciplinar a actividade do leitor-crente e, desse modo, mitigar os riscos indesejáveis de uma desregrada deriva semântica. Por isso, a alegoria tardomedieval, uma arte de liberdade constrangida, porque ilumina as intricadas relações entre poder e linguagem, constitui, com efeito, um espelho privilegiado da ideologia.

Obras citadas

Amado, Teresa, 1997. "Os géneros e o trabalho textual", em *O Género do Texto Medieval*, ed. Cristina Almeida Ribeiro & Margarida Madureira, Lisboa, Cosmos, 1-28.
Azevedo, Francisco de Simas Alves de, 1961. "Achegas para o estudo dos vestuários simbólicos das virtudes no *Boosco Deleitoso*", *Armas e Troféus: Revista de História, Heráldica, Genealogia e de Arte*, 3, 299-305.
Badel, Pierre-Yves, 1986. "Au Moyen Âge dire et vouloir dire", *Corps écrit*, 18, 53-59.
Bernstein, Alan, 1990. "The Exemplum as 'Incorporation' of Abstract Truth in the Thought of Humbert of Romans and Stephan of Bourbon", em *The Two Laws: Studies in Medieval Legal History Dedicated to Stephan Kuttner*, ed. Laurent Mayali & Stephanie A. J. Tibbetts, Studies in Medieval and Early Modern Canon Law 1, Washington, Catholic University of America, 82-96.
Brémond, Claude, Jacques Le Goff & Jean-Claude Schmitt, 1982. *L'Exemplum*, Typologie des sources du Moyen Âge occidental 40, Turnhout, Brepols.
Calado, Adelino de Almeida (ed.), 1994. "*Livro de Exopo*: edição crítica, introdução e notas", *Boletim da Biblioteca da Universidade de Coimbra*, 42, 1-100.
Calafate, Pedro, 1999. "O *Horto do Esposo*", in *História do Pensamento Filosófico Português*, I: *Idade Média*, ed. Pedro Calafate, Lisboa, Caminho, 521-26.
Clifford, Gay, 1974. *The Transformations of Allegory*, London, Routledge & Kegan Paul.
Dias, Aida, 1989. "Um livro de espiritualidade: o *Boosco Deleitoso*", *Biblos*, 65, 229-45.

Eco, Umberto, 1989. *Arte e Beleza na Estética Medieval*, trad. António Guerreiro, Lisboa, Presença [*Arte e bellezza nell'estetica medievale*, Milano, Bompiani, 1987].

Fletcher, Angus, 1964. *Allegory: The Theory of a Symbolic Mode*, Ithaca, Cornell UP.

Flores, Ralph, 1996. *A Study of Allegory in Its Historical Context and Relationship to Contemporary Theory*, Lewiston, Edwin Mellen.

Kahrl, Stanley, 1965. "Allegory in Practice: A Study of Narrative Styles in Medieval Exempla", *Modern Philology*, 65, 105-10.

Madsen, Deborah L., 1994. *Rereading Allegory: A Narrative Approach to Genre*, New York, St Martin's Press.

Madureira, Margarida, 2002. "Sangue Redentor: o *Orto do Esposo*, a *Queste del Saint Graal* e a tradição exemplar medieval", em *Matéria da Bretanha em Portugal*, ed. Leonor Curado Neves, Margarida Madureira & Teresa Amado, Lisboa, Colibri.

Magne, Augusto, 1950. *Boosco Deleitoso: Edição do Texto de 1515, com Introdução, Anotações e Glossário*, ed. Augusto Magne, Rio de Janeiro, Instituto Nacional do Livro.

Maler, Bertil (ed.), 1956. *Orto do Esposo: Texto Inédito do Fim do Século XIV ou Começo do XV*, 2 tomos, Rio de Janeiro, Instituto Nacional do Livro.

— 1964. *Orto do Esposo: Correcções dos Volumes I e II, Estudo das Fontes e do Estado da Língua, Glossário, Lista dos Livros Citados e Índice Geral*, Stockholm, Almqvist & Wiksell.

Martins, Mário, 1944. "Petrarca no *Boosco Deleytoso*", *Brotéria*, 28, 361-73.

— 1948a. "À volta do *Orto do Esposo*", *Brotéria*, 46, 164-76.

— 1948b. "Visionarismo literário de quatrocentos", *Brotéria*, 48, 19-35.

— 1979. "O *Boosco Deleitoso* sob o signo do *Cântico dos Cânticos*", em Mário Martins, *A Bíblia na Literatura Medieval Portuguesa*, Biblioteca Breve 35, Lisboa, Instituto de Cultura Portuguesa, 103-08.

— 1980a. "As alegorias e exemplos do *Horto do Esposo*", em Mário Martins, *Alegorias, Símbolos e Exemplos Morais na Literatura Medieval Portuguesa*, 2a. edição, Lisboa, Brotéria, 213-29 [1a. edição, 1975].

— 1980b. "Boosco Deleitoso", em Mário Martins, *Alegorias, Símbolos e Exemplos Morais*, 271-83.

Mongelli, Lênia Márcia, 2001. "O deleite no *Boosco de Deus*", em *A Literatura Doutrinária na Corte de Avis*, ed. Lênia Márcia Mongelli, introd. A. H. de Oliveira Marques, São Paulo, Martins Fontes, 107-52.

Pontes, Cruz, 1986. "Raimundo Lulo e o lulismo medieval português", *Biblos*, 62, 51-76.

Rosa, Maria do Rosário Paulino, 1999. *O "Boosco Deleytoso" e a Vida Solitária: Um Caminho de Salvação*, Lisboa, Faculdade de Ciências Sociais e Humanas.

Saraiva, António José, 1981. *Gil Vicente e o Fim do Teatro Medieval*, 3a. edição, Amadora, Livraria Bertrand [1a. edição, 1942].

Strubel, Armand, 1975. "*Allegoria in factis* et *allegoria in verbis*", *Poétique*, année 6, núm. 23, 342-57.
— 1988. "Exemple, fable, parabole: le récit bref figuré au Moyen Age", *Le Moyen Age*, 94, 341-61.
Tamen, Miguel, 1995. "Alegorese", em *Biblos: Enciclopédia Verbo das Literaturas de Língua Portuguesa*, I: *A-C*, Lisboa, Verbo, 115-16.
Vandendorpe, Christian, 1999. "Allégorie et interprétation", *Poétique*, 117, 75-94.
Wenzel, Siegfried, 1983. "Medieval Sermons and the Study of Literature", em *Medieval and Pseudo-Medieval Literature*, ed. Piero Boitani & Anna Torti, Cambridge, Brewer, 19-32.
Whitman, Jon, 1987. *Allegory: The Dynamics of an Ancient and Medieval Technique*, Oxford, Clarendon Press.
Zumthor, Paul, 1978. *Le masque et la lumière: la poétique des grands rhétoriqueurs*, Paris, Seuil.

El muro en el Oeste y *La fortaleza de la Fe*: alegorías de la exclusión de minorías en la Castilla del siglo XV

Rosa Vidal Doval
University of Manchester

> par ce chasteau nous pouvons entendre plusieurs choses, mais je ne descripray que de une.
>
> (*La Conqueste du Chasteau d'Amours conquestee par l'umilité du Beau Doulx*, s.l., s.n., s.a., fol. 102, en Cowling: 1998, 4)

Fortalitium fidei ("la fortaleza de la fe") es una recopilación en latín de diversos textos contra los enemigos de la fe cristiana (herejes, judíos, sarracenos y demonios) escrita por el franciscano observante Alonso de Espina entre 1458 y 1464.[1] La historiografía moderna la consideró desde sus mismos comienzos como una obra clave para entender el desarrollo del problema judío en España y el establecimiento de la Inquisición.[2] Citada con mucha más frecuencia que estudiada en profundidad, durante la última década el interés que siempre ha suscitado se ha traducido en estudios como los de Netanyahu (1997; 1999: 739-68), McMichael (1994 y 1995), Meyūhas Ginio (1998), Echevarría (1999) y Monsalvo Antón (1999), por citar sólo los más significativos.[3]

La obra es un compendio enciclopédico que tiene como finalidad el ayudar a los predicadores a componer sermones, advirtiendo a los fieles del

---

[1] Véase Meyūhas Ginio (1998: 180-83) para un resumen de las posibles fechas y lugares de composición de la obra. Para la atribución de la obra a Alonso de Espina véase Netanyahu (1997).

[2] Esta relación ya fue establecida por Lindo (1848), Amador de los Ríos (1875-76) y Lea (1906).

[3] El estudio clásico de Netanyahu (1997) sobre Alonso de Espina fue publicado por primera vez en 1976, pero las ideas allí propuestas no fueron desarrolladas por otros autores hasta la década de los 90.

peligro que suponen para la fe cristiana sus distintos enemigos (McMichael, 1994: 74). Esta utilidad como recurso para la predicación permite distinguir entre los lectores y la audiencia del *Fortalitium fidei*, ya que como advierte Meyūhas Ginio (1998: 211-12) la lectura de una obra latina estaría tan sólo al alcance del clero, que a su vez se encargaría de transmitir su mensaje a través de sermones en romance a una audiencia que abarcaría todo el conjunto de la sociedad. Aunque existe abundante evidencia de que el mensaje de los sermones medievales alcanzaba a todos los estamentos sociales (Mormando, 1999: 4-5; Cátedra, 1994: 230-36), Round (1992: 322) considera que el fin principal del *Fortalitium fidei* era llegar a un público formado por magnates, en cuyas manos estaría tomar decisiones relacionadas con las minorías religiosas.

Esta interpretación parece apoyarse en el empleo –ya anunciado desde el título– de la imagen de la fortaleza, símbolo militar eminentemente apropiado para los intereses de la nobleza española contemporánea, cuya posición se basaba en la ganancia y tenencia de castillos. A pesar de su valor central en el texto, sin embargo, el significado de la imagen no ha sido analizado en detalle hasta la fecha. Monsalvo Antón (1999: 1061) explica su presencia a través de la tradición al referirse al "símil típicamente medieval de la Iglesia presentada como 'fortaleza' asediada"; también Echevarría (1999: 106) apela a la tradición, aunque en su caso lo hace relacionando el *Fortalitium fidei* con obras de polémica religiosa como el *Pugio fidei* de Ramón Martí de 1278, cuyos títulos bélicos reflejarían el ánimo de sus autores. Finalmente, la imagen del castillo asediado ha sido interpretada por Meyūhas Ginio (1998: 11) como el reflejo de la visión del mundo imperante en la Castilla del siglo XV, una sociedad guerrera formada durante siglos de Reconquista. Estas aproximaciones no contemplan la complejidad de la imagen, ni hacen referencia a su carácter alegórico. Aquí considero la fortaleza asediada como un ejemplo de alegoría arquitectónica y estudio su significado en el Proemio, donde ocupa un lugar central en el esquema de composición.[4] Debido a la escasez de datos que existen sobre la composición y finalidad del *Fortalitium fidei*, el análisis de la imagen central del prólogo y su inserción en la tradición medieval de la alegoría arquitectónica proporcionan claves interpretativas para comprender mejor la técnica e intenciones del autor.

---

[4] Existen otras alegorías en el *Fortalitium fidei*, por ejemplo el motivo del *miles Christi* en Lib. I, consideraciones 1-2 sobre "la armadura de los fieles en general" y "de los auténticos predicadores en particular" (Espina, c.1471: fols. 10-12), o el sermón en IV, cons. 5 sobre la *divisio apostolorum* y las "coincidencias y discrepancias entre el cristianismo y el Islam sobre doctrina y sacramentos" (fols. 167-74).

El Proemio del *Fortalitium fidei* comparte características con el sermón escolástico o universitario, empleado por los predicadores desde comienzos del siglo XIII.[5] Este tipo de sermón se construye sobre un *thema* o extracto bíblico que se desarrolla con fines moralizantes o doctrinales; como advierte Thomas Worcester (2001: 3-4), su finalidad no es la explicación del extracto de la Sagrada Escritura sino la presentación de una lección moral al público. En el caso del texto que nos ocupa, el *thema* es la frase del versículo 3 del Salmo 61 (Vulg. 60.4) que proporciona la metáfora arquitectónica sobre la que descansa el libro entero, *Turris fortitudinis a facie inimici* ("Tú has sido mi refugio, y *torre de fortaleza delante del enemigo*", Reina-Valera Antigua). Dios es la torre de homenaje que da protección frente a los ataques del enemigo y exalta sobre ellos a todo aquel que la pide; también puede serlo el *Fortalitium fidei* de Espina.[6]

La estructura del sermón escolástico continúa con una oración, o *prothema*, en la que se solicita la asistencia divina en la tarea del predicador (Murphy, 1974: 325; Worcester, 2001: 4). En el Proemio del *Fortalitium fidei* la oración consiste en una serie de invocaciones a Dios (ll. 3-82) seguidas de una breve profesión de fe (ll. 82-89). Las noventa y cinco invocaciones reflejan el *thema* de forma fónica o gráfica, ya que todas las frases comienzan con el pronombre latino *Tu*, anáfora retórica que juega con una *annominatio* de la primera sílaba de *turris*.[7] Pero también se hace referencia al *thema* en el plano conceptual.

---

[5] Deyermond (1980: 127). Presentan un carácter igualmente escolástico, en lo que respecta a la división y organización del texto, los sermones de Espina "sobre las penas del infierno" conservados entre unos *Sermones morales et de tempore* en El Burgo de Osma, Biblioteca de la Catedral, códice 26, fols. 100-15ᵛ (para una descripción de este manuscrito véase Rojo Orcajo, 1929: 89-90). El uso de recursos del *ars praedicandi* y del *ars dictaminis* en los prólogos era habitual en la literatura medieval; un ejemplo destacado en lengua castellana es el prólogo del *Libro de Buen Amor*, que emplea un *thema* de los salmos para explicar la estructura de la obra (Ullman, 1967; Jenaro-MacLennan, 1974-79).

[6] Espina (*c*.1471: fols. 9-10, en 9ʳ) "Proemio en el que se anotan las alabanzas divinas, se propone una querella ante el trono de Dios y se expresa la voluntad del escritor" (para unas indicaciones sobre la foliación correcta de esta edición véase Kahn, 1982: 23-24). El Proemio se edita en el Apéndice, al final de este artículo; a no ser que se indique lo contrario, todas las citas de *Fortalitium fidei* pertenecen al Proemio y se refieren a las líneas numeradas de dicho apéndice. Las traducciones son mías.

[7] La figura se emplea de nuevo, y con clara intención de recordar el principio (*Ringkomposition*), en el Epílogo de la obra: se invoca a Dios con una serie de frases que empiezan con el pronombre *tu* en dativo, y la última línea repite el *thema*, "Tibi, bone Ihesu, qui es *Turris fortitudinis a facie inimici*, sit honor et gloria, benedictio et graciarum actio sine fine. Amen" (Espina, *c*.1471: fol. 240 "A Ti, buen Jesús, que eres *torre de fortaleza frente al enemigo*, el honor y la gloria, la bendición y la gracia sin fin. Amén").

Por ejemplo, Dios es invocado como el arquitecto del universo, conocedor de la medida de todos los elementos de la creación (Proemio, ll. 57-60):

> Tú cuentas la multitud de las estrellas y dices los nombres de todas [Sal 146.4]. Tú has medido la altura del cielo, la extensión de la tierra y la profundidad del abismo, Tú, Señor, cuentas la arena del mar, las gotas de la lluvia y los días del mundo [Sir 1.2].

Tras estos prolegómenos el sermón escolástico entra en materia a través de la *divisio* o explicación de la división del *thema* en varias partes y la *prosecutio* o amplificación de las partes ya mencionadas (Murphy, 1974: 325; Worcester, 2001: 4). Una vez más el Proemio sigue el esquema organizativo, aunque lo hace adaptándose a las necesidades que plantea la presentación de un libro, por lo que el sistema de división y amplificación es quizá menos rígido de lo que sería de formar parte de un sermón. En el Proemio se presenta el problema de los enemigos de la fe identificando a cada grupo a manera de *divisio* (Proemio, ll. 89-91):

> Pero, oh Dios altísimo, muchos confiesan estas cosas con los labios, pero su corazón está lejos de Ti. Otros se esfuerzan para destruir esta verdad con sus palabras y sus hechos, de los cuales algunos son herejes y cristianos perversos, otros son judíos, otros sarracenos y otros, en fin, diablos.

Seguidamente, a manera de amplificación, se explica cómo actúan estos diversos enemigos de la fe (con la excepción de los diablos, aunque se vuelve a ellos unas líneas más abajo), refiriéndose de forma muy concreta al daño que causan sus actividades en Castilla. Los herejes actúan impunemente porque no hay pastores dispuestos a investigar sus errores, ya que éstos están más preocupados por obtener ganancias que por proteger a los fieles de los crímenes de los conversos. La caracterización de los herejes como conversos no admite dudas: son cristianos perversos ("heretici et perversi christiani", l. 91) y lobos –es decir, recaudadores de impuestos que chupan la sangre del pueblo con exacciones desorbitadas– (Proemio, ll. 91-95):

> Del error de los herejes, no hay nadie que lo investigue; entraron, Señor, en tu rebaño lobos rapaces, porque los pastores son pocos y muchos los mercenarios, y ya que son mercenarios no les preocupa apacentar a tus ovejas sino esquilarlas; ven venir a los lobos y huyen; cae la carga del asno y hay quien la levante, pero muere el alma y no hay quien la ayude.[8]

---

[8] La literatura satírica abundaba en caracterizaciones de conversos como recaudadores corruptos, a menudo en forma de lobos, como en el retrato de Diego Arias Dávila, contador

En cambio, los judíos blasfeman al rechazar a Cristo como el Mesías y cometen crímenes rituales ("inaudita crudelia latenter" –es patente la alusión a "libelos de sangre"), pero quedan sin castigar porque sobornan a los jueces (Proemio, ll. 95-98):

> De los pérfidos judíos que blasfeman contra tu nombre y cometen crímenes inauditos en secreto contra tus fieles, no hay nadie, o casi nadie, que los investigue, porque "sus dineros taparon los ojos de los jueces" [Sir 20.31] y gobernantes en el clero y el pueblo.[9]

Finalmente, la queja acerca de la presencia de musulmanes viviendo en el seno de una sociedad cristiana ("viventium inter nos") despeja cualquier posible duda acerca del emplazamiento de sus desafueros ("absona"); el reino nazarí de Granada era la única entidad política islámica situada en Europa Occidental, y Castilla y Aragón los únicos reinos cristianos en los que vivían comunidades musulmanas (Proemio, ll. 98-102):

> Pero incluso se pasan por alto las discordias de los sarracenos que viven entre nosotros, a causa del interés de los ya mencionados jueces. Claman tus predicadores –aunque pocos–, pero "apartan de la verdad el oído y se vuelven a las fábulas" [2 Tm 4.4]; se ha cumplido, Señor, la palabra de tu eximio predicador, "Porque vendrá tiempo cuando ni sufrirán la sana doctrina" [2 Tm 4.3].

El Proemio continúa con un rogatorio a Dios que no corresponde estrictamente con las partes del sermón, pero se puede definir en la retórica como la *petitio* ("velud quandam querelam", Proemio, ll. 102-08); la descripción del tratado, explicando su división en cinco libros (Proemio, ll. 109-21), equivale a la *peroratio*, lo que supone un retorno al *ars praedicandi*

---

mayor de Enrique IV, en las *Coplas de Mingo Revulgo* de *c*.1465 (Lawrance, 2003: 13 & n13). La metáfora, de raigambre bíblica (Gn 49.27 "Benjamín, lobo arrebatador [*rapax*], a la mañana comerá la presa y a la tarde repartirá los despojos"; Ez 22.27 "príncipes [...] como lobos que arrebataban presa [*rapientes*], derramando sangre para destruir las almas para pábulo de su avaricia"; Mt 7.15-16 "los falsos profetas [...] vienen a vosotros vestidos de ovejas, mas de dentro son lobos rapaces"), era un tópico (cf. los "rapaces lupi" de *Gesta Hispaniensia* x.5, en Palencia, 1998-99: II, 464 & 488-49 n51; y Palencia, *c*.1490); *El alboraique*, de *c*.1467, aplicaba la imagen explícitamente a los conversos, a base de figuras tipológicas en los pasajes bíblicos citados (Lazar, 1997: 207-19, en 209; véase Lawrance, 2003, en especial 29-30).

[9] *El alboraique* recoge el tópico ("apenas por justiçia podedes matar un alborayque, que ponen sobre sý grandes rremedios de moneda y cohechos", Lazar, 1997: 212). Sobre la influencia del *Fortalitium fidei* en las acusaciones formales de crimen ritual en España véase Despina (1979).

(Murphy, 1974: 325; Worcester, 2001: 4). Aun si estas secciones no reflejan tan claramente como las anteriores la estructura del sermón escolástico, no por ello dejan de compartir algunas de sus características. Así el rogatorio elabora el *thema* al emplear motivos sacados del Salmo 61 como son las referencias a la llamada de auxilio enviada al Señor desde los confines de la tierra, y que en este caso se emplean para localizar en un contexto de espacio y tiempo la obra al referirse a "esta mísera España, en la que, como está situada *en el fin del mundo*, se han congregado todas las heces de tus enemigos" (Proemio, ll. 106-07, mi cursiva; cf. Sal 61.2, Vulg. 60.3 "a finibus terrae ad te clamavi"). El empleo de divisiones y subdivisiones, tan propio del sermón escolástico, tiene también aquí su reflejo, ya que una vez más se vuelve a la *divisio* cuadripartita de los enemigos de la fe cristiana: "enemigo es el hereje, enemigo el judío, enemigo el sarraceno, enemigo el diablo" (ll. 107-08).

La presentación de la obra hace explícita la vuelta al *thema* al citar de nuevo directamente el Salmo 61 (Proemio, ll.110-17):

> este libro [...] lo titulo *Fortaleza de la fe*, [...] tomando en tu nombre como cimiento de nuestra fortaleza inexpugnable la palabra elegida al principio: "Torre de fortaleza delante del enemigo" (Salmo LX).

Igualmente la fortaleza que hace frente al enemigo se convierte en recurso organizativo del propio libro, al poseer cinco torres, equivalente cada una a un Libro (ll. 117-21):

> Y se pone por delante la figura de una lucha, en la cual la fortaleza de cinco torres con su adorno y armadura corresponde al primer libro, los herejes que excavan o perforan la fortaleza por minas corresponden al segundo, pero los judíos con señales, los ojos vendados y con cadenas al cuello corresponden al tercero, la guerra entre sarracenos y cristianos corresponde al cuarto, y en fin los diablos vencidos por los ángeles corresponden al libro quinto.[10]

El Proemio, que sigue el esquema estructural del sermón escolástico, resulta tener como motivo central una alegoría arquitectónica: la fortaleza asediada.

Esta metáfora de la fortaleza de la fe atacada por sus enemigos tiene el componente narrativo o continuo que demanda la definición de la alegoría

---

[10] La equivalencia se repite al principio del Libro I: "Ut detur ordo in presenti libro, quinque erunt parciales libri quasi quinque turres fortalicii fidei inexpugnabiles" (Espina, *c*.1471: fol. 10).

de Cicerón (*De oratore* III.xli.166). Empleando la terminología de Quintiliano (*Institutio oratoria* VIII.vi.47-49), es una alegoría *permixta*, ya que en el Proemio se revela parte del significado de la fortaleza al explicar que ésta es la fe atacada por herejes, judíos, sarracenos y demonios. Pero el aspecto más interesante de esta alegoría es su dimensión visual que, como indica en su contribución a este volumen José Manuel Pedrosa, constituye un elemento esencial de la alegoría. La importancia del aspecto visual de la alegoría parece haber sido bien entendida por el propio autor del *Fortalitium*, quien juega con el doble significado de la palabra *figura* de la expresión "praemittitur figura pugne" en la cita precedente para indicar que nos encontramos ante una alegoría que se debe traducir en imagen visual. En efecto, este doble sentido fue también comprendido por copistas y editores de la obra, los cuales se empeñaron en ilustrar los varios testimonios del texto, manuscritos e impresos, con imágenes de la fortaleza de la fe asediada por sus enemigos. Por ejemplo, el manuscrito confeccionado para el obispo de Osma Pedro de Montoya en 1464 (El Burgo de Osma, Biblioteca de la Catedral códice 154) contiene un frontispicio en el que aparece un castillo con cinco torres asediado por cuatro ejércitos enemigos (Fig. 1).[11] Joaquín Yarza Luaces (1987: 32) indica que en este caso la alegoría del castillo fue interpretada "probablemente a través del prisma selectivo del obispo de Osma", destinatario del manuscrito, pero aun teniendo en cuenta este proceso interpretativo la ilustración es un intento de "condensar todo el pensamiento de Alonso de Espina". Dentro del entendimiento de la imagen de acuerdo con los gustos e intereses de Pedro de Montoya estaría, por ejemplo, la representación de la jerarquía eclesiástica en un primer plano en la torre central del castillo rodeada por los poderes seculares en un plano secundario (Yarza Luaces, 1988: 279 n29), o la representación del castillo de manera análoga a como aparece en el escudo del Burgo de Osma con la salvedad de la diferencia en el número de torres –cinco y tres respectivamente. Pese a este proceso interpretativo, lo cierto es que la iluminación sigue al pie de la letra la descripción del Proemio de los diversos enemigos de la fe; la *amplificatio* del sermón tiene así una dimensión escrita y pictórica (Murphy, 1974: 325; Worcester, 2001: 4). Los herejes aparecen intentando socavar los cimientos del castillo ("heretici fodientes sive per minam fortalicium perforantes", l. 119); los judíos, prisioneros en una recinto cerrado, tienen los ojos vendados, están encadenados y llevan la rodela en sus ropas ("Iudei

---

[11] Para descripciones codicológicas de este manuscrito véanse Rojo Orcajo (1929: 244); Domínguez Bordona (1933: 170-72).

vero signati velati et cathenis vinculati", ll. 119-20); un ejército musulmán a caballo lucha contra un ejército cristiano que ha salido del castillo ("bellum Sarracenorum et Christianorum", ll. 120-21); finalmente, en las alturas los demonios son derrotados en su lucha con los ángeles ("demones vero ab angelis prostrati", l. 121).

Las miniaturas de página entera que aparecen en los lujosos manuscritos de la traducción francesa de la obra, *La Forteresse de la Foi* de Richard Pierre L'Oiselet (París, BNF Mss. fonds français 20067-69; La Haya, Koninklijke Bibliotheek Ms. 133.A.6), presentan claras diferencias estilísticas con respecto al ejemplo anterior, pero también siguen fielmente la descripción de Espina, aunque lo hacen dedicando una iluminación a cada uno de los grupos de enemigos de la fe, que a la vez corresponden a los cinco libros del tratado. Así, la primera iluminación en el manuscrito parisino, frente al comienzo del Proemio del Libro I, representa una torre asediada por personificaciones de los vicios (Ms. 20067, fol. 1; véase Fig. 2).[12] Aunque de forma mucho más modesta y esquemática, la xilografía insertada en el incunable de 1487 (fol. 10^v; Fig. 3), esta vez inmediatamente después de la descripción de la *figura* al final del Proemio, presenta la misma imagen. Este último ejemplo es prueba de la importancia concedida por el editor a la indicación contenida en el Proemio, ya que es una de las dos ilustraciones que contiene esta edición.

La presencia de la alegoría arquitectónica en su doble vertiente, escrita y visual, plantea la pregunta de por qué se emplea en el *Fortalitium fidei*. Como explica Cowling (1998: 5), las alegorías arquitectónicas a menudo cumplen una variedad de funciones dentro de la misma obra: así pueden actuar como "metáforas estructurales" que permiten presentar el material de una obra de forma ordenada. En el caso del texto que nos ocupa, esta primera función está claramente indicada en el Proemio, ya que el castillo da el título al libro ("hunc librum [...] quem *Fortalitium fidei* nomino", ll. 110-11) y sus cinco torres equivalen a cada uno de los cinco Libros de la obra. Otra función de la alegoría arquitectónica es la de servir de recurso mnemotécnico (Whitehead, 2003: 88), una función especialmente notable en el caso de un libro destinado a suministrar materiales para la composición de sermones. En relación con esta última finalidad cabe apuntar que la representación visual de la fortaleza de la fe por medio de pinturas pudo haber sido empleada como un

---

[12] Todas las miniaturas de BNF Mss. fonds français 20067-69 representan la fortaleza sitiada: Ms. 20067, fol. 78 (herejes); Ms. 20068, fol. 125 (judíos); Ms. 20069, fols. 282 (sarracenos) y 397 (diablos). Están asequibles en el *Banque d'images* de la BNF (http://images.bnf.fr/jsp/index.jsp). Para las miniaturas de KB 133.A.6 véase http://www.kb.nl/kb/manuscripts/.

recurso de valor simbólico durante la predicación.[13] Finalmente, y siguiendo de nuevo el esquema propuesto por Cowling (1998: 5-7), el uso de la alegoría responde a la necesidad o al deseo por parte del autor de incluir diversos mensajes dentro de un mismo texto, aun cuando estos parezcan contradecirse entre sí. En la cita que sirve de epígrafe al principio de este trabajo el autor de *La Conqueste du Chasteau d'Amours* se refiere a las múltiples posibilidades de interpretación alegórica de su obra y, entre todas ellas, indica que sólo una es la correcta. En el caso del *Fortalitium fidei* únicamente se indica que la fe cristiana sufre los ataques de sus enemigos herejes, judíos, sarracenos y demonios, pero no se explica qué significado tiene la fortaleza de la fe, pese a que dentro de la tradición de la alegoría arquitectónica medieval el castillo asediado tiene varios significados. Es muy posible que la ambigüedad del autor al definir el valor de la alegoría de la fortaleza sea una indicación de la forma en que ésta debe interpretarse; dicho de otro modo, el autor pudo haber empleado esta imagen precisamente porque está abierta a diversas interpretaciones que tienen cabida en el marco del Proemio del *Fortalitium fidei*.

Esta aproximación a la interpretación del castillo en la obra de Alonso de Espina cobra fuerza si se tiene en cuenta que la multiplicidad de significados en un texto es una constante del pensamiento medieval. El sistema de exégesis patrística o interpretación de los cuatro niveles de la Sagrada Escritura, resumido en los viejos versos escolares "littera gesta docet, quid credas allegoria, | moralis quid agas, quo tendas anagogia", era parte integral de la formación del clero (Smalley, 1969: 197-98).[14] Pero además, como indica Lubac, era la base del sistema hermenéutico medieval:

> elle définit les rapports de la réalité historique et de la réalité spirituelle, de la société et de l'individu, du temps et de l'éternité; elle contient, comme on dirait

---

[13] Piénsese en la tabla con las iniciales del nombre de Jesús, JHS, exhibida durante la predicación de Bernardino de Siena a principios del siglo XV. Para el uso de estas tablillas en España e Italia véanse Vázquez Janeiro (1980) y Polecritti (2000).

[14] Los hexámetros aparecen en el *Prologus* I *De commendatione sacrae Scripturae in generali* de Nicolas de Lyre, tratado sobre la exégesis que solía copiarse al principio de la *Glossa ordinaria* de la Biblia (*PL* CXIII, 25-29, en 28c-d: "Habet tamen iste liber hoc speciale, quod una littera continet plures sensus [...] Unde versus: Littera gesta docet, etc."). Vuelven a citarse en el extenso comentario a este prólogo en las *Additiones ad "Postillam" magistri Nicolai de Lira super Biblia* del obispo (antes rabino) de Burgos Pablo de Santamaría, dirigidas a su hijo Alfonso de Cartagena en 1429 y pronto incorporadas a su vez a la *Glossa* (*PL* CXIII, 35-50a, en 38b "Quod autem per praedictos quatuor sensus intelligantur quatuor praedicta patet per versum allegatum in prologo *Postillae*, et est communis sententia expositorum, in quo versu dicitur: Littera gesta docet, etc.").

aujourd'hui, toute une théologie de l'histoire, en connexion avec une théologie de l'Écriture. [...] Bref, cette ancienne exégèse chrétienne est bien autre chose encore qu'une ancienne forme d'exégèse. C'est "la trame" de la littérature chrétienne et de l'art chrétien. C'est, sous l'un de ses aspects essentiels, l'ancienne pensée chrétienne. (Lubac, 1959-64: I.1, 17)

Es así que la multiplicidad de significados de una imagen era una forma normal de aproximarse a un texto, como en el caso del Proemio del *Fortalitium fidei*. Pero este sistema de interpretación, y el lenguaje simbólico asociado a él, no era privativo del clero en la Edad Media, sino que, como ya advirtió Owst (1961: 57) refiriéndose a la literatura en lengua inglesa, era parte del acervo cultural en lengua vernácula. En el ámbito hispánico piénsese, por ejemplo, en el prólogo del *Libro de Buen Amor* o en el auge de la invención como forma literaria en la corte de Isabel la Católica, unas décadas después de la composición de la obra de Espina (Macpherson, 1998).

Además, el siglo XV español es fecundo en castillos alegóricos: basta mencionar los ejemplos de la torre al principio de la *Cárcel de Amor* de Diego de San Pedro (1995: 6-8), también representada pictóricamente en miniaturas, grabados y tapicerías, o los castillos del cancionero de Jorge Manrique, amorosos (*Escala de Amor* y *Castillo de Amor*, en Manrique, 1993: 64-65 "Estando triste, seguro", y 68-72 "Hame tan bien defendido") o morales, como la imagen del castillo a prueba de artillería y minas pero traspasado en un instante por la flecha de la Muerte, símbolo de la transitoriedad de la gloria mundana (164-65):

> Los castillos impugnables,
> los muros y baluartes
>   y barreras,
> la cava honda chapada
> o cualquier otro reparo
>   ¿qué aprovecha?
> Que si tú vienes airada,
> todo lo passas de claro
>   con tu flecha.
> (*Coplas a la muerte de su padre*, copla XXIV, vv. 280-88)

En suma, los lectores del *Fortalitium fidei*, conscientes de la multiplicidad de sentidos de toda imagen o texto, ya conocerían varios significados del castillo alegórico; según Barbara Kurtz (1984: 137), "the numerous associations that tradition linked to the edifice assured the writer who used it complex, time-honoured connotations that could materially enrich his own text's allusive power". Pero esta afirmación plantea dos cuestiones, según indica Cowling (1998: 13) en su crítica de la postura de Kurtz: ¿cómo se plantea la multiplicidad de significados en un texto determinado, y cómo se explota para transmitir el mensaje o mensajes deseados por el autor? El Proemio que nos ocupa es un buen ejemplo de un texto al que se pueden aplicar estas cuestiones. Como se indica más arriba, sigue el esquema organizativo del sermón escolástico, y por tanto está construido sobre la base del Salmo 61. Este método de composición plantea desde un principio la multiplicidad de significados, ya que se consideraba que la Sagrada Escritura debía ser interpretada con el fin de alcanzar el significado espiritual de cada versículo (Caspary, 1979: 13). Aunque la tradición del edificio alegórico, y en particular del castillo alegórico, ha sido estudiada por Kurtz (1984), Cowling (1998), Whitehead (2000; 2003) y Meyer (2003), por citar sólo unos estudios recientes, no es posible determinar con precisión las fuentes de la imagen de la fortaleza en el Proemio de Espina; pero la cuestión de los posibles significados de su alegoría se puede abordar desde la técnica de composición, ya que en el período medieval los comentarios bíblicos eran empleados no sólo con el fin de acceder a los diversos sentidos contenidos en cada pasaje de la Sagrada Escritura, sino también como herramienta en la composición de textos, y especialmente en la predicación.[15]

Ahora bien, San Agustín en sus *Enarrationes in Psalmos* (*PL* XXXVI, 67-1027 y XXXVII, 1033-1965) interpreta la fortaleza del Salmo 61 de dos formas: el castillo es alegoría de la Iglesia y alegoría del alma. El castillo asediado es alegoría de la Iglesia militante, atacada por sus enemigos paganos y herejes hasta el fin de los tiempos, pero también es inexpugnable, imagen de la Iglesia triunfante que verá a sus enemigos derrotados en la Parusía.[16] Al mismo tiempo el castillo asediado representa el alma humana acosada por los vicios y la tentación del pecado. Lo que le permite defenderse de estos ataques y alcanzar la Salvación es el comportamiento del individuo que se refugia en Cristo.[17] Estas dos exégesis desembocan en otra, la más

---

[15] El más importante de los comentarios era la *Glossa ordinaria*, que siempre iba precedida de varios textos acerca de la alegoría (nota anterior): el *Prologus* I de Nicolas de Lyre, escrito en forma de sermón sobre el *thema* "Haec omnia liber vitae" (Sir 24.32), su *Prologus* II *De intentione auctoris et modo procedendi* (*PL* CXIII, 29-33) y San Jerónimo, *Prologus galeatus* (i.e. *Praefatio in Libro Regum*, Vulg. págs. 364-66) y *Praefatio in Pentateucho* (Vulg. págs. 3-4).

[16] "Invident pagani, quia victi sunt, insidiantur haeretici pallio velati nominis christiani, intus *in ipsa Ecclesia* vim patitur frumentum a palea: inter haec omnia cum 'angitur cor meum, clamabo a finibus terrae'" (*PL* XXXVI, 725 ad Sal 61.2-3/Vulg. 60.3-4, lemas del salmo entre comillas, cursiva mía).

[17] "Sed non me deserit ipse qui 'me exaltavit super petram', ut 'deducat me' usque ad se: quia etsi laboro, diabolo [...] insidiante adversus me, hic est mihi 'turris fortitudinis'; quo cum

importante de las interpretaciones de este pasaje: la torre es una figura tipológica de Cristo.[18] Estas interpretaciones de la fortaleza alegórica están presentes en el Proemio del *Fortalitium fidei*, y es precisamente la relación entre ellas lo que constituye el mensaje de Alonso de Espina: la Iglesia, que por extensión es la sociedad cristiana en la Castilla de la segunda mitad del siglo XV, es atacada por sus enemigos –herejes, judíos, sarracenos y demonios–, y aunque estos ataques no pueden poner en peligro su existencia como institución, tienen poder para dañar a los individuos que la componen. Esta relación entre sociedad y sujeto es recíproca, porque es la conducta individual de las personas que fallan en el cumplimiento de su deber cristiano lo que permite que los enemigos de la fe dañen la sociedad; si los clérigos no investigan los errores de los herejes ni los jueces castigan los crímenes perpetrados por judíos y musulmanes, entonces el conjunto de la sociedad se halla indefenso ante estos ataques (Proemio, ll. 103-07). Este doble mensaje de advertencia y reforma está articulado en torno a la alegoría del castillo asedidado que permite incluir en una misma figura alegórica ambas dimensiones, social e individual, del problema de la presencia de enemigos de la fe en el reino de Castilla durante el reinado de Enrique IV.

Hay señales, además, de que Espina utilizó los comentarios bíblicos para construir la imagen pictórica del castillo asediado. En efecto, algunos detalles de la miniatura demuestran coincidencias tan significativas con elementos de la tradición exegética medieval que cabe pensar que el propio Espina indicó a García de San Esteban de Gormaz, el iluminador del manuscrito de 1464, la forma en que debía representarse la fortaleza –al menos, cuesta creer que un artesano hubiera sido capaz de tamaña invención. Los paralelismos más notables son la forma en que los enemigos de la fe intentan conquistar la fortaleza socavando las murallas o lanzando misiles contra ellas, y cómo las paredes de la torre están protegidas por almenas y escudos (Fig.

---

confungero, non solum vitabo tela inimici, sed etiam in illum quae voluero securus ipse jaculabor" (*ibid.*, 725).

[18] "Ipse enim Christus est turris; ipse nobis factus est 'turris a facie inimici', qui est et 'petra' super quam aedificata est Ecclesia. [...] Nunquam te ad illam turrem diabolica iacula secutura sunt; ibi stabis munitus et fixus" (*ibid.* 725-26). Cf. Cassiodorus, *Expositio in Psalterium* ad loc. "per *turris fortitudinem* ipsum Dominum significat" (*PL* LXX, 425c-d). La *Glossa ordinaria* no comenta Sal 61.3, pero sí recoge esta tipología en su glosa sobre los dieciocho hombres aplastados por la caída de "la torre en Siloé" en Lc 13.4 "Nec frustra decem et octo, qui numerus apud Graecos ex *iota* et *ita* exprimitur, hoc est ex eisdem litteris quibus nomen *Jesus* incipit. [...] Illa turris significat illum qui est *turris fortitudinis*, quae merito *in Siloa*, quia *siloa*, quod interpretatur 'missus', significat Eum qui missus a Patre venit in mundum, qui omnes super quos ceciderit conteret" (*PL* CXIV, 302a-b).

1); compárese, por ejemplo, con el típico *Commentarius aureus in Psalmos* de Gerhoh von Reichersberg ("facies inimici obsidentis intendit in eam vel *tela sursum jaciendo* vel *machinas infra construendo*, aut etiam *subterranea fossione* contra eam laborando, [...] in qua multa sunt *propugnacula*, et *mille clypei* pendent ex ea", *PL* CXCIII, 1770-71c, cursivas mías). Lo cierto es que ambos detalles pertenecen al complicado tejido de referencias tipológicas a otras torres bíblicas que caracterizaba el método exegético de glosadores y predicadores, y concretamente a Jer 51.58 ("El ancho muro de Babilonia será totalmente arrasado [Vulg. *suffossione suffodietur*]") y Cnt 4.4 ("Tu cuello, como la torre de David, edificada con hileras de piedras; mil escudos están colgados de ella, todos escudos de valientes").[19]

Un planteamiento final sobre el uso de la alegoría arquitectónica es su relación con la realidad histórica. Así, por ejemplo, Cowling (1998: 6-7) relaciona el empleo de este tipo de imágenes en las obras de los *rhétoriqueurs* con el creciente interés por proyectos de construcción, aunque indica que la alegoría en sí no refleja en sus manifestaciones literarias y pictóricas el nuevo estilo arquitectónico. Pero esta relación no es sólo un simple reflejo de los intereses sociales e intelectuales de una época; en ciertos casos, la alegoría es también una herramienta de control social, actúa como "metáfora política" (Cowling, 1998: 18) que permite imponer una visión particular del mundo. Un ejemplo referido a las minorías religiosas en la Castilla del siglo XV era la caracterización de los conversos como "alboraiques", bestias monstruosas híbridas; la alegoría no sólo hacía alusión a la falta de sinceridad religiosa de los conversos, sino que también los relacionaba con la Bestia del Apocalipsis y justificaba así su exterminio (Lazar, 1997; Lawrance, 2003).[20] En el caso del *Fortalitium fidei*, y sobre todo desde el punto de vista de un estudio histórico de la situación de las minorías religiosas en la Castilla de la segunda mitad del siglo XV, es posible detectar aún más capas debajo del significado simbólico y real de la fortaleza.

La imagen de la fortaleza de la fe se identifica iconográficamente con Castilla, al portar el escudo de armas del reino: un castillo con tres torres

---

[19] También se aducía de modo regular Pr 18.10 "El nombre del Señor es *torre fuerte*, a ella corre el justo y está a salvo", y Cnt 7.4 "Tu cuello, como torre de marfil, [...] tu nariz, como la *torre del Líbano* que mira hacia Damasco", que a su vez conducía a comparaciones con la torre de Babel. Odón de Cluny, *Sermones* II *In veneratione S. Mariae Magdalenae* cita estos pasajes, y añade una *figura* de María Magdalena (cf. aramaico *magdala* "torre"), concluyendo "ac per hoc Ecclesiam designat, quae terrena deserens coelestia desiderat" (*PL* CXXXIII, 716b-c).

[20] Para otras alegorías políticas de la relación entre la sociedad cristiana y las minorías religiosas véase Nirenberg (2002).

(Menéndez Pidal de Navascués, 1982: 47-49). Nos hallamos, pues, ante un intento de identificar la sociedad castellana con la sociedad cristiana. Pero esta sería una comparación poco convincente por lo excesivamente obvia de no existir, además, una relación con el valor metafórico de la posición política de Castilla en lucha con el reino de Granada, y por tanto combatiente de primera fila en la cruzada contra el Islam. Tras el desastre que supuso la conquista de Constantinopla por los turcos en 1453, la lucha contra el Islam en la Península Ibérica parece haber cobrado mayor valor simbólico, tal y como demuestra la bula, acompañada de un montante o espada bendita, enviada en 1457 a Enrique IV de Castilla por el papa Calixto III, en la que se exhorta al rey a continuar con la cruzada contra el reino de Granada y se le denomina "baluarte de la fe" ("firmissimus murus oppositus es", en Bonilla & Fita, 1835/1913: 156, §56).[21]

Además de esta dimensión bélica la imagen del castillo está asociada desde el siglo VIII a la virginidad y pureza de María, y la entrada de Cristo en la fortaleza es una alegoría de la Encarnación (Whitehead, 2000: 110). La presencia de estas connotaciones de limpieza y pureza adquiere un valor específico en la interpretación de la fortaleza de la fe en la obra de Alonso de Espina. Nicholas Round ha sugerido que el origen del texto debe buscarse en una serie de sermones predicados en Valladolid durante la epidemia de peste de 1457, de modo que el *Fortalitium fidei* es "una llamada a la sociedad cristiana (y en particular a sus dirigentes seculares y eclesiásticos) a cobrar consciencia de la malicia de sus enemigos y a purificarse luchando contra ellos" (Round, 1992: 322). El peligro que supone la presencia de enemigos de la fe en el seno de la sociedad cristiana se traduce en una epidemia de peste, identificando a estos enemigos con la impureza, la enfermedad y el peligro. La fortaleza de la fe representa el ideal al que debe aspirar la sociedad cristiana; la reforma social propuesta por Alonso de Espina se construye a través de valores como la unidad, beligerancia y pureza de los individuos, que muy pronto se confundirán con el conformismo fanático, el sadismo racista y el sueño de una nación de sangre limpia.

Jon Whitman (1987: 263) ha señalado que la palabra *alegoría* tiene en su origen connotaciones de lengua secreta o sólo accesible para unos pocos iniciados, pero advierte que estas connotaciones sólo actúan en determinados momentos de la historia de la escritura alegórica. En el caso de la alegoría

---

[21] Alonso de Espina debía de conocer el contenido de esta bula, ya que el año anterior el rey había puesto a su cargo la predicación de la bula de cruzada contra el reino de Granada concedida por el papa (Valera, 1941: 41; Palencia, 1998-99: I, 152).

arquitectónica el efecto buscado es precisamente el contrario; es la rica y amplia difusión de esta tradición, su asequibilidad, lo que parece haber impulsado al autor a emplear el castillo asediado como imagen central del *Fortalitium fidei*.[22] La alegoría sirve así para articular la relación entre el nivel social y el individual, entre el presente histórico y el futuro escatológico y entre el conjunto de la cristiandad y una sociedad determinada como es la sociedad castellana de la segunda mitad del siglo XV. Y precisamente en este contexto la alegoría deja de ser un simple recurso literario y se convierte en herramienta para cambiar mentalidades, y por tanto la vida social. Dos décadas más tarde la caracterización de Castilla como una fortaleza cristiana acabó por convertirse en una realidad con el establecimiento de la Inquisición, la conquista de Granada y la expulsión de los judíos. Por otra parte, la imagen de la sociedad-fortaleza ha sobrevivido a la coyuntura histórica que Espina pretendió alterar; siguen recurriendo a ella todos los que quieren excluir o perseguir minorías, como vemos en los conceptos del Telón de Acero o de Fortaleza Europa, aplicados a una próspera comunidad que se siente inexplicablemente amenazada por movimientos migratorios e influencias culturales de otros mundos.[23]

---

[22] La imagen de la fortaleza de la fe continuó vigente en el siglo XVI. Se emplea como figura central en el *Castillo inexpugnable de la fe* de Gonzalo de Arredondo y Alvarado (1528), una polémica anti-turca escrita durante el reinado de Carlos V (Geary, 2000), que también lleva en la portada un grabado con la imagen de una fortaleza con torres y escudos, aunque desprovista de los elementos narrativos de la miniatura de Espina (es emblema, no alegoría). El *Fortalitium fidei* es una fuente directa del *Castillo inexpugnable*, citada con familiaridad en varias ocasiones (por ejemplo, Arredondo y Alvarado, 1528: fol. 25^v "'Por aventura', respondió don Francisco Pacheco, conde de Santistevan, '¿*Fortalitium fidei* no tiene escripto que la vida de Mahoma es bestial y llena de luxuria?'").

[23] Esta investigación ha sido llevada a cabo gracias a becas del Arts and Humanities Research Board (Reino Unido) y del Departamento de Historia de la Universidad de Manchester. Deseo también agradecer al Centro de Estudios Hispánicos Avanzados Cañada Blanch la financiación de mi estancia en la Johns Hopkins University de Baltimore, donde llevé a cabo parte de la investigación para este trabajo con la amabilísima ayuda de David Nirenberg. Vaya mi más profunda gratitud a Julián Gorostiza Carro, bibliotecario de la catedral de El Burgo de Osma, que me permitió consultar los manuscritos de Alonso de Espina; a Jeremy Lawrance por la ayuda buscando *castles in Spain*; a Alberto Vidal, buen compañero de viajes de investigación; y a Martin Ryan por los textos y conversaciones.

Figura 1: *Fortalitium fidei*, El Burgo de Osma, Biblioteca de la Catedral, códice 154, fol. 10ᵛ.

Figura 2: *La Forteresse de la Foi,* Paris, BNF Mss. fonds. français 20067, fol. 1. © cliché Bibliothèque Nationale de France, Paris.

Figura 3: *Fortalitium fidei* [Lyon: Guillaume Balsarin], 1487, Pontevedra, Biblioteca Pública del Estado, R-7, fol. 2.

Apéndice: el "Proemio" al *Fortalitium fidei*

Editado del manuscrito oxomense, con variantes de la *editio princeps* (Espina, c.1471) y la segunda edición (Espina, 1487). Regularizo la puntuación y añado entre corchetes las citas bíblicas. En el aparato crítico empleo estas siglas:

B   El Burgo de Osma, Biblioteca de la Catedral cód. 154, fols. 2-2^v (copiado para el obispo Pedro de Montoya por García de Santisteban en 1464)
L   s.l., s.n. [Lyon, Guillaume Balsarin], 1487, fols. 9-10^v, sign. A1-A2^v (ejemplar de Pontevedra, Biblioteca Pública Provincial, R-7).
S   s.l., s.n., s.a. [Strasbourg, Jean Mentelin], c.1471, fols. 9-10, sign. *1^r-*2 (ejemplar de Manchester, John Rylands Library Deansgate 3266.2).

Incipit prohemium in quo laudes divine annotantur et premittitur querela ante thronum maiestatis dei et ponitur intencio scribentis:

[T]*urris fortitudinis a facie inimici* [Sal 61.3]. Tu es, Domine deus meus, qui facis magna et inscrutabilia et mirabilia quorum non est numerus [Job 5.9]. Tu extendisti celos solus et
5   gradiris super fluctus maris [Job 9.8]. Tu ambulas super pennas ventorum [Sal 18.10]. Tu fecisti Arcturum et Orionas et interiora Austri [Job 9.9]. Tu es celsior celo, profundior inferno, longior terra et lacior mari [Job 11.8-9]. Tu es in cuius manu est anima omnis viventis et spiritus universe carnis, tu auris verba diiudicas et fauces comedentis saporem [Job 12.10-11]. Tu es qui cognoscis decipientem, et eum qui decipitur, Tu adducis malos
10   consiliarios in stultum finem et iudices in stuporem, Tu baltheum regum dissolvis et precingis fune renes eorum, Tu ducis sacerdotes eorum inglorios et optimates supplantas. Tu conmutas labium veracium et doctrinam senum aufers, Tu es, Domine, qui effundis despectionem super principes, et eos qui oppressi fuerant relevas, Tu revelas profunda de tenebris et producis in lucem umbram mortis, Tu es, Domine, qui multiplicas gentes et
15   perdis eas et subversas in integrum restituis, Tu immutas cor principum populi terre et decipis eos ut frustra incedant per invium, Tu facis eos palpare quasi in tenebris et non in luce et errare facis eos quasi ebrios [Job 12.16-25]. Tu solus es omnipotens, Tu solus omne bonum, Tu solus omnisciens, Tu solus nosti corda filiorum hominum, Tu solus teipsum comprehendis. Tu solus es ubique praesens. Tu solus creas res de nichilo, Tu solus in
20   instanti operaris, Tu solus stabilis manens das cuncta moveri. Tu solus ex autoritate miracula facis. Tu solus de qualibet creatura facis quod vis. Tu solus voluntatem homi-

---

1-2 *falta en B* | laudes divine *S* divine laudes *L* 3 Turris *SL espacio para una capital miniada; B una miniatura que representa al autor, fraile franciscano, escribiendo su libro delante de una torre adornada con almenas y escudos (cf. Cnt 4.4 "Sicut turris David collum tuum, quae aedificata est cum propugnaculis; mille clypei pendent ex ea"), en alto un trono con rayos de luz y un rey coronado con el cetro en forma de cruz (David?), de cuya boca sale un rollo hacia el autor, indicando que sus palabras le inspiran.* 5 gradiris *B* gradieris *SL* 6 Orionas *BSL (sic, por "Oriona et Hyadas")* 13 revellas *B* relevas *SL*

nis cogere potes. Tu solus potes conscientie anime illabi. Tu solus potes peccata dimittere, Tu solus potes graciam infundere. Tu solus potes in igne perpetuo corpus servare. Tu es coram quo nudus est infernus et nullum est operimentum perdicioni, Tu extendis
25 Aquilonem super vacuum et appendis terram super nichilum. Tu ligas aquas in nubibus ut non erumpant pariter deorsum, Tu detines vultum solii tui et expandis super illud nebulam tuam; Tu, Domine, terminum circumdedisti aquis usque dum finiatur lux et tenebre, Tu es ad cuius nutum columpne celi contremiscunt et pavent, Tu es in cuius fortitudine maria congregata sunt repente et prudentia tua percussit superbum, Tu es cuius spiritus celos
30 ornavit, et obstetricante manu tua eductus est coluber tortuosus [Job 26 6-13]. Tu es deus excelsus in fortitudine tua, et nullus est tibi similis in legislatoribus [Job 36.22]. Tu es cuius numerus annorum inestimabilis, Tu aufers stillas pluvie et effundis ymbres ad instar gurgitum qui de nubibus fluunt, qui pretexunt cuncta desuper, Tu si volueris extendere nubes quasi tentorium tuum et fulgurare lumine tuo desuper quoque cardines maris
35 operies, Tu das escam omnibus mortalibus, Tu, Domine, in manibus tuis abscondis lucem et precipis ei ut rursus adveniat annuncians de ea amico tuo quod possessio tua sit et ad eam possit ascendere [Job 36.26-33]. Tu super omnes celos consideras et lumen tuum super terminos terre [Job 37.3]. Tu posuisti fundamenta terre et eius mensuras, Tu tetendisti super eam lineam et bases eius consolidasti, Tu es quem laudant astra matutina
40 et ante quem iubilant filii Dei [Job 38.4-7]. Tu conclusisti hostiis mare circumdans illud terminis tuis. Posuisti vectem et hostia, et dixisti "Huc usque venies et non procedes amplius, et hic confringes tumentes fluctus tuos"; Tu ostendisti aurore locum suum, Tu fecisti auroram et solem, Tu concussisti extrema terre et excussisti impios ex ea [Job 38.10-13]. Tu ingressus es profundum maris et in novissimis abissi deambulasti, Tu es cui
45 aperte sunt porte mortis et hostia tenebrosa vidisti, Tu domine consideras latitudinem terre, Tu nosti in qua via habitat lux et tenebrarum quis sit locus, ut ducas unumquodque ad terminos suos et intelligas semitas domus eius, Tu scis quando nascituri sunt homines et numerum dierum eorum nosti, Tu ingressus es thesauros nivis et thesauros grandinis aspexisti, que preparasti in tempus hostis in die pugne et belli; Tu scis per quam viam
50 spargitur lux et dividitur estus super terram, Tu domine dedisti vehementissimo ymbri cursum et viam sonantis tonitrui ut plueret super terram absque homine in deserto ubi nullus mortalium conmoratur, ut impleret inviam et desolatam produceretque herbas virentes; Tu es pluvie pater, Tu geris stillas roris, a Te egreditur glacies et genuisti gelu de celo, Tu induras aquas in similitudinem lapidis et superficiem abissi constringis, Tu es qui
55 coniungere potes micantes stellas Pliades et girum Arcturi potes dissipare, Tu producis Luciferum in tempore suo et Vesperum super filios terre consurgere facis, Tu nosti ordinem celi et pones rationem eius in terra [Job 38.16-33]. Tu numeras multitudinem stellarum et omnibus eis nomina vocas [Sal 147.4]. Tu dimensus es altitudinem celi, latitudinem terre et profundum abissi, Tu, Domine, dinumeras arenam maris et pluvie
60 guttas et dies seculi [Sir 1.2]. Tu immittis fulgura, et vadunt et revertentia dicunt tibi "Assumus"; Tu posuisti in visceribus hominis sapientiam, Tu dedisti gallo intelligentiam, Tu enarras celorum rationem et concentum celi dormire fecisti quando fundebas pulverem in terra et glebas compingebas [Job 38.35-38]. Tu es, Domine, qui mensus es pugillo aquas et celos palmo ponderas, Tu appendis tribus digitis molem terre et libras in pondere
65 montes et colles in statera [Is 40.12]. Tu fecisti celum et terram cum omni ornatu eorum

---

22 conscientie : cēncie *B* essentie *SL* 26 tui *BL* eius *S*

[Gn 2.1]. Tu omnia in numero pondere et mensura disposuisti [Sab 11.21]. Tu es quem celum et celi celorum capere nequiunt. Tu es omnipotens super omnia opera tua, terribilis dominus et magnus vehementer [Sab 43.31], et mirabilis potentia tua, quia si fortitudo queritur robustissimus es [Job 9.19]. Tu, Domine, si subverteris omnia vel in unum
70 coartaveris, a nullo contradiceris [Job 11.10], nec quis dicere poterit cur ita facis. Tu si destruxeris nemo est qui edificet, si incluseris hominem nemo est qui aperiat; Tu, Domine, si continueris aquas omnia siccabuntur, et si emiseris eas subvertent terram [Job 12.14]. Tu es, Domine, apud quem est fortitudo, cuius ire resistere nemo potet et sub quo curvantur qui portant orbem [Job 9.13]. Tu es cui milia milium assistunt angelorum [Ap 5.11] et
75 decies centena milia ministrat. Tu es ante cuius conspectum centum XLIIII milia sunt citharizantes in citharis suis [Ap 14.1-3]. Tu es ante cuius thronum turba magna quam dinumerare nemo potet gratias agit [Ap 19.1-5]. Tu vite et mortis habes potestatem [Sab 16.13]. Tu es, Domine, quem laudat omnis milicia celestis exercitus et omnis creatura [Lc 2.13]. Tu es maior omni laude. Tu es, Domine, cuius immensa est et investigabilis
80 misericordia promissionis tue, quoniam Tu, Domine, altissimus super omnem terram, longanimis et multum misericors et penitens super malicias hominum [Man 6-7, cf. Sal 97.9, 103.8]. Tu vis omnes homines salvos fieri et in agnitionem veritatis venire [1 Tm 2.4]. Tu es qui in rebus per tempus ortis summam graciam fecisti, cum propter salutem humani generis quod nimia caritate dilexisti misisti filium tuum unigenitum [Jn 3.16, y
85 Jn 4.9] eternaliter generatum in plenitudinis tempore in Maria virgine humanatum, quem verum Deum et hominem confitemur, factus Tibi obediens usque ad mortem crucis ut nos redimeret a peccato.

 Hec est fides nostra, hec consolacio nostra, hec vita nostra, hec spes beatitudinis nostre firmior quam celum et terra. Sed, o altissime Deus, multi hec confitentur labiis quorum cor
90 longe est a Te. Alii nituntur evertere hanc veritatem et verbis et factis, quorum quidam sunt heretici et perversi Christiani, alii sunt Iudei, alii Sarraceni, alii vero diaboli. De errore hereticorum nullus est qui inquirat; intraverunt, Domine, gregem tuum lupi rapaces [Mt 7.15], quia pauci sunt pastores multi mercennarii, et quia mercennarii sunt non est eis cura de ovibus tuis pascendis sed tondendis; vident enim lupos venientes et fugiunt; cadit
95 azina et est qui sublevat, perit anima et non est qui adiuvet. De perfidis Iudeis blasphemantibus nomen tuum et inaudita crudelia latenter facientibus in fidelibus tuis nullus est ut plurimum qui recogitet, quia munera eorum excecaverunt oculos iudicum [Sir 20.31] et presidentium in clero et populo. Sed et absona Sarracenorum viventium inter nos ex interesse predictorum iudicum oblivioni data sunt. Predicatores tui –licet pauci–
100 clamant, sed "a veritate tua auditum avertunt et ad fabulas convertuntur" [2 Tm 4.4]; impletum est, Domine, verbum tui predicatoris eximii, "Erit enim tempus cum sanam doctrinam non sustinebunt" [2 Tm 4.3]. Hec velud quandam querelam, Domine, ex parte diligentium Te mitto ante thronum tuum et agni immaculati. Sucurre ergo, Domine, gregi tue quam precioso sanguine filii tui emisti. Sanguineos fontes lacrimarum emittit cor
105 meum quia neminem video consolatorem gementium, et fere neminem zelatorem tue fidei catholice, specialiter in hac misera Hispania, in qua, sicut in fine mundi sita est, sic

---

95 azina *SL* asina *B* (*Du Cange 1883-87: 1.505 "Azina pro asinata, onus asini"; IX.61 "Azine, charge d'un âne, certain mesure de grains"*) sublevat *B* sublevet *SL* 98 absona *cf. Sancta Ella, 1499: fol. 5ᵛ "Absonus [...] cosa que suena mal o absurda o increible. S. Francisci"* 104 tue quam *B* tuo quem *SL* (*correctamente, pero cf. español "grey"*)

in ea congregate sunt omnes feces tuorum inimicorum. Inimicus est hereticus, inimicus Iudeus, inimicus Sarracenus, inimicus dyabolus.

  Cogitavi ergo, Domine Deus meus, propter gloriam et honorem tue sancte fidei catholice et in remissionem delictorum meorum, hunc librum scribere quem *Fortalitium fidei* nomino; meumque intellectum tue maiestati commendo, et sic cum splendoribus lucis tue illuminare digneris ut illa scribam que tue sint placita voluntati ad consolacionem fidelium et pro defensione tue sacratissime fidei. In quo quicquid bene dictum inveniatur Tibi tribuatur a quo omne bonum est; si quid vero minus caute dictum fuerit benivolum peto correctorem, in omnibus me submittens determinationi ecclesie catholice tue immaculate sponse, sumens in tuo nomine pro fundamento nostri inexpugnabilis fortalicii verbum preassumptum: "Turris fortitudinis a facie inimici" (Psalmus LX). Et premittitur figura pugne, in qua fortalicium quinque turrium cum eius ornatu et armatura deservit primo libro, heretici fodientes sive per minam fortalicium perforantes deserviunt secundo, Iudei vero signati velati et cathenis vinculati deserviunt tercio, bellum Sarracenorum et Christianorum deservit quarto, demones vero ab angelis prostrati deserviunt quinto libro.

---

109 intitulacio libri *anot. marg.* B 113 sacratissime *B* sanctissime *SL* 114 vero *B* vere *SL* 118 armatura *SL* armata *B* 119 minam *B* invium *SL*

Obras citadas

Amador de los Ríos, José, 1875-76. *Historia social, política y religiosa de los judíos de España y Portugal*, 3 tomos, Madrid, Fortanet.

Arredondo y Alvarado, Gonzalo, 1528. *Castillo inexpugnable defensorio de la fee y concionatorio admirable para vencer a todos enemigos espirituales y corporales, y verdadera relación de las cosas maravillosas antiguas y modernas, y exortación para yr contra el Turco y le vencer y anichilar la seta de Mahoma y toda inf[id]elidad y ganar la Tierra Sancta con famoso y bienaventurado triumpho*, s.l., s.n. [Burgos, Juan de Junta].

[Bonilla, Adolfo, & Fidel Fita (eds.)], 1835/1913. *Memorias de don Enrique IV de Castilla*, II: *Contiene la colección diplomática del mismo rey compuesta y ordenada por la Real Academia de la Historia*, Madrid, Real Academia de la Historia.

Caspary, Gerard E., 1979. *Politics and Exegesis: Origen and the Two Swords*, Berkeley, University of California Press.

Cátedra García, Pedro M., 1994. *Sermón, sociedad y literatura en la Edad Media: San Vicente Ferrer en Castilla (1411-1412). Estudio bibliográfico, literario y edición de los textos inéditos*, Salamanca, Junta de Castilla y León, Consejería de Cultura y Turismo.

Cowling, David, 1998. *Building the Text: Architecture as Metaphor in Late Medieval and Early Modern France*, Oxford Modern Languages and Literature Monographs, Oxford, Clarendon Press.

Despina, Marie, 1970. "Las acusaciones de crimen ritual en España", *El Olivo*, 9, 48-70.

Deyermond, Alan, 1980. "The Sermon and its Uses in Medieval Castilian Literature", *La Corónica*, 8, 127-45.

Domínguez Bordona, Jesús, 1933. *Manuscritos con pinturas: notas para un inventario de los conservados en colecciones públicas y particulares de España*, 2 tomos, Madrid, Centro de Estudios Históricos.

Du Cange, Charles Du Fresne, sieur, 1883-87. *Glossarium mediæ et infimæ Latinitatis, auctum a monachis Ordinis S. Benedicti cum supplementis integris*, ed. Léopold Favre, 6a. edición, 10 tomos, Niort, Favre [*Glossarium ad scriptores mediae et infimae latinitatis*, 3 tomos, Lutetiae Parisiorum, L. Billaine, 1678].

Echevarría, Ana, 1999. *"The Fortress of Faith": The Attitude towards Muslims in Fifteenth Century Spain*, Medieval Iberian Peninsula Texts and Studies 12, Leiden, Brill.

[Espina, Alonso de], c.1471. *Fortalitium fidei*, s.l., s.n., s.a. [Strasbourg, Jean Mentelin].

— 1487. *Fortalitium fidei*, s.l., s.n. [marca de Guillaume Balsarin, de Lyon].

Geary, John S., 2000. "Arredondo's *Castillo inexpugnable de la fee*: Anti-Islamic Propaganda in the Age of Charles V", en *Medieval Christian Perceptions of Islam*, ed. John Victor Tolan, 2a. edición, New York, Routledge, 291-311 [New York, Garland, 1994].

Jenaro-MacLennan, L., 1974-79. "Los presupuestos intelectuales del prólogo al *Libro de buen amor*", *Anuario de estudios medievales*, 9, 151-86.

Kahn, J.-L., 1982. "Mise au point sur un incunable strasbourgeois célèbre: le *Fortalitium Fidei* d'Alphonse De Spina imprimé par Mentelin en 1470", *Annuaire de la Société des Amis du Vieux-Strasbourg*, 12, 23-28.

Kurtz, Barbara E., 1984. "Diego de San Pedro's *Cárcel de Amor* and the Tradition of the Allegorical Edifice", *Journal of Hispanic Philology*, 8, 123-38.

Lawrance, Jeremy, 2003. "Alegoría y apocalipsis en *El alboraique*", *Revista de poética medieval*, 11, 11-39.

Lazar, Moshe, 1997. "Anti-Jewish and Anti-*Converso* Propaganda: *Confutatio libri talmud* and *Alboraique*", en *The Jews of Spain and the Expulsion of 1492*, ed. Moshe Lazar & Stephen Haliczer, Lancaster CA, Labyrinthos, 1997, 153-236.

Lea, Henry Charles, 1906. *A History of the Inquisition of Spain*, 4 tomos, London, Macmillan.

Lindo, E. H., 1848. *A History of the Jews of Spain and Portugal, from the Earliest Times to their Final Expulsion from those Kingdoms, and their Subsequent Dispersion; with Complete Translations of All the Laws Made Respecting Them During their Long Establishment in the Iberian Peninsula*, London, Longmans.

Lubac, Henri de, 1959-64. *Exégèse médiéval: les quatre sens de l'Écriture*, Études de la Faculté de Théologie S.J. de Lyon-Fourvière 41-42 & 59, 2 vols. en 4 tomos, Paris, Aubier.

Manrique, Jorge, 1993. *Poesía*, ed. Vicente Beltrán, Barcelona, Crítica.

McMichael, Steven J., 1994. *Was Jesus of Nazareth the Messiah? Alphonso de Espina's Argument against the Jews in the "Fortalitium Fidei" (c. 1464)*, South Florida Studies in the History of Judaism 96, Atlanta, Scholars Press.

— 1995. "The Sources for Alonso de Espina's Messianic Argument against the Jews in the *Fortalitium Fidei*", en *Iberia and the Mediterranean World of the Middle Ages: Studies in Honor of Robert I. Burns S.J.*, ed. Larry J. Simon, 2 tomos, Leiden, Brill, I, 72-95.

Macpherson, Ian, 1998. *The "Invenciones y Letras" of the "Cancionero General"*, PMHRS 9, London, Queen Mary and Westfield College.

Menéndez Pidal de Navascués, Faustino, 1982. *Heráldica medieval española*, Madrid, Hidalguía.

Meyer, Ann R., 2003. *Medieval Allegory and the Building of the New Jerusalem*, Cambridge, Brewer.

Meyūhas Ginio, Alisa, 1998. *La Forteresse de la foi: la vision du monde d'Alonso de Espina, moine espagnol (?-1466)*, trad. Zvi Rabi, Paris, Le Cerf.

Monsalvo Antón, José María, 1999. "Algunas consideraciones sobre el ideario antijudío contenido en el Liber III del *Fortalitium fidei* de Alonso de Espina", *Aragón en la Edad Media*, 14-15, 1061-87.

Mormando, Franco, 1999. *The Preacher's Demons: Bernardino of Siena and the Social Underworld of Early Renaissance Italy*, Chicago, University of Chicago Press.

Murphy, James J., 1974. *Rhetoric in the Middle Ages: A History of Rhetorical Theory from St. Augustine to the Renaissance*, Berkeley, University of California Press.

Netanyahu, Benzion, 1997. "Alonso de Espina: Was He a New Christian?", en su *Toward the Inquisition: Essays on Jewish and Converso History in Late Medieval Spain*, Ithaca, Cornell UP, 43-75, 213-31 [*Proceedings of the American Academy for Jewish Research*, 43, 1976, 107-65].

— 1999. *Los orígenes de la Inquisición en la España del siglo XV*, trad. Ángel Alcalá Galve & Ciríaco Morón Arroyo, Serie Mayor, Barcelona, Crítica [*The Origins of the Inquisition in Fifteenth-Century Spain*, New York, Random House, 1995].

Nirenberg, David, 2002. 'Conversion, Sex and Segregation: Jews and Christians in Medieval Spain', *American Historical Review*, 107, 1065-93.

Owst, G. R., 1961. *Literature and Pulpit in Medieval England: A Neglected Chapter in the History of English Letters and of the English People*, 2a. edición, Oxford, Blackwell.

Palencia, Alfonso de, *c.*1490. *La guerra & batalla campal entre los perros & los lobos avida*, s.l., s.n. [Sevilla, Compañeros alemanes].

— 1998-99. *Gesta Hispaniensia ex annalibus suorum dierum collecta*, I-II: *Libri I-X*, ed. & trad. Brian Tate & Jeremy Lawrance, 2 tomos, Madrid, Real Academia de la Historia.

Polecritti, Cynthia L., 2000. *Preaching Peace in Renaissance Italy: Bernardino de Siena and His Audience*, Washington, Catholic University of America.

Rojo Orcajo, Timoteo, 1929. *Catálogo descriptivo de los códices que se conservan en la santa iglesia catedral de Burgo de Osma*, Madrid, Tipografía de Archivos.

Round, Nicholas, 1992. "Alonso de Espina y Pero Díaz de Toledo: *odium theologicum* y *odium academicum*", en *Actas del X Congreso de la Asociación Internacional de Hispanistas, Barcelona 21-26 de agosto de 1989*, ed. Antonio Vilanova, 4 tomos, Barcelona, PPU, I, 319-30.

Sancta Ella, Rhodericus Ferdinandus de, 1499. *Vocabularium ecclesiasticum*, Hispali, in officina Johannis Thome & Magni sociorum ex Germania.

San Pedro, Diego de, 1995. *Cárcel de amor*, ed. Carmen Parrilla, Biblioteca clásica 17, Barcelona, Crítica.

Smalley, Beryl, 1969. "The Bible in the Medieval Schools", en *The Cambridge History of the Bible*, II: *The West from the Fathers to the Reformation*, ed. G.W.H. Lampe, Cambridge, Cambridge UP, 197-220.

Ullman, Pierre L., 1967. "Juan Ruiz's Prologue", *MLN*, 82, 149-70.

Valera, Diego de, 1941. *Memorial de diversas hazañas: crónica de Enrique IV*, ed. Juan de Mata Carriazo, Colección de Crónicas Españolas 4, Madrid, Espasa-Calpe.

Vázquez Janeiro, Isaac, 1980. "San Bernardino de Sena y España: notas para una historia de la predicación popular en la Castilla del siglo XV", *Antonianum*, 55, 695-729.

Whitman, Jon, 1987. *Allegory: The Dynamics of an Ancient and Medieval Technique*, Oxford, Clarendon Press.

Whitehead, Christiania, 2000. "A Fortress and a Shield: The Representation of the Virgin in the *Château d'amour* of Robert Grosseteste", en *Writing Religious Women: Female Spiritual and Textual Practices in Late Medieval England*, ed. Denis Renevey & Christiania Whitehead, Cardiff, University of Wales Press, 109-31.
— 2003. *Castles of the Mind: A Study of Medieval Architectural Allegory*, Cardiff, University of Wales Press.
Worcester, Thomas, 2001. "Catholic Sermons", en *Preachers and People in the Reformations and Early Modern Period*, ed. Larissa Taylor, New History of the Sermon 2, Leiden, Brill, 3-33.
Yarza Luaces, Joaquín, 1987. "Reflexiones sobre lo fantástico en el arte medieval español", en su *Formas artísticas de lo imaginario*, Barcelona, Anthropos, 14-46 [reimpr. de *Boletín del Museo e Instituto Camón Aznar*, 16, 1984, 5-26].
— 1988. "La imagen del rey y la imagen del noble en el siglo XV castellano", en *Realidad e imágenes del poder: España a finales de la Edad Media*, ed. Adeline Rucquoi, Valladolid, Ámbito, 267-91.

DUELO A LA SOMBRA: SOBRE JUAN DE MENA Y LA ALEGORÍA DE LA LUJURIA EN LAS *COPLAS DE LOS SIETE PECADOS MORTALES*

ESTHER GÓMEZ SIERRA
University of Manchester

Quisiera en este caso no tanto señalar lo que hizo Juan de Mena con la alegoría cuanto lo que la alegoría hizo con él durante lo que resultaría ser el final de su trayectoria literaria. Para ello, voy a sugerir, desde la consideración de Mena como poeta en activo, una explicación posible de su silencio último. Si bien es cierto que su figura encaja del todo en la norma mimética –a la vez imitativa de textos y emulatoria *sui generis* de actitudes y talantes– del quehacer literario tardomedieval, su empeño en ensanchar los límites de su instrumento, la lengua vernácula, en busca de una expresión poética idónea, hace que sea el primer autor castellano a quien se puede considerar un artista en el sentido moderno de la palabra.[1] Como tal artista, a mediados del siglo XV se encuentra con un problema a la vez técnico y vital al que ofrece solución con el debate en verso conocido como *Coplas de los siete pecados mortales*. En él, propugna el abandono de las dulces ficciones poéticas en pro de una obra centrada en un contenido trascendente y presenta, a modo de ilustración de esta propuesta, un enfrentamiento entre Razón y las distintas caras de Voluntad que queda inacabado y llega sólo a ofrecer los encuentros con los pecados de Soberbia, Avaricia, Luxuria e Ira. La alegoría resultante responde a la definición de W. T. H. Jackson (1960: 354): "a sustained narrative in which all, or almost all, of the characters are personifications of abstract qualities which behave like human beings but are always under the dominant influence of the characteristic they represent", la cual "depends on a framework derived from a literary genre already well known to the

---

[1] Sobre Mena en general véase Lida de Malkiel (1984); en cuanto a la tradición clásica en la literatura del momento consúltese Lida de Malkiel (1975), donde se señala, entre otros puntos de interés, la modernidad de Mena frente a sus seguidores (138). Véanse además Di Camillo (1976), Lawrance (1990), Gómez Moreno (1994) e Ynduráin (1994) para aspectos generales del humanismo en la Península; Weiss (1990) y Serés (introd. a Mena, 1994b) para la poesía y los poetas de los siglos XV y XVI; y Vasvari (1998) para la importancia de la traducción en la obra de Mena.

audience for which the Allegory is intended" (Jackson, 1985: 170). Lo que sostengo aquí es que, además, en este diseño de las *Coplas de los siete pecados* se entrecruza otra definición de alegoría, la de querer decir una cosa por medio de otra, que es clave para determinar la relevancia del poema en la trayectoria de Mena.[2]

Como puede advertirse, la tarea que propongo es especulativa, ya que no he encontrado, más allá del hecho mismo de la muerte del poeta, ningún testimonio que demuestre por qué las *Coplas de los siete pecados* quedaron sin terminar. En general, los estudios sobre la obra tampoco aportan explicaciones de la posible divergencia entre el plan de reforma estilística anunciado y los resultados conseguidos por Mena, ni examinan el papel que el recurso a la alegoría tiene en esta –para mí clara– divergencia, especialmente en lo que toca al enfrentamiento entre los personajes de Razón y Luxuria. Este encuentro plantea, por otra parte, un problema textual: en la copla 18 se enuncia que "A qualquier viçio que jncline I la Voluntad y lo siga, I la Rrazón lo contradiga"; pero mientras que, entre las ediciones modernas, la durante muchos años canónica de Foulché-Delbosc (1912-15: I, 120-33, §13) elige el orden por el cual el alegato de Razón sigue a modo de respuesta total al de Luxuria, de acuerdo con el esquema de contradicción anunciado en el poema mismo, las más recientes tienden a establecer que Luxuria responde punto por punto y en bloque a los improperios de su adversaria.[3] Con ello refuerzan la impresión de que los argumentos de este personaje-pecado, por antonomasia negativo, no se ven anulados ante los anteriormente expuestos por Razón, siquiera por utilizar su turno final de palabra de una

---

[2] Para un estudio exhaustivo, matizado y diacrónico del concepto de alegoría véase Lawrance, en este volumen. En el caso de las *Coplas de los siete pecados* y de poemas de similar planteamiento, la alegoría tiene una base metonímica, dado que las potencias y atributos humanos cobran existencia independiente al antropomorfizarse y convertirse en los correspondientes personajes alegóricos.

[3] Várvaro (1964: 22-23, 26) recoge la tradición textual del poema. Uso la edición de Rivera (Mena, 1982), donde el turno de palabra sigue este orden: Razón (*Coplas de los siete pecados*, coplas 79-86), Lujuria (coplas 87-92), estrofa de cierre (copla 93); análoga es la estructura del encuentro presentado por Pérez Priego (Mena, 1989b: 305-28, en 322-25) a partir del *Cancionero de Gómez Manrique* (Madrid, Real Biblioteca Ms. 1250, fols. 177-213). Gómez Moreno & Jiménez Calvente (Mena, 1994a) parten de la edición de Francisco Sánchez el Brocense (Mena, 1582); los dos parlamentos se entretejen de manera que Razón habla durante las cinco últimas coplas, con un efecto similar al de la edición de Foulché-Delbosc. Cabe preguntarse si las diferencias en el orden de intervención de los personajes no responden a un afán de la tradición textual por normalizar, dándole a Razón el turno final de réplica, un encuentro que no deja de percibirse como raro si Luxuria es la última en pronunciar su discurso.

manera tan contundente que la estrofa que cierra este combate, a pesar de que la voz poética declara en ella el triunfo de Razón, no termina de convencer. Incluso siguiendo el orden de Foulché-Delbosc, María Rosa Lida de Malkiel (1984: 114) ya resalta que la intervención de Razón, "hecha de reproches y no de razones, resulta insuficiente y extrañamente anticuada"; asimismo, Otis Green (1963-66: IV, 88) señala "the striking-power of the allegation of Lust" en contraste con lo convencional de las palabras de su oponente.

A pesar de la importancia de Mena en la vida pública de su tiempo, muchos elementos de su biografía siguen siendo una incógnita: de su renuncia a su estipendio como ordenado menor se deduce que se casó, y se conoce el nombre de su mujer, Marina Méndez, pero no hay mucha más información acerca de su vida matrimonial.[4] Su supuesto origen converso, defendido sobre todo por Lida de Malkiel, tampoco puede confirmarse, y se aducen varias causas para su muerte, desde el dolor de costado o de ijada hasta la caída de una mula.[5] Sí es de sobra sabido que nació en Córdoba. Mena comparte patria chica con sus admirados predecesores Séneca y Lucano y con otros poetas de la posteridad como su paisano Góngora. A éste y al sevillano Cernuda le une también ese talante artístico al que antes me refería y al que volveré más adelante.[6] Es del dominio público que Mena estudió en Salamanca, pasó una temporada en Italia –al parecer en Florencia–, llegó a ser caballero veinticuatro de Córdoba, cronista oficial y secretario de cartas latinas de Juan II, y supo arreglárselas para no perderse en el laberinto del poder: su proximidad al rey y a su valido Álvaro de Luna no fue obstáculo para sus buenas relaciones con el Marqués de Santillana, enemigo declarado de este último.[7] A tal equilibrio pudo contribuir el estatus de Mena como letrado de lujo, no sólo fuera del estrecho círculo de las decisiones políticas

---

[4] Con base en documentación relativamente reciente, Pérez Priego (introd. a Mena, 1989a: 6) sostiene que el poeta se casó dos veces, y que la joven Marina Méndez –o Marina de Sotomayor (Vasvari Fainberg, introd. a Mena, 1976: 5-6)– habría sido su segunda esposa.

[5] Menéndez Pelayo (1911-16: II, 142-46) se hace eco de estas dos versiones, recogidas respectivamente por las dos fuentes tradicionales de la biografía del poeta: las notas de Hernan Núñez de Guzmán recogidas en el *Epicedio* de Romero (1555), y las *Quincuagenas* de Fernández de Oviedo (1989).

[6] Para José Manuel Blecua (introd. a Mena, 1968: lxxviii-lxxix), la poesía de Mena, por su falta de angustia en la búsqueda de la belleza y su menor complicación, es inferior a la de Góngora.

[7] El pragmatismo del poeta puede parecer chocante: "Lo que resulta extraño [...] es que después de la ejecución de don Álvaro, en 1453, Mena aceptase del Rey una renta que procedía de los bienes confiscados a su antiguo protector" (Vasvari Fainberg, introd. a Mena, 1976: 6).

sino también de las rivalidades nobiliarias entre linajes.[8] Ese estatus pudo haber facilitado las burlas póstumas dirigidas a su temprana recreación literaria en el *Libro de vita beata* de Juan de Lucena, de 1463, un diálogo donde al personaje de Mena –siempre dentro de un marco de admiración, respeto y cortesía– se le hace desempeñar la función argumentativa más débil en su amistosa confrontación con el Marqués de Santillana.[9]

Antes, en 1456, precisamente el año de su muerte, Mena escribe las *Coplas de los siete pecados*. A sus cuarenta y cinco años, la euforia creativa y política de las décadas precedentes y la emoción del descubrimiento estético que se percibe en el *Laberinto de Fortuna* parecen haberse diluido. Es muy posible, además, que el fallecimiento de Álvaro de Luna en 1453 y el de Juan II al año siguiente instilaran en Juan de Mena la sensación de haber llegado al fin de una era. En este momento de melancolía vital, Mena propone una reforma estética y moral de la práctica poética. Al comienzo de las *Coplas de los siete pecados*, la voz del poeta empieza invocando a la "cristiana musa" para que ella misma cante el combate alegórico entre la Razón y la Voluntad. En ese combate, los pecados capitales aparecen como caras de esta última, a las que la Razón debe enfrentarse, es decir, *plantar cara*, con un uso de la prosopopeya común en la tradición precedente.[10] La Voluntad, junto con la Memoria y el Entendimiento, es una de las tres potencias del alma, si bien la más problemática; en el poema, sin embargo, y en su faceta de encarnación de los deseos humanos sin freno, es la raíz de todos los pecados.[11] Como he comentado, el autor Mena va guiado por otro deseo, éste de signo programá-

---

[8] Aun así, y al igual que otros letrados del momento, Mena no vaciló en criticar los fallos de las instituciones de su época, según se aprecia en su dezir *Sobre la justiçia e los pleytos, e de la gran vanidad deste mundo*. La defensa de los humildes presente en la copla 80 del *Laberinto de Fortuna* o el elogio de la nobleza de las obras frente a la del linaje (*Coplas de los siete pecados*, copla 45 y ss.) son una "nota del siglo", consecuencia moderada de la influencia humanística, que en el caso de Mena resulta también "motivo personal" (Lida de Malkiel, 1984: 119, 110); véase Di Camillo (1976: 188).

[9] Para un completo análisis del personaje de Mena en el *Libro de vita beata* véase Vian (1991: 76-79 & *passim*).

[10] Para la relación entre prosopopeya y alegoría véase Paxson (1994), en especial el capítulo dedicado a la *Psychomachia* de Prudencio (63-81), muchas veces traída a colación como fuente de las *Coplas de los siete pecados*, aunque la relación entre estas dos obras queda aún por examinar.

[11] Los mismos o análogos personajes alegóricos aparecen en varias obras afines en prosa y en verso: el anónimo *Coloquio de la Memoria, la Voluntad y el Entendimiento*; la *Visión deleitable* de Alfonso de la Torre; la *Historia de la qüestión y diferencia que ay entre la Razón y la Sensualidad*, de fray Íñigo de Mendoza; y el *Debate entre la Razón y el Pensamiento*, de Diego López de Haro.

tico: en la copla 2 invoca a las sirenas que le encantaron en el pasado para que se vayan o guarden silencio: "Fuyt o callad, serenas", y solicita la ayuda del "diujnal aliento" para depurar sus "venas" y sus "entrañas", invadidas por el veneno de las "musas gentiles"; de especial interés es que, nada más comenzar el poema, se apunte al cuerpo como *locus* de la poesía, lo cual resultará ser una de las constantes significativas de las *Coplas de los siete pecados*. Se advierte ya de entrada una irónica contradicción entre los planes de Mena y el modo escogido para llevarlos a cabo: lo mejor que se le ocurre para librarse de las indeseables influencias es servirse, aun a través del filtro de Boecio (*De consolatione Philosophiae*, I, prosa 1), de una imagen homérica que lo presenta como un Ulises intentando resistir la tentación –y, añado yo, atado al mástil de la copla castellana–, lejos del ritmo altisonante, emocionante del arte mayor. Lo cierto es que, a pesar de renegar de la "fabla falsa" de la Antigüedad, abundan las resonancias clásicas de todo tipo (Lida de Malkiel, 1984: 111-24, en especial 116, 121-23; Reichenberger, 1975). Ya la propia Lida de Malkiel subraya que en esta obra Mena "está muy lejos de desasirse de su artesanía" (1984: 121). Valga el siguiente ejemplo: si el tejido verbal del *Laberinto de Fortuna* abunda en nombres propios de lugares clásicos, míticos o simplemente remotos que se acumulan con delectación particular, en sólo tres de las *Coplas de los siete pecados* (7-9) Mena consigue, aun para renegar de su familiaridad con ellos, incluir a Pegaso, el Parnaso, el Nilo, Lucrecia, Tideo, Tereo, Egisto y Dido.

El poeta está impaciente por conseguir las "lisonjeras canas" (*Coplas de los siete pecados*, copla 3; también copla 6, "Estas canas que me niegas") y acelerar su envejecimiento, para así adquirir la *gravitas* y *auctoritas* que aspira a ver confirmadas por su obra. La palinodia poética tiene una dimensión moral: "juzgando rreçibe Dios | más la obra qu'el estilo" (copla 7), es decir: en esta nueva etapa las formas se han vuelto anecdóticas. Tal como se explica más adelante en la copla 17, valen más la "jntención" y el "coraçón" que el "gesto"; lo que hace relevante una obra es su existencia misma como vehículo de determinadas materias cuya trascendencia es innegable. El poeta, a la manera de Gil de Biedma varios siglos más tarde, se ha dado cuenta de "que la vida iba en serio".[12] De especial interés en esta declaración de principios poéticos es la copla 11:

---

[12] Se trata del primer verso del poema "No volveré a ser joven", de los *Poemas póstumos* de 1968, con parecida certeza prematura:

    Que la vida iba en serio
    uno lo empieza a comprender más tarde

> Çese nuestra fabla falsa
> de dulce rrazón cubierta,
> qu'es así como la salsa
> qu'el apetito despierta;
> Luxuria no nos conujerta
> en bestial jnclynaçión,
> lo que gujá el afiçión
> las menos vezes açierta.

Al revelar el conflicto entre "afiçión" y deber, Mena relaciona el impulso poético particular con las pulsiones de la libido en general: la "luxuria" que hace a los hombres caer en tentación es el mismo agente del ornato literario.[13] Si el pecado lleva a la condenación eterna, la "afiçión" –o sea, el deseo– por un estilo deliberado no puede sino conducir al error. La copla 12 propone "darnos en sacrifiçio | nós mesmos a la virtud", ante las niñerías poéticas ("viçio") en que el poeta ha venido cayendo. Este bienintencionado plan de Mena de seguir el "santo camjno" (copla 13) no sólo presenta cierta dimensión mesiánica, sino que se revelará como fallido a la vez en el plano estilístico y en el alegórico. La voz poética procede a describir el combate o justa entre la Razón y la Voluntad con la Prudencia como árbitro –aunque Mena nunca llegó a escribir su dictamen final–, no sin antes condensar su intención en una famosísima estrofa programática (copla 14):

> Usemos de los poemas
> tomando d'ellos lo bueno,
> mas fuygan de nuestro seno

> –como todos los jóvenes, yo vine
> a llevarme la vida por delante.
> Dejar huella quería
> y marcharme entre aplausos
> –envejecer, morir, era tan sólo
> las dimensiones del teatro.
> Pero ha pasado el tiempo
> y la verdad desagradable asoma:
> envejecer, morir,
> es el único argumento de la obra.
>   (Gil de Biedma, 1989: 127)

[13] Green (1970: 115) subraya la conexión: "Juan de Mena [...] turns away, not only from the amorous follies of his youth, but also from concern with the sensuous delights of poetic *fábulas*".

las sus fabulosas temas;
sus fiçiones y problemas
desechemos como espinas;
por aver las cosas dinas
rronpamos todas sus venas.[14]

Más adelante se presentan todas las caras de la Voluntad, es decir, los siete pecados capitales o mortales: Soberbia, Avariçia, Luxuria, Yra, Gula, Enbidia, Pereza. Acto seguido tienen lugar dos confrontaciones de las que Razón sale indudablemente victoriosa. Primero increpa y refuta sin problemas a Soberbia, aplastándola dialécticamente por la pura ley de cantidad, pues mientras ésta habla en una copla, Razón desarrolla su respuesta en nada menos que treinta y dos. Sigue el enfrentamiento con Avaricia, quien se explaya en dos coplas, frente a las diecisiete de la contestación de Razón. Y a continuación tiene lugar el choque más interesante, el de Razón contra Luxuria, que precede al último escrito por Mena entre Razón e Yra. La estructura del encuentro varía de forma substancial, ya que Razón interviene en primer lugar increpando y describiendo a Luxuria. La distribución del espacio verbal está mucho más equilibrada que en los casos anteriores: Razón habla durante ocho coplas, Luxuria durante seis. En la primera de su discurso (79), Razón reprocha a su enemiga su desenfreno ("en todo tjenpo cachonda"); la copla 80 insiste en el contraste entre apariencia y realidad que el pecado en cuestión conlleva, ya que otorga "breve deleyte" y "largo rrepentjmjento" y, sobre todo, hace "vençido" del "vençedor" –es decir, de aquél que consigue su deseo–; Luxuria es un vicio igualatorio, que afecta tanto a reyes como a sabios o a vírgenes (copla 81); crea adulterios, problemas dinásticos y alteraciones de la vida familiar debido a la presencia de hijos ilegítimos "por culpa de las madres" (coplas 82-84, con huellas de Juvenal, y de Tito Livio a través de la *Ciudad de Dios* agustiniana; Lida de Malkiel, 1984: 115); fomenta las muertes violentas –facilitadas por los

---

[14] Por *venas* (Real Biblioteca Ms. 1250) la tradición textual presenta la variante *nemas*, es decir, "las çerraduras de cartas mensajeras" (glosa proporcionada por uno de los copistas de Salamanca, Biblioteca Universitaria Ms. 1865, donde las *Coplas de los siete pecados* ocupan los fols. cxxxiiii[v]-cxxxxv[v]). En cuanto al uso de "espinas", esta metáfora de los abusos de la elocuencia tiene antecedentes en Boecio, *De consolatione Philosophiae*, I, prosa 1 ("has scenicas meretriculas [...] quae *infructuosis affectuum spinis* uberem fructibus Rationis segetem necant hominumque mentes assuefaciunt morbo", cursiva mía), como ya se ha comentado; también se halla en los reproches de Fernan Pérez de Guzmán al Marqués de Santillana en su *Coronación de las quatro virtudes* (Foulché-Delbosc, 1912-15: I, 671, copla 65 "ya vimos nascer espinas | entre lyrios e verdura"; véase Weiss, 1990: 180-81, con más testimonios).

"crueles potajes" (copla 83)– y acaba con las energías humanas ("la fuerça tú la destruyes", copla 85). Además, tiene graves repercusiones políticas, ya que provoca la perdición de reinos, ciudades y comunidades y priva a los individuos de "francas ljbertades" (copla 86).

Luxuria es burlona, rápida y sobre todo concisa: "quanto es en fama más | tanto es en culpa menos" (copla 92), arguye en su defensa, dándole la vuelta a la dicotomía apariencia-realidad que acaba de usarse en su contra. Desde el punto de vista editorial, tiene sentido que su intervención sea una réplica en bloque a las palabras de Razón, dado que la primera parte de su parlamento critica de forma demoledora el estilo de la intervención de esta última, reprochándole su falta de lógica al no haber sido racional, como cabría esperar, sino pasional y subjetiva en su ataque:

> Con tus modos contrafechos
> no me des tanto baldón
> pues que te llamas Rrazón
> ten por medjo los derechos.
> (copla 87a-d)

Igualmente, la última copla de Luxuria (92) vuelve a referirse al discurso de su contrincante ("no fagas mjs fechos llenos | de daños tan criminosos"). En su parlamento, Luxuria demuestra una paradójica sangre fría que le permite esgrimir un argumento pragmático para minimizar las acusaciones de su adversaria: los "pocos jnconujnjentes" compensan los "grandes prouechos" aportados (copla 87); si algunos de sus "fechos" son "dañosos, | otros muncho[s] fago buenos" (copla 92). Dios mismo ("aquel buen Djos y maestro", "permisión diujnal", coplas 88 y 90) la ha instituido como reparadora de los daños que la muerte produce en la Naturaleza, por lo cual es prueba de su existencia ("y por mí toda fechura | al su fazedor declara", copla 91) y "causa generante" de las especies (copla 90); ella atañe a todos, ya que el placer que conlleva los atrae por igual, "desde arriba fasta ayuso" (copla 89). Ya que la materia de los seres vivos está abocada a su extinción (copla 90), Luxuria otorga la "forma en que dura" la vida (copla 91). Este pecado-personaje no sólo se basa en un argumento apodíctico, el del respaldo divino, o en un concepto filosófico –la necesidad que la materia tiene de la forma– para su autodefensa, sino que por último se atreve a sugerir a Razón un procedimiento analítico más acertado, con lo cual vuelve a criticarla por su incapacidad básica, como hizo al principio: en cuanto ésta coteje "con los agenos" (copla 92) su pecado, se dará cuenta de su relativa inocencia.

Razón no refuta ni las ideas ni las mordaces acusaciones de Luxuria.[15] Su victoria en el certamen resulta enunciada o descrita, pero no probada. Es más, la voz narrativa reconoce la dureza del combate, que se ha planteado de una manera especialmente reñida, presumiblemente para demostrar la dificultad que supone enfrentarse a los impulsos libidinales y el mérito de la victoria consiguiente:

> De cara tan dañadora
> la Rrazón ya despedida,
> fatigada y persegujda,
> mas al cabo vençedora;
> bolujendo como señora
> el su jesto y continençia.
> (copla 93)

Los argumentos de la, desde luego, "dañadora" cara son impecables. Se remontan a los versos del *Roman de la Rose* (Lida de Malkiel, 1984: 114-15) en que –con notoria diferencia– es precisamente Razón quien describe al Amor en su papel de garante de la continuidad de la Naturaleza y las especies por medio del placer (Guillaume de Lorris & Jean de Meun, 1992: 286-88, vv. 4399-416); también se relacionan con el discurso de *Li dieus d'amours*, donde la Naturaleza es una fragua en que se forja la constante provisión de humanos para paliar los efectos de la muerte (*Roman de la Rose*, págs. 922 y 928, vv. 15897-902 y 16009-16). Se trata "d'un topos aristotélicien: la succession ininterrompue des individus grâce à la génération, assure la continuité de l'espèce; l'individu est éphémère, mais il en subsiste toujours assez pour maintenir la forme" (Strubel, en Guillaume de Lorris & Jean de Meun, 1992: 923 n2), *topos* que aparecerá también en el *De planctu Naturae* de Alain de Lille. Green encuadra el parlamento de Luxuria en la doctrina de la plenitud de Jean de Meun; sin embargo, pasa por alto el propósito de condenar el pecado que Mena anuncia y el efecto, supuestamente disuasorio, que el personaje negativo debería ejercer en el lector. Al señalar la dificultad "to reconcile God's behest: 'Be fruitful and multiply', with the urgings of sexual appetite" (1963-66: IV, 89), no repara en el contrasentido que supone asumir tal conciliación en boca de un personaje cuya función se declara negativa desde el comienzo. A mi juicio, este fragmento de las *Coplas de los siete pecados* sirve de puente entre un "ave-

---

[15] Sconza Carpenter (1983: 113) señala esta ausencia de réplica, aunque sin ofrecer comentario al respecto.

rroísmo latino de formulación académica ultrapirenaica" y un "aristotelismo popular [...] exclusivamente peninsular" con vínculos culturales semitizados, dos fenómenos que Márquez Villanueva (1998: 50) distingue dentro del panorama filosófico europeo del siglo XV. Pero el trasfondo doctrinal no explica los motivos que Mena pudo haber tenido para asignarle a Luxuria estas ideas: si quería criticar la vena aristotélico-naturalista, plantearla en términos tan ajustados resulta incongruente; si pretendía darle relieve en su texto, atribuírsela a un personaje ideológicamente condenado de antemano limita sus posibilidades de manera drástica.

La lujuria es el pecado verbal por excelencia. De especial interés a este respecto es el *Vademecum* de Madrid, BNE Ms. 9522 –procedente de la biblioteca del conde de Haro (Lawrance, 1984: 1088-89, §35), y cuyos contenidos misceláneos resultan ser una cifra cultural del siglo XV–, donde se insiste repetidamente en este rasgo en el fragmento sobre "Deffinitiones VII viciorum". Caracterizada por ser "ex inmundis desideriis descendens lubrica et effrenata mentis prostitutio" (fol. cxi^v), lascivia, *intemperantia*, petulancia, *adulterium* ("est alieni thori violatio hec quod apud gentiles dapnabile solet esse"), la lujuria presenta infinidad de facetas relacionadas con el uso de la palabra: *mendacium*, *perjurium*, *falsum testimonium*, *promissio*, *adulatio* ("blanda et fraudulenta locutio aures"), mordacidad y falta de respeto hacia la ajena gloria, *sussurratio* ("occulta et vitiosa locutio"), *garrulitas*, *contentio* ("impugnatio veritatis"), *protervia* ("subitaneo motu [...] in verba perversa prorrumpere"), *procacitas*, *contumelia*, *blasphemia*, *maledictio* ("odiosa imprecatio"), *ostentatio*, jactancia y arrogancia (fols. cxi^v-cxii^v). Quien domina el lenguaje tiene a su alcance un instrumento de enorme poder. Al leer esta parte de las *Coplas de los siete pecados* es difícil no quedarse con la sensación de que Luxuria lleva razón o más bien tiene a Razón en sus manos. Es posible que Juan de Mena quisiera realizar el triunfo de esta última enfrentándola a un enemigo poderoso y, o confiado en el consabido esquema del triunfo garantizado para el personaje positivo, o atrapado en un caleidoscopio de impulsos, no lograra del todo el efecto planeado. La autodefensa de Luxuria tiene una resonancia dialéctica que desestabiliza el movimiento argumentativo marcado por los dos primeros encuentros con Soberbia y Avaricia.[16] Esta pareja Razón-

---

[16] No hay que descartar tampoco la influencia que la búsqueda de la *variatio* puede haber tenido en la problematización del episodio: "Repetition gives the reader a cumulative understanding of the abstractions which control the meaning of the allegory, and is also an excellent dramatic means for demonstrating the validity of any ideal" (Clifford, 1974: 19); al salirse del esquema de desproporción en las réplicas que funciona tan claramente en los dos primeros encuentros, Mena contribuye a aflojar esos mecanismos de control del significado.

Luxuria no sólo forma parte de una narrativa alegórica que representa las cuitas generales del hombre, como apunté al principio, sino que asimismo refleja el conflicto interior del poeta, expuesto en el exordio –cuya naturaleza estrictamente personal ya viene señalada por Lida de Malkiel (1984: 536). Luxuria es el pecado que se identifica con los deseos estilísticos (la ya comentada copla 11), y que viene caracterizado en su dimensión animalística por su piel de serpiente, el animal de la persuasión y la tentación por excelencia:

> Mostró la cara sigujente
> pintada de fermosura,
> d'enponçoñada pintura
> como cuero de serpiente.
>   (copla 22)

Es en este contexto donde se produce un uso paralelo de la alegoría en su acepción de querer decir una cosa (significado último) y decir otra (apariencia significativa). Lo que se quiere decir, anunciado por la introducción programática y confirmado por los encuentros previos de Razón con Soberbia y Avaricia, es que la lujuria es un pecado execrable, como todos los demás, y debe rechazarse igual que se rechaza el ornato estilístico; pero lo que se dice, por medio de la autodescripción del personaje-pecado y, sobre todo, gracias al peso de sus argumentos, es que éste forma parte del plan divino dentro de un esquema natural del mundo. El interés de las *Coplas de los siete pecados* radica en este desequilibrio de la correspondencia, pues, extraordinariamente, lo que se dice, la apariencia significativa, se impone a lo que se quiere decir, el significado último, con la consiguiente anulación de la alegoría.[17] Si la voz de Razón representa la aspiración del poeta, la de Luxuria termina por representar un pensamiento que se esgrime con la etiqueta de la condenación y que, sin embargo, se sostiene ideológicamente por sí mismo y se materializa poéticamente en la permanencia, aun sutil, del estilo que se pretende abandonar; en otras palabras, hay un choque subrepticio entre la voluntad reformista del proemio y la voluntad artística profunda del poema. La primera es una máscara verbal que sigue la moralidad propugnada, la segunda obedece a un impulso más oscuro y complejo.

En su carta a Eustoquia, San Jerónimo describe su proverbial trance o sueño –más bien pesadilla– en que Dios le reprocha estar enamorado de la

---

[17] "A narrow correspondence leaves no room to sustain an allegory, but a wide divergence destroys it as well. Whichever path allegorical interpretation chooses, it is potentially on a collision course with itself" (Whitman, 1987: 2).

sabiduría secular: "ubi thesaurus tuus, ibi et cor tuum" (Mt 6.21), clama la voz acusadora (*Epist*. xxii.30, *PL* XXII, 416; Gimeno Casalduero, 1977: 46-48). Mena se ve definido por su destino poético, es decir, por lo que su tesoro literario esconde: una tendencia hacia lo arquitectónico, lo complicado, lo exuberante y exótico, lo dinámico. Con estas *Coplas de los siete pecados*, más que volver al pasado, Mena vislumbra la evolución lógica de los estilos e intuye la línea de elaborada simplicidad que Manrique hará suya, pero no puede evitar seguir la inclinación de su naturaleza poética: a pesar de la renuncia prometida, las alusiones clásicas, los símiles homéricos, los latinismos y el recurso a los admirados autores de la Antigüedad permanecen (Lida de Malkiel, 1984: 112, 116, 119, 121-24; Reichenberger, 1975: 413-18).[18] Igual que Luxuria es "forma" necesaria para la especie humana ("por mí la vida muy cara | rreçibe forma en que dura", copla 91), el estilo que no obstante perdura en el texto es forma necesaria de la materia poética. Si, como señalaba al principio, el cuerpo del poeta ha sido el *locus* de su inclinación por las formas paganas (copla 2), no es de extrañar que el pecado que más crédito da al cuerpo, el de Luxuria, tenga un perfil tan pronunciado en el debate.[19] Quizá, según él mismo reconoce en la introducción, Mena no está preparado aún –no tiene las "lisonjeras canas" suficientes– para efectuar el cambio que proclama, un cambio que acaso pertenece al dominio de los imposibles estéticos: a pesar de la presencia de celebrados momentos pre-manriqueños en las *Coplas de los siete pecados*, Mena nunca podrá ser

---

[18] Pérez Priego (Mena, 1989b: xxviii) califica la propuesta de Mena de "anacrónica y regresiva", en contraste con Lida de Malkiel (1984: 124), quien revaloriza las *Coplas de los siete pecados* en el conjunto de la obra de Mena: "El poeta no desdeña los recursos adquiridos en su variada experimentación: la aparente sencillez de lengua y estilo resulta de una fusión más sabia y severa de los recursos sembrados en las 'dulces poesías' con profusión juvenil. Asistimos al comienzo de una evolución llena de promesa y, de haber alcanzado cabal cumplimiento, quizá no fuera el *Laberinto* la obra por excelencia de Juan de Mena". Paralelamente, y en coincidencia que merece la pena señalar, las críticas renacentistas al *Laberinto de Fortuna* de Mena tachan sus estrofas de "preñadas" (palabra del poeta Gerónimo de Arbolanches en 1556), como argumenta Vasvári (1998: 35-36), quien comenta que "es interesante ver en esta crítica una metáfora característica para la traducción, vista como una actividad libidinosa donde el nivel de fidelidad de la traducción, del traductor mismo, o de la lengua vernácula 'receptora', se describen con términos sexuales femeninos, o como la *belle infidèle* o como la esposa fiel y sumisa pero necesariamente fea".

[19] Ya el *Libro de Buen Amor* recalca la importancia de este pecado de forma práctica más que teórica: "La originalidad de Juan Ruiz no reside tanto en declarar explícitamente que el amor sexual es la causa de otros pecados como en mostrarlo implícitamente en la estructura de su obra, prestando una atención desproporcionada al pecado de la lujuria y asociándolo a los otros pecados" (Vasvári, 1985-86: 177).

Manrique, de la misma manera que Góngora nunca podrá ser Francisco de la Torre, ni Cernuda Pedro Salinas –no por casualidad estudioso de la obra manriqueña.

Al principio comentaba el desconocimiento de las causas de la muerte de Mena. Mi propuesta, a manera de capítulo en una –todavía por escribir– historia hipotética de la literatura medieval, es la siguiente: si no el poeta mismo, al menos la voz poética de Juan de Mena se apaga por causa de un cortocircuito alegórico. El poema es la víctima de un duelo a la sombra: el que se produce entre lo enunciado y lo significado, con la imprevista victoria de lo primero sobre lo segundo. La voz poética de Juan de Mena se extingue en este poema inacabado porque se halla en un callejón sin salida que quizá ni él mismo, ni sus lectores contemporáneos, ni sus continuadores llegaran a entender del todo, aunque tal vez lo intuyeran de un modo u otro. En el género del debate medieval se da una interesante tendencia a la irresolución que abre espacios para el desorden y la variedad del mundo, y con ello plantea un reto al receptor (Reed, 1990); puede que algo de esto haya en la particular interacción entre Razón y Luxuria.[20] Un émulo como fray Íñigo de Mendoza proclama en su *Vita Christi*:

> la carrera sigamos
> que nos mostró Juan de Mena;
> alimpiándola por vía,
> quitada fuera la escoria
> de la dulce pohesía,
> tomemos lo que nos guía
> para llegar a la gloria.
> (copla 7, en Mendoza, 1968: 1-133, en 3-4)

Su *Historia de la qüestión y diferencia que ay entre la Razón y la Sensualidad* (Mendoza, 1968: 232-74) no deja lugar a dudas sobre quién lleva las riendas del combate cuando ésta ataca a aquélla con la lanza de Luxuria: Sensualidad se apoya en el argumento del encargo divino (copla 86, pág. 262), Razón responde con esperable indignación e intensidad (coplas 96-110, págs. 266-71) y

---

[20] Es una curiosa coincidencia que el *Roman de la Rose* sea también una obra inacabada por un conflicto libidinal, aunque de signo contrario al que se da en las *Coplas de los siete pecados*: "Bel Accueil est devenu l'instance de la dame aimée: on a l'impression que l'auteur lui parle 'en direct'. L'allégorie rejoint peut-être l'autobiographie, comme le suggère le prologue, et l'inachèvement de l'oeuvre s'expliquerait alors à partir du sort or du destin amoureux de l'auteur, bloqué dans l'impasse d'un désir à la realisation impossible" (Poirion, 1994: 116).

se impone a su adversaria, de tal manera que la imitación de fray Íñigo puede interpretarse también como una aclaración o corrección a su modelo. La lectura de las *Coplas de los siete pecados* propuesta en este artículo sugiere que la posibilidad de reencauzar el propio estilo es limitada y que no cabe renunciar al propio impulso poético desde su puesta en práctica, por cuanto aquél sigue siendo requisito indispensable para ésta. En la introducción, Mena ilustra su principio de reforma con una "Conparaçión de la vieja ley" (copla 15) y "Aplicaçión a la poesía" (copla 16) según la archifamosa ilustración de San Jerónimo (*Epist*. lxx.2, en *PL* XXII, 665-66 "de ancilla atque captiva Israelitidem facere"), a su vez inspirada en el Deuteronomio (Dt 21.10-13):

> Primero seyendo cortadas
> las vñas e los cabellos,
> podían casar entr'ellos
> sus catiuas aforradas
> los judios, y linpiadas,
> fazerlas ysrraeljtas
> puras, ljnpias y benditas,
> a la su ley consagradas.
> Del esclaua poesía
> lo superfluo así tirado,
> lo dañoso desechado,
> seguiré su conpanja;
> a la cathólica vía
> rreduziéndola por modo
> *que valga más que su todo*
> *la parte que fago mja*.
> (*Coplas de los siete pecados*, coplas 15-16, mis cursivas)

La "conparaçión", en realidad una micro-alegoría figural con la Poesía como protagonista central, establece claramente el principio de selección de la tradición pagana propugnado por los humanistas cristianos, pero también plantea preguntas derivadas: ¿es posible "rreduzir" a la Poesía?[21] Y, sobre todo, ¿es de veras posible hacer que llegue a funcionar esa reducción compositiva, la cual es metonímica en su procedimiento (ya que da preferencia a la parte frente al todo) y cualitativa en su propósito (pues pretende que aqué-

---

[21] Foster (1970: 16-17) argumenta que, debido a la inspiración humanística del siglo XV, "figural interpretation weakened as a practice". Este pasaje de las *Coplas de los siete pecados* supone un rastro de esa práctica figural caída en desuso; y el conjunto del poema, una negación de su viabilidad práctica.

lla sea superior a éste)? Porque si algo define al género poético es precisamente que su todo –el cual, como Mena bien sabe, no sólo comprende una serie de recursos formales, sino también la tradición literaria precedente– siempre será mayor que la suma de sus partes. Mena ha intentado dominar a la esclava Poesía, quien resulta ser más díscola de lo previsto. Fruto de esta lucha de poder es la poesía aquí estudiada, las *Coplas de los siete pecados*, cuyas tensiones internas indican que el propósito de reforma y depuración anunciado quizá sólo puede conseguirse del todo desde el silencio.

Los aspectos tratados subrayan la relevancia de Mena en tres niveles distintos: miembro y principal impulsor de la avanzadilla literaria de emulación de los clásicos, renovadora del lenguaje poético; abanderado temprano de una depuración contra lo que se percibe como exceso expresivo; y, lo que es más importante en este caso, artista definido por sus propias constricciones. La dicotomía planteada por el enfrentamiento alegórico entre Razón y Voluntad existe en paralelo con otros –Iglesia contra Sinagoga, Cuaresma contra Carnal, Apolo frente a Dionisos–, y en definitiva registra la oposición problemática entre ascetismo y expresionismo. El poeta Mena, igual que Dido –citada por cierto en la copla 9 como figura a la que dejará de censurar para no dar mal ejemplo–, ve lo mejor y acaba haciendo lo peor, acaso porque la lujuria es el pecado más difícil de rehuir, algo que ya sabía el anónimo autor del *Libro de Alexandre*:

> Muchos son que Cobdiçia non los puede vençer,
> encara non los puede Enbidia corromper,
> de Ira non se temen, sábense defender,
> mas puédelos en cabo Luxuria cofonder.
> (copla 2371, en Cañas, 1998: 529)

Apéndice

El Ms. R.M 47 de la Real Academia Española consiste en un volumen donde se hallan dos textos de Juan de Mena, la *Calamicleos* o *Coronación del marqués de Santillana* –incompleta– y el *Tratado sobre el título de duque*. Entre ambos (fols. 22^v-24^v) se encuentra un *Tratado de confesión* inédito, comúnmente tenido por anónimo, al que pertenece el texto acerca del pecado de lujuria (fol. 23^{r}b) que a continuación transcribo. No puedo determinar el motivo por el cual este tratado se halla precisamente en esa posición en el códice, ni aventurar la identidad de un posible autor. Por lo que respecta a las premisas de este artículo, hubiera sido tremendamente *ben trovato* que el autor fuera Mena mismo, ya que ilustra el tormento interior de un hombre atenazado por su libido y avergonzado por su incapacidad de reprimirla. De lo que sí da cuenta es del poder de este pecado, y de la resonancia que la intervención de Luxuria en las *Coplas de los siete pecados* podría tener para algunos receptores del poema, al mostrar una postura más positiva, y sobre todo desprovista de culpa, frente a la zozobra del desconocido cuyas palabras reproduzco a continuación –palabras que, por otro lado, pueden hacer dudar al lector moderno sobre si el sujeto que se confiesa ejerce la minuciosidad necesaria para la contrición o si, a pesar suyo, procede a una evocación nostálgica–:

> Çerca del sesto mandamiento que es "Non façe fornicio". Que este peque e fue en XVI maneras. Primeramente que no solamente ove acceso a una muger mas a muchas. Lo segundo non faziendo differencia antes indifferenter conosçiendo casadas e virgines e viudas e monjas e a parientas e sobiejas; lo tercero que non conosçi la muger como devia; lo cuarto que non solamente fize lujuria con muger mas con bestias. Lo quinto, que fize polu-çion asy de dia como de noche. Lo sexto que en dia de fiestas fize luxuria; lo septimo que en la iglesia o en lugar sagrado o santo; lo octavo que desnudo con desnuda por mas delectacion; lo IX° que con fermosa o con fea; lo X^o que en ayunas o despues de comer; lo XI° que las que non pude aver que las codiçie por voluntad; lo XII° que fui medianero o en consejo que alguna dormiese con alguno; lo XIII° que abraçando o besando o en otra manera; lo XIV° que prometi a alguna de la tomar por muger faziendolo por la burlar; lo V^o que estó mal casado con mi muger; lo XVI° que ove acceso a mi muger dia de IIII° temporas de ayuno o en quaresma o en alguna vigilia de ayuno o dia de fiesta o en otro dia que fazia la iglesia proccessiones o lyras puras.

Obras citadas

Cañas, Jesús (ed.), 1988. *Libro de Alexandre*, LH 280, Madrid, Cátedra.
Clifford, Gay, 1974. *The Transformations of Allegory*, London, Routledge & Kegan Paul.
Di Camillo, Ottavio, 1976. *El humanismo castellano del siglo xv*, Valencia, Torres.
Fernández de Oviedo, Gonzalo, 1989. *Batallas y quinquagenas*, ed. J. B. Avalle-Arce, Lengua y literatura 4, Salamanca, Diputación de Salamanca.
Foster, David William, 1970. *Christian Allegory in Early Hispanic Poetry*, Studies in Romance Languages 4, Lexington, University of Kentucky Press.
Foulché-Delbosc, Raymond (ed.), 1912-15. *Cancionero castellano del siglo xv*, Nueva Biblioteca de Autores Españoles 19 & 22, 2 tomos, Madrid, Bailly-Baillière.
Gómez Moreno, Ángel, 1994. *España y la Italia de los humanistas: primeros ecos*, BRH 2.382, Madrid, Gredos.
Gil de Biedma, Jaime, 1989. *Volver*, ed. Dionisio Cañas, LH 310, Madrid, Cátedra.
Gimeno Casalduero, Joaquín, 1977. "San Jerónimo y el rechazo y la aceptación de la poesía en la Castilla de finales del siglo xv", en su *La creación literaria de la Edad Media y del Renacimiento: su forma y su significado*, Madrid, José Porrúa Turanzas, 45-65.
Green, Otis H., 1963-66. *Spain and the Western Tradition: The Castilian Mind in Literature from "El Cid" to Calderón*, 4 tomos, Madison, University of Wisconsin Press.
— 1970. "'Fingen los poetas': Notes on the Spanish Attitude Toward Pagan Mythology", en *The Literary Mind of Renaissance Spain: Essays by Otis H. Green*, ed. John E. Keller, Lexington, UP of Kentucky, 113-23.
Guillaume de Lorris & Jean de Meun, 1992. *Le Roman de la Rose*, ed. Armand Strubel, Paris, Le livre de poche.
Jackson, W. T. H., 1960. *The Literature of the Middle Ages*, New York, Columbia UP.
— 1985. "Allegory and Allegorization", en *The Challenge of the Medieval Text: Studies in Genre and Interpretation*, ed. Joan M. Ferrante & Robert W. Hanning, New York, Columbia UP.
Lawrance, Jeremy, 1984. "Nueva luz sobre la biblioteca del Conde de Haro: inventario de 1455", *El Crotalón: Anuario de filología española*, 1, 1073-111.
— 1990. "Humanism in the Iberian Peninsula", en *The Impact of Humanism in Western Europe*, ed. A. E. Goodman & A. MacKay, London, Longman, 220-58.
Lida de Malkiel, María Rosa, 1975. *La tradición clásica en España*, Letras e Ideas Maior 4, Barcelona, Ariel.
— 1984. *Juan de Mena, poeta del prerrenacimiento español*, 2a. edición, adicionada por Yakov Malkiel, México, Colegio de México [1a. edición, 1950].
Márquez Villanueva, Francisco, 1998. "El caso del averroísmo popular español: hacia *La Celestina*", en *Averroes dialogado y otros momentos literarios y sociales de la interacción cristiano-musulmana en España e Italia*, ed. André Stoll, Kassel, Reichenberger, 33-51.

Mena, Juan de, 1582. *Las obras del famoso poeta Juan de Mena, nuevamente corregidas y declaradas por el Maestro Francisco Sanchez*, Salamanca, Lucas de Junta.
— 1968. *El laberinto de Fortuna, o Las trescientas*, ed. José Manuel Blecua, CC 119, Madrid, Espasa-Calpe.
— 1976. *Laberinto de Fortuna*, ed. Louise Vasvari Fainberg, Madrid, Alhambra.
— 1982. *"Coplas de los siete pecados mortales" and First Continuation*, ed. Gladys M. Rivera, Studia Humanitatis, Madrid, Porrúa.
— 1989a. *Laberinto de Fortuna*, ed. Miguel Ángel Pérez Priego, CA 73, Madrid, Espasa-Calpe.
— 1989b. *Obras completas*, ed. Miguel Ángel Pérez Priego, Clásicos Universales Planeta H175, Barcelona, Planeta.
— 1994a. *Obra completa*, ed. Ángel Gómez Moreno & Teresa Jiménez Calvente, Biblioteca Castro, Madrid, Turner.
— 1994b. *Laberinto de Fortuna y otros poemas*, ed. Carla de Nigris, introd. Guillermo Serés, Barcelona, Crítica.
Mendoza, fray Íñigo de, 1968. *Cancionero*, ed. Julio Rodríguez-Puértolas, CC 163, Madrid, Espasa-Calpe.
Menéndez y Pelayo, Marcelino, 1911-16. *Historia de la poesía castellana en la Edad Media*, ed. Adolfo Bonilla y San Martín, 3 tomos, Obras completas 4-6, Madrid, Suárez.
Paxson, James J., 1994. *The Poetics of Personification*, Cambridge, Cambridge UP.
Poirion, Daniel, 1994. *Écriture poétique et composition romanesque*, Orléans, Paradigme.
Reed, Thomas L., Jr, 1990. *Middle English Debate Poetry and the Aesthetics of Irresolution*, Columbia, University of Missouri Press.
Reichenberger, Arnold G., 1975. "Classical Antiquity in Some Poems of Juan de Mena", en *Studia Hispanica in honorem R. Lapesa*, ed. Eugenio de Bustos Tovar, 3 tomos, Madrid, Gredos, Cátedra-Seminario Menéndez Pidal, 1972-75, III, 405-18.
Romero, Valerio Francisco, 1555. "Epicedio en la muerte del maestro Hernan Núñez, comendador de la Orden de Sanctiago", en Fernan Núñez de Guzmán, *Refranes o proverbios en romance que nuevamente colligiò y glosso el Comendador Hernan Nuñez, professor eminentissimo de Rhetorica y Griego en Salamanca: van puestos por la orden del ABC*, Salamanca, Juan de Canova, fols. 132-42.
Sconza Carpenter, Marilyn Jean, 1983. *Vertical and Horizontal Dialogue in the Fifteenth-Century Spanish "Cancionero"*, tesis doctoral, University of California-Berkeley.
Várvaro, Alberto, 1964. *Premesse ad un'edizione critica delle poesie minori di Juan de Mena*, Napoli, Liguori.
Vasvári, Louise O., 1985-86. "La digresión sobre los pecados mortales y la estructura del *Libro de buen amor*", *NRFH*, 34, 156-80.

— 1998. "'Las trescientas preñadas' de Juan de Mena: la política de la traducción y pedantería latinizantes", en *Lectures d'une oeuvre: "Laberinto de Fortuna" de Juan de Mena (Actes du colloque international des 16 et 17 janvier 1998 organisé à l'Université de Caen)*, ed. Françoise Maurizi, Paris, Le Temps, 27-40.

Vian, Ana, 1991. "El *Libro de vita beata* de Juan de Lucena como diálogo literario", *BHi*, 93, 61-105.

Weiss, Julian, 1990. *The Poet's Art: Literary Theory in Castile c.1400-60*, Medium Ævum Monographs n.s. 14, Oxford, Society for the Study of Mediaeval Languages and Literature.

Whitman, Jon, 1987. *Allegory: The Dynamics of an Ancient and Medieval Technique*, Oxford, Clarendon Press.

Ynduráin, Domingo, 1994. *Humanismo y Renacimiento en España,* Madrid, Cátedra.

Relectura del color rojo:
La alegoría en la *Vita Christi* de Isabel de Villena

Lesley K. Twomey
University of Northumbria

La *Vita Christi* de sor Isabel de Villena (1430-1490), hija natural de Enrique de Villena y abadesa de las clarisas franciscanas del Real Monasterio de la Santísima Trinidad de Valencia, pertenece a la extensa literatura de meditaciones alegóricas sobre la vida de Cristo, en su mayoría compuestas por autores franciscanos, que alcanzó una amplia difusión en las primeras décadas de la imprenta, siendo con mucho el género más importante de devoción laica –especialmente femenina– de aquella época.[1] La obra proporciona, por tanto, una excelente muestra de las funciones y recepción popular del modo alegórico en el paso de la Edad Media al Renacimiento. A fin de ver cómo sor Isabel empleaba la alegoría, me concentro únicamente en un detalle: el color de la túnica otorgada a la Virgen por el arcángel Miguel después de la Anunciación.[2]

El emisario divino presenta a María una serie de adornos, cuidadosamente provistos de un comentario alegórico: cinco "maços de perles" (*Vita*

---

[1] Publicado por su sucesora Aldonça de Montsoriu a instancias de Isabel la Católica (Villena, 1497) y reimpreso dos veces (Villena, 1513 y 1527), el libro reflejaba las corrientes espirituales de la Devotio Moderna (*Imitatio Christi* de Thomas à Kempis) y de obras como la de Íñigo de Mendoza (1482) o las versiones ibéricas del *Vita Christi* de Ludolphus de Saxonia OCart (Ludolfo, 1495, 1495-1500 & 1502; véase Hauf 1987). La obra de sor Isabel, que por otra parte no está exenta de originalidad y valor literario, empieza ahora a recibir la atención que merece (Fuster, 1968a & 1968b; Cantavella, introd. a Villena, 1987; Hauf, 1990, 1991 & introd. a Villena, 1995; Alemany, 1993; Piera, 2003; Twomey 2003).

[2] *Vita Christi*, capítulos xxxix-xlix "Com la majestat de l'eternal Pare manà a sant Miquel visitàs la senyora esposa sua e li portàs dignes joies, e que tots los ciutadans del seu realme anassen a prestar homenatge a aquella" (Villena, 1497: fols. 48ᵛ-60, editado en Villena, 1916: I, 178-217). Agradezco a Rafael Alemany Ferrer el generoso regalo de la concordancia digital de la *Vita Christi* (Alemany *et al.*, 1996), basada en Villena (1916). En adelante, las referencias al cap. xlii sobre la túnica (1497: fol. 50; 1916: I, 182) se dan sólo por la página en la excelente edición antológica de Hauf (Villena, 1995: 124-27).

Christi, cap. xl, fol. 49), una camisa (xli, 49^v), la túnica o "gonella de carmesí" (xlii, 50), "manto de brocat blau" (xliii, 50), collar de piedras preciosas (xliiii, 50^v-53), guantes (xlv-xlvi, 53-57), "tapins" o zapatos de tacón (xlvii, 57-59) y corona (xlviii, 59-59^v). Cada una de estas prendas encierra un sentido simbólico o profético relacionado con la vida y culto de la Virgen, anunciado en las rúbricas de los capítulos: las blanquísimas perlas orientales significan "cinc graus de puritat", la camisa de seda guarnecida de oro "és visceral pietat ab guarniment de perseverança", el manto azul con forro de damasco verde indica "la gran misericòrdia sua" y el collar con sus sesenta y dos perlas, ocho diamantes y siete rubíes representa los años de su vida, las ocho beatitudes y las siete obras espirituales de misericordia. Con los doce pares de guantes "en les sues precioses mans, guarria per sol tocament dotze spirituals malalties"; los seis pares de zapatos son para calzarse "quant per sis staments de persones seria reclamada"; la "corona de dotze murons o esteles, ço és les dotze dignitats sues", tiene siete "fermalls, ço és los set dons del sant Esperit".

La túnica forma parte, por tanto, de una ampliación de Lc 1.26-38 por medio de una serie de escenas alegóricas, técnica característica de la *Vita Christi* (Hauf, 1990: 312; Riquer, 1972: 70-71). No es preciso exponer la "preponderància que té l'element al·legòric i fantàstic" en la obra de Isabel de Villena después de las páginas luminosas dedicadas a este tema por Joan Fuster (1968a: 159-63); su apego a la alegoría incluso excede el de otros *Vitae Christi*, según Albert Hauf (1987). Pero el uso de la alegoría en la mariología ya tenía largos antecedentes. Desde los albores del cristianismo los comentaristas bíblicos habían recurrido a la prefiguración (interpretación en sentido profético de episodios veterotestamentarios, método emparentado con la alegoría que remontaba al propio San Pablo: Auerbach, 1984: 28-49, 47, 49). El recurso a la *figura* permitía incorporar al canon bíblico los cantares amorosos de Salomón, interpretándolos como alegoría no sólo del amor de Cristo a la Iglesia o del alma a Dios, sino de la relación entre la Virgen y las tres personas de la Trinidad.[3] El Cantar de los Cantares no era el único texto bíblico que ofrecía figuras alegóricas de la Virgen. Incluso la visión de la mujer que da a luz al futuro debelador del dragón en Ap 12.1-6, que por

---

[3] Jiménez Hernández (1999: 13-17). Feliks (1983: 9) apunta los orígenes de esta tradición alegorética en formas anteriores del *midrash* judaico ("In rabbinic tradition, the Song of Songs is an allegory of the chronicles of the Jewish people, the relationship between God and his children, between Israel and the nations of the world"); véanse también Lawrance, Lappin y Bayo, en este volumen.

un lado se interpretaba como alegoría de los inicios de la Iglesia, podía figurar el nacimiento de Jesucristo, vencedor de todos los males (Pelikan, 1996: 32). Por tanto, emplear la alegoría no implicaba solamente seguir la tradición, sino también imitar la Sagrada Escritura (Barney, 1979: 191). De esta forma, la tradición escrituraria surtía a sor Isabel de múltiples figuras alegóricas para describir a María. Éstas no eran, en principio, vuelos imaginativos o ampliaciones fantásticas que formaban un segundo plano en la narrativa (Fuster, 1968a: 159), sino que servían para aproximar su obra a la Biblia; sor Isabel no distinguía netamente entre los materiales evangélico, apócrifo y alegórico porque todos apuntaban al mismo fin, la Salvación. En efecto, a cualquier escritor religioso del siglo XV, éste le habría parecido el modo más natural de ampliar la biografía de la Virgen, tan parca en datos en los cuatro evangelios. Hauf (1987) estudia la manera en que, para redondear su retrato de la Virgen, la *Vita Christi* combina datos espigados en fuentes apócrifas con distintas figuras alegóricas. Pero al mismo tiempo, como apunta C.S. Lewis (1936: 45), la alegoría proporciona las ventajas de un lenguaje pictórico, capaz de representar lo espiritual en términos plásticos. Desde los primeros capítulos en que la Virgen es preparada para su papel en la economía de la Salvación (*Vita Christi* iii-ix, en Villena, 1497: fols. 5-15^v), sor Isabel echa mano, para pintar alegóricamente sus divinas virtudes, de la faceta icónica de los adornos de realeza terrenales con que se atavía el cuerpo.

Mi estudio de la *gonella* o túnica de María parte de un trabajo de Hauf (1991) en el que esboza unos paralelos concretos entre los objetos obsequiados a la Virgen en la *Vita Christi* y las descripciones de joyas y prendas en *Tirant lo Blanch*. Hauf hace hincapié en los antecedentes novelísticos del arte descriptivo de la monja valenciana, y para probar la deuda de sor Isabel con los libros de caballería se centra precisamente en la descripción de la "gonella [...] d'un excel·lent carmesí, significant la ardent caritat vostra" (*Vita Christi* 124), relacionándola con el simbolismo del color carmesí, que significaba la devoción. Dicha interpretación incluso le permite llegar a ciertas conclusiones acerca del significado del nombre Carmesina en *Tirant lo Blanc* (Hauf, 1991: 123). No era extraño que el ritual alegórico de las escenas de la preparación de la Virgen para su papel como Madre de Dios en la *Vita Christi* se pareciese a los rituales caballerescos; para Hauf (1991: 124), la obra se concebía como "un llibre de cavalleries celestials que resultàs útil i assequible a les seues monges".[4] Por lo demás, esta relación

---

[4] Tanto Fuster (1968a: 165) como Hauf (1990: 334) apuntan que la vida palaciega, experimentada por sor Isabel durante su infancia en la corte de la Corona de Aragón (como nieta

literaria era mutua, ya que las alegorías de los libros de caballería destacan a su vez por su carácter religioso; buen ejemplo de ello es su énfasis en el rico colorido de los adornos femeninos, ya señalado por Dominique de Courcelles, quien destaca el uso del blanco, color apropiado para los vestidos de las doncellas cortesanas por ser símbolo de los Gozos de la Virgen (1997: 115).

Sin embargo, la interpretación de Hauf, aunque ofrece la primera pista para entender la túnica carmesí, no agota su significado, ya que los libros de caballería no fueron los únicos textos que echaron mano del simbolismo del acto de vestir o adornar a una dama. Hay, por ejemplo, testimonios de descripciones paralelas en los *jocs* o certámenes poéticos celebrados anualmente en honor de la Virgen, donde los poetas valencianos competían por dedicarle alabanzas de tono cada vez más subido. En un poema presentado al certamen de 1474, Lluís Català decía:

> Sola sens par, dels cels la més insigne,
> de puritat teniu ornat vestir,
> al que valeu la corona condigne,
> lo loch pus alt, la cadira més digne,
> que maternal se pogués elegir.
> De castedat teniu blanca divisa,
> daurat cinyel de luminosa fe,
> y de set goigs brodada cortapisa
> (en Ferrando Francés, 1983: 309, vv. 41-48).

Aquí, aunque las prendas sean distintas, se produce la misma alegorización de los vestidos de la Virgen, cuyos elementos tienen por objeto ensalzar sus atributos: pureza ("ornat vestir"), castidad (divisa o empresa heráldica blanca), fe (cinturón dorado) y siete gozos (cortapisa bordada). Hay, quizás, en las sugerencias solares de las voces "daurat" y "luminosa" una alusión a la imagen de la mujer vestida de sol en Ap 12.1. Tanto en el poema de Català como en la *Vita Christi* se destaca la riqueza de las prendas, y en ambas obras los sentidos alegóricos se refieren no sólo a cualidades espirituales sino también a aspectos de su biografía. Los paralelos textuales no son exac-

---

de Pedro de Aragón e hija de Enrique de Villena, y aún con su nombre secular, Elionor, antes de entrar en el convento de la Santa Trinidad a la edad de quince años en 1445), suministraba materiales para su retrato alegórico de la corte celestial. También pudo haber conocido los vaivenes del ruido mundanal cuando fue elegida abadesa en 1463, por los desacuerdos entre las monjas debido a su bastardía. La accesibilidad del texto se declara desde el principio; *Vita Christi* se escribió "en romanç", según el íncipit, "perquè les simples e ignorants puguen saber e contemplar la vida e mort del nostre Senyor" (Villena, 1497: fol. 2; 1916: I, 9; 1995: 65).

tos: en Català la cortapisa se adorna con los gozos de Virgen, en Villena con "totes les dolors de vostra senyoria, perquè cascuna vegada que baixareu los ulls e veureu la dita cortapisa, hajau record ab quanta multitut de penes haveu a passar la present vida" (125). A pesar de estas diferencias, sin embargo, las coincidencias entre las obras de Lluís Català e Isabel de Villena acusan la amplia difusión del motivo de la indumentaria alegórica en la devoción mariana, sin necesidad de apelar a la influencia de los libros de caballerías para explicar su popularidad.

En el desarrollo de la alegoría de los adornos de la Virgen desempeñó un papel importante, sin duda, la tradición de vestir las estatuas de la Virgen, como ha indicado Hilda Charlotte Graef (1963-65: I, 271-72).[5] Ya desde los primeros albores del cristianismo esta alegoría se enriquecía también con elementos figurados, tales como el contraste tradicional entre Eva y María (*Eva-Ave*) o la idea del vientre de la Virgen como templo de su Hijo, la cual condujo a la metáfora inversa de la propia María como vestimenta, por ejemplo en los himnos de San Efrén de Siria (siglo IV), donde su cuerpo virginal se llama "luciente vestido sin mancha" del niño Dios (Graef, 1963-65: I, 58). La imagen se recoge en los certámenes valencianos, donde Lluís Roíç, por ejemplo, describe a la Virgen en el momento de la Encarnación como "vestint lo Verb de carn humana" (en Ferrando Francés, 1983: 492, v. 31). Detrás del primer nivel de significado del regalo de la túnica, al que podríamos denominar la alegoría superficial, laten estas resonancias alegóricas más profundas; si muchos detalles parecen típicos o trillados, otros defraudan las expectativas del lector, lo que delata, como explica Stephen Barney (1979: 17), la presencia de posibles segundos niveles o dobles sentidos alegóricos.

Entre las resonancias que podrían funcionar de este modo debemos señalar en primer lugar el simbolismo alegórico del color carmesí. Marisa Astor Landete (1999: 78-79) subraya la importancia del "lenguaje, expresión y simbolismo del color" en la indumentaria medieval, hablando de su "poder de comunicación" y resaltando el cuidado con que los inventarios medievales anotaban el color de tejidos y vestidos. Carmen Bernis, en su estudio clásico de la indumentaria y tejidos medievales, anota que el carmesí era uno de los colores más preciados gracias a su extrema rareza y alto precio.[6] Se

---

[5] Como apunta Astor Landete (1999: 272), en el arte religioso siempre se pintaba a la Virgen vestida de prendas y tocados de última moda (véase también Trens, 1947: 613-40).

[6] Bernis (1978-79: I, 22) "Este color hacía subir el precio de terciopelos, rasos y cetíes a más del doble. Si el precio de terciopelo de otros colores oscilaba entre 800 y 900 maravedís la vara, los terciopelos carmesíes se pagaban desde 2.000 a 2.800 maravedís".

asociaba con la púrpura real, cuyas connotaciones de exquisita riqueza se transferían pronto a la persona que lo llevaba. Éstas eran las propiedades obvias que, en primer lugar, explicaban la elección de este color para la túnica simbólica de la Virgen.

Pero el color rojo tenía otros posibles significados en el siglo XV. Por ejemplo, parece haberse utilizado para los vestidos de los novios en las bodas. En el *Retablo de fray Bonifacio Ferrer, o de los Sacramentos* (c.1396-98), cuya tabla central representa los siete sacramentos como chorros de sangre que brotan de las siete heridas del Crucifijo, el Matrimonio se pinta a través de la imagen de una pareja de novios, ambos vestidos de carmesí.[7] La túnica carmesí de la Virgen en la *Vita Christi* podría significar, por tanto, su estado de novia del Espíritu Santo, alusión a la alegoría bíblica de la esposa amada del Cantar de los Cantares.

El color rojo o carmesí tiene además otro sentido en la liturgia cristiana, pues es uno de los colores litúrgicos que marcan las etapas del año cristiano. Estos colores y su significado serían muy familiares para la autora y las primeras lectoras de la *Vita Christi*, porque el calendario litúrgico señalaba los cambios más importantes en su rutina diaria, y porque las telas para las colgaduras y otros ornamentos litúrgicos eran tejidas y bordadas por manos femeninas –entre ellas, sin duda, las de sor Isabel en más de una ocasión, hecho al que parece aludir Bernat Fenollar de modo ingenioso en la dedicatoria de su *Història de la Passió* "a la molt il·lustre e devotíssima senyora dona Ysabel de Billena, digna abadessa del monestir de la Sancta Trinitat en Valentia"(1493: fols. A2-A3) cuando compara la prosa de sor Isabel con un "fin drap" cubierto de "grans pedres y joyes [...] ben engastades".[8] Ahora

---

[7] El retablo, hoy conservado en el Museo de Bellas Artes de Valencia San Pío V, estaba en la Cartuja de Vall de Crist, donde no era difícil que lo viera sor Isabel; el matrimonio ocupa la inferior de las tres *cartouches* a la derecha de Cristo. Bonifaci Ferrer OCart (1350-1417), hermano de San Vicent, fundador de la Cartuja y traductor de la Biblia al valenciano, era famoso por su devoción mariana. Hay otro ejemplo de novios vestidos de rojo en el retrato de micer Marsilio Cassotti y su esposa pintado por Lorenzo Lotto en 1523 (Madrid, Museo Nacional del Prado).

[8] Hauf (1990: 312) relaciona esta metáfora con la abundancia de citas patrísticas que "fan l'efecte de pedres o perles encastades en el teixit o discurs textual". La comparación entre el escribir y el tejer es un viejo tópico (Deyermond, 1999); Hauf (1987: 153) habla también del modo en que sor Isabel engarza textos litúrgicos, patrísticos y escriturísticos "como piedras preciosas en un bordado riquísimo", alegando una tradición aún viva entre las monjas de clausura en el convento de la Trinidad de que Isabel de Villena "había confeccionado con sus propias manos una serie de cuadros tejidos o bordados sobre la *Vita Christi*, para servir de ayuda visual a su texto". En cambio, rechaza la teoría de que sor Isabel ejecutara en persona las miniaturas de la vida de Cristo en el *Speculum animae* de París, BNF Ms. fonds espagnol 544 (Hauf, 1997: 47; véase Villena, 1992).

bien, en los ornamentos litúrgicos el color carmesí se reservaba para el día de Pentecostés, simbolizando las llamas de fuego que se encendieron en las cabezas de los apóstoles al recibir el don del Espíritu Santo. Ello nos ofrece, pues, otra capa de alusiones para el color de la túnica regalada a la Virgen en la *Vita Christi*. En efecto, al hablar de la caridad simbolizada por el "excel·lent carmesí" de la túnica, sor Isabel emplea las voces "fervent" y "ardent"(*Vita Christi* 124), epítetos que sugieren las llamas carmesíes que anunciaron la presencia del Espíritu Santo (en el simbolismo de los cuatro elementos y sus colores, el rojo corresponde al fuego; Astor Landete, 1999: 79). Ello implica a su vez otra faceta alegórica, porque la Virgen se pone la túnica después de haber aceptado la salutación del ángel y justo antes de ser abrigada por el Espíritu Santo ("*Spiritus Sanctus superveniet in te, et virtus altissimi hobumbrabit tibi* [Lc 1.35]; car lo Sperit Sanct sobrevendrà en vostre senyoria e la virtut del Altisme vos abrigarà tota", cap. xxiii, en Villena, 1916: I, 125). Es decir, en el momento de unirse con el Espíritu Santo se reviste del color de Pentecostés.

Isabel de Villena pudo haber encontrado un antecedente para el empleo de la túnica carmesí cómo alegoría de la actuación del Espíritu en la vida de la Virgen en unos certámenes poéticos valencianos de 1486 dedicados al honor de la Inmaculada, cuya fiesta acababa de reconocer el papa Sixto IV con la bula *Grave nimis* de 1484. Uno de los poemas del certamen, el de Joan Balaguer, describe un retablo en el que se pinta la imagen de la mujer apocalíptica de Ap 12.1, vestida de sol y coronada de estrellas; la pintura del retablo, en el que se aplican los distintos colores estrofa por estrofa, representa alegóricamente la creación de la Inmaculada por el Creador.[9] En otras ocasiones he notado el vínculo entre el color carmesí y la Inmaculada Concepción en Balaguer (Twomey, 1995: 316) y estudiado la notable contribución de sor Isabel al debate sobre la Inmaculada Concepción (Twomey, 2003), pero no hice destacar la alusión al carmesí litúrgico y a la actuación del Espíritu Santo. Fue el Espíritu, según Balaguer, el que pintó el color de la túnica de María (en Ferrando Francés, 1983: 518-19, vv. 25-29):

> Lavors primer ab vermell lo Paraclit
> donà color, pintant Ell la gonella

---

[9] San Bernardo de Clairvaux, *Sermo in Dominica infra Octavam Beatae Mariae Virginis* (*PL* CLXXXIII, 429-38) expone el sentido simbólico de la corona de doce estrellas de María, seguido por Francesc Eiximenis en su *Vita Christi* (1496). Después recogen el tema escritores como Balaguer y sor Isabel, convirtiendo "en alegoría lo esencial de un tratado mariológico" (Hauf, 1987: 113-14).

d'un carmesí cubert de riqua porpra;
car ffós per Ell de gràcia fecunda
dins en l'instant que us concebé sent Anna.

Esta explicación de la elección del color carmesí ayuda a entender mejor el capítulo de sor Isabel. Tanto el poema de Balaguer como la *Vita Christi* asocian la imagen del vestido rojo de la Virgen con el instante de la infusión de gracia en ella por el Espíritu Santo. Esta elección se refleja también en las tradiciones iconográficas del arte religioso en Valencia. Mientras que en la tradición norteña de Flandes, Francia y el norte de Italia el azul es el color preferido para las ropas de María en la Anunciación,[10] artistas valencianos del rango de Pere Nicolau (fl. *c*.1390-1408) y Joan Reixach (*c*.1411-*c*.1484) prefieren el rojo para colorear el vestido de la Virgen en sus retablos.[11] Las artes pictóricas fueron, por supuesto, una fuente importante de inspiración para la iconografía de la obra de Isabel de Villena; Hauf (1997) y Muñoz (2002) han subrayado los vínculos entre la plasticidad de la *Vita Christi* y la pintura.

Una pista final para interpretar la alegoría del cap. xlii se encuentra en su título, donde leemos que se trata de una túnica "humana" ("Com fon presentada a la senyora una humana gonella de carmesí, significant fervent caritat brodada i embellida d'honestat e paciència", *Vita Christi* 124). El color rojo

---

[10] Por ejemplo, la exposición *Illuminating the Renaissance: The Triumph of Flemish Manuscript Painting in Europe*, (London, Royal Academy of Arts, noviembre 2003-febrero 2004) incluyó 17 miniaturas de la Virgen, de las que 14 representaban a la Virgen con vestido de un azul tradicional (por ejemplo, la Anunciación del Maestro de James IV de Escocia *c*.1515, Los Angeles, Getty Center Ms. Ludwig IX.18, fol. 92^v, con azul zafiro clásico), y otros 2 de un azul con toques de rojo o rosa al cuello o a los pies; de modo similar, de 11 libros de horas flamencos o franceses conservados en España que he visto, 10 representan a la Virgen vestida de azul (por ejemplo, Barcelona, Biblioteca de Catalunya Ms. 1852, fol. 88^v). En cambio, la pintura y miniatura españolas (por ejemplo, *Misal de santa Eulàlia*, La Seu d'Urgell, Arxiu del Ajuntament ms. s/s) suelen representar a la Virgen vestida de rojo (ver la nota siguiente).

[11] De 12 retablos góticos que representan a María en el Museo de Bellas Artes de Valencia, 9 utilizan el rojo para el vestido o túnica de la Virgen; los 2 cuadros del Mestre de Villahermosa (siglo xiv) y otro de un artista anónimo valenciano que prescinden del rojo eligen una rica tela de oro. Pasa lo mismo con los retablos de la catedral de Segorbe: todos los artistas eligen el rojo, o rojo estampado con oro. El Museu Episcopal de Vic alberga una Anunciación de Reixach en la que la Virgen se viste de rojo, como también en la Natividad de Rodrigo y Francisco de Osona, padre e hijo valencianos, en el Museo del Prado; de 10 cuadros góticos de la Virgen en el Prado, 6 están vestidas de rojo; en Vic, 13 llevan vestido rojo o rosa y 9 llevan traje de otro color, de los cuales 5 lo tienen de oro. (Mis estadísticas son provisionales; forman parte de un estudio aún no completo).

también representa, por consiguiente, la humanidad. Según las teorías aristotélicas, la contribución maternal a la generación del ser humano consistía en dar su sangre.[12] Por ello, la túnica roja podría simbolizar la aportación de la Virgen a la gestación del niño Jesús, quien se nutría de su sangre, es decir de su humanidad. No se trata sencillamente de una teoría médica en torno a la reproducción, sin embargo, sino que al mismo tiempo involucra una interpretación teológica: el regalo de la túnica roja subraya que la humanidad de María y su papel en la concepción de Cristo eran regalos divinos. Es más, el "humano" carmesí se transforma en símbolo eucarístico, ya que María, al vestirse la túnica roja, se convierte en cáliz que contiene la sangre transubstanciada del Salvador; el rojo de la sangre establece a la vez una conexión con otro elemento eucarístico, el vino.[13]

Este breve estudio de un detalle mínimo de la alegoría del ropaje de la Virgen en *Vita Christi* xlii ha procurado mostrar que, a pesar de los abundantes antecedentes que para esta escena existen en los libros de caballería, es más verosímil que sor Isabel se inspirara en fuentes tan diversas como las pinturas eclesiásticas que decoraban las capillas y salas del monasterio, las telas y ornamentos litúrgicos que adornaban el altar o que se empleaban para las capas y casullas de los clérigos, la poesía religiosa de los certámenes, y otras tradiciones alegóricas muy conocidas. No es necesario postular en ella, pues, el deseo de entretener a sus monjas de estirpe nobiliaria con historias caballerescas a lo divino. Hemos distinguido múltiples niveles alegóricos en la presentación de la túnica carmesí a la Virgen. En el primer nivel –único señalado de manera clara por la autora– la túnica significa el amor ardiente con que acepta su papel en la historia de la Salvación; manifiesta asimismo las virtudes que adornan a la madre de Dios. Sin embargo, el color carmesí sugiere niveles más profundos, que sólo podemos vislumbrar: señala su papel como colaboradora en la historia de la Salvación con el Espíritu Santo, indica al mismo tiempo que es su esposa, y alude a la sangre humana que contribuyó a la concepción de Cristo, hombre y Dios. Finalmente, por ser regalo traído por el arcángel de Dios, significa que hasta su

---

[12] Allen (1997: 98, 204-05) explica que "según Aristóteles, la hembra no aporta semen a la generación, [...] pero sí contribuye sustancia con su flujo menstrual", o, como decía el neoplatónico Porfirio en el siglo III d.C., "la energía vegetativa que se encuentra en su sangre". Los teólogos de la Edad Media refinaban esta idea diciendo que la mujer aporta la materia, el hombre imprime la forma al feto (para el hilomorfismo que sustenta esta jerarquía véase Lappin, en este volumen).

[13] Para el tópico de la comparación entre la María de la Anunciación y la custodia del Sacramento véase Bynum (1988: 81).

papel de mediadora entre la humanidad y la divinidad le fue concedido por Dios.[14]

Aunque la mayoría de los críticos reconocen la importancia de la obra de sor Isabel, especialmente en un mundo dominado tradicionalmente por escritores masculinos, las valoraciones de la *Vita Christi* no han sido siempre muy positivas. Hasta su primer defensor, Joan Fuster (1968a: 154), la consideraba "fatigosa" y "quasi il·legible" por sus "inacabables pàgines de doctrina", escritas en una prosa salpicada de latines y de tema poco grato a los lectores modernos. Es cierto que el libro es largo (aunque inconcluso por la muerte de la autora, terminado bruscamente en la mitad de la Asunción de la Virgen), pero Lluïsa Parra advierte correctamente que "la narració s'allarga, segurament molt a propòsit, per a fer arribar al lector o a la lectora allò que sor Isabel vol que li arribe" (Villena, 1986: 22). Más insidiosos –por aparentemente favorables– son los juicios que presentan la obra como fruto de la "imaginación femenina", lo cual induce a infravalorar su técnica narrativa.[15] Fuster (1968a: 160-63) aventuraba que "les pintures senzilles i amoroses del *Vita Christi* sempre serien acollides, si més no, amb un respecte somrient i benèvol", aunque reconoció la "finesa" de su escritura y el "joc perfecte" de los elementos que la forman. Es tal vez por cierto aire de misterio en su uso de la alegoría por lo que Hauf (1990: 334) considera la obra de sor Isabel como fruto de la intuición más que de la razón, limitándola así, al menos implícitamente, al ámbito de la psicología femenina; en otro lugar (Villena, 1995: 43) señala la intención de sor Isabel "de crear un art d'estimar adequat a la mentalitat femenina de les seves monjes". Tales juicios parecen desatender no solamente, quizás, ciertas verdades esenciales acerca de la inteligencia femenina, sino también los propios atributos de la alegoría, como modo narrativo privilegiado, superior y misterioso *par excellence* (Paxson, 1994: 8).

En lo expuesto anteriormente he intentado demostrar que Isabel de Villena no quería que sus lectoras se detuviesen en la dulce cobertura de la narración, ni se distrajesen con la aparente sencillez de la *Vita Christi*. Al contrario, las invitaba a sondear, como discípulas, las profundidades que se escondían detrás de la superficie alegórica. Es rechazable, por tanto, la tenta-

---

[14] A este propósito cf. Lewis (1964: 10), quien habla de la "energía incansable y exuberante" de la mente medieval, que "ordena sistemáticamente enormes cantidades de material heterógeneo".

[15] La Real Academia define *intuición* como "la facultad de comprender las cosas sin razonamiento" (Real Academia Española, 1992: II, 1184). Price (1998: 125) observa que la misoginia medieval ya solía distinguir entre la hembra "intuitiva" y el varón "racional".

ción de hablar de la "ternura femenina" de la *Vita Christi* (Hauf, 1987: 153) si con ello se considera la obra con una "sonrisa benévola"; de hecho, el texto revela una mente aguda y sutil. Hay que descartar, entonces, cualquier intento de clasificar a sor Isabel como escritora que trabaja a base de intuición; la alegoría es un género que depende en sumo grado del raciocinio. La lectura de la narrativa villeniana requiere una buen dosis de sabiduría, apoyada con otra tanta de fe.[16] Despertar una fe bien informada no es, en fin, un propósito irracional, siquiera para un escritor religioso. Sor Isabel consideraba que la alegoría, de tan larga tradición en la literatura cristiana, era capaz de atraer a sus lectoras (o lectores) a razonar sobre la verdad; y sabía servirse de todas las facultades humanas –tanto de la imaginación como de la Razón– para conducir al alma a perderse en la contemplación de su Creador.

Obras citadas

Alemany Ferrer, Rafael, 1993. "Dels límits del feminisme de la *Vita Christi* de sor Isabel de Villena", en *Actes del Novè Col·loqui Internacional de Llengua i Literatura Catalanes, Alacant-Elx 9-14 de setembre de 1991*, ed. Rafael Alemany, Antoni Ferrando & Lluís B. Meseguer, Biblioteca Abat Oliba 124-26, 3 tomos, Barcelona, Abadia de Montserrat, I, 307-13.

— et al., 1996. *Concordança de la "Vita Christi" de sor Isabel de Villena*, Concordances dels clàssics valencians 1, Alacant, Institut Interuniversitari de Filologia Valenciana, Conselleria de Cultura, Educació i Ciència de la Generalitat Valenciana & Universitat d'Alacant (CD-ROM).

Allen, Prudence, 1997. *The Concept of Woman*, I: *The Aristotelian Revolution, 750 B.C.-A.D. 1250*, 2a. edición, Grand Rapids, Eerdmans.

Astor Landete, Marisa, 1999. *Indumentaria e imagen: Valencia en los siglos XIV y XV*, Col·lecció Estudis, València, Ajuntament de València.

Auerbach, Erich, 1984. "Figura", en su *Scenes from the Drama of European Literature*, trad. R. Mannheim, Theory & History of Literature 9, 2a. edición, introd. Paolo Valesio, Manchester, Manchester UP, 11-76 [trad. de "Figura", *Archivum Romanicum*, 22 (1938), 436-89].

---

[16] En su libro sobre la obra alegórica *Piers Plowman* de William Langland, Raabe (1990: 2-23) ofrece la siguiente orientación sobre la función de la alegoría en las obras religiosas medievales: como, según San Agustín, el lenguaje no hace más que desviarse de la verdad, para el entendimiento es necesaria la fe ("crede ut intelligas", *Sermo* 43.vii.9), que actúa "como puente entre lo significado y el significante, entre la carne y el espíritu, entre lo humano y lo divino" (Raabe, 1990: 23); el simbolismo y la alegoría sirven, pues, para saltar este abismo sobre el que se cierne la fe.

Barney, Stephen A., 1979. *Allegories of History, Allegories of Love*, Hamden CT, Archon.

Bernis, Carmen, 1978-79. *Trajes y modas en la España de los Reyes Católicos*, 2 tomos, Madrid, Instituto Diego Velázquez, CSIC.

Bynum, Caroline Walker, 1988. *Holy Feast and Holy Fast: The Religious Significance of Food to Medieval Women*, 2a. edición, Berkeley, University of California Press.

Courcelles, Dominique de, 1997. "Le retour en Occident après la perte de l'empire chrétienne d'Orient: un parcours au masculin et au féminin dans *Tirant le Blanc*", en *Actes del Col·loqui internacional Tirant lo Blanc "l'albor de la novel·la moderna europea"*, Ais de Provença, 21-22 d'octubre de 1994: estudis crítics sobre "Tirant lo Blanc" i el seu context, ed. Jean-Marie Barberà, Biblioteca Abat Oliba 182, Barcelona, Centre Aixois de Recherches Hispaniques, Institut Interuniversitari de Filologia Valenciana & Abadia de Montserrat, 111-22.

Deyermond, Alan D., 1999. "El tejido en el texto, el texto tejido: las *chansons de toile* y poemas análogos", *Estudios románicos*, 11, 71-104.

Eiximenis, Francesc, OFM, 1496. *Vita Christi, corregido y añadido por el Arçobispo de Granada*, trad. (por o para) Fernando de Talavera, Granada, Ungut & Pegnitzer.

Feliks, Jehuda, 1983. *Song of Songs: Nature, Epic and Allegory,* Jerusalem, Israel Society for Biblical Research.

Fenollar, Bernat, 1493. *Istoria de la Passio*, Valencia, s.n. [Hagenbach & Hutz] (reprod. facs. en Bernat Fenollar & Pere Martinez, *Història de la Passió de N.S. Jesu Christ en cobles*, Valencia, Vicent Garcia, 1996).

Ferrando Francés, Antoni, 1983. *Els certàmens poètics valencians del segle xiv al xix*, València, Institut de Literatura i Estudis Filològics, Institució Alfons el Magnànim, Diputació de València.

Fuster, Joan, 1968a. "El món literari de sor Isabel de Villena", en sus *Obres completes*, I: *Llengua, literature, història*, Clàssics catalans del segle xx, Barcelona, Edicions 62, 153-74 [València, Lo Rat-Penat, 1957].

— 1968b. "Jaume Roig i sor Isabel de Villena", en *Obres completes*, I, 175-210 [*Revista valenciana de filología*, 5, 1955-58, 227-60]

Graef, Hilda Charlotte, 1963-65. *Mary: A History of Doctrine and Devotion*, 2 tomos, London, Sheed and Ward.

Hauf i Valls, Albert G., 1987. "La *Vita Christi* de sor Isabel de Villena y la tradición de las *Vitae Christi* medievales", en *Studia in honorem prof. M. de Riquer*, ed. Dámaso Alonso, 4 tomos, Barcelona, Quaderns Crema, 1986-91, II, 105-64 (reimpr. en catalán: "Teologia i fantasia: la *Vita Christi* de sor Isabel de Villena i la tradició de les *Vitae Christi* medievals", en su *D'Eiximenis a sor Isabel de Villena*, València, Institut de Filologia Valenciana, 1990, 323-97).

— 1990. "El món cultural d'Isabel de Villena", en su *D'Eiximenis a sor Isabel de Villena: aportació a l'estudi de la nostra cultura medieval*, Biblioteca Sanchis Guarner 19, València, Institut de Filologia Valenciana, 303-21 [reimpr. de *Actes del Segon Congrés Internacional de la Llengua Catalana (València 1986)*, VIII: *Història de la llengua*, ed. Antoni Ferrando, València, Institut de Filologia Valenciana, 1989, 541-52].

— 1991. "Text i context de l'obra de sor Isabel de Villena", en *Literatura valenciana del segle XV: Joannot Martorell i sor Isabel de Villena*, ed. G. Colón, L. Peñarroja, C. Tarancón & A. Hauf, Serie minor Literatura 6, Valencia, Consell Valencià de Cultura, Generalitat Valenciana, 91-124.

— 1997. "Text, pintura i meditació: el *Speculum animae* atribuït a sor Isabel de Villena i la funció empàtica de l'art religiós", en *Actes del VII Congrés de l'Associació Hispànica de Literatura Medieval, Castelló de la Plana, 22-26 de setembre de 1997*, ed. Santiago Fortuño Llorens & Tomàs Martínez Romero, 4 tomos, Castelló de la Plana, Universitat Jaume I, I, 33-59.

Jiménez Hernández, Emiliano, 1999. *El cantar de los cantares: resonancias bíblicas*, 2a. edición, Colección Trípode, Baracaldo, Gráfite.

Lewis, C. S., 1936, *The Allegory of Love: A Study in Medieval Tradition*, London, Oxford UP.

— 1964. *The Discarded Image: An Introduction to Medieval and Renaissance Literature*, Cambridge, Cambridge UP.

Ludolfo, 1495. *O Livro da Vita Christi em lingoagem portugues, tirado segundo a ordem da hystoria evangelical*, trad. Abade do Moesteiro de São Paulo, 4 tomos, Lixboa, Nicolao de Saxonia & Valentino de Moravia (traducido a instancias de la duquesa Isabel de Coimbra, impreso por mandado de la reina Lianor).

— 1495-1500. *El Cartoxà en la vida de Jesus, traduida de latina lengua en valenciana prosa*, trad. Joan Roiç de Corella, 3 tomos, València, s.n. [Hagenbach & Hutz, Cofman].

— 1502. *El Vita Christi cartuxano interpretado de latin en romance*, trad. Ambrosio Montesino OFM, 4 tomos, Alcalá de Henares, Stanislao Polono.

Mendoza, fray Íñigo de, OFM, 1482. *Vita Christi fecha por coplas a petición de la muy virtuosa señora doña Juana de Cartagena*, Zamora, Centenera (y cinco ediciones más antes de 1510).

Muñoz, Ferran, 2002. "Lectura i contemplació: noves aportacions al voltant del retaule del convent de la Puritat de València", *Afers: fulls de recerca i pensament*, XVII.41: 57-72.

Paxson, James, 1994. *The Poetics of Personification*, Cambridge, Cambridge UP.

Pelikan, Jaroslav, 1996. *Mary Through the Centuries: Her Place in the History of Culture*, New Haven, Yale UP.

Piera, Montserrat, 2003. "Writing, *Auctoritas* and Canon-Formation in Sor Isabel de Villena's *Vita Christi*", *La Corónica*, 32.1 (Fall), 105-18.

Price, Richard M., 1998. "'God is More Weary of Woman than of Man': Reflections on a Text in the *Golden Legend*", en *Gender and Christian Religion: Papers Read at the 1996 Summer Meeting and 1997 Winter Meeting of the Ecclesiastical History Society*, ed. R. N. Swanson, Studies in Church History 34, Woodbridge, Boydell, 119-27.

Raabe, Pamela, 1990. *Imitating God: The Allegory of Faith in "Piers Plowman B"*, Athens GA, University of Georgia Press.
Real Academia Española, 1992. *Diccionario de la lengua española*, 21a. edición, 2 tomos, Madrid, Espasa-Calpe.
Riquer, Martín de, 1972. *Literatura catalana medieval*, Publicacions del Museu d'Història de la Ciutat 25, Barcelona, Ajuntament de Barcelona.
Trens, Manuel, 1947. *María: iconografía de la Virgen en el arte español*, Madrid, Plus-Ultra.
Twomey, Lesley K., 1995. "The Immaculate Conception in Castilian and Catalan Poetry of the Fifteenth Century: A Comparative Thematic Study", tesis doctoral, University of Hull.
— 2003. "Sor Isabel de Villena, her Vita Christi and an Example of Gendered Immaculist Writing in the Fifteenth Century", *La Corónica*, 32, 89-103.
Villena, sor Isabel de, 1497. *Vita Christi de la Reverent Abbadessa de la Trinitat*, Valencia, Lope de la Roqua. (reimpr. facs. *Vita Christi*, Valéncia, Del Cénia al Segura, 1980).
— 1513. *Vita Christi dela reverent Abbadessa dela Trinitat, nouament historiat, corregit y smenat per un mestre en sacra theologia*, s.l. [València], Gorge Costilla.
— 1527. *Vita Christi dela reverent Abbadessa dela Trinitat, corregit ab las cotacions novament tretes en los marges*, Barcelona, Carles Amorós.
— 1916. *Llibre anomenat Vita Christi, compost per sor Isabel abadessa de la Trinitat de Valencia: ara novament publicat segons l'edició de l'any 1497*, ed. R. Miquel y Planas, Biblioteca Catalana, 3 tomos, Barcelona, Miquel-Rius.
— 1986. *Vita Christi: introducció i selecció*, ed. Lluïsa Parra, Biblioteca d'autors valencians 12, València, Institució Alfons el Magnànim & Institució Valenciana d'Estudis i Investigació.
— 1987. *Protagonistes femenines a la "Vita Christi": selecció*, introd. Rosanna Cantavella, ed. Rosanna Cantavella & Lluïsa Parra, Clàssiques catalanes 15, Barcelona, La Sal.
— (atribuido), 1992. *Speculum animae: manuscrito Espagnol 544 de la Bibliothèque nationale de Paris*, I: *Edición facsímil íntegra*, II: *Análisis histórico-crítico del códice, transcripción y versión castellana de su texto y notas*, ed. Albert G. Hauf i Valls & Daniel Benito Goerlich, Códices artísticos 11, 2 tomos, Madrid, Edilán.
— 1995. *Vita Christi: selecció*, ed. Albert-Guillem Hauf i Valls, Millors obres de la literatura catalana 115, Barcelona, Edicions 62.

La alegoría, por encima de épocas y estilos: los años de los Reyes Católicos

ÁNGEL GÓMEZ MORENO & TERESA JIMÉNEZ CALVENTE
Universidad Complutense & Universidad de Alcalá

A Elena del Río Parra

1

De equivocada por completo cabe tildar la opinión de cuantos piensan que, en el dilatado espacio que abarcan las literaturas modernas, la alegoría (la *inversio* de la retórica latina) se ofrece como un mecanismo propiamente medieval y arcaico, cuya superación da en el arte del Renacimiento pleno. Al artificio alegórico sólo se habría regresado decididamente tiempo después, ya en los años del Barroco, con una alegoría que habría de mostrar su quintaesencia en dos formas literario-visuales: el auto sacramental y la literatura de emblemas. Así planteado el fenómeno, el ritmo de los gustos estéticos sería el mismo que llevó a la recuperación y sublimación del conceptismo medieval de nuestros cancioneros al final del siglo XVI, en los planteamientos teóricos de un Baltasar Gracián y en la praxis de un Francisco de Quevedo. Amparados, *nolens volens*, en esa percepción equivocada, enseñamos a nuestros alumnos los principios alegóricos a través del prólogo de Berceo a sus *Milagros* y les hablamos de alegorías totales o perfectas (cuando se omiten las claves de interpretación) e imperfectas o mixtas (cuando se aportan las claves y la metáfora mantenida se desvela de forma parcial o total, como ocurre precisamente en Berceo). Dada la dimensión plástica de la alegoría, ofrecemos también unas cuantas muestras de ésta que en retórica es figura de pensamiento, tanto en el arte románico como en el gótico; para ello, nos servimos de ejemplos tan rotundos como el calendario de San Isidoro de León, el Pórtico de la Gloria de la catedral de Santiago de Compostela o algunas escenas extraídas de cualquier libro de horas o devocionario del Medievo tardío. Aunque esta fórmula propedéutica puede parecernos estupenda, en su punto de partida hay una idea equivocada, ya que la alegoría tuvo tanta fuerza en el siglo XVI, vale decir, en un Renacimiento perfectamente maduro, como la había tenido a lo largo de la Edad Media. Lo único que cambió de alguna manera fue la técnica alegórica, al tiempo que fue ampliándose el catálogo o repertorio de alegorías, pertenecientes por lo común al universo político, filosófico, religioso y moral. Sólo la ausencia de tal vacío o hiato explica, de hecho, el poder omnímodo de la alegoría en la totalidad del arte del Barroco y, muy particularmente, en su arte literario.

En fin, nos aferramos todavía, de alguna manera, a los postulados del viejo libro de Post (1915), y a sus continuadores inmediatos en el estudio de la poesía cancioneril, cuando no debería ser sólo así, ya que los avances en el estudio de la particular retórica de ese corpus han sido formidables en los últimos años. Entre la larga nómina de estudiosos del tardío trovadorismo peninsular sobresale Casas Rigall (1995), quien establece once tipos básicos de alegoría, de los cuales tres son verdaderamente preeminentes: las alegorías bélicas, las alegorías legales y, sobre todo, las alegorías religiosas, con su sempiterna religión de amor.[1] Ahora contamos también con la labor de Rodado Pérez (2000), que llega a la retórica de manera inevitable aun cuando tenga su punto de partida en el erotismo cancioneril, con su todopoderoso código amoroso de tipo cortés. En la idea de que el Barroco tiene un alto componente alegórico, se han dado pasos decididos para explicar cuáles son las claves de la literatura del momento en sus principales creadores; en ese sentido, nos hemos ocupado en otro lugar de los rasgos que permiten distinguir entre la alegoría cancioneril y la alegoría quevedesca, distinta ésta por ser casi siempre de corte satírico-amoroso o amoroso-burlesco (Jiménez Calvente & Gómez Moreno, 2002). En todo caso, comprobamos cómo el libro de Post ni siquiera satisface por sus planteamientos teóricos, al limitar el universo de referencia de la alegoría a partir de un criterio que ni concuerda con la percepción medieval del fenómeno (que, lo adelantamos, nunca distinguió entre las categorías de símbolo y alegoría) como tampoco con la consideración mucho más amplia que de la alegoría tenía la Antigüedad y va recuperando la crítica moderna. Para Post (1915: 3), la alegoría resulta ser tan sólo el "literary type which crystallizes a more or less abstract idea by presenting it in the concrete form of a fictitious person, thing, or event".

Por todo lo dicho, queda claro que procede revisar en profundidad aquella falsa creencia de que la alegoría de la poesía castellana de cancionero refleja un arcaísmo que es en buena medida el resultado de haber heredado los principios técnicos, en vías de superación, de la poesía francesa de los

---

[1] Por muchas razones, es también básico el libro de Azaustre & Casas (1997).

siglos previos; sólo más adelante, ya dentro del Cuatrocientos, nuestros poetas habrían vuelto la vista a Italia, aunque la reacción definitiva italianista todavía se haría esperar un siglo. Sin embargo, a día de hoy, queda claro que la alegoría sólo se impuso decididamente en la poesía de cancionero en su fase de madurez y que alcanzó su apogeo cuando más manierista y experimental se mostraba esa corriente poética, esto es, en los años de los Reyes Católicos. Por lo tanto, de entrada cabe concluir que la alegoría, que comenzó a brillar con cierta intensidad en los años de micer Francisco Imperial y sus coetáneos, alcanzó su esplendor casi un siglo más tarde, tiñendo con sus colores la poesía amatoria, política y religiosa. Así ocurrió también en los vastos dominios de la prosa, como comprobamos en la ficción narrativa de la *Cárcel de Amor* de Diego de San Pedro, pero también en el caso de la prosa de ideas, como observamos, entre una infinidad de ejemplos, en el conjunto de la *Visión deleitable* del bachiller Alfonso de la Torre, de *c.*1440, en el libro segundo del *Nobiliario vero* de Ferrán Mexía, de 1478, o en *Syphilis sive de morbo Gallico* de Girolamo Fracastoro, de 1530, poema didáctico-alegórico en que son los hijos del pastor Syphilis los que, por castigo del Sol, adquieren la terrible enfermedad. Ahora bien, donde la alegoría se ofrecía más poderosa y diversa era, como venimos viendo y veremos con mayor detenimiento, en el terreno político, con la exaltación de Castilla o Aragón, primero, y de una joven España, después, hecha posible por los Reyes Católicos; así, y no de otro modo, cabe interpretar el rotundo arte alegórico que, en clave literaria y visual, acompañó las entradas triunfales y festejos con que las ciudades recibieron a los visitantes de la real familia.[2]

2

Atendamos a un hecho verdaderamente fundamental, ya que, de hacer caso a las palabras de los tratadistas castellanos del momento, en la alegoría radica la clave del ejercicio poético. A ella está aludiendo el *velo* del *Prohemio e carta* del Marqués de Santillana ("cubiertas o veladas con muy fermosa cobertura"); a ella remite la "cubierta o palliação" que, como glosa justamente a *velo*, incluye don Enrique de Villena en su magno comentario a la traducción de la *Eneida* virgiliana; a ella, en fin, alude el *integumentum* de

---

[2] Las fuentes primarias y secundarias sobre este fenómeno se recogen en Gómez Moreno & Sanmartín Bastida (2002), aunque todo lo dicho hasta la fecha queda superado en el estudio exhaustivo, con bibliografía y edición de numerosos documentos, de Massip Bonet (2003).

tantos tratadistas y teóricos entre la Antigüedad y los siglos medios (el término tampoco falta en el metalenguaje exegético de Enrique de Villena). Es también la *ficción* colmada de verdades a que se refiere Petrarca en su defensa de la poesía dentro de las *Invective contra medicum*, que Hernando de Talavera traduce como *Reprensiones contra un médico rudo y parlero*. Y no queda ahí la cosa, ya que tanto Weiss (1990) como Gómez Moreno (1990) han dado cumplidas muestras de la presencia de este conjunto de ideas en la España del siglo XV, en línea con Petrarca, pero también con el Boccaccio del *Trattatello in laude di Dante* (Jiménez Calvente & Gómez Moreno, 2001), con el del famosísimo capítulo XIV de su *Genealogia deorum* y con el del capítulo XIII del libro III de su *De casibus virorum illustrium*, que en la traducción castellana explica la *sçiençia de poetría* como "una cobertura de ynfingimientos pública e manifiesta". La alegoría es la base de la ficción, libre de connotaciones peyorativas, en línea con Petrarca y sus herederos. Por su parte, el "zelo çeleste" de don Íñigo, la "affecçión poetal virtuosa" de don Enrique de Villena, la inspiración en definitiva, tienen en el dominio de la alegoría una de sus claves básicas si es que no se trata de la primera. Así pues, la literatura castellana, en sus teóricos y sus poetas, continúa una larga tradición, que arranca de los clásicos y cuenta con puntos de apoyo en Boecio y san Isidoro, entre otros autores que hicieron de puente entre Antigüedad y Medievo;[3] luego, los cimientos básicos los aportan el Trecento y el Quattrocento italianos, particularmente ese verdadero norte magnético que fue Petrarca para toda Europa.

Esta idea, la de que la alegoría es la clave de la existencia de la poesía, debe aplicarse también a periodos artísticos posteriores. De hecho, la alegoría es tan medieval como renacentista o barroca, según se demuestra en la praxis y revelan los escritos teóricos de esos tres periodos; además, estamos convencidos de que el presente estudio servirá para comprobar que la alegoría constituye una de las claves permanentes en el arte de todos los tiempos, desde Homero a nuestros días, y que continúa, vigorosa y pletórica de energía, hasta el presente. Por supuesto, esta continuidad se ha percibido más clara en el dominio de las artes plásticas o en el de la publicidad (basta echar un vistazo a los ejemplos aducidos por Spang, 1979), dada esa dimensión visual que recogen los tratadistas desde la Antigüedad en adelante. En ese sentido, la alegoría en la pintura y la escultura del Medievo peninsular tiene fundamentalmente

---

[3] En relación a Homero, conocemos interpretaciones alegóricas desde el siglo VI a.C., con Teágenes y Ferécides, como se indica en *The Cambridge History of Literary Criticism* (Kennedy, 1989).

un signo francés y sólo al cierre de la Edad Media sumará (justamente eso: sumará) influencias de origen flamenco; para hablar de influjo italiano, los artistas españoles habrán de pasar el obligado periodo de formación en la Península de los Apeninos, por lo que sólo podemos referirnos a figuras tardías de la magnitud de Pedro de Berruguete (en 2004, pudo contemplarse una amplia muestra de su pintura en su localidad natal, Paredes de Nava). No obstante, ni la escuela italiana ni la escuela flamenca (a ese respecto, basta ver las alegorías de Pieter Bruegel de Oude) despreciaron, sino todo lo contrario, el recurso a la alegoría. Las alegorías triunfarán en todos los órdenes: en la pintura, en la talla en madera o en piedra, o bien en unos grabados en madera y en cobre que hallan su máxima expresión en la literatura de emblemas.

Venidos de nuevo al ámbito de la literatura, la alegoría se muestra igualmente poderosa iniciado el siglo XVI, tanto en su herencia medieval como en los nuevos gustos clasicistas que fueron calando desde el Cuatrocientos más temprano. Hay, por supuesto, una transición natural y cómoda: la de los cancioneros, dada su posición hegemónica en la poesía española de la primera mitad del siglo XVI; respecto a ella, los poemas escritos con motivo de las entradas y coronaciones reales no son sino muestras de este mismo fenómeno, vinculado en tales casos a una manifestación artística de carácter paneuropeo de la que tenemos constancia desde la más temprana Edad Media (al continuar con una ceremonia hipercaracterística de la antigua Roma) y que cuenta cada vez con más muestras del siglo XIII en adelante. Si cabe hablar de un paradigma, cabría verlo en la entrada triunfal napolitana de Alfonso V el Magnánimo en 1443, que contó con las figuras de Fortuna y las Siete Virtudes, Alejandro Magno y Julio César, que se dispusieron a recibir al monarca.[4] Cualquiera caerá en la cuenta de que son las mismas alegorías de las artes literarias y plásticas de la época, con sus virtudes (a veces, acompañadas de vicios) y con unos personajes que, al poseer dichas virtudes por antonomasia, tienen esa misma dimensión alegórica. A este respecto, sobran muestras, aunque nos quedamos con dos que extraemos del arte fúnebre, que gusta de montarse sobre tal andamiaje: el *Planto de las virtudes e poesía por el magnífico señor don Íñigo López de Mendoça, marqués de Santillana e conde del Real*, compuesto por su sobrino Gómez Manrique, y el túmulo erigido por Gil de Siloé a Juan II e Isabel de Portugal, su esposa, en la Cartuja de Miraflores. Ahora bien, las dimensiones que alcanza la alegoría como recurso artístico sobrepasan los límites hasta ahora establecidos, particularmente en

---

[4] Esta fiesta, en relación con sus congéneres, ya ha sido considerada en Gómez Moreno (1991).

el ámbito de la literatura; de hecho, se ha llegado a decir que la alegoría está presente en todas aquellas ocasiones en que la voz del poeta se enmascara tras uno de sus personajes. Por esta precisa razón, los antiguos preceptistas podían afirmar que la alegoría podía ser humana y Quintiliano podía decir que, tras el Menalcas de la *Bucólica Tercera*, había que ver al propio Virgilio (*Institutio oratoria* VIII.vi.47 "Hoc enim loco praeter nomen cetera propriis decisa sunt verbis, verum non pastor Menalcas, sed Vergilius est intelligendus"). Así las cosas, y venidos a nuestro caso, no sólo la *Égloga III* de Garcilaso se apoya sobre la alegoría por vía plástica; en realidad, las tres *Églogas* estarían montadas sobre una estructura alegórica, igual que ocurre en otras muchas obras en clave y en los innumerables poemas cimentados sobre una metáfora sostenida (pues eso, en esencia, es la alegoría en los manuales de retórica). Esta línea de exégesis obliga a volver al mundo clásico más temprano para, desde allí, tender la vista hasta nuestros propias días, ya que la alegoría se esconde en universos tan poderosos como el de la literatura animalística, en su doble dimensión moral y paródica: en la fábula de todos los tiempos, en los bestiarios morales o en las inversiones de la épica (y más tarde del *roman* o novela) a la manera de la primitiva *Batracomiomaquia* o los medievales *Ecbasis captivi*, *Ysengrimus* y *Roman de Renart*. El mundo plástico da infinitas muestras del mismo fenómeno a lo largo de los siglos, en la epigrafía, la pintura, el grabado, el cartel, la aleluya y el tebeo.

¿Qué es lo que queda de la alegoría medieval cuando se adentra uno en el siglo XVI? Por esos años, aún seguía activa (al menos en las artes plásticas) esa suma de figuras alegóricas que cabe tildar de paneuropeas, aportadas mayoritariamente por las Sagradas Escrituras y por su exégesis (al ser la alegoría una de las claves de interpretación del texto sagrado), con dos representaciones básicas: los gozos de la Gloria y los horrores del Infierno; sabemos también que el mecanismo de la prefiguración o tipología bíblica, que trazaba vínculos especialmente estrechos entre el Nuevo y el Antiguo Testamento, era de naturaleza igualmente alegórica. A su lado, habían ido sumándose alegorías de tipo civil, con su manifestación primera en el cosmos con forma humana (como ese pequeño mundo del hombre certeramente estudiado por Rico, 1986); otras había que servían para mostrar los diversos estadios y las varias posibles condiciones del hombre a lo largo de toda su existencia: con las alegorías de los meses y estaciones, que cuentan con tantas manifestaciones plásticas conocidas por toda Europa; con las alegorías de los estudios, cuya estampa primera corresponde a una Gramática que golpea las nalgas de un niño con su férula (como se recoge en las vidrieras de las catedrales, en las sillerías de coro o en impresos como los pliegos sueltos quinientistas de los *Castigos y exemplos de Catón* en cuaderna vía castellana); con las alegorías de los oficios, que cuentan con una estupenda *amplificatio* o glosa en ciertos catecismos y manuales de confesión (como el estupendo *Libro de las confesiones* de Martín Pérez) y que muchas veces se enriquecen por medio de la iconografía de las *vitae sanctorum*. Son, en fin, las alegorías de la vida en sus varias fases. ¡Qué bien lo supo plasmar Rodrigo Cota en su *Diálogo de Amor y un viejo*!: el amor y la juventud tienen su casa bellamente adornada; la vejez, por el contrario, se presenta con una choza descuidada por completo (bien es verdad que, entre tanto infierno y cárcel de amor como ofrecen los cancioneros cuatrocentistas, cabe perfectamente la posibilidad contraria: la "triste morada" de amor que Llanos incorpora en "Vengo de ver los dolores", poema incluido en el *Cancionero general* de 1511). Es, por supuesto, la alegoría del vivir como *iter* o *peregrinatio vitae* y la del hombre como *homo viator* sin duda alguna la metáfora sostenida más linajuda y perdurable de todos los tiempos (mucho más, si cabe, que la primera alegoría laica, la de la nave del Estado, fundamentada sobre una exitosa metáfora náutica que ya estudiara Curtius, 1955), lo que explica que penetre vigorosamente en la literatura espiritual española del siglo XVI, como en la *Primera parte del Abecedario espiritual* de Francisco de Osuna, de 1528, y triunfe en la principal de las empresas cervantinas, el *Persiles y Segismunda* (1617). Son, en definitiva, las representaciones del amor y de los placeres, con basamentos laicos y religiosos por igual, pues de ellos, de los placeres, al pecado hay un solo paso, como sabían bien los poetas de cancionero y los artistas plásticos, en tantas y tantas representaciones como nos ofrecen de vicios y virtudes; son, por fin, las imágenes de la muerte, con las infinitas estampas que muestran a la terrible dama triunfante, sobre todos y sobre todo, entre la segunda mitad del siglo XV y un maduro siglo XVI, con su esqueleto putrefacto armado con guadaña y arco, con las calaveras de potestades civiles y eclesiásticas, con repugnantes alimañas y con mensajes que llaman a despertar al cristiano y a prepararse para bien morir: *memento mori*, *nemini parco qui vivit in orbe*, etc.

Claro está que también cabía una aproximación alegórica a cualquier forma de escritura, no sólo la religiosa, como hemos visto por los títulos arriba citados y percibimos en las vueltas de los clásicos por vía alegórica, a la manera de los *Doce trabajos de Hércules* de Enrique de Villena a comienzos del siglo XV o las *Allegories e morals exposicions dels llibres de Transformacions* de Francesc Alegre al final del mismo (la obra fue editada en 1494), en línea con otras empresas exegéticas similares llevadas a cabo en Francia en los siglos previos.[5] Y es así no porque los autores peninsulares

---

[5] Entre lo mucho que se ha escrito sobre las exposiciones alegóricas de las *Metamorfosis*, el mejor panorama de conjunto sigue siendo Levine (1989); véase también Taylor, en este volumen.

anduviesen despistados y retrasados sino porque seguían los ritmos del resto de la Europa culta, como puede verse por una simple y rotunda ficha, entre muchas otras que se nos ocurren: el comentario a Virgilio de Cristoforo Landino, publicado en 1484, en que todavía se apuesta por una lectura en clave moral y alegórica, tal como había defendido en su *Oratio de laudibus Maronis* de 1467.[6] En clave moral y alegórica cabía leer también a los clásicos modernos, caso éste de Dante, como mostraron los comentaristas de la *Commedia* del Trecento en adelante, muchos de ellos bien conocidos en España. De seguro es don Enrique de Villena quien da lecciones semejantes sobre un soneto petrarquista, que traduce y comenta, del mismo manuscrito que conserva la versión castellana de la *Divina Commedia* (como puede comprobarse en la edición de Derek Carr, 1979). Esta técnica de lectura es la que justifica buena parte de las glosas cuatrocentistas, que van más allá de la explanación de términos y referencias oscuros o impenetrables; de hecho, todavía hoy los manuales de retórica más respetados subordinan a la alegoría figuras como la ironía, el enigma y la prosopopeya.

El siglo XV difunde, en España y en la Europa culta, una nueva manera de alegoría, llamada a exaltar el poder temporal y religioso y fundada sobre unos mitos artísticos y culturales de nueva planta que remiten machaconamente al mundo antiguo. Con ellos, podemos seguir un largo proceso que va dejando su estela hasta hoy, pues la alegoría de tema clásico resulta tan poderosa que salta por encima de siglos y tendencias artísticas y logra domeñar el impulso transformador de aquellos artistas y aquellas corrientes que apuestan decididamente por la innovación: con el Renacimiento y la reacción del Barroco; con el Neoclasicismo y la reacción romántica; con todas las tendencias ochocentistas finiseculares y en la diversa reacción de las Vanguardias, y desde ahí para acá. En los años que nos ocupan en este estudio, confluyen las alegorías de moda, que reflejan las obsesiones del momento: los mitos clásicos sirven para la exaltación del rey y su dinastía; la Fortuna es benévola con él como con nadie; las virtudes lo adornan y permiten teñir su época y reinado con colores mesiánicos; en último término, cuando aparece la imagen de la muerte es para anunciar que le prolongará la vida para que gobierne en beneficio de todos. Esto es lo que ofrece, precisamente, la entrada de Fernando el Católico en Valladolid en 1509, que nos permitimos destacar en esta ocasión; estampas parecidas, aunque enriquecidas en muchos sentidos, es lo que nos enseña este género poliforme tanto en su proyección a lo largo del siglo XVI como en la centuria siguiente; de la

---

[6] Para los comentarios renacentistas de Virgilio véase Jiménez Calvente (2001).

rica bibliografía existente sobre la materia, nos permitimos destacar el libro de Ferrer Valls (1993), con recibimientos que incluyen figuras alegóricas, mitológicas y caballerescas. De estas y otras representaciones del poder real se ha ocupado, como nadie, Nieto Soria (1988 y, sobre todo, 1993), aunque en su aproximación a la materia apenas se haya detenido de forma específica en la alegoría como la formidable arma ideológica que es. Este lúcido historiador ha analizado ejemplarmente, eso sí, los elementos simbólicos con que se arropa la dinastía Trastámara desde sus orígenes hasta alcanzar el reinado de los Reyes Católicos.[7] En estas manifestaciones panrománicas, con ingredientes de naturaleza jurídica, económica, política, religiosa y estética, y con la implicación del habitante de la urbe y de sus instituciones, se percibe un formidable mecanismo ideológico.

En los casos conocidos, la novedad se ofrece una vez más como un principio poético fundamental; sin embargo, es la tradición, cercana o lejana, la que da más, ya que la estela arranca del mundo clásico, pervive en el tardío Imperio y se vuelve a recuperar, entrado el Medievo, con los *trionfi* italianos y los *jochs* aragoneses, como los celebrados con motivo de la conquista de Valencia por Jaime I en 1238 o por la coronación de Alfonso III en 1286. Tan señalada circunstancia fue enriqueciéndose en el sentido que aquí interesa, como revelan los documentos aragoneses que aluden al rico cadalso montado para la coronación de Alfonso IV en 1328; como narra el *Libro de las coronaciones de los reyes de Aragón*, cuando recoge los festejos por la coronación de Martín I en Zaragoza en 1399; o como recuerda Alvar García de Santa María al describir la coronación de Fernando de Antequera en 1414. En esta ocasión, hubo incluso un entremés, compuesto tal vez por don Enrique de Villena, en el que salieron varias figuras alegóricas: la Justicia, la Verdad, la Paz y la Misericordia (Cátedra, 1983 y 1992). A ellos ligados, y por lo común con idéntico armazón alegórico, tenemos los momos y festejos cívicos para celebrar algún día señalado, una fiesta religiosa, una boda o la entra-

---

[7] En un volumen coordinado por Nieto Soria, en que se recoge la bibliografía previa de este estudioso sobre el asunto, Gómez Moreno (1999) se ha ocupado, precisamente, de los basamentos literarios sobre los que se sustenta la ideología de la casa real, con especial atención a los años de Isabel y Fernando; después, Gómez Moreno & Jiménez Calvente (2002) han recordado el formidable refuerzo que, para los Reyes Católicos, supuso el desarrollo alegórico del mito de la Edad de Oro, en su dimensión religiosa, laica y pagana. Todavía, no obstante, restaba mucho que decir al respecto desde la óptica de los estudiosos de los espectáculos medievales, como acaba de demostrar Massip Bonet (2003), quien ha abarcado el fenómeno en toda su amplitud tras una serie de calicatas en que el nombre de De Andrés Díaz (1984) constituye la primera referencia.

da del monarca en una ciudad que le rinde acatamiento y pleitesía. La primera celebración de esta naturaleza corresponde a 1440, año en que el Conde de Haro organizó una fastuosa recepción a doña Blanca de Navarra y a su madre en Briviesca, como se describe en el capítulo XIV de la *Crónica de Juan II*. El imaginario humanístico y el principio de la *imitatio atque aemulatio veterum* explican la evolución de la fiesta urbana y, sobre todo, de la entrada triunfal en una dirección concreta, particularmente en los años en que España, de atender a las soflamas de sus intelectuales, habría tomado el relevo cultural (*translatio studii*) y militar (*translatio imperii*) al resto de las naciones. De este cambio en el paisaje cultural dio también cuenta por vía alegórica Pedro Mártir de Anglería, con su *Barbaria fugata* de c.1489, poema dedicado a Antonio de Nebrija por sus *Introductiones latinae*, que mereció pronta respuesta de éste (para ambos textos véase Jiménez Calvente, 1994).

Por ello, en España estos espectáculos sólo se convirtieron en una suerte de norma en los años de los Reyes Católicos, con un primer testimonio conocido en la entrada toledana del 31 de enero de 1476, que fue continuada con una fiesta celebrada en la Iglesia Mayor de la ciudad dos días más tarde; de ambas, nos da cuenta el Bachiller Palma en su *Divina retribución sobre la caída de España en tiempo del noble rey don Johán el primero, que fue restaurada por manos de los muy excelentes reyes don Fernando y doña Isabel, sus bisnietos*. De todos los testigos textuales de esta serie, nos interesaremos más en concreto por el *Recibimiento de la ciudad de Valladolid a Fernando el Católico el 30 de enero de 1509*, escrito por el poeta Luis Soto, criado del obispo de Osma, Alonso Enríquez.[8] Como ha demostrado Falomir Faus (1993), para la ocasión pesó sobremanera el ejemplo del recibimiento de Alfonso V, con el antecedente directo en la entrada del propio don Fernando en Nápoles en 1506 y las sucesivas de Valencia y Sevilla en los dos años siguientes. En tal ocasión, se montó un primer cadalso en la Puerta del Campo, el de la Fortuna, que llevaba por título "Don Fernando, Católico Rey d'España". Los pies del monarca estaban sobre la rueda con que habitualmente se pinta a la que podemos considerar con toda justicia como primera entre todas las alegorías medievales. Encima del carro había un mote de grandes letras que rezaba del modo siguiente: "Si Fortuna más toviera, | más os diera". Los versos declamados por el personaje vestido como Fortuna a la entrada del monarca eran los siguientes:

---

[8] Esta obra ha sido editada en Gómez Moreno (1991) y estudiada por Surtz (2002), que atiende al poder recuperado por Fernando el Católico en Castilla en esas fechas, y Massip Bonet (2003: 127-38), que se centra en el diseño del espectáculo.

> No cure de boltear
> la fuerça desta mi rueda:
> para siempre a destar queda
> sin que se pueda mudar.
> Y vos, rey esclarescido,
> si tan bien no os he servido,
> perdone vuestra grandeza,
> que delante vuestra alteza
> mi poder es consumido.

(Soto, *Recibimiento*; Gómez Moreno, 1991: 151-58, en 153)

El segundo triunfo estaba en la plaza y era el de las Siete Virtudes, con el mote "Más complidas que ninguno | todas siete quiso Dios | que las tuviéssedes vos". El tercer triunfo estaba en la Costanilla Este, con la Fama y su mote "Vos, el tronco de la fama | y todos éstos la rama". Con "éstos" se aludía a Julio César, Octaviano Augusto, Alejandro Magno, Trajano, David, Constantino, Salomón, Alfonso X, Aníbal, Judas Macabeo, Escipión, Fernán González, Héctor y el Cid. Por fin, llegó el cuarto y último triunfo, el Tiempo, que tenía bajo sí a Fama y a Fortuna (así pues, era un cadalso con tres personajes), cuyo mote fue "Mi costumbre es acabar | Fama, Fortuna y su gloria. | Sola vuestra alta memoria | para siempre ha de quedar". La entrada se fundamenta, así pues, sobre las figuras alegóricas más comunes, con una Fortuna que ya está en la coronación de Fernando de Antequera, que corresponde a la Rueda de la Ventura de las fiestas de los Infantes de Aragón celebradas en Valladolid en 1428, y que alcanza su máxima expresión en la entrada partenopea del Magnánimo de 1443. Vienen luego las Siete Virtudes, presentes también, con los Siete Pecados Mortales, en la coronación de Fernando de Antequera y en el entremés con que se celebró su entrada en Valencia en diciembre de 1414, titulado *Entremès de les set cadires*; por supuesto, las Virtudes no podían faltar en la famosa entrada del Magnánimo, aunque en número de seis, y aún estarían en la entrada de Carlos I a Palma de Mallorca en 1541 (Massip Bonet, 2003: 70-72, 76-77, 83-87 & 99-101). Sobre la Fama y el Tiempo, figuras que aparecen en tercer y cuarto lugar, basta decir que la primera pertenece propiamente al universo de que nos ocupamos y que cuaja en alegorías plásticas tan célebres como el *Triunfo de la Fama* de Piero della Francesca y literarias como *Il Trionfo della Fama* de Sannazaro y las *Doscientas del Castillo de la Fama* (que no faltan en el inventario de los libros de Fernando de Rojas), por no llegar hasta los *Trionfi* de Petrarca, que dan cabida a esta figura; por lo que atañe al Tiempo, ya sabemos de su función moral y de su fuerza en el arte español y europeo entre el Medievo tardío y el Barroco, con hitos plásticos como *Las tres eda-*

des o el *Triunfo de la Muerte* de Pieter Bruegel y literarios como el *Diálogo entre el Amor y un viejo* de Rodrigo Cota.

Las figuras previas se acompañaban de personajes (con una dimensión igualmente alegórica, como ya hemos visto) pertenecientes a los tres universos de referencia básicos: el bíblico, el clásico y el nacional. En relación con este recibimiento, hay que recordar que tuvo lugar por unas fechas en que se recuperaba el *Laberinto de Fortuna* gracias a la edición glosada de Hernán Núñez, un viejo poema convenientemente remozado a mayor gloria de Castilla y, ahora, de España (Jiménez Calvente, 2002); por ello, también se resucitaron los mitos de Fernán González, con el verso épico de fray Gonzalo de Arredondo, y el del Cid Ruy Díaz, con una *Crónica popular del Cid* ahora desempolvada. Con ambos héroes nacionales, como también con Isabel y Fernando, se asociaron fenómenos taumatúrgicos y hasta puramente hagiográficos, como el olor de santidad o grato aroma que habrían exhalado sus respectivos sepulcros al abrirse por esos mismos años (Gómez Moreno trabaja, desde hace tiempo, en un libro sobre este asunto). En fin, don Fernando sería la suma perfecta de los valores, en él acrecentados (de acuerdo con el tópico en boga de la preeminencia de los modernos sobre los antiguos, estudiado por el maestro Maravall, 1966), de los grandes hombres del mundo antiguo y del pasado nacional: era el nuevo David, el nuevo Alejandro, el nuevo Octaviano, el nuevo Fernán González y el nuevo Cid (la relación no incluye, como vemos, la figura de Julio César, a la que tanto jugo sacó la entrada del Magnánimo en Nápoles). No perdamos de vista tales asociaciones, ya que todas son, como ya sabemos, formas de alegoría en clave humana.

Así pues, en una época de exaltación patriótica, de pujanza nacional y reafirmación de un linaje, la alegoría encontró el mejor de los campos de cultivo. En el futuro, la política será el fermento básico de los desarrollos alegóricos, en la literatura y las artes plásticas; por ello, las entradas triunfales, que traían aromas de un mundo antiguo redivivo, penetraron con toda fuerza en el siglo XVI y fueron una constante con los sucesivos miembros de la Casa de Austria (sobre esta época versará el libro, en fase de preparación, de Massip Bonet). La ceremonia y el boato de tales ocasiones no sólo animaron la pluma de cronistas y relatores sino que estimularon la imaginación de los novelistas, que encontraron maneras de engalanar sus relatos con los recibimientos y los momos cortesanos y que vieron en las entradas triunfales y en las fiestas de la realeza una vía para interconectar ficción y realidad vivida. Deberíamos tener perfectamente aprendida esta lección por habérnosla repetido tantas veces, y con su sabiduría característica, el maestro Martín de Riquer en sus investigaciones sobre el *Tirant lo Blanc* (entre tanta página reveladora, basta citar Riquer, 1992) y el *Quijote* (concretamente en la

Segunda parte, con el palacio de los duques y Clavileño); a ellos, cabe unir otros muchos testimonios, del tipo de los apuntados por Del Río Nogueras (1986) en el *Florindo* de Fernando Basurto, de 1530, o de los espigados por Alvar & Lucía Megías (2004: 396-409) en el conjunto de los libros de caballerías quinientistas. Por supuesto, el número de ejemplos que podemos aducir sería muy elevado si tuviésemos en cuenta otras maneras de espectáculo próximas en muchos sentidos, y presentes por igual en la ficción y la realidad, como son los torneos y las invenciones que derivan de sus caprichosas cimeras, con constante evolución hacia el ámbito del momo y el entremés.

Muy cerca del universo alegórico queda el mitológico, que a veces coincide plenamente; por ello, no es de extrañar el uso combinado de alegoría y mitología en el arte literario y plástico de la época, con ejemplos tan estupendos como el de la *Commedia sine titulo* o *Leucasia* de c.1503-04, drama latino en que su autor, Girolamo Morlini, da cuenta del triunfo de Fernando el Católico sobre Luis XII de Francia en Nápoles por vía mitológico-alegórica: Fernando el Católico aparece aquí como Protesilao, Luis XII corresponde a la figura de Orestes, mientras Leucasia es la ciudad de Nápoles. Aunque la mitología puede servir para propósitos muy diversos, en el ejemplo previo y en los dos que siguen funciona como refuerzo del mensaje político: me refiero a la tragicomedia *Fernandus servatus* de Carlo y Marcellino Verardi, que arranca con un encuentro en el Hades de Plutón y las Furias (personajes que ya habían animado la tragedia senequista que Albertino Mussato concluyó en 1314 y que tituló como *Ecerinis*), que maquinan el atentado que casi costará la vida a Fernando el Católico, acaecido en Barcelona en 1492; sobre el mismo asunto, Pedro Mártir de Anglería escribió su poema *Pluto furens*, en que es de nuevo ese dios-demonio quien, desde el averno, anima el magnicidio. Este útil poético, tan grato en la época como podemos ver, le vino bien en otras tantas ocasiones al humanista italiano, como en su *In Janum*, un poema épico-alegórico que se ocupa del encuentro o pacto de Renedo (1506) entre Fernando el Católico y Felipe el Hermoso, por el que éste recibió el gobierno de Castilla (para el comentario que Antonio de Nebrija hizo de la obra véase Nebrija, 1992). A la poesía y el teatro, cabe unir el diálogo por su uso permanente de estructuras alegóricas, como en las viejas *altercationes* latinas y vernáculas, o mitológico-alegóricas, en la línea de Luciano de Samosata. Éstas y otras tradiciones confluyen y enriquecen el panorama de la literatura dialogística del siglo XVI.[9]

---

[9] Aunque pueden señalarse otras obras de notable valor sobre el asunto, basta con aludir al resumen, en el que abundan los títulos de interés para la presente ocasión, de Gómez (2000).

3

En el futuro, la alegoría, en sus distintas formas y modalidades, continuará imponiéndose en el terreno político, en clave seria o burlesca, con un vigor que se percibe en especial en el caso de la prensa periódica de carácter satírico. La alegoría resulta fundamental entre el siglo XIX y el XX, con sus naves del Estado (también las hay burlescas, para lo que se tiene en cuenta la paralela *Narrenschiff* o *Nave de los necios*), con jovencitas ataviadas con el gorro frigio (a veces, con poses cómicas), con la ciega Justicia (que, en ocasiones, hace de las suyas con la balanza y la espada, o que se acompaña de los leones, que representan el poder y las Cortes Españolas, dormitando). Con el paso de los siglos, la alegoría no sólo logró mantenerse sino que fue enseñoreándose de la totalidad del arte, particularmente en el terreno de la expresión plástica, patente en el vasto dominio del pensamiento político y la cultura, fundamentos principales de lo que conocemos con el marbete de *historia de las ideas*. Para comprobarlo, sin necesidad de salir de nuestra ciudad (aunque el experimento puede llevarse a cabo en otra cualquiera que esté imbuida del espíritu de la civilización occidental), basta echar una ojeada a las sedes de las academias científicas, de los ministerios y organismos públicos, de las asociaciones culturales, religiosas y políticas, en un amplio abanico que nos lleva, por lo común, desde los años del Neoclasicismo hasta la segunda efervescencia vanguardista de Posguerra. Por supuesto, el resultado será idéntico si de la arquitectura se pasa a la escultura, la pintura, las artes decorativas o las artes gráficas; en este último ámbito, y particularmente en el de la prensa periódica, al grabado acabará por unírsele la fotografía, que llegará a ofrecernos una estampa alegórica de sí misma tan estupenda como la del genial Alfonso, fechada en 1902 y recogida y estudiada por López Mondéjar (2002: 24). Ahora, sólo ahora, caemos en la cuenta de que el hombre de nuestra época no ha salido del universo de la alegoría (ni vieja ni nueva, porque lo es de todos los tiempos), que todo lo alcanza y que gana en modernidad al esconderse apenas tras una denominación perfectamente actual: *icono*; con ella, conviven el resucitado *emblema* y, sobre todo, el adjetivo correspondiente, que todo lo invade, emblemático.

Poco cambian los resortes que animan nuestro espíritu, por mucho que les demos nombres distintos y que pretendamos separar épocas por medio del abismo de la modernidad. La culpa (digámoslo así) de la pervivencia y fortalecimiento de la alegoría la tiene, según entendemos, la continuidad sin fisuras ni altibajos del mundo clásico como referencia básica que es para la cultura occidental, con independencia de siglos, tendencias y modas, entre el Medievo y el presente (algo de esto ha dicho recientemente Gómez Moreno, 2002); de hecho, cuanto más innovador se pretende el arte con mayor nitidez se perciben sus argumentos alegóricos, como vemos en las vanguardias artísticas que, desde inicios del siglo XX y hasta ahora, se propusieron abandonar una larga senda para innovar o, cuando menos, filtrar sus postulados básicos. Incluso ahí, a pesar de la supuesta y radical oposición ideológica de unos y otros (con los fascistas y su arte frente a los socialistas y el suyo propio), percibimos nítida la presencia de la alegoría, apoyada por lo común en referentes clásicos y volcada en transmitir una ideología o un ideario concretos. Llegados a este punto, podemos permitirnos una reivindicación general de la alegoría, como figura básica para la construcción literaria de acuerdo con la retórica, a pesar de que parte de su espacio le haya sido usurpado (en buena medida por la conjunción de prejuicios innegables y hasta de pura ignorancia) por un término mucho más prestigiado por la teoría literaria moderna: *símbolo*. Cabe recordar, no obstante, que éste es ajeno por completo a la tradición a la que nos referimos; por ello, los manuales de retórica de toda época tan sólo se ocupan de la alegoría, mientras el símbolo, cuando a él se alude, cae en un universo semántico claramente diferenciado: el religioso. Como muestra, leamos lo que dice Alfonso de Palencia en su *Universal vocabulario*, ya que es una de las pocas obras que recogen la voz *símbolo* antes del siglo XVI:

> *Símbulon* en griego es consultaçión, ayuntamiento o señal. Dízese propriamente *simbolum* quando diversas personas reponen algund preçio en mano de uno para dende se apareje común combite, assí que *simbolum* es señal, o fe, o dinero juntado. Otrosí se interpreta indiçio e lo que muchos en uno confieren confessando la verdad, segund fizieron los apóstoles, que aviendo de yr a predicar el Evangelio en uno, primero conferieron, e cada uno pronunçió lo que sentía, donde resultó el símbolo. (Palencia, 1490: II, fol. 454ᵛ)

Valga como refuerzo un testimonio adicional, extraído esta vez de una fuente de información contemporánea, el *Vocabularium ecclesiasticum* de Rodrigo Fernández de Santaella, donde se dice lo siguiente:

> *Simbolum*. li. ne. g. pe. cor. Ayuntamiento o collecta de dichos o sentencias en concilio, como fueron los artículos de la fe que se pusieron en el Credo, o la parte de dinero o manjar o otra cosa que cada uno pone para el combite. De *sin*, grece, que significa "en uno" o "de consuno" o "con", et *bolus*, "bocado", aunque mejor se dice de *symballo*, greco, que es *confero*, porque muchos ponen en uno. E a esta causa el Credo se llamó "sýmbolo", Proverb. xxiii [i.e. Pr 23.20-21 "noli esse in conviviis potatorum [...], quia vacantes potibus et dantes symbola consumentur"]. (Sancta Ella, 1499: fol. 164)

Recordemos, en fin, que esto último se sabía desde antes, como leemos al inicio de la *Primera partida* alfonsí: "fue fecho el *Credo in deus*, a que llaman en latín *simbolum*, que quiere tanto dezir commo bocados. E esto es porque cada uno de los apóstoles por sí dixo su palabra çierta commo creían, e ayuntadas todas en uno es aí toda la creençia conplida" (*Part*. I.3.1, en Alfonso X, 1491: fol. 5ᵛ). Disponemos de testimonios semejantes que refuerzan la idea de que esa voz, tomada en sentido específicamente retórico, puede llevarnos por vía muerta; ahora bien, conviene aclarar y deslindar ciertos conceptos. En ese sentido, la interpretación de mensajes ocultos, de arcanos, por medio de símbolos es característica del cristianismo y cuenta con adelantados como san Clemente de Alejandría en sus *Stromata* o *Misceláneas*; por ello, la interpretación simbólica (que recibirá el refuerzo del Pseudo-Dionisio y de santo Tomás de Aquino) brindó una herramienta idónea para el estudio de los textos sagrados (como vemos en la selección comentada de Minnis y Scott, 1991). En este medio, las fronteras entre símbolo y la alegoría (recordemos que esta última constituía una de las bases de la interpretación tropológica) nunca fueron claras, si es que existieron; pero las cosas no habían sido muy distintas entre los clásicos greco-latinos, pues una figura alegórica podía derivar en un tratamiento simbólico si la imagen comportaba un mensaje profundo y difuso que había que desvelar. De ese modo, el poeta Teognis de Megara (siglo VI a.C.) procuraba la siguiente explicación a la estampa de la nave del estado vapuleada por una tormenta: "Son enigmas que he ocultado yo mismo para los hombres nobles; también un hombre malvado podrá comprenderlos si tiene buen juicio" (*Eleg*. I, 667-82, en 681-82).[10] Obvio resulta que, si la imagen anterior se hubiese consolidado (esto es, si hubiese ocurrido algo semejante a lo que, en el terreno de la lingüística, se conoce como *lexicalización de una metáfora*), de nuevo estaríamos en el ámbito de la alegoría.

Con ello, no obstante, tampoco hay que entender que la alegoría sea diáfana por principio, pues por largos siglos los exegetas se ocuparon de perseguirla y de procurar desvelarla con distintos propósitos. El primero de todos ellos no fue otro que salvar o validar la totalidad de la literatura clásica, con su peligrosa mitología y con el turbulento ideario que parecía transmitir; el segundo, darles un valor añadido a textos intachables desde una óptica moral en origen, a la manera de la lectura que hizo el filólogo Filipo de las *Etiópicas* de Heliodoro, o como el mesianismo pagano o cristiano que tan-

---

[10] La imagen de la nave del Estado aparece también en Alceo, al que imita Horacio en *Carmina*, I.xiv, cuya alegoría es explicada por Quintiliano, *Institutio oratoria* VIII.vi.44; véase Nisbet & Hubbard (1970: 178-82).

tos quisieron ver en la *Égloga IV* de Virgilio.[11] En realidad, durante siglos y siglos, Occidente se esforzó en pasar prácticamente toda la literatura por el tamiz de la alegoría, lo que sirvió para estrechar los vínculos entre poesía y filosofía, y para borrar las fronteras que separan ambas, como han señalado tantos y tantos estudiosos (por ello, basta recordar la pincelada de Curtius, 1955: 290-98). En definitiva, como bien comentaba el agudo Juan Luis Vives en su *Bucolicorum Virgilii interpretatio potissimum allegorica* (1544), ningún texto está libre de futuras interpretaciones alegóricas, con independencia de cuál haya sido la voluntad de su escritor: "Non dubito quin allegoriam aliquibus versibus aptaverim de qua poeta non cogitaverit quidem, ut alias permultas ad quas procul dubio respexerit quum scriberet, sed id nec ingratum erit lectori nec inutile". En esa afirmación, el humanista valenciano no hace sino revelar una tendencia permanente en el plano de la exégesis, como bien dice Braund (2002: 226): "In a case like this, allegory clearly refers to a method of creation and a method of interpretation. But in some older cases of ancient allegorical readings, allegory seems to operate at the point of critical reception rather than authorial intention".

Aristóteles fue, como tantas veces, el primero en destacar la formidable riqueza del lenguaje de los símbolos al afirmar en *Peri hermeneias* 16a3-8 (I.1), breve tratado que abre su todopoderoso *Órganon*, que las palabras son símbolos vocales que remiten a emociones humanas (para todo ello, consúltense las referencias de Kennedy, 1989). Con todo, Occidente sólo comenzó a explotar ese riquísimo filón al alcanzar el siglo XX, en su intento de comprender los principios poéticos del arte de Fin de Siglo y al pertrecharse con las nuevas herramientas de análisis que aportaban disciplinas como la psicología y la antropología (de ahí el principio básico del irracionalismo simbólico, que anima buena parte de las páginas escritas por Bousoño, 1977). El resultado lo conocemos de sobra: mientras se iluminaban intensamente, y a menudo por vez primera, muchas de las páginas de la historia del arte (plástico y literario), otras se fueron enmoheciendo por falta de luz, entre ellas las correspondientes a la alegoría en los manuales de retórica. Y sin embargo apenas nada había cambiado: la alegoría, consistente por lo común en una prosopopeya con figura de mujer, había triunfado en las sempiternas estampas femeninas de la pintura simbolista y, ya entrado el siglo XX, continuaba imponiéndose en las Dianas, Ateneas y demás féminas del clasicismo vanguardista (hay ejemplos madrugadores, como el de un neohelenismo deci-

---

[11] Para Heliodoro véase García Gual (1972: 308); sobre la égloga mesiánica, bastan dos referencias para ambas maneras de aproximarse a la obra: Benko (1980) y Ruiz Arzálluz (1995).

monónico patente en el salón de actos del Ateneo de Madrid). Muchas de tales estampas son, en esencia, estupendas imágenes alegóricas o, cuando menos, semialegóricas; de ellas está cuajado el arte vanguardista, con el paradigma del edificio del Círculo de Bellas Artes de Madrid, rematado con su flamante Minerva (del brillante *Diccionario* de Bonet, 1995 se pueden entresacar abundantes ejemplos); de ellas está repleto el arte simbolista (Calvo Serraller, 1997), como en el cuadro que Leandro Oroz tituló *Evocación (Antonio Machado y su musa*, c.1915, óleo sobre lienzo, Colección Banco de Urquijo), que no llega a ser una alegoría plena al faltar los elementos necesarios para revestir a la mística joven, que sólo se nos ofrece leyendo un libro.

Obras citadas

Alfonso X, 1491. *Siete partidas*, Sevilla, Meynardo Ungut Alemano & Lançalao Polono compañeros.
Alvar, Carlos, & José Manuel Lucía Megías, 2004. *Libros de caballería castellanos: una antología*, Barcelona, J. M. Ollero y Ramos.
Azaustre, Antonio, & Juan Casas, 1997. *Manual de retórica española*, Barcelona, Ariel.
Benko, Stephen, 1980. "Virgil's Fourth Eclogue in Christian Interpretation", *Aufstieg und Niedergang der römischen Welt: Geschichte und Kultur Roms im Spiegel der neueren Forschung*, Teil II: *Principat*, Band XXXI: *Sprache und Literatur*, Teilband 1: *Literatur der augusteischen Zeit, einzelne Autoren (Vergil, Horaz, Ovid)*, ed. Wolfgang Haase, Berlin, Walter de Gruyter, 645-705.
Bonet, Juan Manuel, 1995. *Diccionario de las Vanguardias en España 1907-1936*, Madrid, Alianza.
Bousoño, Carlos, 1977. *El irracionalismo poético: el símbolo*, Madrid, Gredos.
Bround, Susanna Morton, 2002. *Latin Literature*, London, Routledge.
Calvo Serraller, Francisco, 1997. *Pintura simbolista en España (1890-1930)*, Madrid, Mapfre.
Carr, Derek C., 1980-81. "A Fifteenth-Century Castilian Translation and Commentary of a Petrarchan Sonnet: Biblioteca Nacional MS 10.186 folios 196r-199r", *Revista canadiense de estudios hispánicos*, 5, 123-43.
Casas Rigall, Juan, 1995. *Agudeza y retórica en la poesía amorosa de cancionero*, Santiago de Compostela, Universidade de Santiago de Compostela.
Cátedra, Pedro M., 1983. "Escolios teatrales de Enrique de Villena", en *Serta philologica F. Lázaro Carreter natalem diem sexagesimum celebranti dicata*, ed. Emilio Alarcos *et al.*, 2 tomos, Madrid, Cátedra, II, 127-36.
— 1992. "Teatro fuera del teatro: tres géneros cortesanos", en *Teatro y espectáculo en la Edad Media: Actas, Festival d'Elx 1990*, ed. Luis Quirante, Alicante, Instituto de Cultura Juan Gil Albert, 31-46.

Curtius, Ernst Robert, 1955. *Literatura europea y Edad Media latina*, trad. Margit Frenk Alatorre & Antonio Alatorre, 2 tomos, México, Fondo de Cultura Económica [*Europäische Literatur und lateinisches Mittelalter*, Bern, Francke, 1948].

De Andrés Díaz, Rosana, 1984. "Las 'entradas reales' castellanas de los siglos XIV-XV, según las crónicas de la época", *En la España medieval*, IV: *Estudios dedicados al profesor D. Ángel Ferrari Núñez*, 2 tomos, Madrid, Universidad Complutense, I, 47-62.

Del Río Nogueras, Alberto, 1986. "Dos recibimientos triunfales en un libro de caballerías del siglo XVI", en M.-L. Atares *et al.*, *Homenaje a José Manuel Blecua*, Huesca, Instituto de Estudios Altoaragoneses, 19-30.

Falomir Faus, Miguel, 1993. "Las entradas triunfales de Fernando el Católico tras la conquista de Nápoles", en *La visión del mundo clásico en el arte español: VI Jornadas de Arte, Madrid 1992*, introd. Enrique Arias Anglés, Madrid, Alpuerto & CSIC, 49-55.

Ferrer Valls, Teresa, 1993. *Nobleza y espectáculo teatral (1535-1622): estudios y documentos*, Col·lecció oberta: Textos teatrales hispánicos del siglo XVI 1, Valencia, UNED.

García Gual, Carlos, 1972. *Los orígenes de la novela*, Colección Fundamentos 16, Madrid, Istmo.

Gómez, Jesús, 2000. *Forma y evolución del diálogo renacentista*, Arcadia de las Letras 2, Madrid, Laberinto.

Gómez Moreno, Ángel, 1990. *El "Prohemio e carta" del Marqués de Santillana y la teoría literaria del siglo XV*, Barcelona, PPU.

— 1991. *El teatro medieval castellano en su marco románico*, Colección Persiles 203, Madrid, Taurus.

— 1999. "El reflejo literario", en *Orígenes de la monarquía hispánica: propaganda y legitimación (ca. 1400-1520)*, ed. José Manuel Nieto Soria, Madrid, Dykinson, 315-39.

— 2002. "Un prólogo a Rebeca", en Rebeca Sanmartín Bastida, *Imágenes de la Edad Media: la mirada del Realismo*, Anejos de la *Revista de Literatura* 56, Madrid, CSIC, 15-25.

— & Teresa Jiménez Calvente, 2002. "Entre edenismo y *aemulatio* clásica: el mito de la Edad de Oro en la España de los Reyes Católicos", *Silva: estudios de humanismo y tradición clásica* (Universidad de León), 1, 113-40.

— & Rebeca Sanmartín Bastida, 2002. "El teatro medieval", en *Diccionario filológico de literatura medieval española: textos y transmisión*, ed. Carlos Alvar & José Manuel Lucía Megías, Nueva biblioteca de erudición y crítica 21, Madrid, Castalia, 1081-106.

Jiménez Calvente, Teresa, 1994. "Nebrija en los *Virorum doctorum elogia* de Paulo Jovio", *RFE*, 74, 41-70.

— 2001. "Virgilio y sus comentarios renacentistas, I", *Estudios clásicos*, 120, 35-64.

— 2002. "Los comentarios a las *Trescientas* de Juan de Mena", *RFE*, 82, 21-44.

— & Ángel Gómez Moreno, 2001. "De Dante y otras *vite*", *Cuadernos de filología italiana* (Universidad Complutense de Madrid), 7-9 (Número extra: *La recepción de Boccaccio en España*, ed. María Hernández Esteban, Madrid, Universidad Complutense), 373-92.

— & Ángel Gómez Moreno, 2002. "Comentario al soneto quevedesco 'Admírase de que Flora, siendo toda fuego y luz, sea toda hielo' (con una nota sobre la antigua Escitia)", *La Perinola: revista de investigación quevediana*, 6, 137-50.

Kennedy, George A. (ed.), 1989. *The Cambridge History of Literary Criticism*, I: *Classical Criticism*, Cambridge, Cambridge UP.

Levine, R., 1989. "Exploiting Ovid: Medieval Allegorizations of the *Metamorphoses*", *Medioevo romanzo*, 14, 197-213.

López Mondéjar, Publio, 2002. *Alfonso: cincuenta años de la historia de España*, Madrid, Lunwerg.

Maravall, José Antonio, 1966. *Antiguos y modernos: la idea de progreso en el desarrollo inicial de una sociedad*, Madrid, Sociedad de Estudios y Publicaciones.

Massip Bonet, Francesc, 2003. *La monarquía en escena: teatro, fiesta y espectáculo del poder en los reinos ibéricos de Jaume el Conquistador al Príncipe Carlos*, Colección Música y Teatro Religioso Medieval 7, Madrid, Comunidad de Madrid, Consejería de Cultura y Deportes.

Minnis, A. J., & A. B. Scott, con David Wallace, 1991. *Medieval Literary Theory and Criticism c.1100-c.1375: The Commentary Tradition*, 2a. edición, Oxford, Clarendon Press [1988].

Nebrija, E. Antonio de, 1992. *Comentario al poema "In Ianum" de Pedro Mártir de Anglería*, ed. & trad. Carmen Codoñer, Aelii Antonii Nebrissensis grammatici Opera 1, Salamanca, Universidad de Salamanca.

Nieto Soria, José Manuel, 1988. *Fundamentos ideológicos del poder real en Castilla (siglos XIII-XVI)*, Madrid, Universidad Complutense.

— 1993. *Ceremonias de la realeza: propaganda y legitimación en la Castilla trastámara*, Madrid, Nerea.

Nisbet, R. G. M. & Margaret Hubbard, 1970. *A Commentary on Horace: Odes, Book I*, Oxford, Clarendon Press.

Palencia, Alfonso de, 1490. *Universal vocabulario en latin y en rromance*, 2 tomos, Hispali, Paulus de Colonia Alemanus cum sociis (reimpr. facs., Madrid, RAE, 1967).

Post, Chandler Rathfon, 1915. *Medieval Spanish Allegory*, Cambridge MA, Harvard UP (reimpr. Westport CT, Greenwood Press, 1974).

Rico, Francisco, 1986. *El pequeño mundo del hombre: varia fortuna de una idea en la cultura española*, 2a. edición, Madrid, Alianza [Madrid, Castalia, 1970].

Riquer, Martín de, 1992. *"Tirant lo Blanch": novela de historia y de ficción*, Barcelona, Sirmio.

Rodado Pérez, Ana M., 2000. *"Tristura conmigo va": fundamentos de amor cortés*, Ciudad Real, Universidad de Castilla-La Mancha.

Ruiz Arzálluz, Íñigo, 1995. "Augusto, Nerón y el *puer* de la *Cuarta Égloga*", *Aevum: rassegna di scienze storiche, linguistiche e filologiche*, 1, 115-45.

Sancta Ella, Rhodericus Ferdinandus de, 1499. *Vocabularium ecclesiasticum*, Hispali, in officina Johannis Thome & Magni sociorum ex Germania.
Spang, Kurt, 1979. *Fundamentos de retórica*, Pamplona, Universidad de Navarra.
Surtz, Ronald, 2002. "The Entry of Ferdinand the Catholic into Valladolid in 1509", *European Medieval Drama*, 6 (en <http://odur.let.rug.nl/~sitm/surtz.htm>).
Vives, J. L., 1544. *Bucolicorum Virgilii expositio potissimum allegorica ex postrema recognitione authoris*, Antuerpiae, s.n.
Weiss, Julian, 1990. *The Poet's Art: Literary Theory in Castile c.1400-60*, Medium Ævum Monographs n.s. 14, Oxford, Society for the Study of Mediaeval Languages and Literature.

LECTURAS ALEGÓRICAS DE LAS *METAMORFOSIS* DE OVIDIO EN LA ESPAÑA DEL SIGLO DE ORO

BARRY TAYLOR
The British Library

1

El primero de mis dos puntos de partida es una cita de la *Carta en respuesta a la que le escribieron*, texto muchas veces considerado como el testamento poético de Luis de Góngora:

> y si la obscuridad y estilo intrincado de Ovidio, que en lo *de Ponto* y en lo *de Tristibus* fue tan claro como se ve y tan obscuro en las *Transformaciones*, da causa a que vacilando el entendimiento, en fuerza de discurso trabajándolo (pues crece con cualquier acto de calor), alcance lo que así en la lectura superficial de sus versos no pudo entender luego, hase de confesar que tiene utilidad avivar el ingenio, y eso nació de la obscuridad del poeta. (Góngora, 1986: 342)

Esta laberíntica oración se puede desglosar así: Ovidio es tan claro en los *Tristia* y *Ex Ponto* como oscuro en las *Metamorfosis*.[1] La oscuridad de Ovidio hace que el entendimiento del lector alcance lo que no podría captar en seguida por la vía literal. La oscuridad logra esto trabajando el entendimiento y haciendo que vacile. El entendimiento crece al calentarse. La poesía oscura es útil porque despierta el ingenio del lector.

Así escribía Góngora en 1613. Del año 1585 data la primera edición de la obra de Juan Pérez de Moya, *Philosofía secreta, donde debaxo de historias fabulosas se contiene mucha doctrina provechosa a todos estudios*. El autor explica:

> De cinco modos se puede declarar una fábula, conviene a saber: literal, alegórico, anagógico, tropológico, y físico o natural. (Pérez de Moya, 1995: 69, cap. 2)

---

[1] Consta que los *Tristia* y el *Ex Ponto* aparecían con más frecuencia como libros escolares de la época que las *Metamorfosis* (Gómez Rodeles *et al.*, 1901: 893).

Mi segundo punto de partida es el juicio que Rudolph Schevill dicta sobre Pérez de Moya en su *Ovid and the Renascence in Spain*:

> It seems incredible that this book of almost a thousand pages, attempting to interpret mythological names, chiefly from Ovid, in a traditional way, should have seen the light at so recent a date. (Schevill, 1913: 14 n21, refiriéndose a la segunda edición de 1599)

Si el comentario de Schevill es justo, Góngora mantenía una concepción obsoleta de las *Metamorfosis*. Para arrojar luz sobre esta cuestión, hace falta un estudio panorámico de la historia de la alegoresis ovidiana en España, enmarcándola en el contexto de la lectura de Ovidio en Italia y Francia. Para establecer dicho contexto no creo que sea necesario extender la investigación más allá de las fronteras de la Europa católica. También pasaré revista a ciertas teorías de la fábula desarrolladas en la época moderna.

El material hispano de este estudio abarca traducciones de las *Metamorfosis*, comentarios y ediciones, e imitaciones en composiciones poéticas largas y en el teatro. Excluyo las artes visuales, porque a mi modo de ver las relaciones entre las artes hermanas a menudo se exageran, y el arte y la literatura, si se desarrollan juntas, lo hacen a compases diferentes. Como nota Christopher Allen, "the concerns of the editors and mythographers only partly match those of contemporary artists, and in general exhibit a considerable time-lag in sensibility" (2002: 355). Dicho sea de paso que los dos principales ciclos pictóricos de tema ovidiano, las *poesie* pintadas por Ticiano para Felipe II y los cuadros que creó Rubens para la Torre de la Parada de Felipe IV, apenas han dejado documentos que pudieran explicar cómo los contemporáneos los "leían" (Nash, 1985; Alpers, 1971). Sólo dos de los Ovidios castellanos contienen grabados.

Como la recepción del mito clásico, llamado *fábula* en el Siglo de Oro, se correspondía en gran medida con la de las *Metamorfosis*, me permitiré cierta licencia en aplicar a Ovidio toda referencia española a la *fábula*. Claro está que el Siglo de Oro conocía ciertos mitos no ovidianos, por ejemplo Cupido y Psique (Escobar Borrego, 2002), pero son una minoría.

2

La mayoría de las lecturas del mito, incluso las más modernas, son *lato sensu* alegóricas: es decir, proponen que el mito "dice una cosa y significa otra", según la frase de Isidoro, *Etymologiae* I.xxxvii. La España del Siglo de Oro heredó varias interpretaciones clásicas y medievales, que pueden resumirse así:

1. Los mitos eran las tentativas del hombre primitivo para explicar ciertos fenómenos físicos: "Vulcano cojea, porque en la naturaleza el fuego nunca sigue una línea recta" (Isidoro, *Etymologiae* I.xl). Esta idea se remonta a Teágenes de Rhegium (siglo VI a.C., Bulfinch, 1993: 370) y Lucrecio (Morford & Lenardon, 2003: 673), y pervive hasta Max Müller en 1856 (Morford & Lenardon, 2003: 7).

2. Los dioses eran originariamente humanos, según la doctrina llamada evemerismo, concebida por Euhemerus de Mesene *c*.300 a.C. Aunque no se trata de un invento cristiano, influyó en San Agustín, *Ciudad de Dios* VII.18 (Morford & Lenardon, 2003: 669). Dentro de esta tradición se inserta Eusebio, quien colocó varias figuras mitológicas en su cronología universal, lo que supone que tales figuras habían existido como personas. En España, los mitos que Alfonso X deriva de Ovidio se insertan en un contexto cronológico (Brancaforte, 1990).

3. Una aportación peculiarmente cristiana a la lectura del mito era la idea de que los autores paganos predijeron los conceptos del cristianismo porque poseían el privilegio de una relevación imperfecta de la Sagrada Escritura: al fin y al cabo, Moisés precedió a Ovidio.

4. Dentro de esta visión del mito funciona la aplicación de los cuatro sentidos de la exégesis bíblica: así como el Antiguo Testamento prefiguró el Nuevo, la literatura pagana podía prefigurar el cristianismo: una extensión de esta tradición son las lecturas cristológicas que hacen de Orfeo o Narciso figuras de Cristo.

5. El ejemplarismo debe distinguirse del alegorismo. Uno de los cuatro sentidos bíblicos era el moral, y se hallan numerosas lecturas de los mitos que tratan los hechos de los dioses como un repertorio de *exempla* morales, buenos o malos. Este tratamiento moralista de un texto no es privativo de las lecturas del mito: el ejemplarismo cuenta con una historia mucho más larga, desde la antigüedad hasta nuestros días (Lyons, 1989).

En torno al 1700 se introduce una nueva idea, de refrescante originalidad:

6. Fontenelle, escribiendo en la década de 1690 (pero publicado en 1724), declara:

> assurément ceux qui ont fait les fables n'étaient pas gens à savoir de la morale ou de la physique, ni à trouver l'art de les déguiser sous des images empruntées. Ne cherchons donc autre chose dans les fables que l'histoire des erreurs de l'esprit humain (Fontenelle, 1932: 39; Feldman & Richardson, 1972: 18).

En España, las ideas de Fontenelle tuvieron cierta repercusión en la obra de Feijoo, quien veía con escepticismo el evemerismo y la relación ente Biblia y mito, que creía válida en sólo unos pocos casos (Trousson, 1965-66).

7. El siglo XX presenció una vuelta al alegorismo. Para Freud, hacia 1900, los mitos eran comparables a los sueños porque "[they] reflect people's waking efforts to systematise the incoherent visions and impulses of their sleep world" (Morford & Lenardon, 2003: 8).

8. Desde Freud, las interpretaciones se han hecho menos alegóricas. En opinión de J. G. Frazer, "Myth implies ritual, ritual implies myth" (Morford & Lenardon, 2003: 11). El fundador de esta escuela suele identificarse como W. Robertson Smith, con sus *Lectures on the Religion of the Semites* de 1894, para quien "all myths were closely dependent on rituals [...] not entirely removed from savage ones" (Kirk, 1974: 15). Conste que este vínculo entre mito y ritual ya está presente en los *Fastos* de Ovidio, editados por el propio Frazer en la Loeb Classical Library.

9. Malinowski (que trabaja en la época de la Primera Guerra Mundial) explica los mitos no en términos cósmicos ni misteriosos, sino como "charters" (cartas de fundación) de costumbres sociales y creencias (Morford & Lenardon, 2003: 11).

10. Por último, es probable que Lévi-Strauss represente un extremo del proceso de alejamiento del alegorismo, ya que se interesa más por la relación (normalmente binaria) entre los elementos de un mito; es decir, tales elementos no representan un significado exterior (Morford & Lenardon, 2003: 12).

Así se puede definir la gama de posibles lecturas del mito. Paso ahora revista a unas lecturas concretas. Me interesa menos la fecha de aparición de nuevas ideas que la cronología de su pervivencia. Siguiendo el modelo de los cuatro sentidos bíblicos, distinguiré entre la alegoría moral y la espiritual: la primera indica cómo hay que comportarse, la segunda contempla cuestiones menos cotidianas de la relación entre Dios y el hombre. Usaré como botón de muestra la fábula de Acteón.

En el siglo V escribe el obispo Fulgencio:

Fabula Acteonis. Curiositas semper periculorum germana detrimenta suis amatoribus novit parturire quam gaudia. Acteon denique venator Dianam lavantem vidisse dicitur; qui in cervum conversus a canibus suis non agnitus eorumque morsibus devoratus est. Anaximenes, qui de picturis antiquis disseruit, libro secundo ait venationem Acteonem dilexisse; qui cum ad maturam pervenisset aetatem consideratis venationum periculis, id est quasi nudam artis suae rationem videns timidus factus est; inde et cor cervi habens, unde et Homerus ait:

οἰνοβαρὲς κυνὸς ὄμματ' ἔχων κραδίην δ' ἐλάφοιο, id est: "ebriose, oculos canis habens et cor cervi". Sed dum periculum venandi fugiret, affectum tamen canum non dimisit, quos inaniter pascendo pene omnem substantiam perdidit; ob hanc rem a canibus suis devoratus esse dicitur. (*Mitologiae* III.iii.107, en Fulgentius, 1970: 62-63)[2]

Fulgencio dirige su interpretación a elucidar lo que concibe como el lenguaje metafórico del texto, del cual nunca quita la mirada. Aunque cristiano, no interpreta la fábula como una referencia a la Biblia. Dicho con otras palabras, su alegoría disuelve el texto tratándolo más metafórica que literalmente. Con Arnulfo de Orléans y Juan de Garlandia, Fulgencio es una fuente de la *General estoria* alfonsí (Brancaforte, 1990), y, junto con el Boccaccio de la *De genealogia deorum*, lo es también de las *Transformacions del poete Ovidi* que tradujo al catalán Francesc Alegre (1494, única edición).

Diferente es el acercamiento del *Ovide moralisé* francés y de otro texto, el *Ovidius moralizatus* latino de Pierre Bersuire (Berchorius), los dos fechados en el siglo XIV. La obra francesa nos importa menos, pues nunca se imprimió en la época de nuestro interés; en cambio, la obra latina se tradujo al castellano en el siglo XV (Carr, 1992). Bersuire somete a Ovidio a los cuatro sentidos bíblicos, resumidos en el verso:

> Littera gesta docet; quid credas, allegoria;
> moralis, quid agas; quo tendas, anagogia.[3]

Es lógico que Bersuire use la técnica de la exégesis bíblica, si recordamos que el *Ovidius moralizatus* se concebía como el Libro XV del *Reductorium morale*, una obra más extensa para predicadores, cuyo Libro XVI son las *Moralizationes Biblie*. A Bersuire no le interesa el significado literal de los mitos, y es cristológico, es decir, su enfoque particular se basa en interpretar los diversos personajes como figuras de Cristo. Este tipo de alegoría fue objeto de la sorna de reformistas como Lutero (Seznec, 1940: 87) y Erasmo en el *Elogio de la locura* (§54, en Erasmus, 1898: 138), y después de unos

---

[2] La fábula del joven que espía a la diosa desnuda enseña la sentencia, "La curiosidad, siempre hermana del peligro, crea más daños que gozos para sus devotos", mas según Anaxímenes tiene el siguiente sentido: Acteón era adepto a la caza, pero cuando alcanzó la madurez comprendió su peligro, al darse cuenta de su indefensión, y se volvió tímido como un ciervo. No obstante, mantuvo sus perros, que consumieron su hacienda; "por ello se dice que fue comido por sus perros".

[3] "La letra enseña los hechos (la historia); la alegoría, lo que debes creer; la moral, lo que debes hacer; la anagogía, cuál es tu destino eterno".

doscientos años perdió el favor de la Iglesia Católica. En 1559 el *Index librorum prohibitorum* (1559: fol. C2ᵛ) prohibió "In Ovidii Metamorphoseos libros Commentaria, sive Enarrationes allegoricae, vel tropologicae". Así se explica por qué el ejemplar de las *Transformacions* de Alegre de la Biblioteca de la Universitat de Barcelona haya sufrido ciertas mutilaciones que escinden las alegorías (Badia, 1986: 88). No está completamente clara la razón de tal censura. Ann Moss opina que lo ofensivo de las interpretaciones no era su contenido sino su falta de sistema: "its whimsical lack of historical decorum in adjusting meaning to myth [...] now made the spiritual mysteries it claimed to preach seem as trivial as the fables it did very little to illuminate" (1982: 27). A mi modo de ver, dicha prohibición también podría reflejar una creciente aceptación contrarreformista de la filología renacentista, junto con una conciencia cada vez más aguda de las diferencias que separaban las culturas antigua y moderna, que produjo un sentimiento progresivo de anacronismo.

Otro factor importante, sin duda, era la idea de que la Escritura tiene un estatus especial y una capacidad única de contener verdades alegóricas (Green, 1957; Mölk 1966-67: 424n), concepto medieval que renació en los siglos XVI y XVII (Roses Lozano, 1994: 102).

Un manual especialmente influyente en España fue el *De genealogia deorum gentilium* de Boccaccio, comenzado hacia 1350, impreso varias veces en latín entre 1472 y 1532, y en italiano hasta 1627. Fue traducido al español para el Marqués de Santillana por Martín de Ávila, pero no se editó en castellano hasta tiempos modernos. Boccaccio menciona de pasada tres de los cuatro sentidos bíblicos (Seznec, 1940: 190), pero en general sus interpretaciones son espirituales sin ser cristológicas.

La tradución italiana de las *Metamorfosis* de Giovanni Bonsignori, compuesta en el siglo XIV e impresa varias veces entre 1497 y 1522, usa una gama más restringida de herramientas interpretativas, relacionando las fábulas con la biografía de Ovidio o interpretándolas como *exempla* morales:

> Allegoria. Ovidio pose questa fabula che la dea fesse ingiustamente contra di Ateon per exempio: [a] perciò che egli fu mandato in exilio da Octaviano perche gli vide lo imperatore vituperosamente carnalmente peccare. [b] Overo egli disse per che egli vide l' imperatrice nuda come nel exordio dinanci se dichiara. [c] Questa fabula si espone in altra forma piu morale: cioe Ateon fu uno anticho caciatore e fu maestro de le cacie: per la qual cosa essendo vivo li caciatori lo adoraro per lo idio. [d] Ma advene chel cazare gli vene in odio e piu non attendeva ala caza: impercio che vedeva esser cosa vana. E cio conoscendo lasso l'arte dil cazare in tutto lo abandono. Ma i cani non lasso: anci li retenea con seco che ne havea grande moltitudine. I quali cani per la molta spesa si lo consumaro

dogni havere impercio che non guardava nulla. Et perche Diana era dea de li caciatori: dice Ovidio che Ateon vide Diana nuda cioe che poi che si vide ogni cosa consumata vide Diana nuda: cioe vide che la caccia el tenere de cani lhaviano denudato dogni havere & dogni suo thesoro: e dice che divento cervo: vuol dire che lhuomo che viene di richeza in poverta diventa timido e superbo, si come e el cervo. & non ardisse di apparere infra la gente, & cosi da li altri ricchi è riputato come bestia. (Bonsignore, 1520: fol. 15ᵛ)[4]

Bonsignori ofrece dos explicaciones que interpretan el texto a la luz de la vida del autor [a, b] y una que sigue a Fulgencio [d], con el elemento adicional del evemerismo [c].

En Francia, el impresor-editor Colard Mansion produjo una traducción de las *Metamorfosis*, la *Bible des poètes*. Escrita en 1482, se imprimió desde 1493 hasta 1531. Concebida en la tradición de Bersuire, dejó de imprimirse por la misma época que ésta (Moss, 1982: 23). El italiano Raphael Regius compuso lo que podríamos reconocer como un comentario filológico moderno a las *Metamorfosis*. Sus comentarios versan en la mayor parte sobre aspectos retóricos. La utilidad de esta edición se refleja en sus más de cien años de éxito editorial, de 1493 a 1586 (Moss, 1982: 28-31). Las *Tropologicae enarrationes* sobre *Metamorfosis* I.1-451, de Petrus Lavinius, dan un ejemplo tardío de un crítico que creía que Ovidio estaba divinamente inspirado. Editado por primera vez en 1510, Lavinius circulaba todavía en la década de 1570 junto con Regius (Moss, 1982: 31-35).

Una traducción francesa muy difundida, *Le Grand Olympe des hystoires poetiques du prince de poesie Ovide*, impresa varias veces entre 1532 y 1604, no incluye alegorías:

> [Los franceses han traducido a Ovidio,] digne que tel livre soit par icelle [la lengua francesa] leu selon le naturel du livre sans allegories; lesquelles mieulx que ailleurs sont traictees par Fulgence en ses Mithologies, lequel avec celeste faveur au premier jour parlera francoys. Et par ainsi a chascun autheur la louenge est gardee. (Mansion, 1537: fol. 1ᵛ)[5]

---

[4] "Ovidio puso esta fábula, en la que la diosa actuó injustamente contra Acteón, como un ejemplo: [a] porque Ovidio fue exiliado por Octaviano por haber visto al emperador pecar carnalmente. [b] O bien, dijo que vio a la emperatriz desnuda [...] [c] Esta fábula se expone de otra manera más moralizante: es decir, Acteón era un cazador de la Antigüedad maestro de la caza, y por lo tanto en su vida los cazadores le adoraban como dios. [d] Pero sucedió que la caza se le hizo enojosa [...] sus perros se comieron toda su hacienda [...] Y se convirtió en ciervo porque el hombre que pasa de riquezas a la pobreza se vuelve huraño y orgulloso, como el ciervo [...]".

[5] Es decir, las *Metamorfosis* son "dignas de leerse en francés según su sentido natural, sin alegorías, ya que éstas son mejor tratadas por Fulgencio, quien será pronto traducido al fran-

Nótese, con todo, que el traductor no omitió las alegorías porque se opusiera a ellas.

La versión italiana de las *Metamorfosis* por Lodovico Dolce (impresa varias veces entre 1539 y 1570), en treinta cantos, contiene unas moralidades breves:

> Allegoria. Per Atheone trasformato per cagione di haver veduta Diana in cervo, e lacerato da propri cani, si dinota l'huomo profano che trascorso in qualche errore, ben che altra pena non gli segua, è molestato e traffito dalla propria coscienza. (Dolce, 1570: fol. 35)

Es decir, Acteón significa el hombre profano que, "descubierto en algún error", aunque no padezca otro castigo, es turbado por su propia conciencia. La interpretación de Dolce, a diferencia de Fulgencio, por ejemplo, se interesa poco por el texto en sí, y utiliza un tipo de interpretación más amplia que gozará de mayor difusión. Fue un éxito editorial, y muy influyente en España.

Con Jorge de Bustamante llegamos a la primera traducción completa castellana de las *Metamorfosis*. La primera edición se cree que fue de Salamanca, 1536 (Ruiz Fidalgo, 1994: núm. 204), y aparece en el inventario de los libros de Fernando de Rojas en 1541 (Infantes, 1998: 33). La primera edición fechada es de 1542 y la última de 1664. La versión está en prosa, y carece de comentario hasta fecha muy avanzada. Sin embargo, Bustamante redacta un prólogo bastante extenso. Su postura recuerda la de los primeros autores cristianos, para los cuales el paganismo era un enemigo vivo:

> [Quiero] con toda brevedad dezir quienes fueron algunos de los principales dioses de la ciega & vana gentilidad; y esto por que vean los que vieren esta obra quanta merced hizo Dios al que truxo a la religion christiana. (Bustamante, 1546: fol. A2ᵛ)

Combina el evemerismo (citando a "Euchemero", fol. A3ʳ) con explicaciones físicas: afirma que los dioses paganos tuvieron su origen en hombres que fueron erigidos como ídolos (por ejemplo, Nino), pero también dice que los romanos llamaban "dioses" a todo lo que temían (fol. A5ʳ), y cita a un profeta que asegura que los dioses paganos "todos son demonios" (fol. A5ᵛ). Con la llegada de Jesucristo los paganos vieron su error, "como desto en nuestros tiempos tenemos experiencia en las Indias que agora cada dia se

---

cés". La traducción es anónima; se atribuye a Colard Mansion en el catálogo de la BNF, sin testimonios que lo justifiquen.

descubren que entrando en ellas el sanctissimo sacramento desapareciendo los demonios luego los indios conocen y menosprecian la vanidad de sus ydolos" (fols A5^v-6^r). Hasta cierto punto la actitud beligerante de Bustamante hacia el paganismo se puede atribuir al encuentro coetáneo entre europeos e indios en el Nuevo Mundo, pero cabe preguntarse si Bustamante igualmente debe algo al San Agustín de la *Ciudad de Dios contra los paganos*.

Las interpretaciones de Bustamante son moralizantes: para él, la transformación del hombre en bestia simboliza la degradación moral (fol. A7^r); el empeño de los antiguos

> en inventar estas ficciones [...] no fue otro sino mostrar a los hombres muchos avisos y astucias para mas sabia y prudentemente vivir [...] para que debaxo de la honesta recreacion de tan apazibles cuentos contados con alguna similitud de verdad poder induzir los curiosos lectores a muchas vezes leer su abscondida moralidad y que toda va fundada en manifestar las condiciones de los hombres [...] sublimando las virtudes y vituperando los viciosos. (Bustamante, 1546, fol. A6^r)

Así, Bustamante ha producido una narrativa de entretenimiento en prosa con una clara apariencia de verosimilitud de sesgo didáctico, característica que comparte con otras muchas novelas u obras históricas (cf. Coroleu, en prensa). Sus interpretaciones, breves y limitadas al prólogo, son más morales que espirituales.

La traducción italiana de Giovanni Andrea dell'Anguillara (impresa varias veces entre 1561 y 1637) apareció con los *argomenti* (una estrofa por libro) de Francesco Turchi, y con las *Annotationi* de Gioseppe Horologgi:

> [a] Segue la favola di Atteone, ò per di meglio come vogliono alcuni l'historia scrivendo Fulgentio che Atteone fu uno che amò grandemente la caccia nella sua giovanezza, giunto poi nell' età matura, e considerando meglio i pericoli della caccia, che non faceva in quegli anni focosi non l'essercitava della maniera che accostumato di fare[.] Nondimeno anchora che in quella età fuggisse il pericolo delle caccie, non però lasciò l'affettione smisurata a che portava a' cani; perche pascendone gran numero come facevan nel tempo che si serviva di loro consumò tutte le sue facoltà; onde venne a dar materia alla favola che narra ch'ei fu mangiato da' cani, [b] l'Allegoria è che quelli che si danno con ogni diligentia à considerare i misteriosi ordini de' cieli, e il variare della Luna, figurata per Diana, e trasmutato in cervo, stando nei boschi, e luoghi sollitarii tratto dalla curiosità di quella scientia, onde trovato poi delle proprie cure famigliari, che sono i cani, è divorato da esse, come quelle che non sopportano mai che l'huomo viva à se stesso, in questa favola descrive felicemente l'Anguillara la caccia del cervo come la fanno i gran Rè come è quella di Francia, cominciando nella stanza "Acquista...". (Anguillara, 1637: fol. 37^v)

Según la alegoría [b], los que escudriñan el misterioso orden de los cielos y las fases de la luna (simbolizada por Diana) son llevados por la curiosidad a frecuentar lugares desiertos y son hallados allí por los perros –los lazos familiares–, que no toleran que un hombre viva sólo para sí mismo. Así, Anguillara empieza por seguir a Fulgencio [a] y avanza hacia un nivel más espiritual [b]. El aviso de Fulgencio contra la curiosidad se desarrolla para formar una consideración de la tensión entre el estudioso melancólico y la sociedad.

Anguillara era una fuente para los pintores españoles del Siglo de Oro (López Torrijos, 1985), y es con mucho la traducción italiana más frecuente en las bibliotecas españolas actuales según el *CCPB*. Le citan también Sánchez Viana y Pérez Sigler en sus versiones de las *Metamorfosis*, como se verá a continuación.

El segundo Ovidio español es el de Antonio Pérez Sigler, impreso varias veces entre 1580 y 1609. El traductor coloca alegorías al final de cada libro, "ayudandome en algunas dellas de las del Anguilara" (fol. ¶5^v). Es patente que su comentario sobre Acteón está copiado al pie de la letra del italiano, citado arriba [b]:

> l'Allegoria è che quelli che si danno con ogni diligentia à considerare i misteriosi ordini de' cieli, e il variare della Luna, figurata per Diana, e trasmutato in cervo, stando nei boschi, e luoghi sollitarii tratto dalla curiosità di quella scientia, onde trovato poi delle proprie cure famigliari, che sono i cani, è divorato da esse, come quelle che non soppportano mai che l'huomo viva à se stesso. (Anguillara, 1637: fol. 37^v)

> Por Acteon [...] se entiende, que aquel que se da a considerar la mysteriosa orden de los cielos y el variar de la luna (que es Diana) es transformado en ciervo, andando en bosques y lugares solitarios: atraydo de la curiosidad de aquella sciencia, a donde hallado de los propios cuydados de su familia (que son los perros) es comido de ellos: como aquellos que no consienten que el hombre viva para si solo. (Pérez Sigler, 1580: fols. 75^v-76^r)

En Amberes en 1595 la traducción de Bustamante se reedita con 175 grabados, y "con las allegorias al fin dellos, y sus figuras, para provecho de los artifices" (fols. 119-241). Las alegorías provienen de Pérez Sigler (Carrasco Reija, 1997: 989); los grabados son obra de Virgilio Solís, y copian a Bernard Salomon (López Torrijos, 1985: 38). Estos embellecimientos afectan únicamente a esta edición.[6]

---

[6] Schevill (1913: 163) creía que más de una edición incluía estas adiciones: "The commentary found at the close of editions printed in the latter half of the 16th century gives in detail the allegorical sense of the chief tales".

La edición de Pérez Sigler de 1609 acaba con un "Diccionario Poetico, donde se contienen todos los nombres de personas, reynos, provincias, pueblos, rios, fuentes, montes, valles, arboles, animales, peces y aves, y otras cosas de que haze mencion Ovidio en sus Metamorhoseos, y otros poetas, por el orden del ABC". Se trata de una traducción del *Dictionarium poeticum* de Charles Estienne (Starnes & Talbert, 1955: 8). El diccionario se interesa exclusivamente por el sentido literal. Así, en 1609 una lectura espiritual de las *Metamorfosis* convive con una literal. Cossío (1952: 45) nota la "preocupación moralista [de Pérez Sigler], que por entonces casi era anacrónica". Su anacronismo es, creo, debatible.

El año 1585 presenció la aparición de la obra que sufrió las críticas de Schevill citadas al principio de este estudio: la *Philosofía secreta* de Juan Pérez de Moya (1995). Pérez de Moya da las siguientes razones por las que los antiguos escribían fábulas: (*i*) para comunicarse con los niños (usa la imagen de la píldora dorada); (*ii*) para ayudar a la memoria; (*iii*) porque les faltaba papel y tinta, lo que favorecía la brevedad; (*iv*) "Y también el no querer que sus secretos fuesen comunes a todos" (1995: 68-69). Pérez de Moya es uno de los pocos autores que se refieren al hermetismo. Explica de este modo los cuatro sentidos bíblicos:

> De cinco modos se puede declarar una fábula, conviene a saber: literal, alegórico, anagógico, tropológico, y físico o natural.
>
> Sentido literal, que por otro nombre dicen histórico o parabólico, es lo mismo que suena la letra de la tal fábula o escriptura.
>
> Sentido alegórico es un entendimiento diverso de lo que la fábula o escriptura literalmente dice.
>
> Anagógico se dice de *anagoge*, y *anagoge* se deriva de *ana*, que quiere decir "arriba", y *goge*, "guía", que quiere decir "guiar hacia arriba", a cosas altas de Dios.
>
> Tropológico se dice de *tropos*, que es "reversio", o "conversación", y *logos*, que es "palabra", o "razón", o "oración"; como quien dijese, "palabra o oración convertible a informar el ánima a buenas costumbres".
>
> Físico o natural es sentido que declara alguna obra de naturaleza.
>
> Ejemplo: Hércules, hijo de Júpiter (según fingimiento poético), concluidos sus trabajos vitorioso fue colocado en el cielo.
>
> Tomando esto según sentido literal, no se entiende otra cosa más de lo que la letra suena.
>
> Y según alegoría o moralidad, por Hércules es entendida la victoria contra los vicios.
>
> Y según sentido anagógico significa el levantamiento del ánima, que desprecia las cosas mundanas por las celestiales.

Y según sentido tropológico, por Hércules se entiende un hombre fuerte, habituado en virtud y buenas costumbres.

Y según sentido físico o natural, por Hércules se entiende el Sol, y por sus doce trabajos o hazañas, los doce signos del zodíaco, sobrepujados dél por pasar por ellos en un año.

Y es de advertir que los tres sentidos últimos, puesto que sean nombrados por diversos nombres, todavía se pueden llamar alegóricos, porque, como hemos dicho, alegoría dicen a lo que es diverso del sentido histórico o literal. Y los que es de estos sentidos es mi intento declarar en las fábulas es el sentido histórico, y el físico y natural. (1995: 69)

La sección que dedica a Acteón (1995: 578-80) es una fusión de Fulgencio y Pérez Sigler:

Acteón: *Declaración moral*: Por Acteón podemos entender cualquier hombre de grande estado, que en lugar de darse a aprender buenas costumbres para hacerse apto de administrar bien su república se da a la caza [...] Este tal es comido y disipado de sus canes, porque lo echan a perder [...]. Por Diana podemos entender la codicia de la caza [...].

Sentido histórico: [siguiendo a Fulgencio, Acteón se hartó de la caza, y vio a Diana, alias la caza, como realmente era. Se quedó con sus perros, que le consumieron la hacienda] Amonéstanos también esta fábula que evitemos saber secretos ajenos. [Siguiendo a Pérez Sigler:] En otro modo se puede entender que los que se dan con toda diligencia a considerar la misteriosa orden de los cielos y el variar de la luna, figurada por Diana, es mudado en ciervo estando en los bosques y lugares solitarios, llevado de la curiosidad de aquella sciencia, donde hallado de los proprios cuidados, familiares de su causa (que son los perros), es comido dellos, porque no consiente que el hombre biva para sí mismo.

¿Tenía razón Schevill al tildar de arcaico a Pérez de Moya? Es cierto que es retardatario en nombrar los sentidos bíblicos, que no se usaban en obras nuevas sobre mitología desde la década de 1530. Pero esto en sí no es diagnóstico del "retraso" general de España: dicha exégesis había pasado de moda tanto en España como en el resto de la Europa católica, de modo que Pérez de Moya era excepcional en términos tanto españoles como europeos.

En segundo lugar, cabe preguntarse si Pérez de Moya realmente hace uso de la exégesis cuatripartita que describe en su prólogo. La terminología exegética usada en el cuerpo del texto se limita a "sentido moral" y "sentido historico", e incluso éstos son raros. Me parece que en la práctica Pérez de Moya echa mano de la alegoresis algo tímida de Dolce, Anguillara y los anteriores Ovidios españoles para leer las *Metamorfosis* como una serie de *exempla*. No expone argumentos cristológicos.

En 1586 Felipe Mey edita su *Del metamorfoseos de Ovidio en otava rima*. La traducción es parcial, ya que llega tan sólo hasta el libro VII, y conoció una sola edición. Como el de Bustamante, su texto está exento de comentarios, pero Mey promete: "hasta entanto, que llegando con el favor de Dios al fin de la segunda parte, demos una declaracion copiosa de todas las fabulas" (fol. Dd7^v). No se conoce edición del volumen de comentarios, pero como Mey cita textualmente a Dolce y Anguillara en su prólogo, quizás se habría conformado con la tradición moralizante.

El tercer Ovidio español en un decenio es de Pedro Sánchez Viana, *Las transformaciones de Ovidio*, traducidas en tercetos y octavas rimas "con el comento, y explicacion de las fabulas, reduziendolas a philosophia natural, y moral, y astrologia, e historia" (1589: portada). Hubo sólo dos ediciones en el Siglo de Oro, en 1589 y 1679. Cada libro empieza con un grabado tomado de una edición de Anguillara (López Torrijos, 1985: 38). El prólogo de Sánchez Viana es una sutil defensa de la poesía y de la naturaleza especial del poeta. Dirigéndose a Hernando de Vega, compara las fábulas con la "verdad natural y moral" del Sileno –fea estatua del fauno borracho, que se abría para revelar un dios– descrito por Erasmo, *Adagia* III.3.1:

> estos Silenos de Alcibiades que encubren lo que los philosophos antiguos sintieron de la generacion del Mundo, elementos, animales, fuerças de naturaleza, divina providencia, premios, y penas, que despues de la muerte se proponen a cada uno (segun la vida passada) debaxo de su no muy tosca corteza. (Sánchez Viana, 1589: fol. ¶3^v)

En su prólogo "A los lectores" (fols. ¶4-¶¶8), Sánchez Viana cita a Aristóteles para afirmar que los primeros poetas eran filósofos (fol. ¶¶2) y alude al "furor divino" del poeta (fol. ¶¶2^v), citando a Ficino.[7] No cree que se le haya otorgado a Ovidio un conocimiento del cristianismo previo a la revelación:

> A esto se allego que por el hado, | se acuerda verna tiempo que la llama | la tierra, mar, cielo avra quemado, *etc*. Facilmente se persuadira qualquiera con estas palabras, a que nuestro Poeta tuvo noticia de la sagrada escriptura, pues conformandose con ella, parece tocar en ellas el juyzio final. Pero bien puede ser entendiesse esto de la doctrina de los Philosophos Stoycos. (Sánchez Viana, 1589: *Anotaciones*, fol. 26^r)

Pero está seguro de que Ovidio había leído a Moisés:

---

[7] Sobre el *furor* poético véase Alcina, 1999.

no solamente consta de sus transformaciones, aver leydo las obras excelentes de los Griegos, mas aun ser versado en las lenguas Hebrayca, y Caldea, de todas las quales compone su varia poesia. (*ibid*., fol. ¶¶7ᵛ)

En el párrafo siguiente, sobre Faetón, Sánchez Viana es evemerista:

> Platon, sant Agustin, sant Fulgencio, Landino, y Natal Comite, Orologio [i.e. Giuseppe Orologi] aqui, que alega a Eusebio, y Orosio, y a Sanchez, dizen algunos que la historia sobre que se funda esta fabula: Fue que en Grecia acontecio [...] un grandissimo incendio, que parecio mas castigo del cielo por los insultos de la tierra, que causado por humana obra, al que llamaron el incendio de Phaeton.[8] [...] No le pudo tener este fuego, hasta que las aguas del Otoño le apagaron. La cayda de Phaeton, y el llanto de sus hermanas, y conversion en arboles se funda en otra historia, que cuenta Zezes [i.e. Tzetzes]. Y fue que Phaeton fue hijo de un rey, el qual como corriese en un carro de quatro caballos a la orilla de Pado, rio de los Celtas, cayendo en el rio acabo la vida, cuya muerte lloraron con tanta amargura sus hermanas, que el dolor y sentimiento las bolvio stupidas: Y porque los tales parece que solo tienen vida vegetativa, como plantas, dixeron averse convertido en arboles. (Sánchez Viana, 1589: fol. 50ʳ)

Ulrich Mölk (1966-67) arguyó que la referencia que hace Góngora a la "obscuridad y estilo intrincado de Ovidio", citada al principio de este estudio, se derivaba de su lectura de Sánchez Viana.

3

El siglo XVII es mucho menos fecundo en traducciones de las *Metamorfosis* al italiano o español, por lo cual pasaré revista a las versiones francesas.

La traducción de Nicolas Renouard, impresa varias veces entre 1606 y 1661, es moralizante, con especial aplicación al cortesano:

> Ce petit fils [de Cadmo], premier sujet de ses plaintes, fut Acteon, lequel servit de proye aux chiens qu'il nourissoit, pour l'entretien de son plaisir. Ainsi bien souvent les flatteurs, que les Grands nourissent à leur table, afin d'ouyr d'eux quelque mot pour rire, sont les premiers presses à les mordre, & sans[9] respect des-

---

[8] Una nota marginal cita las siguientes fuentes: "in Tim. 4. de ci. Dei. 1. myth. c. 17 del infierno. 6. myth. Sobre Alciato", lo cual permite identificar a "Sanchez" con Francisco Sánchez el Brocense.

[9] Al lado de esta voz se añade una acotación marginal: "Moralitez".

chirer cruellement les ingrats, apres avoir receu plusieurs bons offices d'un amy, au lieu de rechercher à se desgager des obligations qu'ils luy ont, se jetter pour quelque legere occasion, du party de ses ennemis & plustot le ruiner, que luy rendre un bien-fait reciproque. Ce sont chiens, qui mescognoissent ceux dequels ils ont receu toutes sortes de courtoisies, & par cette mescognoissance sont attirez à des effects contraires aux services qu'ils doivent. Mais que nous apprend l'occasion du changement & du desastre d'Acteon? Il meurt pour avoir veu une Deesse dans le baing, n'est ce pas, docte Ariste, un advis qui nous doit faire apprehender le danger qu'il y a d'approcher les Grands, & se glisser au cabinet de leurs secrets? Quant à moy il me semble, ayant l'oeil sur le desastre de ce nourriçon[10] de Diane, voir Arate avec le poison dans le sein, cracher le sang & dire en se plaignant de Philippe, voila le loyer de l'amitié des Roys: il n'est pas bon de les voir trop prés, ce sont des flames qui nous esclairent à la verité, mais dangereuses si nous n'en sommes quelque peu esloignez. Notre Poëte l'a espouué, l'orage de son banissement luy vint du feu de tels foudres, par la veuë de quelques actions d'Auguste: aussi dedans les vers de son affliction s'accompare-il soy mesme à cet infortuné chasseur. Vous avez raison, sespondit Ariste de quelque façon que ce soit tousjours les approches de Grands sont perilleuses. (Renouard, 1638: 68-69, 2a. paginación)

La traducción de Thomas Corneille conoció varias ediciones entre 1669 y 1698. Presenta un formato ya consagrado, con una declaración introductoria según la cual los mitos antiguos contienen información sobre ciencia, ética, física y política, pero no hay ningún comentario correspondiente en el texto.[11] Según el Prefacio, las *Metamorfosis* son

> un parfait modéle de tout ce qui est à imiter ou fuir dans la vie humaine et dans la civile. Cela est si vray que si l'on examine bien les Fables, on reconnoistra qu'elles contiennent non seulement ce qu'il y a de plus excellent dans les plus nobles Sciences, mais encore les plus beaux secrets de la Morale, de la Physique, & mesme de la Politique. C'est ce qui a fait dire à Platon que les sages de l'antiquité avoient voulu qu'elles fussent le premier lait que l'on fist succer auz Hommes, qui devoient les considerer comme un aliment qui passe dans l'esprit sans peine, & qui l'entretenant agreablement, le rend enfin capable d'une plus solide nourriture.
>
> En effet quelles grandes utilitez ne tire-t'on pas de la connoissance de la Fable, qui nous donne de si belles instructions de Morale, en nous apprenant

---

[10] Acotación marginal: "Periculosum Regum familiaritatem flammarum naturae compara, quae sicut paululum à se remotae illuminant, ita satis admotae comburunt. Sidonius".

[11] A la luz de los textos de Isidoro (*Etymologiae* I.xl) y Pérez de Moya (1995: 69) citados arriba, "la Physique" aquí debe de significar la física, aunque a menudo se refería a la medicina.

nous gouverner dans l'une & dans l'autre fortune, en détournant notre esprit des passions déreglés par les exemples qu'elle nous propose des malheurs arrivez à ceux qui s'y sont abandonnez, & en nous enseignant la crainte de Dieu, crainte salutaire, qui vaut seule toutes les vertus ensemble. (Corneille, 1698: fol. *4^r)

El Ovidio francés del abad de Bellegarde, impreso varias veces entre 1701 y 1716, usa las fábulas como material de moralizaciones:

[Midas:] Explication. Les avares ont en quelque maniere le pouvoir de convertir tout en or; ils ont mille adresses & mille industries pour amasser des richesses par leurs épargnes; ils n'osent ni boire ni manger de peur de faire de la dépense. Ils sont mal logez, mal vêtus, ils ne se chaussent point pendant l'hyver: ils se refusent toutes des commoditez & tous les agremens de la vie; ils sont pauvres au milieu de l'abondance; ils respectent leur or comme une chose sacré à quoi ils n'osent toucher. Midas vendoit toutes choses, même les plus necessaires pour en faire de l'argent. Voilà pourquoi le Poëte a feint qu'il changeoit en or tout ce qu'il touchoit: il fit diviser plusieurs canaux le Pactole pour arroser son pays, & pour rendre ses terres plus fertiles. On regarde Midas comme le modèle des Princes avares; l'avarice est une grande tache dans les personnes privées; mais c'est un vice impardonnable dans les Princes qui sont faits pour l'utilité publique. (Bellegarde, 1716: II, 9)

Volviendo a España, en 1620 fray Baltasar de Vitoria publicó la primera parte de su *Teatro de los dioses de la gentilidad*. La Parte II salió en 1623 y una tercera fue añadida por Juan Bautista Aguilar en 1688; hubo reimpresiones hasta 1738. El método de interpretación de los mitos de este diccionario tal y como se conserva implica una lectura literal. La Parte II se anuncia como una desapasionada descripción del paganismo de una manera neutral, sin tratar de asimilarlo a la cultura cristiana:

lo que en estos treze libros se trata, es quien fue cada Dios, sus padres, y sus hijos, sus metamorfoseos, conversiones, y ensayos. Los Templos que les fueron consagrados, las Ciudades en que fueron adorados, y reverenciados [...] Tambien se trata en estos libros de las aves, animales, arboles, y plantas, que à cada Dios son dedicadas, con todas sus propriedades, essencias, y virtudes. Fuera desto se trata de las imagines, pinturas, y estatuas levantadas, y consagradas à estos Dioses, que es lectura muy curiosa, y entretenida, y aun muy trabajada, porque para favorecer el intento, se han visto muchos libros [...] Estos libros no sirven de mas, que de dàr mano, y aparejo à los que quieren tratar de poesia. (Vitoria, 1676: II, fol. A1^v, Prólogo)

Sin embargo, hay razones para sospechar que Vitoria proyectaba incluir alegorías en una tercera parte de su propia cosecha, que nunca llegó a editarse. En efecto, en el prólogo "Al lector" de la Parte I Vitoria arguye que los paganos virtuosos como Varrón (sin duda citado a través de la *Ciudad de Dios* de San Agustín) impusieron a las vanas y sucias deidades significados simbólicos.

> No es mi intento en este Prologo (curioso Lector) persuadir quan vana, y sin fundamento sea la pluralidad, y multitud de los Dioses, que la antigua Gentilidad adorava; cosa que tan doctamente confutaron el Angelico Doctor Santo Thomàs, y San Juan Damasceno; porque entre los Christianos (y aun entre los Hereges) nadie lo duda, y para los Gentiles era menester otro modo de proceder; solo pretendo mostrar al ignorante el desatino tan desigual, y la ceguera tan grande con que viviò siempre la antigua Gentilidad [...] Y assi Marco Varron y otros muchos Gentiles, viendo las imagenes de sus falsos Dioses, que representavan hombres, y mugeres de vida, y costumbres torpes, y sensuales (como Iupiter, Mercurio, Marte, Baco, y Venus, y otra semejante canalla) quisieron como hombres cuerdos transferirlos, y transformarlos con razones misticas, simbolicas, mitologicas, a las cosas naturales, y divinas, vencidos, y confusos de natural verguença de los que respetavan, y adoravan, pero ellos acudieron tarde; y porque no pareciesse novedad, y liviandad, y tambien por el peligro que corria su autoridad, y su vida, se quedaron en su engañosa idolatria. ("Prólogo al lector", en Vitoria, 1676: I, fol. ¶5ᵛ)

También repite que los poetas eran los teólogos antiguos, y que habían leído a Moisés:

> Sabida cosa es, que los Filosofos, y Poetas antiguos, fueron los Theologos de la antigua Gentilidad, como lo afirman Lactancio Firmiano, S. Agustin, y S. Ambrosio, y assi los mas de los Poetas procuraron aprovecharse de los libros del sapientissimo Moyses, y de los demàs que tocavan à la Sagrada Escritura, sacandola de sus quicios para adorno de sus fabulas. Assi lo afirman S. Iustino Martir, S. Theodoreto, y S. Clemente Alexandrino, por lo qual todas las fabulas que compusieron, fue trasegandolas, y traduciendolas de las verdades Catholicas, componiendolas, y enmascarandolas à su modo gentilico. (Parte I, Libro i, Cap. 1; *ibid*. I, pág. 2)

Sin embargo, en el cuerpo del texto el tratamiento del mito es literal:

> *De como la Diosa Diana convirtiò en ciervo à Acteon*. [...] Tiene esta fabula mucho de moralidad, y de historia, como dize San Fulgencio, y Natal Comite, en las Mythologias, y lo màs desto lo remito para el Tratado ultimo de las fabulas, donde se tratará largamente desto. (Parte II.v.8; *ibid*. II, págs. 345-50, en 349)

Fuera cual fuera la actitud de Vitoria hacia los verdaderos significados del mito pagano, al menos estaba preparado para permitir que se editaran dos tomos de su obra que simplemente describieran la cultura clásica en sus propios términos.

Cerramos este panorama de las traducciones de Ovidio al castellano con un ejemplo tardío de alegorismo. Entre 1727 y 1738 Diego Suárez de Figueroa, "Doctor en Sagrada Teología", y su sobrino Ignacio prepararon una edición bilingüe de Ovidio en 12 tomos. En los tomos VII a X, dedicados a las *Metamorfosis*, cada fábula termina con una moralización alegorizante. Los traductores dan seis razones para la utilidad del mito, recopilando todos los argumentos que venían alegándose desde la misma Antigüedad, incluido el alegorismo:

> De aqui se sigue, que las doctrinas son utiles. Lo primero, por las verdades que tienen tomadas de los libros sagrados. Lo segundo, por sus mismos errores, pues en lo primero nos instruimos de lo que debemos hacer, en lo segundo de los que debemos huir [...] Lo tercero, por las muchas sentencias, que Ovidio mezcla en sus fabulas, que instruyen en buenas acciones morales. Lo quarto, porque las acciones de un Hercules [...] encienden en los fuertes los animos à emprehender singulares proezas. Lo quinto, porque apenas hai Arte, ni Ciencia, que no pueda adelantarse en la leccion de estos eruditissimos libros: [...] las mas antiguas historias [...] la Astronomia [...] la Oratoria, y Retorica [...] la Cosmographia, y Geographia [...] el Arte Poetico [...] la Philosophia natural, y moral [...] y ultimamente [...] muy saludables doctrinas, disfrazadas en sus alegorias, tropologias, y metaforas, pues las mas de las transformaciones las escribieron con el fin, de que à vista de los castigos, evitassen los pecados, y fueron motivos de padecerlos. (1735: 178)

Aquí cabe notar que las *Metamorfosis* latinas se editaron muy poco en España; en efecto, sólo hubo tres ediciones antes de 1800.[12] Del incunable salmantino de 1488 únicamente se conserva un fragmento, pero la disposición del texto sugiere que no tenía comentario (Vindel 1946: 29-30, núm. 19). La edición salmantina de 1570 es una reimpresión de la de Sebastian Gryphius, impresa varias veces entre 1534 y 1559 en Lyons y derivada de la edición aldina de 1502; tiene ladillos que proponen una lectura literal del tema y anotan figuras retóricas y variantes textuales, además de una vida de Ovidio por Aldo Manutio. De modo que las pocas ediciones españolas del texto latino no dan cabida a la alegoría.

---

[12] Como es sabido, el comercio librero español prefería importar ediciones latinas del exterior a imprimirlas (véase, por ejemplo, Clavería, 1995).

4

Como epílogo a este estudio quisiera lanzar una breve mirada hacia las imitaciones de Ovidio en el Siglo de Oro, para compararlas con la tradición de las traducciones y comentarios.

En su magistral libro de 1952, Cossío abarcó unas 360 poesías narrativas de inspiración ovidiana. Su estudio demuestra que muy pocos poetas áureos daban a sus tratamientos de temas ovidianos una interpretación alegórica. Un raro ejemplo es la *Fábula de Acteón* de Castillejo, que añade a sus sesenta versos de narrativa una moralización que cuenta con 120 versos (1926-28: II, 262-69).

En el teatro de la época el papel de la alegoría está estrictamente circunscrito. Calderón escribió una docena de comedias mitológicas entre 1630 y 1670 (Páramo Pomareda, 1957). Me parece que estas comedias no dependen de las lecciones alegorizantes tales como hemos visto en las traducciones y otras obras. Donde Calderón sí usa la alegoría –en efecto, la alegoría bíblica cuatripartita– es en los diez autos sacramentales de tema mitológico que compuso en paralelo con las comedias. El título mismo de *El divino Orfeo* es una indicación suficiente de que Orfeo actúa como figura de Dios. Desde su primera salida a la escena, declara cantando:

> Pues mi voz en el principio
> el cielo, la tierra cría,
> después del cielo y la tierra
> hágasse la luz del día
> (Calderón de la Barca, 1952: 1820)

Desde los estudios de Aubrun (1976) y posteriormente Neumeister (2000) existe una tradición de aplicar a las comedias mitológicas la alegoresis de los autos mitológicos. Según este argumento, Calderón estaba saturado de una cultura de humanismo cristiano (en concreto, la cultura jesuita) que favorecía tales lecturas. Sin embargo, creo que todavía no se han señalado detalles verbales de los textos que indiquen correspondencias con las tradiciones alegorizantes (Parker, 1988).

5

Mis conclusiones son las siguientes:

1. Se encuentran lecturas alegóricas de las *Metamorfosis* de Ovidio durante todo el Siglo de Oro, con variaciones de grado. Aunque la mayoría

de las obras alegoréticas se compusieron durante el siglo XVI, su vitalidad duró hasta finales del siglo siguiente, como se prueba por las continuas reediciones.

2. Se percibe una tendencia general a abandonar la interpretación alegórica y moralizante, pero cada género –traducción, comentario, imitación– se mueve a una velocidad propia.

3. En las versiones y comentarios la alegoría se sigue dando hasta el final de la época estudiada, con una gradual reducción de la alegoría múltiple medieval a la moralización o al ejemplarismo.

4. De los cuatro traductores españoles del siglo XVI, el más leído es con mucho Bustamante, cuyas alegorías, confinadas al prólogo, no interrumpen la andadura de la narrativa. La alegoría es más prominente en las traducciones de Pérez Sigler y Sánchez Viana.

5. Se acusa cierta discrepancia entre las declaraciones hechas por los autores en sus prólogos y su puesta en práctica. Las alegorías de Bustamante sólo aparecen en su prólogo. Cuando Pérez de Moya cita las distinciones de la exégesis bíblica es retardatario, pero su metodología en el texto raramente pone en práctica tales teorías. Aunque sea probable que Vitoria tuviera la intención de alegorizar los mitos, en su obra aparece como un experto en la Antigüedad que prefiere la lectura literal.

6. Las largas poesías narrativas escritas a imitación de Ovidio raramente usan la alegoría.

Y ¿en cuanto a las acusaciones de retraso cultural contra Pérez de Moya y Góngora?

7. Ni Pérez de Moya en 1568 ni Góngora en 1619 diferían mucho de los lectores de Ovidio en Francia e Italia; formaban parte de una tradición vigorosa que se remontaba a la Antigüedad, y que iba a sobrevivir hasta principios del siglo XVIII.

8. España no estaba ni por delante ni por detrás del resto de la Europa católica en su uso de la alegoría, con una excepción: el auto sacramental de tema ovidiano, que a mediados del siglo XVII reanimó la técnicas cristológicas del Trescientos.

Obras citadas

Alcina, Juan F., 1999. "The Poet as God: Landino's Poetics in Spain: From Francesc Alegre to Alfonso de Carvalho", en *Latin and Vernacular in Renaissance Spain*, ed. Barry Taylor & Alejandro Coroleu, Manchester, Manchester Spanish & Portuguese Studies, 131-45.

Alegre, Francesc (trad.), 1494. *Transformacions del poete Ovidi*, Barcelona, Pere Miquel.
Allen, Christopher, 2002. "Ovid and Art", en *The Cambridge Companion to Ovid*, ed. Philip Hardie, Cambridge, Cambridge UP, 336-67.
Alpers, Svetlana, 1971. *The Decoration of the Torre de la Parada*, Corpus Rubenianum Ludwig Burchard 9, London, Phaidon.
Álvarez Morán, María Consuelo, 1993. "Las fuentes de P. Sánchez de Viana en sus *Anotaciones sobre los quinze libros de las Transformaciones de Ovidio*", en *Humanismo y pervivencia del mundo clásico*, I: *Actas del I Simposio sobre Humanismo y pervivencia del mundo clásico (Alcañiz, 8 al 11 de mayo de 1990)*, ed. José María Maestre Maestre & Joaquin Pascual Barea, 2 tomos, Cádiz, Instituto de Estudios Turolenses, I, 225-35.
Anguillara, Giovanni Andrea dell' (trad.), 1637. *Le metamorfosi d'Ovidio, ridotte da Giovanni Andrea dall'Anguillara in ottaua rima, con l'annotationi di M. Gioseppe Horologgi et con gli argomenti di M. Francesco Turchi, di nuovo in questa nostra ultima impressione con somma diligenza ricorrette & di vaghe figure adornate*, Venetia, Misserini fratelli.
Aubrun, Charles V., 1976. "Estructura y significación de las comedias mitológicas de Calderón", en *Hacia Calderón: tercer coloquio anglogermano*, ed. Hans Flasche, Berlin, Walter de Gruyter, 148-55.
Badia, Lola, 1986. "Per la presència d'Ovidi a l'Edat Mitjana catalana, amb notes sobre les traduccions de les *Heroides* i de les *Metamorfosis* al vulgar", en *Studia in honorem prof. M. de Riquer*, ed. Dámaso Alonso, 4 tomos, Barcelona, Quaderns Crema, 1986-91, I, 79-109.
Bonsignore, Giovanni de (trad.), 1520. *P. Ovidio Metamorphoseos vulgare, novamente stampato, diligentemente correcto, historiato*, Milano, Rocho & Fratello da Valle.
Bellegarde, M. l'abbé de (trad.), 1716. *Les Metamorphoses d'Ovide, avec des explications à la fin de chaque fable*, 2a. edición, Amsterdam, Roger [Paris, 1701-16].
Brancaforte, Benito (ed.), 1990. *Las "Metamorfosis" y las "Heroidas" de Ovidio en la "General Estoria" de Alfonso el Sabio*, Spanish Series 62, Madison, HSMS.
Bulfinch, Thomas, 1993. *The Golden Age of Myth & Legend*, Ware, Wordsworth.
Bustamante, Jorge de (trad.), 1546. *Libro del Metamorphoseos y fabulas del excelente poeta y philosofo Ovidio noble cavallero patricio romano*, s.l, s.n. [Sevilla, Andrés de Burgos].
Calderón de la Barca, Pedro, 1952. *Obras completas*, III: *Autos sacramentales*, ed. Ángel Valbuena Prat, Madrid, Aguilar.
Caplan, Harry, 1929. "The Four Senses of Scriptural Interpretation and the Mediaeval Theory of Preaching", *Speculum*, 4, 282-90.
Carr, Derek (ed.), 1992. *Text and Concordance of "Morales de Ovidio": A Fifteenth-Century Translation of the "Ovidius moralizatus" (Pierre Bersuire)*,

Madrid, Biblioteca Nacional Ms. 10144, Spanish Text Series 76, Madison, HSMS.

Carrasco Reija, Leticia, 1997. "La traducción de las *Metamorfosis* de Ovidio por Jorge de Bustamante", en *Humanismo y pervivencia del mundo clásico*, II: *Homenaje al profesor Luis Gil*, ed. José María Maestre Maestre, Joaquín Pascual Barea & Luis Charlo Brea, 3 tomos, Cádiz, Instituto de Estudios Turolenses, II, 987-94.

Castillejo, Cristóbal de, 1926-28. *Obras*, ed. Jesús Domínguez Bordona, CC 72, 79, 88 & 91, 4 tomos, Madrid, La Lectura.

CCPB: Ministerio de Cultura, Dirección General del Libro, Archivos y Bibliotecas, *Catálogo colectivo del patrimonio bibliográfico español* (en <http://www.mcu.es/ccpb>).

Clavería, Carlos, 1995. "Quintiliano, Virgilio y Horacio no son negocio: la imprenta española en el siglo XVI", *Criticón*, 65, 5-15.

Corneille, T. (trad.), 1698. *Les Metamorphoses d'Ovide mises en vers françois*, 3 tomos, Liège, Broncart.

Coroleu, Alejandro, en prensa. "History into Fiction: Sixteenth-Century Spanish Translations of Classical Prose Narratives", en *Latin and Vernacular in Renaissance Iberia, II: Translations and Adaptations*, ed. Barry Taylor & Alejandro Coroleu, Manchester, Manchester Spanish & Portuguese Studies.

Cossío, José María de, 1952. *Fábulas mitológicas en España*, Madrid, Espasa-Calpe.

Dolce, Lodovico (trad.), 1570. *Le trasformationi di Lodovico Dolce*, Venetia, Farri.

Erasmus, Desiderius, 1898. Μωρίας ἐγκώμιον. *Stultitiae laus: Des. Erasmi Rot. declamatio*, ed. J. B. Kan, Hagae-Com., Nijhoff.

Escobar Borrego, Francisco Javier, 2002. *El mito de Psique y Cupido en la poesía espanola del siglo XVI: Cetina, Mal Lara y Herrera*, Sevilla, Universidad de Sevilla.

Feldman, Burton, & Robert D. Richardson, 1972. *The Rise of Modern Mythology 1680-1860*, Bloomington, Indiana UP.

Fontenelle, [Bernard Le Bovier], M. de, 1932. *De l'origine des fables (1724): édition critique avec une introduction, des notes et un commentaire*, ed. J.-R. Carré, Textes et traductions pour servir à l'histoire de la pensée moderne, Paris, Alcan.

Fulgentius, 1970. *Fabii Planciadis Fulgentii Opera. Accedunt Fabii Claudii Gordiani Fulgentii De aetatibus mundi et hominis et S. Fulgentii episcopi Super Thebaiden*, ed. Rudolfus Helm & Jean Préaux, Stutgardiae, Teubnerus [1898, reprod. fotomecánica].

García Sanz, Óscar, 1993. "Herencia y originalidad en la obra de dos humanistas: Pérez de Moya y Fray Baltasar de Vitoria. En torno a Baco", en *Humanismo y pervivencia del mundo clásico*, I: *Actas del I Simposio sobre Humanismo y pervivencia del mundo clásico (Alcañiz, 8 al 11 de mayo de 1990)*, ed. José María Maestre Maestre & Joaquin Pascual Barea, 2 tomos, Cádiz, Instituto de Estudios Turolenses, I, 467-81.

Gómez Rodeles, Caecilius, et al. (eds.), 1901. *Monumenta paedogogica Societatis Jesu quae primam "Rationem studiorum" anno 1586 editam praecessere*, Monumenta Historica Societatis Jesu, Matriti, Augustinus Avrial.

Góngora, Luis de, 1986. *Antología poética*, ed. Antonio Carreira, Castalia didáctica 13, Madrid, Castalia.

Green, Otis H., 1950. "'Fingen los poetas": Notes on the Spanish Attitude Toward Pagan Mythology'", en *Estudios dedicados a Menéndez Pidal*, 7 tomos en 8, Madrid, CSIC, 1950-62, I, 275-88.

Green, R. H., 1957. "Dante's 'Allegory of Poets' and the Mediaeval Theory of Poetic Fiction", *Comparative Literature*, 9, 118-28.

Index librorum prohibitorum, 1559. *Index auctorum et librorum qui ab Officio S. Rom. & universalis Inquisitionis caveri ab omnibus & singulis in universa Christiana republica mandantur sub censuris contra legentes vel tenentes libros prohibitos in bulla quae lecta est in coena Domini*, Roma, Officina Salviana (reimpr. facs. *Index librorum prohibitorum 1559*, Cambridge MA, Houghton Library & Harvard University, 1980).

Infantes, Víctor, 1998. "Los libros 'traydos y viejos y algunos rotos' que tuvo el bachiller Fernando de Rojas, nombrado autor de la obra llamada *Celestina*", *BHi*, 100, 7-51.

Kirk, G. S., 1974. *The Nature of Greek Myths*, Harmondsworth, Pelican.

López Torrijos, Rosa, 1985. *La mitología en la pintura española del Siglo de Oro*, Madrid, Cátedra.

Lyons, John D., 1989. *Exemplum: The Rhetoric of Example in Early Modern France and Italy*, Princeton, Princeton UP.

Mansion, Colard (trad., atribuido), 1537. *Le Grand Olympe des hystoires poetiques du prince de poesie Ovide Naso en sa Metamorphose, oeuvre authentique et de hault artifice, plaine de honneste recreation, traduict de Latin en Francoys et imprime nouvellement*, Paris, Caveiller.

Mey, Felipe (trad.), 1586. *Del metamorfoseos de Ovidio en otava rima, traduzido por Felipe Mey: siete libros, con otras cosas del mismo*, Tarragona, El traductor.

Mölk, Ulrich, 1966-67. "Góngora und der 'dunkle' Ovid", *Archiv für das Studium der neueren Sprachen und Literaturen*, 203, 415-27.

Morford, Mark P. O., & Robert J. Lenardon, 2003. *Classical Mythology*, 7a. edición, Oxford, Oxford UP.

Moss, Ann, 1982. *Ovid in Renaissance France: A Survey of the Latin Editions of Ovid and Commentaries Printed Before 1600*, Warburg Institute Surveys 8, London, Warburg Institute.

Nash, Jane C., 1985. *Veiled Images: Titian's Mythological Paintings for Philip II*, London, Associated University Presses.

Neumeister, Sebastian, 2000, *Mito clásico y ostentación: los dramas mitológicos de Calderón*, Kassel, Reichenberger.

Páramo Pomareda, Jorge, 1957. "Consideraciones sobre los 'autos mitológicos' de Calderón de la Barca", *Thesaurus*, 12, 51-80.

Parker, Alexander A., 1988. *The Mind and Art of Calderón: Essays on the "Comedias"*, Cambridge, Cambridge UP.
Pérez de Moya, Juan, 1995. *Philosofía secreta de la gentilidad*, ed. Carlos Clavería, LH 404, Madrid, Cátedra [*Philosofía secreta, donde debaxo de historias fabulosas se contiene mucha doctrina provechosa a todos estudios, con el origen de los ídolos o dioses de la gentilidad*, Madrid, Sánchez, 1585].
Pérez Sigler, Antonio (trad.), 1580. *Los quinze libros de los metamorphoseos de el excellente poeta latino Ovidio. Traduzidos en verso suelto y octava rima por Antonio Perez con sus alegorias al fin de cada libro*, Salamanca, Juan Perier.
Renouard, Nicolas (trad.), 1638. *Les Metamorphoses d'Ovide traduites en prose françoise*, Paris, la veufve Langelier.
Roses Lozano, Joaquín, 1994. *Una poética de la oscuridad: la recepción crítica de las "Soledades" en el siglo XVII*, introd. Robert Jammes, Colección Támesis A155, London, Tamesis.
Ruiz Fidalgo, Lorenzo, 1994. *La imprenta en Salamanca 1501-1600*, Madrid, Arco.
Sánchez Viana, Pedro (trad.), 1589. *Las transformaciones de Ovidio, traduzidas del verso latino en tercetos y octavas rimas por el Licenciado Viana, con el comento y explicacion de las fabulas, reduziendolas a philosophia natural y moral, y astrologia, e historia*, Valladolid, Diego Fernández de Córdoba.
Schevill, Rudolph, 1913. *Ovid and the Renascence in Spain*, University of California Publications in Modern Philology 4.1, Berkeley, University of California Press.
Seznec, Jean, 1940. *La Survivance des dieux antiques: essai sur le rôle de la tradition mythologique dans l'Humanisme et dans l'art de la Renaissance*, Studies of the Warburg Institute 11, London, Warburg Institute.
Starnes, D. T., & E. W. Talbert, 1955. *Classical Myth and Legend in Renaissance Dictionaries*, Chapel Hill, University of North Carolina Press.
Suárez de Figueroa, Diego & Ignacio (eds. & trads.), 1735-37. *P. Ovidio Nason, Metamorphoseos*, 4 tomos, Madrid, herederos de Francisco del Hierro.
Trousson, R., 1965-66. "Feijoo, crítico de la exégesis mitológica", *NRFH*, 18, 453-61.
Vindel, Francisco, 1946. *El arte tipográfico en España durante el siglo XV, II: Salamanca, Zamora, Coria y Reino de Galicia*, Madrid, Dirección General de Relaciones Culturales.
Vitoria, fray Baltasar de, 1676. *Teatro de los dioses de la gentilidad*, 2 tomos, Madrid, Imprenta Real, a costa de Mateo de la Bastida [*Theatro de los dioses de la gentilidad*, Salamanca, Antonia Ramirez, 1620; *Segunda parte del Theatro de los dioses de la gentilidad*, Salamanca, Diego de Cussio, 1623].
[—]. Aguilar, Juan Bautista, 1688. *Tercera parte del "Teatro de los dioses de la gentilidad": [...] ponense dos copiosos indices, que comprehenden todas las tres partes*, Valencia, Lorenço Mesnier (continuación del libro anterior).

PILGRIMS' PROGRESS: INSINUACIONES DE LA ALEGORÍA EN EL *PERSILES Y SEGISMUNDA* DE CERVANTES*

B.W. IFE
King's College, London

La ópera de Monteverdi *Il ritorno d'Ulisse in patria*, compuesta en 1640, empieza con un prólogo en el que, en palabras de un programa reciente, "la Fragilidad Humana, golpeada por el Tiempo, juguete de la voluble Fortuna, se queja de su vulnerabilidad ante estas grandes fuerzas".[1] No puede caber duda acerca del estatus alegórico de los cuatro personajes, L'Umana Fragilità, Tempo, Fortuna y Amore, mientras mantienen su debate. A menudo representados como "estatuas vivientes" del tipo que ha proliferado en los últimos años en los espacios abiertos de ciudades europeas, la ceremonia de su discurso se ve apuntalada por una tonalidad en la que prevalece el re menor, interrumpida sólo por breves excursiones a la dominante y por las cadencias en re mayor que concluyen el inicio de la sinfonía y sus tres repeticiones.

Pero el contraste con el Acto I que sigue no podría ser mayor, y la diferencia es subrayada por indicaciones en la partitura: "Finita la precedente sinfonia in tempo allegro, s'incomincia la seguente mesta, alla bassa" (Monteverdi, 2002: 12). La sinfonía con un *tempo* rápido da lugar a otra en los instrumentos de continuo, en escala en do menor, de tono triste y suave, y Penélope entra con un recitado que oscila cromáticamente en torno a un insistente mi bemol: "Di misera regina | non terminati mai dolenti affanni". La escena evoluciona hacia una serie de llamamientos cada vez más desesperados a Ulises para que venga a casa: "Torna, torna, deh torna, torna, Ulisse" (13-14). Seguramente se dan pocas obras, del género que sea, que, como ésta, ofrezcan al espectador un espectáculo tan conmovedor al inicio de la representación.

La manipulación brillante que Monteverdi realiza de lo que son los planos metafórico y literal de la experiencia humana nos ofrece un ejemplo de

---

* Traducido por Rebeca Sanmartín Bastida.
[1] Traducción de una nota del programa de la representación de *Il ritorno d'Ulisse in patria* que tuvo lugar en Shakespeare's Globe, Londres, 25 de agosto de 2003.

amplia aplicación. Porque lo que es particularmente llamativo del uso de la alegoría en Monteverdi es que, habiendo establecido la estructura alegórica de la obra, ya no vuelve más sobre ella. Una vez que el prólogo se termina y que el Acto I se está desarrollando, el significado literal carga con todo el peso emocional. Durante el resto de la ópera los acontecimientos ilustran y corroboran la alegoría inicial, pero a la estructura moral e intelectual establecida en el prólogo no se la vuelve a mencionar de manera directa. Este acercamiento a la alegoría –"diré esto una vez, y solamente una vez"– puede ayudarnos a entender las maneras en que otros autores, como Cervantes, enfocan la relación entre lo literal y lo metafórico o figurado en sus obras.

No es raro que a uno le parezca mantener visiones contradictorias cuando trata textos cervantinos. Muy a menudo el lector se encuentra dividido entre la necesidad de responder al mismo tiempo a los continuos requerimientos emocionales de personajes y eventos concretos y a la sensación intensa de que estos personajes y eventos representan aspectos más universales de la experiencia humana. Esta tensión es especialmente aguda cuando, como ocurre a menudo en Cervantes, las circunstancias en las que los personajes se encuentran parecen dirigir al lector hacia una explicación o resolución sobrenatural. Dos ejemplos han causado al que esto escribe una dificultad particular. *La fuerza de la sangre* se ve frecuentemente sujeta a una variedad de lecturas no literales que por lo visto procuran evadir el sentimiento abrumador de injusticia que la lectura literal del texto produce. En *Persiles y Segismunda*, por otro lado, una lectura literal de la historia de Rutilio en el Libro I arroja discontinuidades cruciales que exigen una lectura figurada para no contradecir el compromiso cervantino con la verosimilitud de su texto. No hay, por supuesto, ninguna ley que exija coherencia en el lector o en el escritor, pero una reflexión sobre la evidente tensión que se da entre los planos literal y figurado en estos dos casos puede arrojar luz sobre la extensa meditación cervantina en torno a la relación entre lo universal y lo particular.

La fuerza de la sangre ilustra esta tensión de un modo excepcional, pues Cervantes parece querer provocar indignación en el lector desde el principio.[2] Leocadia, la hija de una pobre familia de hidalgos de Toledo, es raptada por Rodolfo, hijo de un aristócrata. Éste la viola y la abandona en la calle. Ella da a luz un niño, Luisico, a quien cría como si fuera su primo. A Luisico un caballo lo derriba en la calle y lo llevan a una casa cercana para curarle. Leocadia reconoce la habitación como la misma en la que fue violada.

---

[2] *Novela de la fuerza de la sangre*, en Cervantes, 1982: II, 145-71. El argumento de los párrafos siguientes se desarrolla con más detalle en Ife & Darby (en prensa).

Los padres de Rodolfo lo llaman para que vuelva de Italia, él se enamora de Leocadia cuando la ve de nuevo, y se casa con ella.

En general, ésta es la quintaesencia de todo argumento cervantino: empieza con la ruptura violenta de una armonía estable para correr como una flecha hacia la restauración de esa armonía. Los incidentes del argumento no hacen más que posponer lo inevitable, tanto como ayudan a que se produzca. En efecto, la gran economía de medios en *La fuerza de la sangre*, y la ausencia de cualquier argumento secundario que pueda estorbar la fuerza inevitable de su desenlace, aceleran la flecha en su camino y agudizan su impacto cuando alcanza el objetivo.

Además, Cervantes emplea con maestría varios trucos narrativos que fortalecen la estructura simétrica: el crucifijo que Leocadia se lleva del escenario del crimen (153; cf. 162, 163, 170), que simboliza el poder redentor de la sangre de Cristo y al mismo tiempo da testimonio de la veracidad de su relato; el retorno a la escena del crimen, producido por el accidente de Luisico en el cual, de nuevo, la sangre es tanto un detalle narrativo significativo como un símbolo potente de redención (158; cf. 171); el parecido físico entre Luisico y su padre, que llama la atención del padre de Rodolfo y de sus criados durante el *dénouement* (159, 161, 163); y los desmayos que le sobrevienen a Leocadia durante su violación (148-49) y de nuevo cuando se enfrenta a Rodolfo por segunda vez (167-68, y cf. el discurso de Leocadia, 170).

Necesitamos ponernos en guardia, sin embargo, contra cualquier lectura demasiado reductora sugerida por la simetría estructural subyacente en la historia, ya que este desenlace feliz no se alcanza sin un cierto grado de angustia que no encuentra parangón dentro de las *Novelas ejemplares*. La violencia de la violación de Leocadia y la aparente falta de remordimiento por parte del violador son sorprendentes desde cualquier punto de vista. Incluso la cínica violación que realiza el viejo Diego Carriazo a la madre de Costanza en *La ilustra fregona* no ofrece comparación con las páginas que inician *La fuerza de la sangre*. Cervantes prepara la escena con detalles convincentes: una familia regresa a casa después de pasar un día agradable en el río; cinco jóvenes gamberros, ricos y ociosos, "todos alegres y todos insolentes", vienen merodeando por la calle abajo (148);[3] miran con lascivia y

---

[3] Howe (1994: 67) señala de pasada que Rodolfo y sus amigos van a caballo. Aunque esto no se explicita en el texto, parece implícito por el uso de la palabra "caballero" en su sentido de "hombre que monta a caballo". Un Rodolfo a caballo hace el rápido rapto más plausible, y también permite establecer un paralelismo entre el rapto de Leocadia, realizado por un jinete sobre un caminante, y el accidente de Luisico, derrumbado por un caballo cuando cruza la calle para conseguir una mejor panorámica de una carrera.

sin respeto a las tres mujeres del grupo familiar; el anciano padre de Leocadia les reprende su insolencia para conseguir únicamente que vuelvan y se confabulen con el objeto de llevar a cabo el súbito deseo de Rodolfo de raptarla (148). Y más tarde, cuando Leocadia recobra la conciencia para descubrir que ha sido violada, Rodolfo responde a sus súplicas intentando violarla de nuevo (152). Pocos lectores podrán permanecer impasibles ante un episodio que es en esencia verosímil: la felicidad y la paz mental de personas decentes es pisoteada por una arrogancia inconsciente; una muchacha es violada brutalmente y abandonada después en la calle, con la flor de la juventud y la belleza destruidas, su familia caída en desgracia y toda su decencia en vergüenza. El episodio resulta –y esto es claramente intencionado– nauseabundo.

La indignación del lector se agravará con el final de la historia. Rodolfo se larga a Italia dejando a Leocadia y a su familia la tarea de conseguir recomponer las piezas de su vida. La verdad sale a la luz a través del accidente de Luisico, y la familia de Rodolfo demanda su vuelta a casa no, como podríamos haber esperado, para recibir un lenguaje rudo de su padre que le haga ver que debe asumir responsabilidades y realizar enmiendas. Al contrario, vuelve a casa para tomar parte en una de las más extrañas farsas que se puedan imaginar. Primero, su madre le juega un truco infantil mostrándole un retrato de una fulana fea con quien le han preparado el matrimonio (164-65); y cuando él objeta, saca a Leocadia de detrás de un tapiz durante la cena para que le ciegue, por segunda vez en su vida, la belleza de ésta (166-67). No se le requiere que muestre ningún remordimiento por el crimen que cometió contra Leocadia, ni él de su parte ofrece hacerlo. Cuando se casa con ella, lo hace por su elección, casi como si le premiaran más que le castigaran; de hecho, ni se espera ni se obtiene ningún castigo. El lector indignado podría argumentar que Rodolfo no sólo escapa con su crimen sino que además consigue un negocio ventajoso, una bella esposa.

La crítica de *La fuerza de la sangre* ha favorecido extraordinariamente lecturas figuradas como una manera de sortear estas dificultades. Estas aproximaciones las resume convenientemente Ruth El Saffar (1974: 128), definiendo la novela como una combinación abstracta de fuerzas inicialmente opuestas que finalmente se resuelven en una mayor unidad. Ray Calcraft (1981) basa su acercamiento en el argumento de El Saffar, mientras que Alban K. Forcione (1982) lleva adelante una sugerencia anterior de J.J. Allen (1968) de que existen paralelismos con la narrativa de milagros en general y con la vida de Santa Leocadia, patrona de Toledo, en particular. Ambos críticos, no obstante, hacen hincapié en la manera en que Cervantes, al usar la forma y estructura de la narrativa de milagros, seculariza el milagro de *La fuerza de la sangre*, ya que subraya el papel fundamental que juega la prudencia y discreción de Leocadia. Paul Lewis-Smith (1996) profundiza en este juicio, mostrando cómo la novela ilustra que la divina Providencia obra a través de la naturaleza más que a través de los milagros. Sólo en tiempos comparativamente recientes, críticos como Adriana Slaniceanu (1987) y Marcia Welles (1989) han cambiado el énfasis de lo figurado a lo literal, focalizando el papel de Leocadia y prestando más atención directa a las implicaciones de la violencia efectuada sobre ella.

Para mí, el problema de *La fuerza de la sangre* es que provoca tal sensación de injusticia que sólo suprimiendo total o parcialmente el sentido literal a favor de una cierta lectura metafórica o simbólica se pueden reconciliar las fuerzas opuestas. Incluso una lectura tan persuasiva como la de Forcione (1982: 363) supone cierto elemento de justificación: "That Leocadia could love such an archetypal villain is quite implausible; it is in fact miraculous". Muchos lectores pueden sentir que las interpretaciones figuradas o simbólicas, o el recurso a los milagros, ya sean o no secularizados, no les permite ser fieles a la indignación que experimentan cuando leen la historia, o descubrir dónde les conduce su enfado como críticos o intérpretes del texto. Pues la sensación de indignación es real, y es motivada por algo presente en el texto, y que Cervantes ha puesto ahí con un propósito. Reconocer esto no es negar que Dios pueda servirse del mal para conseguir el bien;[4] es simplemente admitir que esta razón podría no ofrecer al lector ningún consuelo, ni evitarle que siga deseando que se produzca la venganza, que Rodolfo sufra como hizo sufrir a Leocadia, que derrame lágrimas de remordimiento, o al menos diga que lo siente.

En el caso de la historia de Rutilio del Libro I de *Persiles y Segismunda*, en cambio, parece ineludible un acercamiento exactamente opuesto: el episodio sólo adquiere sentido dentro del resto de la estética cervantina si es objeto de una lectura figurada.[5] El contexto de esta extraordinaria narración la proporciona la destrucción de la isla Bárbara por el fuego (I.iv, 69-71). Mientras los refugiados huyen de la isla en llamas, situada en algún lugar cerca del Círculo Polar Ártico, se hace claro que estas latitudes nórdicas han sido habitadas por tres exiliados del Mediterráneo que han acabado juntos debido al desastre, y cada uno se ve obligado a contestar a la pregunta obvia: ¿qué haces aquí?

---

[4] Según Lewis-Smith (1996: 886), "Cervantes places special emphasis on the marvellous and paradoxical truth that Providence works through evil".

[5] *Los trabajos de Persiles y Sigismunda*, I.viii-ix, en Cervantes, 1969: 88-95; todas las referencias al texto se dan por libro, capítulo, y página de esta edición. Trato la historia de Rutilio con mayor extensión y en más detalle en Ife (2004a); véase también Ife (2004b).

En tanto que el viejo español Antonio se hace cargo del rescate de la isla principal, Rutilio, el italiano, trama la liberación de los prisioneros de la mazmorra de la isla prisión (i.iv, 69-70). El tercer evacuado, el portugués Manuel de Sosa Coitiño, aparece un poco más tarde. Antonio es el primero en contar su suerte (i.v-vi, 72-83). Su historia es quizás demasiado larga (Cloelia, la criada de Auristela, cae muerta mientras la cuenta, i.v, 78, y su esposa, la bárbara Costanza, se encarga diplomáticamente de la tercera parte de la narración para no cansar demasiado a los oyentes, i.vi, 82), pero de todos modos es bastante rutinaria para el género al que pertenece, pues implica disputas sobre el honor y los modales, espadas esgrimidas, sangre derramada, huida de las autoridades y múltiples naufragios.

Por azares de la suerte, resulta que también Rutilio se encuentra en la isla Bárbara como resultado de un naufragio (i.viii, 94). Salió de su base en Noruega para una expedición mercantil, pero el cómo había llegado hasta Noruega se trata de otra cuestión. Comienza su historia como un maestro de danza en Siena. Se enamora de una de sus alumnas, se esconde con ella y es sentenciado a muerte cuando el padre da con ellos y llama a las autoridades. Una bruja le rescata de la prisión llevándole en su capa. Cuatro horas más tarde (la exactitud cronológica es un detalle sutil) aterrizan en la semi-oscuridad de un país desconocido. Ella se convierte en un lobo, trata de seducirle, y él la mata. Al morir ella recupera su forma humana. Mientras él permanece mirando el cuerpo, preguntándose qué hacer, un paseante que habla italiano le da la bienvenida a Noruega (i.viii, 89-91).

La historia de Rutilio ha despertado relativamente poco interés entre los críticos. Alban K. Forcione (1970), Julio Baena (1996) y Maria Alberta Sacchetti (2001) no hablan de los elementos específicos del episodio, mientras que Diana de Armas Wilson (1991: 162-65) se concentra en la licantropía de la mujer lobo y, en otro estudio, Forcione (1972: 112-16) focaliza la experiencia de "casi muerte" del pecador. Ninguno de ellos tiene nada que decir sobre la escapada de Rutilio de la prisión ni sobre el hecho de que sea transportado en una capa mágica desde Italia a Noruega. Pero la pregunta permanece: ¿se espera que tomemos esta explicación literalmente, y cómo sabemos cuándo un significado figurado o literal es apropiado?

Es un punto de vista común el considerar *Persiles y Segismunda* como una alegoría, y esta tradición crítica tiene su expresión más completa en el estudio clásico que hace Forcione de este libro como una alegoría cristiana:

> the quest of Periandro and Auristela reenacts the basic myth of Christianity: man in his fallen state must wander the sublunary world of disorder, suffering in the world of human history, and be reborn through expiation and Christ's mercy [...]

the symbolic implications of the protagonists' journey have an important function, as they move from a realm menaced by war, an oppressive king, and the threat of sterility to the city which traditionally images the Kingdom of the Blessed. (Forcione, 1972: 32)

Sin duda es cierto que *Persiles y Segismunda* exhibe muchos de los aspectos clásicos de la narración alegórica. Los nombres de las disfrazadas personificaciones que son los personajes principales, Periandro y Auristela, subrayan fuertemente el simbolismo de un "hombre-errante" y de una "estrella dorada". Los capítulos que inician los Libros I y II re-presentan ambos una escena de nacimiento que, de alguna forma, contradice la cronología de la narración *in medias res*. En el primer capítulo, Periandro es sacado con una soga de la mazmorra subterránea de la isla-prisión hacia la luz solar; su habla es ininteligible para los bárbaros que, como comadronas, limpian su rostro para revelar la belleza escondida detrás de la suciedad. En el comienzo del Libro II, los peregrinos sufren un segundo nacimiento cuando son liberados del casco de un barco volcado a través de los agujeros cortados por sus rescatadores. La isla Bárbara, situada en el límite mismo del mundo civilizado, habla por sí misma, como lo hace el fuego que la destruye y que da un nuevo impulso al viaje a Roma. Los peregrinos sufren constantes vicisitudes que estorban sus ambiciones, y el progreso geográfico desde los yermos de hielo del norte glacial hasta la familiaridad cálida del Mediterráneo subraya el movimiento esencialmente positivo desde la oscuridad a la luz.

Pero muchos aspectos de esta alegoría aparentemente cristiana son problemáticos. Como han señalado David Castillo y Nicholas Spadaccini (2000), el amor es el motivo principal de su viaje, y el peregrinaje queda como una especie de pretexto; la satisfacción de los amantes no puede darse sin la muerte del hermano mayor; su unión no implica un matrimonio religioso, y de hecho la iglesia y los curas aparecen muy poco en el *Persiles*; cuando llegan a Roma encuentran una ciudad caracterizada por el pecado y la corrupción; y la estructura de viaje de la novela se ve constantemente socavada por su inestabilidad genérica –el hilo narrativo se interrumpe una y otra vez por una multitud de narraciones interpoladas, muchas de las cuales derivan de todo el catálogo de la ficción europea coetánea. Frustración, no cumplimiento, es el tono prevaleciente: "Todos deseaban, pero a ninguno se le cumplían sus deseos" (II.iv, 176).

Si el *Persiles* es una alegoría, se trata de una alegoría claramente diferente de la del otro clásico del género de peregrinos, *The Pilgrim's Progress*, de John Bunyan. Este libro, al menos, cumple los criterios de Northrop Frye en su *Anatomy of Criticism*:

We have actual allegory when a poet explicitly indicates the relationship of his images to examples and precepts, and so tries to indicate how a commentary on him should proceed. A writer is being allegorical whenever it is clear that he is saying "by this I *also* (*allos*) mean that". (1957: 90, citado en Wilson, 1991: 49)

Una alegoría suele establecer una estructura claramente intelectual, en la cual las ideas se asocian con aspectos específicos de la narrativa, personas, lugares y cosas, de una manera sostenida y consistente. Pero, como señalan Scholes y Kellogg (1978: 109), hay consideraciones tanto estéticas como intelectuales en juego:

> Though allegory demands a fairly consistent symbolism, which would seem to make it guilty of mere mechanism in its presentation of ideas, allegorical narrative in practice has often been anything but mechanical and simple-minded. Allegorical narrative is a mode of thought and a mode of story-telling, and there is inevitably a healthy tension between these two modes. One of the main qualities which differentiates narrative thought from other, "purer", modes of thought is the inevitable interplay among the various attributes of a narrative work. The esthetic exigencies driving the author toward the provision of a satisfying shape for his tale will operate so as to modify and possibly enrich its intellectual content.

Pilgrim's Progress ilustra muy bien la interacción entre estas dos maneras de crear una narrativa alegórica, y muchos aspectos de la alegoría de Bunyan derivan de la narración en vez de imponerse sobre ella. Las páginas del comienzo ofrecen una evocación brillante de lo que es, en efecto, un hombre que sufre un ataque de nervios, con todas las consecuencias que esto produce en su familia y amigos; los nombres de los personajes son personificaciones de atributos tanto como de ideas, que a veces adquieren la forma de adjetivos y adverbios en vez de nombres (Obstinate, Pliable, Faithful, Innocent). Aun si las personificaciones se reemplazaran por nombres ordinarios, tendríamos una narración perfectamente inteligible. No obstante, la dimensión alegórica de *Pilgrim's Progress* está tan claramente señalada que es difícil no concluir que está sobredeterminada: en realidad, una lectura alegórica es la única opción plausible.

Diana de Armas Wilson muestra un recelo comprensible hacia cualquier lectura reductora de *Persiles y Segismunda*:

> Casalduero's allegorical exegesis of the *Persiles*, for instance, using orthodox Catholicism as its point of departure, proffers a reductive series of Baroque "this for that" allegories in a reading that multiplies, it would seem, precisely the kind of allegory that Cervantes was prone to ridicule. Identifying the group of pil-

grims huddled in Antonio's cave as the church of the Counter-Reformation is tantamount to revealing the true identity of this fountain or that sewer, as the pedantic guide to the Cave of Montesinos does with his *alegorías* in the *Quixote* (II.22). (Wilson, 1991: 51-52)

Cervantes, después de todo, era un aristotélico, y los aristotélicos estaban interesados en la mimesis, no en la alegoría. Cipión rechaza el "sentido alegórico" a favor del literal en *El coloquio de los perros* (Cervantes, 1982: III, 305). Diana de Armas Wilson propone entonces una distinción útil y apropiada entre la alegoría como manera de escritura y la alegoresis como método de interpretación. "The first tradition", dice, consiste en narraciones "peopled by personifications and other similarly frozen agents moving about in a resonant world of language"; en la segunda tradición, en cambio, se trata de la interpretación discursiva o del comentario textual (Wilson, 1991: 53).

Parece claro que la alegoresis ofrece un acercamiento mejor a *Persiles y Segismunda* que una búsqueda convencional de equivalencias entre ideas y elementos narrativos o de personificación. Más bien a la manera de Monteverdi, Cervantes sugiere la posibilidad de una lectura alegórica y nos proporciona una estructura intelectual para ello, pero sin insistir en que la narración deba ser leída como una alegoría. Pistas como las de los nombres de Periandro y Auristela son una señal, pero durante largos fragmentos de su trabajo Cervantes está satisfecho con dejar que el sentido literal ocupe el primer plano. Sin embargo, Cervantes, a diferencia de Monteverdi, no confina la estructura sustentadora a un prólogo separado; de tiempo en tiempo, la posibilidad de una lectura alegórica recibe un impulso fresco con la aparición de nuevos personajes, situaciones e ideas o por la sutil reaserción de correspondencias con episodios más tempranos.

El ejemplo de la narración de Rutilio muestra cómo Cervantes proporciona pistas de vez en cuando para que una lectura alegórica sea posible, aconsejable e incluso esencial. En el caso de Rutilio la pista proviene de una discontinuidad o pliegue en la narración superficial –discontinuidad que bien podría ser única en la obra de Cervantes, en el sentido de que no puede reconciliarse con su constante compromiso con la verosimilitud.

Un hombre nos dice que voló de Siena a Noruega en cuatro horas en la capa de una bruja. ¿Le creemos o no? ¿Podemos leer literalmente una ficción que contiene cosas que no son posibles, cosas como brujas, licantropía y viajes aéreos en capas? La teoría coetánea de lo maravilloso podría permitirnos leer la historia de Rutilio literalmente, pues permitía que las formas más espectaculares de lo maravilloso se adoptaran de varias maneras: la ficción imposible podía ser intencionadamente alegórica o simbólica (Riley,

1962: 186-87); los sucesos sobrenaturales podían localizarse en lugares lejanos (189-91); éstos podían presentarse como coherentes con la creencia popular o con el contexto intelectual de la época (191-92); o podían ser atribuidos a un narrador intermedio a quien podemos elegir si creer o no (192).

Incluso cuando trata lo sobrenatural Cervantes pone cuidado en salvaguardar su ficción (Riley, 1962: 198): "esto es lo que se dice en este manuscrito árabe", etc. En el caso de Rutilio, se dan ciertamente rodeos de este estilo. Cuando a Rutilio se le pide que cuente su historia él acepta, "aunque temo que por ser mis desgracias tantas, tan nuevas y tan extraordinarias, no me habéis de dar crédito alguno". No pasa nada, responde Periandro: "En las que a nosotros nos han sucedido, nos hemos ensayado y dispuesto a creer cuantas nos contaren, puesto que tengan más de lo imposible que de lo verdadero" (I.vii, 88). ¿Esto le da a Rutilio licencia para mentir? Es posible, pero él ciertamente llegó a Noruega de alguna forma, y no hay evidencia en el texto de que haya usado algún otro medio de transporte.

Para Riley, el asunto es sencillo. El comportamiento de Rutilio en el pasado es un indicador de su naturaleza poco fiable, pues Cervantes pone cuidado en mostrar que el personaje del narrador no era tal como para inspirar confianza; la duda rodea la integridad de Rutilio, y la posibilidad de que sea un mentiroso se deja bastante abierta (192). Pero esto apenas constituye una evidencia convincente. El que Rutilio seduzca a su alumna de danza, aunque sea reprehensible, se expía por su exilio y su rescate generoso de otros hombres de la isla Bárbara.[6] El comportamiento de juventud de Antonio fue al menos igual de repensible, pero nadie concluye que esto le haga resultar poco fidedigno: prolijo, quizás, pero no indigno de confianza. Y aún más, es difícil aceptar que Cervantes quiera minar nuestra confianza en Rutilio, sobre todo teniendo en cuenta la manera en que nos hace desconfiar de otros narradores no veraces como Campuzano o Cide Hamete Benengeli.

¿Qué diremos, entonces, de la creencia popular? ¿Ayuda ésta a incorporar las formas más extremas de lo maravilloso representadas en la historia de Rutilio? Hay tres dificultades por superar: la licantropía, la brujería y la huida aérea. La primera de éstas es también un rasgo de la historia de Antonio (I.v), al menos en el sentido de que el lobo que le aconseja recalar en otra parte podría ser racionalizado como un ser humano que se ha convertido en un lobo.[7] La brujería y su tradición asociada de huidas aéreas consti-

---

[6] Rutilio nos dice que fue puesto "en la prisión con los ya condenados a ella por otros delitos no tan honrados como el mío" (I.viii, 89).

[7] Compárese con el origen de los perros parlantes Cipión y Berganza en *El coloquio de los perros* (Cervantes 1982: III, 236-38). Aunque la creencia en la licantropía estaba bastante

tuían también tópicos en la mente del pueblo. Pero es importante notar las negativas prominentes que Cervantes pone en el texto. Después de que Rutilio mata al lobo/bruja, su guía compatriota rechaza toda la historia como asunto del Demonio:

> destas maléficas hechiceras [...] hay mucha abundancia en estas septentrionales partes. Cuéntase dellas que se convierten en lobos [...]. Cómo esto pueda ser yo lo ignoro, y como cristiano que soy católico no lo creo. Pero la esperiencia me muestra lo contrario. Lo que puedo alcanzar es, que todas estas transformaciones son ilusiones del demonio, y permisión de Dios y castigo de los abominables pecados deste maldito género de gente. (I.viii, 92)

No se puede desear un rechazo más completo, aun cuando se admita la creencia popular en la licantropía y en la brujería. Pero el personaje cuidadosamente restringe su discurso a "estas septentrionales partes", y no tiene nada que decir sobre el viaje aéreo. La mención de las latitudes nórdicas es significativa porque nos recuerda que las maravillas que ocurren en lugares distantes pueden ser desechadas como algo que cae fuera del marco civilizado de referencia; pero al mismo tiempo subraya la principal dificultad del cuento de Rutilio, que es que la implausibilidad más sustancial tiene lugar en el corazón del mundo mediterráneo, en Italia.

Así pues, es posible que la historia de Rutilio sea un escamoteo inteligente que usa una implausibilidad menor para enmascarar otra mayor. En la práctica, las tres implausibilidades están sutilmente divididas en dos grupos: la licantropía y la brujería se localizan en el universo de lo exótico, y el viaje aéreo se sitúa en una modalidad propia.[8] Siguiendo unas maneras muy suyas, Cervantes envuelve un milagro dentro de un misterio, y espera que, proporcionando alguna racionalización del último, el primero salga impune.[9] De cualquier forma que se la mire, la explicación de Rutilio de cómo llegó a Noruega no puede ser fácilmente justificable o convincente.

---

divulgada en la Europa de inicios de la Edad Moderna, Cervantes pudo haber tomado la referencia de Olaus Magnus, *Historia de gentibus septentrionalibus* (Roma, 1555); véase Cervantes (1969: 91 n53).

[8] "Cervantes's use of the age-old device of remoteness, which he used not for justifying the totally impossible but as an aid to making the extraordinary credible, was recognized epic procedure" (Riley, 1962: 190).

[9] Después de exponer dudas al principio del "estraño suceso" en II.ii, 162 ("Parece que el volcar de la nave volcó, o por mejor decir, turbó el juicio del autor desta historia, porque a este segundo capítulo le dio cuatro o cinco principios, casi como dudando qué fin en él tomaría"), se afirma, "no se ha de tener a milagro, sino a misterio" (163-64). Es notable que, en el episo-

Cervantes pudo, no obstante, habernos dado una pista en un paralelismo bíblico que parece subyacer en el episodio. Como se ha dicho antes, Alban K. Forcione (1982: 329) llama la atención sobre las similitudes estructurales que se dan entre las narraciones milagrosas y la novela. Ambas tienen argumentos cíclicos, pero el milagro se distingue por el hecho de que el énfasis se sitúa menos en la actuación de los protagonistas, que son "usually helpless, quite unheroic, and frequently even fallen", y más en la intervención divina. Los beneficiarios de los milagros son sujetos pasivos antes que actantes, su liberación es una celebración del poder de la Gracia más que la reivindicación de la virtud particular que posean, y el significado de la situación en la que se ven envueltos hay que buscarla en la importancia del suceso único y central antes que en la naturaleza ejemplar de sus actos. Forcione concluye que, "with the possible exception of *El coloquio de los perros*, the *Persiles* is Cervantes's most powerful expression of the mentality implicit in the traditional miracle" (331), aunque no incluye la narración de Rutilio en su discusión.

De hecho, muchos aspectos de la liberación de Rutilio sugieren que entramos en el campo de lo milagroso, y no lo indica menos el hecho de que el episodio nos haga rememorar tres paralelismos bíblicos: la escapada milagrosa de Daniel del foso de los leones (Dn 6.22-23); el rescate de los apóstoles por el ángel del Señor que durante la noche les abre las puertas de la prisión y les saca (Hch 5.19); y la liberación de San Pedro (Hch 12.3-12), que de muchas maneras recuerda particularmente la de Rutilio. Ambas historias tienen en común que suceden por la noche, los guardias están dormidos, hay una intervención sobrenatural y se quitan de golpe las cadenas; la referencia repetida a los pies y al manto llama la atención, como también la confusión que caracteriza a la comprensión de ambos prisioneros de lo que les está sucediendo.[10]

---

dio de Rutilio, Wilson (1991: 162-65) y Forcione (1972: 112-16) discutan otros aspectos, pero no hagan ningún comentario sobre la huida aérea.

[10] Compárese Hch 12.6-11 ("Pedro [...] dormía entre dos soldados, sujeto con dos cadenas. Unos guardias vigilaban la entrada de la cárcel. De repente apareció un ángel del Señor y [...] le dijo: '¡Date prisa, levántate!' Las cadenas cayeron de las manos de Pedro. Le dijo además el ángel: 'Vístete y cálzate las sandalias'. Así lo hizo, y el ángel añadió: 'Échate la capa encima y sígueme'. Pedro salió tras él, pero no sabía si realmente estaba sucediendo lo que el ángel hacía. Le parecía que se trataba de una visión. Pasaron por la primera y la segunda guardia, y llegaron al portón de hierro que daba a la ciudad. El portón se les abrió por sí solo, y salieron. [...] Entonces Pedro volvió en sí y se dijo: 'Ahora estoy completamente seguro de que el Señor ha enviado a su ángel para librarme'") con las siguientes frases de la narración de Rutilio (I.viii, 89-90): "viéndome yo atado [...] ella rompería las cadenas y los cepos"; "túvela

Rutilio dice que tomó a su redentor más por un ángel que por una bruja, pero una vez que siente que el manto se levanta en el aire comienza a resistirse: "como cristiano bien enseñado, tenía por burla todas estas hechicerías –como es razón que se tengan" (I.viii, 90). Mas su descreimiento no le impide realizar la huida. Lo que tenemos, entonces, es algo que tiene la forma y la apariencia de un milagro pero que es diabólico en origen. El problema es que, aunque Dios pueda permitir a los hombres creer en brujas como un castigo por sus "abominables pecados" (I.viii, 92), Cervantes no nos ha proporcionado ninguna explicación alternativa de cómo Rutilio consiguió llegar de Siena a Noruega. El testimonio de Rutilio es con lo único con lo que podemos contar.

A estas alturas nos habremos dado cuenta de que Cervantes está tratando algo más que un simple modo de viajar. Nos está conduciendo hacia la apreciación de algo más fundamental. La historia de Rutilio es milagrosa en la forma, pero no es un milagro en sentido religioso. Ya que es la única explicación que se nos da, no tenemos otra opción que aceptarla. Pero el milagro no se encuentra en el viaje, sino en cómo se cuenta y se escucha. La historia de Rutilio es, en los términos de Austin (1962) y Searle (1969), un acto de habla performativa, un acto que produce la realidad que describe.[11] De hecho, existen al menos tres discursos performativos encadenados, los del narrador, Rutilio, y la bruja, cada uno de los cuales crea sus propias referencias e ilustra que la veracidad es una propiedad de la enunciación, no un estado de los hechos, y que la literatura es un proyecto en colaboración en el que "the author needs the compliance of the reader" (Riley, 1962: 194).

Así que llegamos, para completar el círculo, a la conclusión de que en la historia de Rutilio Cervantes nos ha ofrecido una alegoría del escritor, el lector y el proceso narrativo; del autor y el público como colaboradores, del pacto narrativo que existe entre ellos, y de cómo el narrador lleva a cabo su labor principal de persuadir a los que le escuchan para que crean cosas que, en el ordinario curso de la vida, no creerían. Campuzano y Peralta proporcionan un modelo similar de realización del pacto narrativo en el interludio entre *El casamiento engañoso* y *El coloquio de los perros*; durante éste, a

---

[...] por ángel que enviaba el cielo para mi remedio"; "hallélos [los pies] sin grillos y sin cadenas, y las puertas de toda la prisión de par en par abiertas, y los prisioneros y guardas en profundísimo sueño sepultados"; "tendió en el suelo mi guiadora un manto, y mandóme que pusiese los pies en él".

[11] Véase también Pratt (1977). La teoría del habla performativa o realizativa no está de moda desde los años ochenta, pero la noción de que la ficción es una forma especial de performatividad puede todavía ser útil cuando se tratan los problemas de la credibilidad en la ficción.

pesar de hacer frecuentes concesiones al hecho de que los perros no pueden hablar, Campuzano se las arregla para que Peralta conceda que, si se dan ciertas condiciones, sería posible (Cervantes, 1982: III, 235-38; véase Ife, 1985: 59-61).

Igualmente, aunque debamos ser apropiadamente escépticos en cuanto a la huida aérea de Rutilio, hay que decir que su tarea, y la de Cervantes, será ayudarnos a superar nuestro descreimiento. Los cumplidos que la bruja dirige a Rutilio para que salga de la prisión y se confíe a su capa tienen su contrapartida en los que Cervantes dirige con su magia al lector. La bruja pone una vara en la mano de Rutilio y le dice que la siga. "Turbéme algún tanto", dice éste, "pero como el interés era tan grande, moví los pies para seguirla, y hallélos sin grillos y sin cadenas, y las puertas de toda la prisión de par en par abiertas, y los prisioneros y guardas en profundísimo sueño sepultados" (I.viii, 90).

Una vez en la calle, ella estira su manto y le dice que lo pise. Él se resiste, ella le dice que olvide sus "devociones"; él trata de resistirse de nuevo, pero su miedo a la muerte le sobrepasa; pisa dentro la capa y ésta se eleva en el aire. "En resolución, cerré los ojos y dejéme llevar de los diablos" (I.viii, 90). Quizás también nosotros, como lectores, aferrados a nuestras "devociones", a nuestra certidumbre sobre lo que es posible y lo que deja de serlo, tengamos que superar nuestros miedos y depositar nuestra confianza en otro tipo de brujería, practicada por un viejo y astuto demonio llamado Cervantes. Este viejo demonio parece decirnos, "confía en mí, te llevaré de A a B y tú apenas te darás cuenta de que estás volando". Y nos trasladará de la manera más suave posible, como a Rutilio, "al crepúsculo del día en una tierra no conocida" (I.viii, 90).

Si este episodio es una alegoría del pacto narrativo, como creo, se encuentra lejos de estar sobredeterminada. La alegoría es sugerida de la más sutil de las maneras, por una alusión velada a un texto de mayor autoridad; pero también se emplean rupturas claras de la verosimilitud para apuntar a misterios mayores y más profundos. Es bastante común dejarse llevar por el hilo del significado literal de la narración de Rutilio. La mayoría de los lectores lo hacen, y cada uno de los críticos que han escrito sobre *Persiles y Segismunda* así ha actuado. De alguna forma, éste es un logro del atrevimiento de Rutilio: lanza el truco, y te crees lo que dice o fracasa. Darse cuenta de que hemos mordido el anzuelo y descubrir entonces cómo ha sucedido es quizás llegar a la combinación más sutil de alegoría y alegoresis. La narración de Rutilio es un texto figurado que sólo se transforma en figurado cuando el significado literal ha logrado hacer funcionar su magia.

Obras citadas

Allen, John J., 1968. "*El Cristo de la Vega* and *La fuerza de la sangre*", *MLN*, 83, 271-75.
Austin, J. L., 1962. *How To Do Things with Words*, William James Lectures 1955, Oxford, Clarendon Press.
Baena, Julio, 1996. *El círculo y la flecha: principio y fin, triunfo y fracaso del "Persiles"*, Chapel Hill, University of North Carolina Press.
Calcraft, R. S., 1981. "Structure, Symbol and Meaning in Cervantes's *La fuerza de la sangre*", *BHS*, 58, 197-204.
Castillo, David R., & Nicholas Spadaccini, 2000. "El antiutopismo en *Los trabajos de Persiles y Sigismunda*: Cervantes y el cervantismo actual", *Cervantes: Bulletin of the Cervantes Society of America*, 20.1 (Spring), 115-131.
Cervantes, Miguel de, 1969. *Los trabajos de Persiles y Sigismunda*, ed. Juan Bautista Avalle-Arce, CCa 12, Madrid, Castalia.
— 1982. *Novelas ejemplares*, ed. Juan Bautista Avalle-Arce, CCa 120-22, 3 tomos, Madrid, Castalia.
El Saffar, Ruth S., 1974. *Novel to Romance: A Study of Cervantes's "Novelas ejemplares"*, Baltimore, Johns Hopkins UP.
Forcione, Alban K., 1970. *Cervantes, Aristotle and the "Persiles"*, Princeton, Princeton UP.
— 1972. *Cervantes's Christian Romance: A Study of "Persiles y Sigismunda"*, Princeton, Princeton UP.
— 1982. *Cervantes and the Humanist Vision,* Princeton, Princeton UP.
Frye, Northrop, 1957. *Anatomy of Criticism: Four Essays*, Princeton, Princeton UP.
Howe, Elizabeth Teresa, 1994. "The Power of Blood in Cervantes' *La fuerza de la sangre*", *Forum for Modern Language Studies*, 30, 64-76.
Ife, B. W., 1985. *Reading and Fiction in Golden-Age Spain: A Platonist Critique and Some Picaresque Replies*, Cambridge Iberian and Latin American Studies, Cambridge, Cambridge UP.
— 2004a. "Air Travel in Cervantes", *Bulletin of Spanish Studies* (Glasgow), 81, 475-86.
— 2004b. "Cervantes's Portuguese Lover", en *"A primavera toda para ti": Homenagem a Helder Macedo,* Lisboa, Presença, 117-21.
— & T. L. Darby, en prensa. "Remorse, Retribution and Redemption in *La fuerza de la sangre*: Spanish and English Perspectives", en *A Critical Guide to the "Novelas ejemplares"*, ed. Stephen Boyd, Colección Támesis, Woodbridge, Tamesis.
Lewis-Smith, Paul, 1996. "Fictionalising God: Providence, Nature and the Significance of Rape in *La fuerza de la sangre*", *Modern Language Review*, 91, 886-97.
Monteverdi, Claudio, 2002. *Il ritorno d'Ulisse in patria: Libretto by Giacomo Badoaro. English Libretto by Anne Ridler*, ed. Alan Curtis, New Novello Choral Edition, London, Novello.

Pratt, Mary Louise, 1977. *Toward a Speech-Act Theory of Literary Discourse*, Bloomington, Indiana UP.
Riley, E. C., 1962. *Cervantes's Theory of the Novel*, Oxford, Clarendon Press.
Sacchetti, Maria Alberta, 2001. *Cervantes' "Los Trabajos de Persiles y Sigismunda": A Study of Genre*, Colección Támesis A188, London, Tamesis.
Scholes, Robert, & Robert Kellogg, 1978. *The Nature of Narrative*, Oxford, Oxford UP.
Searle, John R., 1969. *Speech Acts: An Essay in the Philosophy of Language*, Cambridge, Cambridge UP.
Slaniceanu, Adriana, 1987. "The Calculating Woman in Cervantes' *La fuerza de la sangre*", *BHS*, 64, 101-10.
Welles, Marcia L., 1989. "Violence Disguised: Representation of Rape in Cervantes' *La fuerza de la sangre*", *Journal of Hispanic Philology*, 13, 240-52.
Wilson, Diana de Armas, 1991. *Allegories of Love: Cervantes's "Persiles and Sigismunda"*, Princeton, Princeton UP.

EL PRÍNCIPE POLÍTICO-CHRISTIANO:
ALEGORÍAS DEL PODER EN EL BARROCO HISPANO

FERNANDO R. DE LA FLOR
Universidad de Salamanca

Los discursos trenzados sobre la esfera del poder en el Barroco hispano, sea cual sea su índole, ya doctrinal o meramente fictiva, atienden a la construcción de una figura –la del "príncipe" (Saavedra Fajardo, 1640), del "gobernador" (Márquez, 1614), del "político" (Gracián, 1640)– que es punto focal para el despliegue de atribuciones alegóricas, las cuales se desgranan en juegos de metáforas precisas.[1] De modo evidente, el proceso de una alegoresis política tiene como fin un carácter instrumental, pues mantiene la cohesión del orden simbólico que alimenta a la colectividad, y, por decirlo así, sujeta y controla las lecturas del mundo que aquella realiza.[2]

La construcción providencialista de la historia que se realiza en el ámbito hispano reserva precisamente para el *príncipe político-christiano* un papel trascendental que debe prestarse *ad oculos* a una lectura *tout court* alegórica.[3] Pues la misma figura, encarnación del principio de poder, se convierte, en virtud de los discursos que así lo señalan, en la mantenedora material de un universo de significaciones sin visibilidad directa alguna. Lo histórico, merced a su formalización, deja entrever aquí lo que es suprahistórico, mientras la fisicidad permite vislumbrar el diseño metafísico, que se supone gobierna el principio de realidad, cristalizando todo ello en el conjunto de lo que es conocido como "doble cuerpo del rey", constitución biopolítica del mismo.[4] Así se manifiesta la tensión alegórica de la construcción teopolítica hispana: en el hecho de que en realidad ésta debe ser leída

---

[1] Como ha visto recientemente González García (1998), y en un sentido más concreto Bouza (1998).

[2] La alegoría en la literatura del Siglo de Oro de la que tratamos ha sido abordada con carácter general por Fothergill-Payne (1980). Para una visión filosófica del problema nos acogemos a las observaciones recientes de Brea (1991).

[3] El verdadero título de *Empresas políticas* de Saavedra Fajardo es *Idea de un príncipe político-christiano representada en cien empresas*.

[4] La persona natural del rey queda, en la interpretación de Kantorowicz (1985), eclipsada a favor de una sobrenaturalidad, convirtiendo la política en una suerte de metafísica.

en función de otro metarrelato, generando una lectura alegórica sobre el hecho notable de que la realeza, simbólicamente implementada, avala y realiza del modo que le es específico y propio la voluntad desconocida de un dios, el cual sólo se manifiesta y habla a través de la conducción que el príncipe hace de la nave del Estado por la travesía de la historia.

En el príncipe hace presa, pues, la política ejemplarista, debido a que él encarna de algún modo el cuerpo ideal donde la misma se visualiza en todo el despliegue potencial de sus matices anfibológicos, los cuales, tanto atienden a cubrir las necesidades materiales de la historia, como a asegurar la presión de lo sobrenatural sobre la estructura del mundo. Todo ello determina una peculiar y dúplice ética del poder, que conduce la acción monárquica confesional, espejo en donde en todo momento se debe leer (alegóricamente) la intervención divina.[5] Al detentar el lugar de Dios, el príncipe se hace sujeto, con toda intensidad y fuerza, del drama acaecido: no representa ninguna divinidad, finalmente ausente (*deus absconditus*), sino que cumple el papel por aquélla determinada, y, en el orden imaginario de lo social barroco, ocupa entonces el lugar prefijado por Dios, debiendo interpretar su oscuro designio providencialista, mientras conduce su actuar al plano obsesivamente realista de la historia y de la naturaleza, bajo la gran coartada de la legitimación religiosa.[6] Ésta actúa, como es sabido, tendiendo un velo de alegorías conducentes todas a asegurar que existe un guión divino detrás del cuerpo mismo del príncipe y de su presencia providencialista.[7]

Es en este plano de lo histórico-natural donde el príncipe es sujeto de otro enfoque que abundará en la carga trágica de su misión histórica y, a la vez, supra-histórica, lo cual inducirá gravemente a esa atribución (generalizada en la época de una melancolía consustancial con ese papel social específico, por lo que sabemos especialmente detectable en el universo Austria: Bartra, 1998; Contreras, 2003). Desde su posición soberana este príncipe, que debe construir la esfera de la obediencia y trabajar por la sujeción, tal vez percibe, al modo de Segismundo, la verdad de lo histórico, su ser marcado por la ruina, pues el providencialismo, en realidad, so pretexto de cumplir la redención de lo humano, conduce la historia hacia su disolución y Juicio Final; el príncipe, como escribe Calderón, está entonces asaltado

---

[5] Acerca de esta dialéctica y el juicio que la misma merece por parte del pensamiento jansenista véase Marin (1991); sobre las condiciones filosóficas generales de una "ética del poder", Ritter (1972).

[6] Para un desarrollo cumplido de estos extremos véase Fernández Albadalejo (2003).

[7] Sobre este asunto véase Antón (2002).

vehementemente por la necesidad "de no ver siempre desdichas | de no mirar ruinas siempre" (*El príncipe constante*, vv. 609-10, en Calderón de la Barca, 1994: 107).

Pese a la extendida conciencia epocal de una efectiva declinación y ruina de las repúblicas poderosas en el mundo, y aun poseyendo la conciencia adquirida de una fatal ausencia misma de finalidad conquistable en el horizonte de lo histórico, éstas son cuestiones máximas que el representante del poder absoluto deberá ocultar, sobreponiéndose al signo fatal de la historia y marcando una dirección y una *illusio* de fin y de finalidad, que estabilice a los pueblos y les ayude a sortear los momentos vacíos creados por las constantes revueltas y sediciones, también por los reveses y confrontaciones de la fortuna y los enemigos, éstos especialmente poderosos y triunfantes en el marco del imperio español a partir de los primeros decenios del siglo XVII.

El deber a que atiende la construcción teórica de esta figura cumbre del ordenamiento social absolutista-confesional se impone sobre el destino funesto que alcanzan las visiones y presagios aciagos que se le oponen, pues algo del espíritu anticipador y milenarista comparte el príncipe con los profetas. Fernando, el calderoniano "príncipe constante", parte para África, su destino histórico, rodeado de estos tenebrosos agüeros, que presentan ante su corazón la ineluctabilidad de la catástrofe segura (*El príncipe constante*, vv. 497-501, en Calderón, 1994: 102-03):

> Si al cielo miro, sangre me parece
> su velo azul; si al aire lisonjero,
> aves nocturnas son las que me ofrece;
> si la tierra, sepulcros representa
> donde, mísero, yo caiga y tropiece.

La tendencia al aislamiento reservado, a la separación y a la asociabilidad del príncipe melancólico que comparece en los escenarios del siglo es la mejor escuela para un comportamiento "político", para el cual todo se juega en una distancia fría, que no debe implicar sentimentalidad, cada vez más ampliamente ausente de la etopeya del hombre de poder, quien debe hacer retroceder su "persona natural" (*homo verus*), para que emerja sólo la *dignitas* asociada a su papel (en cuanto *homo fictus*). No cabe duda, la idea de poder barroco se expresa en el cauce caractericial mismo en que también se expresa la melancolía; esto es: una soberana autosuficiencia individual; una absorción en un yo potente y una tendencia a sobrevolar sobre la realidad social organizada, haciéndose de la misma una composición que, en cierto modo, permanece exterior, ajena a su núcleo de implicaciones materiales, tales son las estrategias. La esfera (solitaria) de la soberanía se relaciona en el modo de lo trágico con la esfera (colectiva) de la sujeción, siendo el dispositivo alegórico el modo representacional que aquélla adopta.

A todo lo cual podemos añadir una cuestión más que agravará el matiz trágico de tal figura histórica. Pues el príncipe es, también, aquél que ha percibido de qué inestable soldadura depende la existencia de su reino unificado en un punto fugaz del tiempo histórico. Diríamos que prekantianamente intuye que su papel es el de forzar a sus súbditos al bien común y al interés general, sabiendo, como sabe, que aquellos, en el interior de sus conciencias, son ajenos al valor de ese bien, conspiran contra él y se alzan siempre que pueden en la conquista de su opuesto riguroso e incomponible; esto es: el interés propio, las pasiones egoístas y destructoras del "républico bien", lo que hace temible a la multitud, específicamente a lo que llamaban los tratados de política de la época la *multitudinis potentia*.

Esta última certeza abruma también el corazón del príncipe. Se trata del problema de la "servidumbre voluntaria", del misterio de la naturaleza auténtica que alcanza la sujeción al poder, sobre lo que, a mediados del siglo XVI, ya se había preguntado La Boétie en su *Discours de la servitude volontaire* (1986). Toda la energía persuasiva del poder se dispone entonces en la empresa de una "construcción de la obediencia" (asegurando la conservación de la república), objetivo mayúsculo hacia el que de un modo u otro tienden las representaciones, buscando siempre una adhesión disciplinada a las leyes y a las costumbres (Borelli, 1995), y construyendo un proceso sofisticado de alegorías que determinan la conducta obediente, rendida por un "poder pastoral", y finalmente persuadida de que detrás de lo aparente y efímero se encuentra el orden de lo inmutable. En este horizonte, el fantasma de la tiranía, de la servidumbre *forzada*, aparece como un mediador difícil de sortear, y ante el que el siglo y el imperio que vio subir a los escenarios *La vida es sueño* debe tomar posición.

Al príncipe barroco, en las representaciones que de él se proveen, por decirlo así, se le hace ver con claridad que el secreto de esa sujeción y adulación hacia su persona no reside en su poder, sino que es por completo un efecto que acaece en la esfera íntima del dominado, el cual, guiado por el temor, la ambición y conduciéndose simuladamente modula su servidumbre. De aquí procede ese sentimiento agudo de peligrosidad inminente y esa fobia real hacia toda manifestación de particularismo, de privilegio que cruce el espacio político, y que aquél que es "señor de otros" deberá desenmascarar y reducir como el verdadero eje de su actuar. Pues el príncipe es, sobre todo, ese punto focal donde se concentra el poder en la forma de la merced, favor y gracia real, determinando la economía de estas acciones reales el destino todo a que se aboca el espacio social (Hespanha, 1993), y, por lo tanto, sus atributos alegóricos deben en consonancia marcar esta idea de que se está siempre ante el *locus* absoluto del beneficio. Obligado al delicado juego de la recompensación y del castigo, el príncipe es tanto sujeto como es también objeto verdadero de estrategias complejas y blanco de todos los juegos de interés, sobre los cuales el hombre de poder tiene que adoptar una actitud distante. Estrategia de equilibrio y compensación según la ocasión, toda esta percepción, oculta e inexpresable, al cabo densifica el espacio de poder, constituyendo su posesión la verdadera clave secreta de la dominación, último efecto que los tratadistas persiguen.

Dentro de esta dialéctica entre lo que se realiza, lo que se sabe y lo que se oculta, hacia cuya combinación misteriosa apunta siempre la alegoría, el Barroco ve perfilarse nítidamente la figura temible del golpe de Estado, que acude de manera secreta y confabulatoria a sus correspondientes citas con la historia, constituyendo, al fin, pero ya en el reinado de Carlos II, la acción política de mayor presencia e intensidad.[8] Esta acción llevada a cabo en nombre de la razón política, reinstaura la violencia y la ruptura arcaizante en el orden social, suponiendo un hiato, un paréntesis peligroso en donde la estructura legitimadora del poder fracasa y muestra su verdadero rostro, quebrando, aunque sea por momentos, la lectura alegórica estabilizada.

De ahí que la adopción de la máscara sobreimpuesta ("una cabeza con dos caras", se dirá de la cabeza del Estado; un "Jano real") marque el efectivo distanciamiento del mundo peligroso (pero se trata, también, de una toma de distancia respecto a sí misma que realiza la esfera soberana; distancia con respecto a lo que es la propia estructura pasional de la persona natural, logrando, dicho en términos gracianos, una "inapasionable eminencia"; Gracián, 1995: 105). Se trata, en último término, de la sobreimposición de un minucioso protocolo de autocoacciones, que señalan el cuerpo del príncipe como cuerpo ejemplar; "máquina" estoica cuyo funcionamiento público sirve como acicate a las conductas, construyéndose con los mecanismos de una lejanía inconmovible, de la que, de nuevo, da cuenta la alegoría.

La pretendida inaccesibilidad mayestática, que cuaja en la persona singularísima y ejemplar del Monarca "silenciario", aparece rodeada de este aura de intangibilidad, que reclama como propio de siempre lo alegórico, y a la que

---

[8] Como queda de manifiesto ahora en el último libro dedicado a aquel reinado desastroso, el de Contreras (2003). El golpe de estado tiene su gran teórico barroco en Naudé y sus *Considérations politiques sur les coups d'État*; para las claves de este libro, y para comprender la noción barroca de "golpe de Estado", en mucho distinta de la actual, véase ahora el prólogo de Marin, "Pour une théorie baroque de l'action politique", en Naudé (1989: 5-65).

la historia política moderna conoce como esfera del secreto. El secreto media, pues, la relación y la circulación comunicativa entre príncipe y súbditos, cortando el campo político, con su presencia no declarada, en dos esferas que deben permanecer separadas: la de quienes conocen la verdad y la de aquellos otros que viven perpetuamente en el engaño. Los que se ven compelidos a ejercer la potestad, y los que se debaten en medio de la sujeción subordinada.

Este secreto custodiado fundamentalmente lo que busca es el precaverse de la mirada anatómica que hacia el centro de poder se puede dirigir por quienes se inspiran en los historiadores lúcidos y los críticos, y que pueden verdaderamente desgarrar el velo de las alegorías que oculta la verdad del príncipe. Tácito, a través de sus *Anales*, ofrece el primero de los modelos temibles, como gran descubridor de la esencia del poder y de sus resortes más oscuros, a través del estudio de la sicología del poder ejercido por un Tiberio; pero enseguida también en esa línea se sitúan la sucesión de los tacitistas (más o menos perseguidos): un Guicciardini, Suárez, Antonio Pérez, Quevedo..., quienes desmantelan el teatro de la realeza mayestática, y abren el camino pavoroso de la rebelión frente a la tiranía y el absolutismo, convirtiendo así en inservibles las complejas alegorías tejidas sobre el punto focal de poder en la sociedad altomoderna.

He aquí, pues, de qué modo es el temor aquel afecto que, en realidad, mueve todo el conjunto de prevenciones de que usa el príncipe. Temor que ya pusieron de relieve los viejos tratados clásicos sobre la esencia del poder autárquico:

> Tener temor de la multitud y temor de la soledad, temor de la ausencia de escolta, pero temor también de la misma escolta; no querer estar rodeado de gente desarmada, y tener miedo cuando se la ve armada, ¿no es ésta una condición penosa?[9]

Todo obliga a entrar en la esfera del ocultamiento gobernado por la cifra del *secretum*, la cual alimenta la química interior del cuerpo del poder, manifestándose con todo en una doble acción bloqueadora. Por un lado, pues, afecta a todo lo que sale de la boca; pero, por otro, censura también gravemente a lo que llega por la vía del oído.

El secreto tiene así una doble circulación, y un doble sentido: en un extremo desemboca de modo conclusivo en el silencio, pero, en el otro, lo hace en la figura más compleja y menos evidente de la ocultación, algo que

---

[9] Cito y traduzco por la edición crítica del tratado de *Hierón, o De la tiranía* en Strauss (1983: 24).

como estrategia conduce al fin la acción informativa de las grandes instituciones altomodernas, entre ellas, y destacadamente, la Inquisición, que lo usaría largamente en sus protocolos de actuación en la forma acrisolada del "sigilo", al que podemos calificar como un verdadero silencio de la acción, ocultación del movimiento que se dispone al ataque.[10] La propia Inquisición destaca la calidad ocultadora que posee este secreto, que eleva lo desconocido a casi sacral. En definitiva, en el secreto reside:

> Todo su poder y autoridad [...] pues cuanto más secretas son las materias que en él se tratan, son tenidas por sagradas y estimadas de las personas que de ellas no tienen noticia. (Galván Rodríguez, 2001: 10)

El signo se bloquea en su comunicación exterior (silencio), y se oculta en el modo en que se recibe (ocultación), dejando de nuevo exenta y rodeada de un aura de autonomía a la instancia de decisión real, o, en todo caso, borrados los caminos de acceso a ella. El consejo, el instrumento central de decisión y el organismo único que comparte la soberanía, debe permanecer velado, incognoscible. Como escribe Solórzano Pereira:

> ¿Quién se oculta escondido? El Consejo. ¿Por qué los templos se cubren con bosques? Se delibera y se prepara una decisión. Las dificultades, Reyes, se convertirán en un éxito cuando intervengan los consejeros y se oculte la decisión. ("Consilia occultanda", en Solórzano Pereira, 1987: 98)

Todo este ámbito máximo del poder está presidido por la ocultación de la opinión y por el silencio e inexpresividad regia, que siempre oye, pero que pocas veces habla o expresa algo, sirviéndose de una *breviloquentia*, de una *imperatoria brevitas*, en todo lo que lee u oye (en la forma de informes sinópticos, de máximas, aforismos y emblemas). Algo que advierte, esta vez, Saavedra Fajardo:

> Este peligro [declarar lo que se piensa] es grande, y también la conveniencia de no declarar el príncipe ni antes ni después su ánimo en las consultas [en los Consejos], porque podrá con mayor secreto ejecutar a su tiempo el consejo que mejor le pareciera. ("Uni reddatur", en Saavedra Fajardo, 1999: 663)

El "secreto", después de su exploración individualista en los albores del Renacimiento (como en el *Secretum* de Petrarca), se hace así corazón y nudo

---

[10] Cf. Galván Rodríguez (2001), y para el mundo novohispano, Méndez (2001).

de lo político barroco (Kantorowicz, 1959), atravesando todo su campo de acción y constituyendo, como escribe un autor de época, Vicente Montano, los temibles "arcanos del Príncipe" (Montano, 1986), y señalando por lo demás alegóricamente el enorme campo de lo indecible. La "industria" de la política barroca queda avalada en alegorías de la ocultación, de lo no-declarado evidente o expreso, y encuentra una de sus preferidas figuraciones epocales en el caballo de Troya, que Hernando de Soto glosa en el emblema "Con industria se vence al enemigo" (1599: 9). La política es una *máquina*, un artilugio, dotada en su parte significativa de resortes secretos y no visibles.[11] Es, en realidad, un *reloj* ("El relox" –se dirá entonces– "es jeroglífico de príncipes"; Mendo, 1661: 72) de cuya ingeniería compleja sólo pueden alcanzar a verse las manecillas pautando la vida social. En efecto, "el ministro es rueda y el rey saeta" ("Que da honras y horas", Baños de Velasco, 1670: 292). Saavedra Fajardo desarrolla la metáfora: el rey es una manecilla que da la hora que le dictan las ruedas y mecanismos ocultos de los Consejos de Estado:

> No asiste el artificio de las ruedas la mano del reloj, sino los deja obrar y va señalando sus movimientos. ("Uni redeatur", en Saavedra Fajardo, 1999: 663, Emblema LI)

Ello supone el que, al menos en las representaciones públicas de la Monarquía, el medio de comunicación –más cifrado y enigmático, ahora– pase enteramente al cuerpo y a la teatralización visual, provocando un cierto abandono del mundo de la palabra, objeto de una verdadera devaluación. Y es que sucede que se ha tomado conciencia de la pasión semiológica que posee a los espíritus de la época; el desciframiento de cualquier indicio y la interpretación de los matices que hay en las palabras y en las acciones determina ahora un miedo a traicionar o traicionarse. "El decoro del príncipe", escribirá Lorenzo Ramírez de Prado en su *Consejo y consejeros de príncipes*, "está más en su punto menos comunicado" (1958: 24). Última revelación sobre el carácter verdadero del poder y de quienes lo ejercen: su espacio es el de la máxima coacción, el lugar donde concurren la menor libertad y la imposibilidad misma de expresión de la verdad: *locus* central, entonces, del *secretum*, y campo abonado para el uso de las alegorías.

El príncipe, afectado por una honda gravedad, se muestra ajeno al lenguaje, cuya verdadera orientación se encierra en el secreto.[12] Este secreto,

---

[11] Para la fundamentación de lo político en el secreto véase Chrétien-Goni (1992).
[12] Del secreto hace emblema, pues, el príncipe mismo en su silencio; silencio del príncipe estudiado en el artículo homónimo de Pedraza (1985).

en esencia él mismo alegórico, en realidad también se hace el núcleo donde reside el carácter mismo de las grandes figuras barrocas. En efecto, la expresión *secretum meum mihi* pudo llegar a ser el lema del retrato del que fuera "el primer anacoreta de las Indias", Gregorio López, y él mismo bastardo de trayectoria oscura, irrecomponible, y, por lo tanto, determinada a la ocultación y al silenciamiento.[13] En torno a este lugar vacío y espacio de donde ha desertado lo discursivo, se empiezan a construir las grandes protofiguras del período: el místico, el amante, el secretario, todos ellos situados en un trance que bien pudiéramos calificar de *afásico*.[14]

El secreto vela la intención, encubre el sentido de la acción y produce una suspensión desorientadora en el "otro", que Saavedra Fajardo resume en la figura letal de una serpiente (emblema XLIV), de la que no se sabe cierto por dónde va a trazar su camino. En el contexto de este mismo emblema, el autor realiza una comparación audaz que señala al príncipe el modelo de actuación del propio Dios, asimilado esta vez a la serpiente:

> Así [como los caminos de la serpiente] ocultos han de ser los consejos y designios de los príncipes. Nadie ha de alcanzar a dónde van encaminados, procurando imitar a aquel gran Gobernador de lo criado cuyos pasos no hay quien pueda entender. Por eso dos serafines le cubrían los pies con sus alas. ("Nec a quo nec ad quem", en Saavedra Fajardo, 1999: 533)

Pero el secreto tiene otra virtualidad en cuanto se opone drásticamente a una condición, la locuacidad (de la que será enemiga mortal la alegoría "muda"); locuacidad que había recibido un tratamiento ambiguo en los teóricos renacentistas que se habían acercado al tratado de Plutarco, *De garrulitate*. La *vox psitacci*, la voz del loro, se convierte en emblema de una interioridad que se vacía prodigándose (Dundas, 2004). En el mundo cortesano se impone la *breviloquentia* (una forma de reticencia), mientras que el discurso de la formación elitista cortesana deviene máxima, aforismo, y, en su versión heroica y aristocrática, lema o *motto* de su acción, a la que compendia y dota de un carácter imperativo. Lentamente, la verbosidad va ocupando un espacio negativo, del que se ocuparán los tratadistas para señalar en ella la capacidad

---

[13] Véase, para la noticia biográfica sobre este probable bastardo real, *La vida que hizo el siervo de Dios Gregorio López en algunos lugares de esta Nueva España* de Francisco Losa (1613).

[14] El secretario es figura que, en efecto, hace del secreto la clave de su estrategia de acción, como así puede verse en el capítulo "Del secreto", en *El secretario del Rey* de Bermúdez de Pedraza (1620); véase sobre ello Dini (2000).

de encanto engañoso que genera. La verbosidad es la aliada de la adulación mentirosa. Lo que es profundo, calla, insinuando una alegoría de la verdad incomunicable en este su peculiar modo de actuar; aquello que es superficial y vano, en cambio, utiliza la parlería, comprometiendo la acción, pues como se señalaba de antiguo, la abundancia de *verba* genera desfallecimientos de *obramenta*. Esto lo ilustra, sarcástico, un emblema conceptuoso de Juan de Horozco con el viejo río Ebro, que se lleva el dedo a los labios, mientras, a su lado, el pequeño arroyuelo Clamores, lleva una pandereta en la mano ("El Ebro y el Clamores", en Horozco y Covaruvias, 1591: fol. 228).

Esta música de las palabras falsas opera en contextos ejemplares, que vemos en numerosas ocasiones resaltados en la literatura sicológica barroca. Se trata de las sirenas, del episodio de Mercurio y Argos, pintado por Velázquez mismo y, también, de comportamientos animales que son bases de alegorías áulicas, ahora para señalar en ellos las actitudes peligrosas y no deseables que el poder no puede mantener, como la del ciervo dejándose capturar por el sonido adulador de un reclamo, que Ferrer de Valdecebro (1658: 272) trae a colación en cuanto jeroglífico de la lisonja, y, también, como aquél que tiene como motivo la figura de la oca, que Ripa (1602: 152) hará comparecer acompañando al sabio *Silencio* con sus gritos estridentes. Secreto y silencio, en cierto modo inician vinculados su andadura triunfante en el Barroco, y conocen, sobre todo el primero, su conceptualización más relevante precisamente ya desde fines del siglo XVI de la mano del teórico italiano Ammirato, con su *Della segretezza* (1598). Ambos afectos determinan el valor nuevo que lo alegórico alcanza en ese mundo: vale decir que aseguran el predominio de lo inexpreso, la desaparición de referentes concretos y el apuntamiento hacia realidades trascendentes de las que no se puede, con todo, hablar directamente, sino a través de tejidos de signos sin referencia concreta.

Pero las figuraciones todas del secreto quizá reciben su legitimación más firme de la percepción que el tiempo tiene acerca de lo que en realidad supone la propia y fascinante figura "secreta" del mismo Cristo, eje potencial central de alegorías que parten de la figura o que hacia ella apuntan. En efecto, los años anónimos de este protopríncipe escondido y disimulado son examinados con asombro por los intelectuales del contorno áulico, como ese Fray Marcos Salmerón, consejero de Felipe IV, que escribe *El príncipe escondido: meditaciones de la vida oculta de Cristo desde los doce hasta los treinta años* (1648).[15]

---

[15] Véase también el tratado del portugués Azevedo, *El príncipe encubierto* (1642) y, como prueba de la extensión de la imagen, el libro de emblemas de Chesneau, *Orpheus eucharisticus* (1657).

El modelo virtual de un Cristo "disimulador" estaba ya, con todo, contenido en la observación maestra de un Quevedo:

> ¿Cuál extremo de disimulación se iguala a evacuarse, casi anonadándose, digámoslo assí? ¿El que es Señor todo y a quien todo reconoce por Señor? ¿Vestirse de esclavo el monarca de todos los cielos, y con la flaca naturaleza humana cubrir la eterna naturaleza de Dios? (Quevedo, 1994: 219)[16]

Cristo, en todo caso, también utiliza los registros mentales de la ocultación y de la restricción mental, y es un maestro consumado de la anfibología, como revela Juan Márquez en su *Gobernador cristiano*:

> Tenemos a favor de esta restricción un ejemplo muy claro en las palabras de Jesucristo nuestro Señor que, molestado de sus discípulos, que querían saber el día del Juicio, les respondió que era tan oculto que ni los ángeles ni su humanidad lo sabían, sino sólo Dios. (Citado en Peña, 1998: 116)

Deus absconditus, ciertamente, que, incluso, menosprecia o desatiende el efecto aniquilador que tal disimulación crea en quienes le aman, los hombres, eternamente representados por cierto discurso religioso como buscadores de lo que, definitivamente, se oculta y se transforma. La estrategia continuada y universal de la decepción, junto a la apología del desencuentro con el otro, halla pues su modelo virtual para las élites en una conducta divina, en este punto asombrosamente propuesta como ejemplo. En efecto, "Imítese, pues, el proceder divino, manteniendo a la gente con suposición y desasosiego" (*Oráculo manual y arte de prudencia*, en Gracián, 1995: 154). Tales son los efectos también de lo alegórico. A la postre, entonces, es el mundo mismo, y su Creador al frente, quienes se suman en una dinámica especular fantasmagórica, engañosa. Este motor auténtico de todo lo que alienta se convierte así en dinámica necesaria y favorecedora de un cumplimiento de los designios divinos ("Videmus nunc per speculum in aenigmate", 1 Co 13:12). Es el misterio del mundo, el *mysterium tremens*, conceptualizado en el tiempo bajo el pensamiento de que se trata en todo momento de situar al hombre en un campo de simulaciones, de realidades-irreales, y ello para probar su fe, para forzarle a actuar en un teatro, del cual, después de todo, se hace depender el negocio de su salvación. He aquí, entonces, puesto en extremo de relieve el hecho singular de que es el príncipe el sujeto máximo que concentra esta lectura en alegoría de la existencia humana en

---

[16] Véase también sobre el asunto Nider (1998).

cuanto teatro de sombras, que apunta a realidades las cuales están más allá de la experiencia, poniendo en conexión a través de ese frágil puente la relación misma que une lo físico con lo metafísico:

> Pues de esta manera de engaño está lleno el mundo, usando de él cuantos animales hay en la tierra y el agua, con admirable industria enseñados de la naturaleza, para que con eso se sustenten. Pues si miramos en el engaño santo de que Dios usó con nosotros en la incertidumbre de la muerte, qué duda habrá de que con esto se sustenta el mundo. ("Éste sólo me sustenta", en Horozco y Covaruvias, 1591: fol. 118)

Obras citadas

Ammirato, Scipione, 1598. *Della segretezza*, Venezia, Filippo Giunti.

Antón, B., 2002. "Valor utilitario de la religión en el tratado *De rege et regis institutione* de Juan de Mariana", en *Nova et vetera: nuevos horizontes de la filología latina (Actas del III Congreso de la Sociedad de Estudios Latinos celebrado en Lugo y en Santiago de Compostela, 2000)*, ed. Ana María Aldama, María F. del Barrio & A. Espigares, 2 tomos, Madrid, Sociedad de Estudios Latinos, II, 859-872.

Azevedo, Luís Marinho de ("Lucindo Lusitano"), 1642. *El príncipe encubierto, manifestado en quatro discursos politicos exclamados al Rey Don Phelippe IIII. de Castilla*, Lisboa, Domingos Lopes da Rosa a custa de Lourenço de Queirós.

Baños de Velasco y Azebedo, Juan, 1670. *L. Anneo Seneca illustrado en blasones politicos y morales, y su impugnador impugnado de si mismo*, Madrid, Mateo de Espinosa y Arteaga.

Bartra, Roger, 1998. *El siglo de oro de la melancolía: textos españoles y novohispanos sobre las enfermedades del alma*, México, Universidad Iberoamericana.

Bermúdez de Pedraza, Francisco, 1620. *El secretario del Rey a Filipe Tercero, monarca segundo de España*, Madrid, Luis Sánchez.

Borelli, Giorgio, 1995. "Il modelo conservativo della Monarchia Católica: la costruzione dell' obbedienza in Botero, Bozio e Charron", en *Repubblica e virtù: pensiero politico e monarchia cattolica fra XVI e XVII secolo*, ed. Chiara Continisio & Cesare Mozzarelli, Biblioteca del Cinquecento 67, Roma, Bulzoni, 457-516.

Bouza, Fernando, 1998. *Imagen y propaganda: capítulos de historia cultural del reinado de Felipe II*, Madrid, Akal.

Brea, José Luis, 1991. *Nuevas estrategias alegóricas*, Colección Metrópolis, Madrid, Tecnos.

Calderón de la Barca, Pedro, 1994. *El príncipe constante y esclavo por su patria*, ed. Fernando Cantalapiedra & Alfredo Rodríguez López-Vázquez, LH 415, Madrid, Cátedra [*Primera parte de comedias, recogidas por don Joseph Calderon de la Barca, su hermano*, Madrid, María de Quiñones, 1636].

Chesneau, Augustinus, 1657. *Orpheus Eucharisticus; sive, Deus absconditus humanitatis illecebris illustriores mundi partes ad se pertrahens ultroneas arcanae maiestatis adoratrices: opus novum, in varias historicorum emblematum aeneis tabulis incisorum centurias distinctum*, Tomus I: *Primam centuriam complectens*, Parisiis, Florentinus Lambert.

Chrétien-Goni, Jean-Pierre, 1992. "*Institutio arcanae*: théorie de l'institution du secret et fondement de la politique", en *La raison d'État: politique et rationalité*, ed. Christian Lazzeri & Dominique Reynié, Paris, PUF, 135-89.

Contreras, Jaime, 2003. *Carlos II el Hechizado: poder y melancolía en la corte del último Austria*, Madrid, Temas de Hoy.

Dini, Vittorio, 2000. *Il governo della prudenza: virtù dei privati e disciplina dei custodi*, 5a. edición, Milano, Franco Angeli.

Dundas, J., 2004. "*Vox psitacci*: The Emblematic Significance of the Parrot", en *Florilegio de estudios de emblemática: Actas del VI Congreso Internacional de Emblemática de The Society for Emblem Studies, A Coruña, 2002*, ed. Sagrario López Poza, Ferrol, Sociedad de Cultura Valle-Inclán, 291-99.

Fernández Albadalejo, Pablo, 2003. "Estudio preliminar: teoría y práctica del poder en la monarquía del siglo XVII", en *Actas de las Juntas del Reino de Galicia*, XIII: *1705-1706*, ed. María José Portela Silva, introd. Antonio Eiras Roel, índices temáticos, glosario histórico & selección bibliográfica de Luz Rama Patiño, Santiago de Compostela, Xunta de Galicia, Dirección Xeral do Patrimonio Histórico e Documental, 51-79.

Ferrer de Valdecebro, Andrés, 1658. *Gobierno general, moral y político hallado en las fieras y animales sylvestres, sacado de sus naturales virtudes y propiedades*, Madrid, Diego Díez de la Carrera.

Fothergill-Payne, Louise, 1980. "La doble historia de la alegoría: unas observaciones generales sobre el modo alegórico en la literatura del Siglo de Oro", en *Actas del Sexto Congreso de la Asociación Internacional de Hispanistas, celebrado en Toronto del 22 al 26 de agosto de 1977*, ed. Alan M. Gordon & Evelyn Rugg, Toronto, University of Toronto, 261-64.

Galván Rodríguez, Eduardo, 2001. *El secreto en la Inquisición española*, Las Palmas de Gran Canaria, Universidad de Las Palmas.

González García, José María, 1998. *Metáforas del poder*, Libro Universitario EN018, Madrid, Alianza.

Gracián, Baltasar, 1640. *El politico don Fernando el Católico*, Zaragoza, Diego Dormer.

— 1995. *Oráculo manual y arte de prudencia*, ed. Emilio Blanco, LH 395, Madrid, Cátedra [Huesca, Juan Nogués, 1647].

Hespanha, António M., 1993. "La economía de la gracia", en su *La gracia del derecho: economía de la cultura en la Edad Moderna*, trad. Ana Cañellas Haurie, Madrid, Centro Estudios Constitucionales, 151-76.

Horozco y Covaruvias, Juan de, 1591. *Emblemas morales*, Segovia, Juan de la Cuesta (privilegio y aprobación "1588", fols. A2-2^v, colofón "1589", fol. vv[8]).

Kantorowicz, Ernst H., 1959. "Secretos de Estado", *Revista de estudios políticos*, 65.104, 37-68.
— 1985. *El doble cuerpo del rey: un estudio de teología política medieval*, trad. Susana Aikin Araluce & Rafael Blázquez Godoy, Madrid, Alianza [*The King's Two Bodies: A Study in Mediaeval Political Theology*, Princeton, UP, 1957].
La Boétie, Étienne de, 1986. *Tratado de la servidumbre voluntaria, o El contra uno*, ed. & trad. José María Hernández-Rubio, Madrid, Tecnos [*De la servitude volontaire*, c.1548, en Simon Goulart, *Memoires de l'Estat de France sous Charles neufiesme*, 3 tomos, "Meidelbourg" [¿Genève?], Wolf, 1577-78, III, fols. 83-304].
Losa, Francisco, 1613. *La vida que hizo el siervo de Dios Gregorio Lopez en algunos lugares de esta Nueva España, y principalmente en el pueblo de Santa Fee, dos leguas de la ciudad de Mexico*, México, Juan Ruyz.
Marin, Louis, 1992. "El cuerpo del poder y la encarnación en Port-Royal y Pascal, o la representatividad plástica del absoluto político", en *Fragmentos para una historia del cuerpo humano*, ed. Michel Feher, Ramona Naddaff & Nadia Tazi, trad. José Luis Checa *et al.*, Humanidades 318-320, 3 tomos, Madrid, Taurus, III, 412-65.
Márquez, Juan, 1614. *El gobernador christiano deducido de la vidas de Moysen y Josue*, Lisboa, Pedro Crasbeeck.
Méndez, María Águeda, 2001. *Secretos del oficio: avatares de la Inquisición novohispana*, Estudios de cultura literaria novohispana 17, México, Colegio de México.
Mendo, Andrés, 1657. *Principe perfecto y ministros ajustados: documentos politicos y morales*, Salamanca, Diego de Cossio.
Montano, Vicente, 1986. *Arcano de príncipes*, ed. Manuel Martín Rodríguez, Madrid, Centro de Estudios Constitucionales.
Naudé, Gabriel, 1989. *Considérations politiques sur les coups d'état: pour une théorie baroque de l'action politique*, ed. Frédérique Marin & Marie-Odilie Perulli, introd. Louis Marin, Paris, Éditions de Paris [¿Roma, s.n., 1639?; 2a. edición s.l., s.n. [Amsterdam, Elzevier], 1667].
Nider, Valentina, 1998. "La disimulación en *La caída para levantarse* de Quevedo", en *Littérature et politique en Espagne aux Siècles d'Or: Actes du premier colloque international sur l'écriture du politique dans l'Espagne des XVIe et XVIIe siècles, Paris, en Sorbonne et au Colegio de Espana, les 8, 9, et 10 décembre 1994*, ed. Jean-Pierre Étienvre, Témoins de l'Espagne n.s. 1, Paris, Klincksieck, 423-34.
Pedraza, Pilar, 1985. "El silencio del Príncipe", *Goya*, 187-88, 37-47.
Peña Echeverría, Javier (introd.), Jesús Castillo Vegas *et al.* (eds.), 1998. *La razón de Estado en España: siglos XVI-XVII (antología de textos)*, Clásicos del pensamiento 128, Madrid, Tecnos.
Quevedo Villegas, Francisco de, 1994. *La caída para levantarse, el ciego para dar vista, el montante de la Iglesia en la vida de San Pablo Apóstol: studio, edizione, note e index locorum*, ed. Valentina Nider, Pisa, Giardini [Madrid, Diego Diaz de la Carrera, 1644].

Ramírez de Prado, Lorenzo, 1958. *Consejo y consejero de príncipes*, ed. Juan Beneyto, Madrid, Instituto de Estudios Políticos [Madrid, Luis Sanchez, 1617].

Ripa, Cesare, 1602. *Iconologia, overo descrittione delle imagini universali*. Milano, Gierolamo Bordone & Pietro Martire Locami.

Ritter, Gerhard, 1972. *El problema ético del poder*, trad. F. Rubio Llorente, Biblioteca de política y sociología Serie Major, Madrid, Revista de Occidente [*Vom sittlichen Problem der Macht: fünf Essays*, Bern, Francke, 1948].

Saavedra Fajardo, Diego de, 1640. *Idea de un principe politico christiano, representada en cien empresas*, Monaco (München), Nicolao Enrico.

— 1999. *Empresas políticas*, ed. Sagrario López Poza, LH 455, Madrid, Cátedra (edición de Saavedra Fajardo, 1640).

Salmerón, Marcos, 1648. *El Principe escondido: meditaciones de la vida oculta de Christo desde los doze hasta los treinta años: ilustranse con letras divinas, humanas, politicas, y con noticias chronologicas*, Madrid, Pedro de Horna y Villanueva.

Solórzano Pereira, Juan de, 1987. *Emblemas regio-políticos*, ed. Jesús María González de Zárate, introd. Santiago Sebastián, trad. Lorenzo Matheu y Sanz, rev. Francisco Tejada Vizuete, Emblematica Colección Impar 1, Madrid, Tuero [Joannes de Solorzano Pereyra, *Emblemata centum regio-politica, aeneis laminis* [...] *caelata, vividisque et limatis carminibus explicita*, Matriti, G. Morras, 1653].

Soto, Hernando de, 1599. *Emblemas moralizadas*, Madrid, herederos de Juan Iñiguez de Lequerica.

Strauss, Leo, 1983. *De la tyrannie: précédé de "Hiéron" de Xénophon, et suivi de "Tyrannie et sagesse" par Alexandre Kojève*, trad. Hélène Kern, Paris, Gallimard [*On Tyranny: An Interpretation of Xenophon's "Hiero"*, New York, Political Science Classics, 1948].

LA ALEGORÍA EN TIEMPOS DE GOYA

DOLORES BASTIDA DE LA CALLE
UNED

1

La ideología de la Ilustración, basada en la confianza en un análisis racional de la naturaleza como una estructura de relaciones causa/efecto, ese discurso científico que había culminado en Isaac Newton, dominó la Europa de la segunda mitad del siglo XVIII como corriente profunda de pensamiento. Al tiempo que pensadores y filósofos ilustrados rechazaban la fe ciega en lo sobrenatural y querían liberar al hombre de la oscuridad y de la ignorancia, y al arte de unas formas que reflejaban un estado corrupto de la sociedad –recuérdese la licenciosidad del Rococó, y cómo Boucher y Fragonard fueron censurados por los enciclopedistas por su marcado sensualismo–, surgen artistas que rechazan este racionalismo soberbio y buscan en la imaginación –la que sería reina de las facultades para Baudelaire– una base para la expresión artística.

Pintores como el inglés Blake, el suizo Fuseli, o su contemporáneo el español Goya, que realizaron su obra principal a finales del XVIII y principios del XIX, irrumpen en el arte ilustrado con un lenguaje de emociones fantásticas y oníricas proscritas por la doctrina neoclásica. Todos ellos opusieron la imaginación a la razón, lo asistemático y contradictorio al orden, y combinaron de forma paradójica elementos tomados de la realidad (García Melero, 1998: 131).

Previamente a esta eclosión de fin de siglo se había desarrollado a lo largo del XVIII una nueva categoría artística, lo "Sublime", que fue objeto de análisis por Edmund Burke en su ensayo *Indagación filosófica sobre el origen de nuestras ideas de lo Bello y lo Sublime* (1757), y que devino en fórmula apta para conciliar cuantos aspectos del arte no encajaban en el Neoclasicismo. Sirviendo de catalizador de elementos perturbadores e irracionales, lo Sublime aparece en el cambio de siglo como el principal componente de un arte –el Romanticismo– para el que la emoción es nota distintiva. Junto al sentimiento romántico persistió, sin embargo, un sentimiento de corte neoclásico; uno y otro aparecen como caras opuestas pero inseparables del fin del Siglo de las Luces. En medio, la alegoría no deja de estar presente como elemento definitorio de diferentes sensibilidades, uniendo los opuestos desde una apuesta plástica semejante.[1]

2

En el marco de lo Sublime encontró formas de expresión una alegoría basada en la evocación de lo poético y lo visionario. William Blake (1775-1827) fue a un tiempo poeta, ilustrador, y grabador de sus obras, a las que denominaba estampas ilustradas, una indicación de que el origen de su inspiración estaba en los manuscritos ilustrados de la Edad Media, con los que estaba familiarizado por su gran afición al mundo gótico de las iglesias medievales (Harthan, 1981: 176). Pero sus ilustraciones son ópticamente irreales, fruto, según propia confesión, de una intensa visualización mental, quizá de alucinaciones (véase su retrato del *Espíritu de un piojo*).[2] Blake sería un vidente, incluso en el sentido de Arthur Rimbaud; una sentencia de su obra *Matrimonio del Cielo y del Infierno* (1790-93), "The road of excess leads to the palace of wisdom" (cit. en Eitner, 1992: 89), prefigura débilmente la célebre fórmula de Rimbaud, "Le Poète se fait *voyant* par un long, immense et raisonné *dérèglement* de *tous les sens*" (*Lettre à Paul Demeny, 15 mai 1871*, en Rimbaud, 1960: 346).

La obra de Blake nos retrotrae a la época medieval, con visiones alegóricas de Dios como el gran arquitecto que, compás en mano, traza los límites del mundo: *Dios, el Gran Arquitecto*, *Newton* y *El Anciano de los Días* sirven de ejemplo. La fuente de inspiración artística fue para Blake la lectura de sus libros preferidos: la Biblia, en particular el Libro de Job y el Apocalipsis, y la *Divina Comedia* de Dante. Por otra parte, en su plasmación gráfica, la intensa exaltación de sus visiones mentales responde a aquella dicotomía romántico/neoclásica de la época, dicotomía por la que Blake inserta sin dificultad, en su amor a lo gótico, un manierismo clasicista de enfáticas composiciones, con figuras alargadas y contornos rítmicos y fluidos, fruto de su admiración por Miguel Ángel.

---

[1] Para una buena introducción sobre cómo funciona el recurso alegórico en el arte, véase Langmuir (1997). La autora ilustra y explica los principales modelos que existen de alegoría visual en el arte occidental, y los contextos en que fueron originalmente creados, utilizando como instrumento la producción pictórica expuesta en la National Gallery de Londres.

[2] Para Jorge Luis Borges (2001: 110), las visiones de Blake, junto con las de Swedenborg, "deben ser auténticas", y con este pensamiento las contrapone a los sueños que son disciplinas literarias en otros autores.

Su vocación histórica se refleja asimismo en dos de sus primeros libros ilustrados, basados en los acontecimientos de la época, que expresan en términos alegóricos su pensamiento político. En *América, una Profecía* (1793) y *Europa, una Profecía* (1794), Blake interpreta las revoluciones americana y francesa personificándolas como criaturas colosales, míticas, mitad bíblicas y mitad osiánicas. En *Europa, una Profecía*, el tema es la caída del hombre desde su estado original de gracia hacia un gradual sometimiento al dogma religioso, a leyes represivas, a normas morales, y todo ello personificado en Urizen, una aterradora figura del padre (Eitner, 1992: 90).

Frente a la versión místico-visionaria del profeta pintor, surge en 1781 una alegoría que, basada también en lo Sublime, enfatiza más lo fantasmagórico, lo temeroso, lo grotesco del mundo del pintor italiano del XVI Arcimboldo. De ese año data la primera *Pesadilla* del suizo Henry Fuseli (1741-1825), pintada para dar forma a los desvaríos de la mente: una joven sobre una cama, con cabeza y cabellera colgante, es observada por un caballo de ojos brillantes e infernales que asoma por una cortina.

Fuseli trata los dos grandes temas irracionales: el sexo –el fin del Siglo de las Luces también fue el tiempo del Marqués de Sade– y el miedo, con un lenguaje pictórico de fantasmas, brujas y muertes violentas, asuntos tomados de la literatura de Dante, Shakespeare y Milton, de quienes elige los pasajes mas violentos. *Las tres brujas* o *Lady Macbeth empuñando las dagas* suponen el resurgir de una fase shakesperiana que se había iniciado a comienzos del XVIII (Clark, 1990: 63).

De nuevo, como en Blake, aparecen connotaciones iconográficas clásicas en el alargamiento manierista de las figuras, ahora que el manierismo del XVI volvía a estar de moda. Según Kenneth Clark, "es difícil imaginar a dos artistas más diferentes: Blake, quien dijo –y lo creyó en el fondo de su alma– que todo ser viviente es sagrado, y Fuseli, obsesionado por el miedo, el sexo y la violencia en todas sus manifestaciones. Y, sin embargo, fue Blake quien escribió sobre Fuseli esas famosas e inexactas aleluyas que rezan:

> El único hombre que he conocido
> Que no me ha producido ganas de vomitar
> Ha sido Fuseli, turco y judío.
> Y a vosotros, amigos cristianos,
>   ¿De qué os sirve tanto alardear?"
>   (Clark, 1990: 69)

En el lenguaje alegórico de Goya también están presentes los tópicos de lo Sublime y lo terrorífico, difundidos en el ambiente intelectual del XVIII del que él formaba parte, y propios de su imaginación compleja y romántica. Pero mientras sus contemporáneos Blake o Fuseli se inspiraron en la literatura y en motivos religiosos, Goya lo hizo en la realidad cotidiana, en el ambiente socialmente revuelto que le rodeó durante años políticamente difíciles, y que él interpretó "literariamente" (García Melero, 1998: 131).

Francisco José de Goya y Lucientes (1746-1827), que vivió en la época de la Razón como Blake y Fuseli, también fue capaz de percibir la existencia de la "sin razón", la cual critica. Lo irracional se denuncia con especial intensidad en sus grabados cuando introduce de modo alegórico su particular visión de un momento político, con un lenguaje oscuro y personal para protegerse del censor particularmente represivo. Esto lo vemos en los *Caprichos* (el nombre deriva del italiano "capriccio", que va de Tiepolo a Castiglione y a otros artistas italianos), que son estampas alegóricas mordazmente satíricas, una serie de 80 grabados realizados de 1797 a 1798. En estas estampas se manifiesta el espíritu crítico ilustrado de los Padres Isla y Feijoó, de Meléndez Valdés, de Jovellanos y de Moratín, de modo que revelan el fruto de la convivencia de Goya con determinados intelectuales del momento (García Melero, 1998: 130).

La serie, dividida en dos partes, ilustra en la primera los desórdenes de la sociedad –ignorancia, crueldad–; en la segunda, de temática más fantástica, es frecuente la aparición de monstruos y brujas, temas cercanos a Fuseli, pero que en el caso de Goya hunden sus raíces en el folklore español. La presentación de la famosa estampa *El sueño de la razón produce monstruos* (fig. 4) como lema de esta segunda parte era una denuncia velada, confirmada en el resto de las estampas, del contexto social y político de la época, al mostrar cómo la Razón, dormida y no vigilante, permite que surjan monstruos de la obscuridad de la mente, descendientes directos de aquellos símbolos oníricos de El Bosco y del mundo medieval. Como señaló Goya, la Fantasía, sin la guía de la Razón, produce monstruos, pero unida a la Razón es madre de las artes. Pero esta dualidad Fantasía-Razón se plasma en estas alegorías en el elemento grotesco, con su ambivalente naturaleza. Baudelaire opinaba que los demonios de Goya eran una fuente de inspiración no ya porque eran extraños, con sus caras bestiales y sus diabólicas muecas, sino también porque estaban imbuidos de humanidad; ya antes habían fascinado a Delacroix.[3]

Otro conjunto de escenas alegóricas de contenidos ético y político profundos son los *Disparates*, grabados realizados entre 1813 y 1819. De nuevo

---

[3] Coven, 1993: 47. El pasaje de Baudelaire (*Œuvres complètes*, 1018-20) está citado en Lawrance, en este volumen, 35 & n49.

Goya se sitúa entre el pintoresquismo y la sublimidad, con un lenguaje ambiguo que responde al temor de la represión. Un ejemplo de estas connotaciones es la estampa *La desenfrenada locura*, que muestra a un caballo salvaje, de fuerza sobrenatural, agarrando a una mujer con los dientes, mientras a la izquierda la tierra se transforma en unas fauces bestiales que devoran a la humanidad.

La compleja y tortuosa mente de Goya se plasma asimismo en una serie de tenebrosos frescos, las "pinturas negras", pintadas de 1820 a 1822, con alusiones a un mundo dominado por el temor, y a una humanidad de cuya crueldad se burla. Pero el tratamiento alegórico universaliza tales crueldad y dolor, y les atribuye un carácter consustancial a la naturaleza humana. De gran ferocidad es el fresco *Saturno devorando a sus hijos*, en el que utiliza el mito clásico, mostrando a una deidad del Tiempo que devora cabeza y brazo de su débil hijo, para aludir a una época hostil a sus contemporáneos. En otro tema de la iconografía clásica, el de *Átropos o Las Parcas*, basado en la *Teogonía* de Hesíodo, Goya presenta una alegoría de la muerte como destino del hombre, al que las Parcas trasladan maniatado (Bozal, 1997: 87).

Estos frescos han despertado reflexiones sobre las diferencias entre la alegoría y el símbolo, elementos ambos utilizados para la expresión del universo pictórico de Goya, quien, en el resultado final de su pintura, prefirió siempre la espacialización narrativa de la alegoría. Según Valeriano Bozal, en el cuadro citado las figuras de las Parcas remiten a un valor simbólico preciso

> pero lo alteran en función de los cambios introducidos por Goya en cada una de ellas y en relación con las otras pinturas del conjunto (e incluso con otras pinturas, estampas y dibujos del artista aragonés). Si el símbolo es estático, la alegoría es dinámica. El símbolo pone en pie una relación fija, una ecuación establecida de una vez por todas –Átropos corta el hilo (de la vida)–, la alegoría sólo descubre su significado cuando atendemos a la concreta representación de la figura y a su relación con otras figuras, que se convierten en horizonte semántico de la que contemplamos. El símbolo nos exige saber cuál es la figura percibida, verificar su adecuación y pronunciarnos al efecto; la alegoría nos obliga a mirarla y, sabiendo que es ésa u otra, apreciar sus matices. El símbolo pone en segundo plano la condición visual de la figura, que es para la alegoría foco central de atención. (Bozal, 1997: 88)

Goya dejó una inexorable muestra de las diversas formas de crueldad humana en los *Desastres de la guerra*, una serie de estampas realizadas entre 1810 y 1815 como testimonio de la ocupación napoleónica de España. Goya denunció extraordinarias crueldades de las tropas francesas –en estampas como *Tampoco* y *¿Por qué?*, sobre el tema del ahorcado–, y también de la guerrilla –por ejemplo, en la estampa *Lo merecía*, sobre el horror de una venganza popular. Una pintura de los años de la guerra, *El Coloso*, o su variante en estampa, podría ser una alegoría tanto del opresor ejército napoleónico como del pueblo español que se alza consciente de su fuerza.

La posición de Goya durante la guerra ante la invasión francesa de España fue similar a la de otros liberales españoles. No se opuso a ella, e incluso parece que mostró cierta complacencia inicial con la subida al trono de José Bonaparte, con el que continuó como pintor de corte. Pero también manifestó su apoyo a las fuerzas nacionales, visitando en Zaragoza al general Palafox tras el asedio de la ciudad por los franceses. Estas vacilaciones de Goya aparecen documentadas en las diversas transformaciones sufridas por la notable *Alegoría de la Villa de Madrid* (1810), ubicada actualmente en el Ayuntamiento de Madrid y que fue encargada por el Municipio en homenaje al intruso rey José, parece que con motivo de su onomástica (Eitner, 1992: 67).

En un artículo publicado en *La España moderna* en julio de 1909, el conservador del Museo de Berlin, Valerian von Loga, dice:

> El cuadro debió en su origen ser dedicado al nuevo rey. La Villa de Madrid, personificada en una hermosa figura de mujer, señala un escudo que sostienen dos jóvenes alados. La Fama toca la trompeta y la Victoria se acerca a él con una guirnalda. Sobre la superficie del escudo donde hoy se leen las palabras "Dos de Mayo", se podía ver antes el retrato de José, sobre el cual se trazó o escribió la constitución de Cádiz, que después fue substituida por la inscripción actual. (Loga, 1909, citado en Pérez y González, 1910: 21)

Pero en otro artículo del 16 de mayo de 1908 en *El Imparcial*, con motivo de la Exposición histórica del Centenario de la Guerra de Independencia, Carlos Cambronero, Bibliotecario de la Villa, había afirmado que el cuadro contenía originalmente un retrato de Fernando VII, que en 1826 se había pedido a Vicente López que mejorase el retrato, y que en 1841 el Ayuntamiento había acordado borrar el retrato y pintar en su lugar el libro de la Constitución; Cambronero ignoraba si el acuerdo se había cumplido. Sin embargo, en su libro sobre el Dos de Mayo, Juan Pérez de Guzmán, principal organizador de la citada exposición y director de su catálogo, afirmó que el retrato de Fernando VII se había realizado en 1812, cuando las tropas de Wellington estaban en Madrid. En un estudio posterior detallado, *Un cuadro... de historia: alegoría de la Villa de Madrid, por Goya*, Felipe Pérez y González (1910) discutió las afirmaciones de Cambronero, Pérez de Guzmán y Loga, y concluyó que Goya pintó el cuadro en los primeros dos meses de 1810, con un retrato del rey José para celebrar su onomástica, y que la inscripción actual fue pintada por Vicente Palmaroli en 1870 en substitución de otra alusiva a una ley constitucional. Pérez y González no menciona una posible modificación en el año 1826.

De este modo, en manos de Goya, la alegoría no sólo denunció males éticos de la sociedad sino que sirvió como instrumento de propaganda política. Goya, que fue en parte hijo precoz de la época romántica, basó el planteamiento alegórico fundamentalmente en el lado oscuro de la naturaleza humana. Aquella dicotomía clásico/romántica en la Europa de fines del XVIII ya señalada se refleja también, no obstante, en la coexistencia de otra alegoría de referencias plenamente neoclásicas, con predominio de temas mitológicos, aunque asimismo, y en ocasiones, de contenido ético y político. Pierre-Paul Prud'hon (1758-1823), notable artista francés durante la Revolución y el Imperio, se ajusta a esta forma alegórica con una tipología idealizada muy influida por la gracia de Rafael y Leonardo.

Prud'hon, que vivía de ilustrar libros eróticos, propuso al Salón de la Revolución en 1793, al comienzo de la Época del Terror, temas escapistas, de corte idílico y erótico: por ejemplo, *El Amor reducido a la Razón* forma parte de un grupo de tres dibujos de composición muy acabada encargados por el Conde de Harlay. En estos dibujos se exhiben sólidos desnudos de cuerpo entero con la suavidad y pureza de contornos propias del mundo clásico. Alegorías de temática y estilo similar son también las que trató Prud'hon en sus pinturas para el Salón. Son alegorías sobre los placeres y tormentos del amor, con desnudos voluptuosos, composiciones graciosas, elegantes y sensuales que llevaron a Jacques-Louis David a apodar a Prud'hon "el Boucher de nuestro tiempo". Por ejemplo, *El enlace del Amor y la Amistad* muestra a la Amistad en forma de semidesnudo leonardesco, y al Amor como un Eros alado, ambos con las características sombras esfumadas que son influencia de Leonardo, emergiendo de un fondo crepuscular.

Con la llegada del Imperio, el prefecto Frochot encargó a Prud'hon en 1804 una alegoría que representase la Justicia para el Salón del Palacio de Justicia. Aunque su primera idea fue pintar a Némesis llevando al Crimen y al Vicio ante la figura homenajeada, la cambió después por una imagen más dinámica y dramática en la que aparecen la Justicia y la Venganza Divina persiguiendo al Crimen (como titula al cuadro), imagen en la que los personajes pintados en tonos muy claros destacan sobre un fondo oscuro lleno de misterio. En 1810 el pintor también plasmó en forma de alegoría las segundas nupcias de Napoleón y María Luisa de Austria en el óleo *Nupcias de Hércules y Hebe* (Eitner, 1992: 52). Estos dos cuadros causaron sorpresa porque Prud'hon pasó del escapismo idílico a cuadros de contenido más comprometido y menos estático (seguramente más romántico), mostrándonos, una vez más, cómo la alegoría del XVIII se transformó en el mejor instrumento que encontraron estos pintores, situados entre el Neoclasicismo y el Romanticismo, para expresar las diversas y controvertidas posturas de una época de transición. Así pues, tanto en el plano metafísico, como en el político, ético o religioso, la alegoría sirve, en el tránsito del siglo XVIII al XIX, para expresar las inquietudes de los artistas pictóricos europeos.

3

Una de las cuestiones que ocupó gran parte de la discusión intelectual del siglo XVIII fue la que se centró en torno a la polémica cuestión de cómo una forma de arte inspira o influencia a otra y cómo las artes se prestan unas a otras nuevas energías. Así, este siglo llamó a la poesía y a la pintura "artes hermanas", un concepto que Simónides de Ceos había formulado en el siglo V antes de Cristo, al afirmar que "la pintura es la poesía muda y la poesía una pintura que habla". Esta frase ha llegado a ser un punto de partida para los que proclaman que existe una especial relación entre las dos formas de arte (Coven, 1993: 29).

Teniendo en cuenta que un modo de lenguaje artístico como la alegoría establece, de alguna manera, una especial conexión con la poética, al evocar, como ésta, el mundo de la imaginación y los sueños, no es extraño descubrir que Goya fue, cuarenta años después de sus *Caprichos*, uno de los "Faros" del poema de Charles Baudelaire, el alegorista moderno por excelencia según el análisis de Walter Benjamin (1972):

> Goya, cauchemar plein de choses inconnues,
> De fœtus qu'on fait cuire au milieu des sabbats,
> De vieilles au miroir et d'enfants toutes nues,
> Pour tenter les démons ajustant bien leurs bas.
> ("Les Phares", vv. 25-28; 1961: VI, 12-14)

El poeta fusionó dos planchas de los *Caprichos* en su poema "La Béatrice" para formar la imagen de la amada Beatriz, la reina de su corazón, como así la llamaba, cuando desciende sobre una nube fúnebre acompañada de una tropa de demonios. De una plancha parece haber tomado la imagen de Beatriz y los demonios sobre la nube (fig. 5), y de otra la complacencia en establecer flirteos con ellos (Coven, 1993: 36). En el siglo XIX, cuando la narratividad cobra auge y la poesía, especialmente la simbolista, se espacializa en lugares ensoñados, la alegoría, que recoge estos elementos, vuelve a ser la elegida por los artistas, que conectan así con la sensibilidad de Goya y los pintores de su tiempo.

> J'aurais pu (mon orgueil aussi haut que les monts
> Domine la nuée et le cri des démons)
> Détourner simplement ma tête souveraine,
> Si je n'eusse pas vu parmi leur troupe obscène,
> Crime qui n'a pas fait chanceler le soleil!
> La reine de mon cœur au regard nonpareil,
> Qui riait avec eux de ma sombre détresse
> Et leur versait parfois quelque sale caresse.
> (Baudelaire, 1961: CXV, 110-11, vv. 23-30)

Obras citadas

Baudelaire, Charles, 1961. "*Les Fleurs du Mal* (Texte de 1861)", en *Œuvres complètes*, ed. Y.-G. Le Dantec, rev. Claude Pichois, 2a. edición, Bibliothèque de la Pléiade 1 & 7, Paris, Gallimard, 1-189 [Paris, Poulet-Malassis & De Broise, 1861; 1a. edición 1857].

Benjamin, Walter, 1972. *Baudelaire: un poeta en el esplendor del capitalismo (Iluminaciones, II)*, trad. Jesús Aguirre, Persiles 51, Madrid, Taurus [*Charles Baudelaire: ein Lyriker im Zeitalter des Hochkapitalismus*, en *Gesammelte Schriften*, I/1-3, II, 509-690].

Borges, Jorge Luis, 2001. "Las pesadillas y Franz Kafka", en sus *Textos recobrados*, II: *1931-1955*, ed. Sara Luisa del Carril & Mercedes Rubio de Zocchi, Barcelona, Emecé, 110-14 [*La Prensa* (Buenos Aires), 2 junio 1935, 2a. sección, 3].

Bozal, Valeriano, 1997. *Pinturas negras de Goya*, Alcobendas, TF.

Clark, Kenneth, 1990. *La rebelión romántica: el arte romántico frente al clásico*, trad. Bernardo Moreno Carrillo, Madrid, Alianza [*The Romantic Rebellion : Romantic versus Classic Art*, London, J. Murray & Sotheby's, 1973].

Coven, Jeffrey, 1993. *Baudelaire's Voyages: The Poet and his Painters* ("An Exhibition Organized by the Heckscher Museum", with an Essay by Dore Ashton), Boston, Bulfinch.

Eitner, Lorenz, 1992. *An Outline of 19th Century European Painting: From David through Cézanne*, 2a. edición, New York, Icon.

García Melero, José Enrique, 1998. *Arte español de la Ilustración y del siglo XIX: en torno a la imagen del pasado*, Madrid, Encuentro.

Harthan, John, 1981. *The History of the Illustrated Book: The Western Tradition*, London, Thames & Hudson.

Langmuir, Erika, 1997. *Allegory*, Pocket Guides, London, National Gallery.

Loga, Valeriano de, 1909. "Goya", *La España moderna*, año 19, núm. 247 (julio), 15-39 [2a. entrega del artículo comenzado en núm. 246, junio, 74-101, concluido en nos. 248, agosto, 5-31; 249, septiembre, 80-106; 250, octubre, 38-53; & 251, noviembre, 73-108; trad. de su *Francisco de Goya*, Berlin, Grote, 1903].

Pérez y González, Felipe, 1910. *Un cuadro... de historia: alegoría de la Villa de Madrid, por Goya: ¿Goya afrancesado?*, Madrid, Investigaciones Históricas y Artísticas & Librería de la Asociación de Escritores y Artistas.

Rimbaud, Arthur, 1960. *Œuvres*, ed. Suzanne Bernard, Paris, Garnier.

Figura 4: Francisco de Goya, *Caprichos*, 43: "El sueño de la razón produce monstruos".

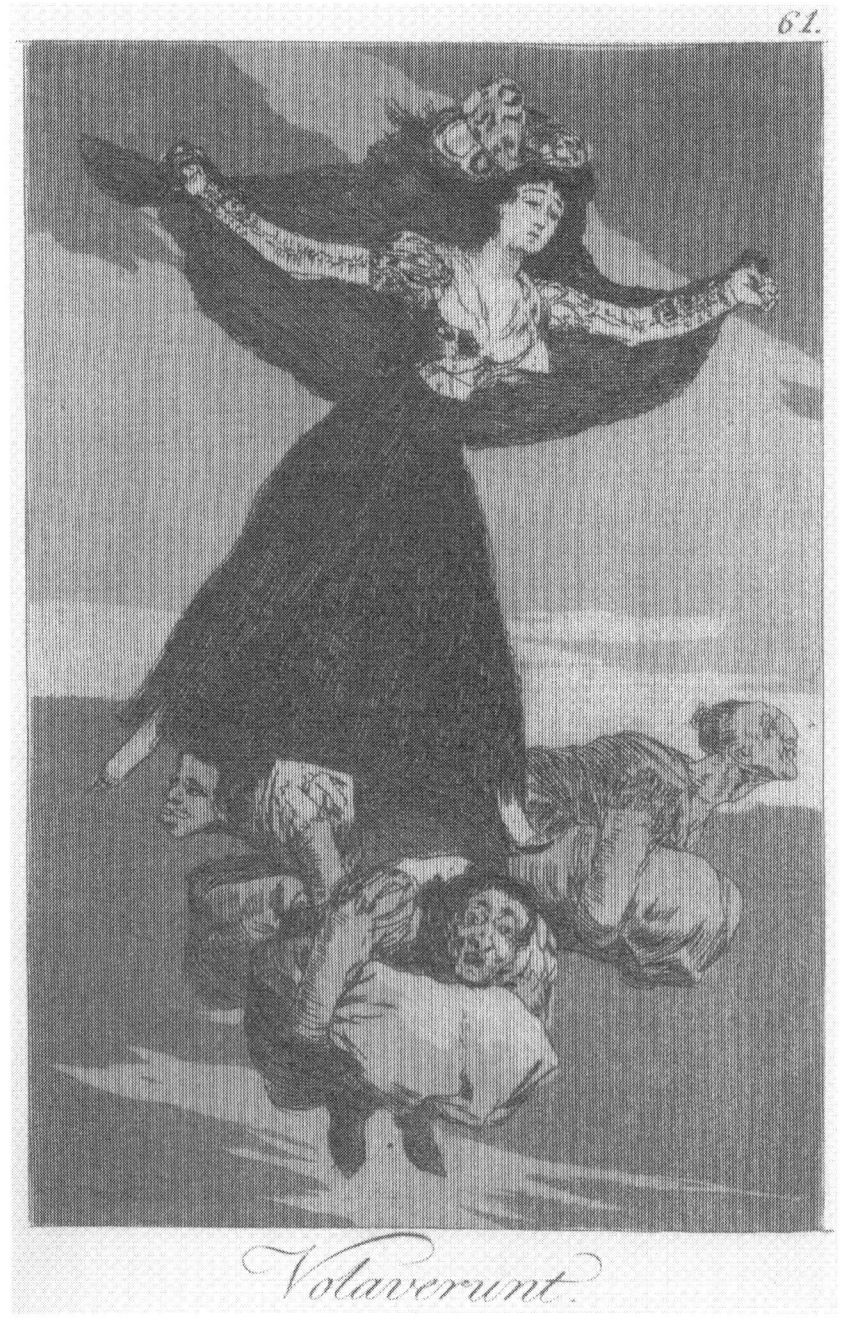

Figura 5: Francisco de Goya, *Caprichos*, 61: "Volaverunt".

Un episodio en la construcción del canon literario: Núñez de Arce, Ferrari y las alegorías de la ciencia en el siglo XIX

REBECA SANMARTÍN BASTIDA
Universidad Complutense de Madrid

> ¿Por qué [...] suponer que hubo la edad de la fe y que ahora estamos en la edad de la razón, con la fe irremisiblemente perdida?
>
> (Valera, 1905: II, 251)

> Je vais toujours, affranchissant l'esprit et pesant les mondes [...] sans amour et sans Dieu. On m'appelle la Science.
>
> (Flaubert, 1966: 213-14)

Introducción

En el siglo XIX culminó una sospechosa disociación entre símbolo y alegoría, ya iniciada en la centuria anterior. Frente a la indistinción que había primado hasta entonces, el símbolo adquiere una definición fundamental para la crítica al uso, que le otorga un carácter universal e integrador, superador de las temporalidades implícitas en el fragmentador y construido recurso alegórico (De Man, 1991: 207-31). Este hecho producirá un cambio en la recepción de la alegoría, que empieza a ser rechazada por los críticos, quienes, desde un vocabulario subjetivista, la achacan una naturaleza desconcertante y fría, de origen clasicista, que colisiona con la poética de la Modernidad en ciernes. El supuestamente carácter artificioso de la alegoría dispersa y desorienta a la crítica.

En este capítulo voy a constatar el rechazo y desconcierto que produce este recurso a través de unas producciones que, si bien gozaron de gran éxito editorial en su momento y se encuadran dentro de una extendida tendencia estética europea, no consiguieron el aplauso de la crítica por su uso de la alegoría, ni en su tiempo ni en nuestros días. El talante alegórico de estas composiciones será observado con recelo, y el significado sustitutivo, considerado desfasado e inútil. La alegoría se yergue como un instrumento aparatoso, entorpecedor de una creación/apreciación íntima del poema, y del que claramente se aconseja prescindir.

La alegorización de una inquietud

Con el ascenso del discurso cientificista y de la filosofía positivista, las creencias tradicionales encuentran motivos especiales para tambalearse en la segunda mitad del siglo XIX. Esto originará muy diversas reacciones, entre las cuales la más común será una búsqueda de raíces, que tiende a plasmarse en la mirada hacia el pasado. La recuperación del Medievo, iniciada por el credo romántico, continuó durante el Realismo hasta constituirse en una de las claves de la exploración histórica y estética que se llevó a cabo por esas décadas.

En poesía, durante largo tiempo predominarán los poemas de tema legendario, sea en forma de romance o en metros algo menos tradicionales. Los escritores llamados románticos ponen especial empeño en la recuperación del espíritu de un pasado en el que se encuentran dones muy valiosos. Pero con la llegada de la segunda mitad de siglo, aunque no se abandonan los temas, sí varía el talante de las composiciones. Una serie de autores, considerados por la reciente historiografía como pertenecientes a la generación realista (Palenque, 1990; Urrutia, 1995), escriben largos poemas con trasfondo histórico y clara (mucho más clara que en la época romántica) referencia contemporánea; obras que buscan reflejar el sentir inquieto del presente pero ambientadas en épocas pretéritas, que legitiman y prestigian la exploración metafísica.

Algunos poetas españoles reclaman entonces la presencia de la alegoría. Este recurso ofrecía la posibilidad de expresar de manera concreta conceptos abstractos, y se elegirá para hablar de la creciente duda existencial y religiosa debida al auge de la ciencia y su asociado prosaísmo, que hacen tambalear certidumbres sociales (la religión era todo un pilar establecido) y estéticas, como el discurso poético (por estas fechas comienza a cuestionarse el sentido de escribir poesía). La ciencia, que se identifica con la razón por la filosofía materialista que defienden muchos de sus cultivadores, se tiende a oponer en el imaginario del Ochocientos a las corrientes espiritualistas. Los largos poemas que componen Ferrari y Núñez de Arce tendrán como precedentes obras como el *Fausto* de Goethe, *La Légende des siècles* de Hugo o *El diablo mundo* de Espronceda. Pero el antecedente más inmediato con el que contaron fue Ramón de Campoamor, con sus epopeyas

Colón de 1850, *El drama universal* de 1869 y *El Licenciado Torralba* de 1888, donde se plantea desde la alegoría una filosofía política moderada, una lectura de la historia de carácter liberal, y, en último término, algunas preguntas metafísicas. Buscando unos modelos prestigiosos a este tipo de poemas, Ezequiel Ordóñez, en su prólogo a la segunda obra mencionada, comparará la composición de Campoamor con las de Ariosto, Dante, Tasso, Camões y Milton (Campoamor, 1873: xiv). Sin embargo, aún con estos supuestos modelos, los críticos contemporáneos y los actuales no han concedido demasiado valor a estas obras del poeta ovetense. Para Vicente Gaos (1969: 204), su más ferviente defensor, los tres poemas alegóricos de Campoamor demuestran un simbolismo "abstruso", aunque el recurso fuera aceptable para los "modernistas". Según E. Allison Peers (1973: II, 433), la pasión por el simbolismo de Campoamor es irritante por ser menos "tangible" que la que tiene por la antítesis. Por último, un gran valedor suyo, Luis Cernuda (1957), no prestará atención a sus composiciones simbólicas.

El caso de Núñez de Arce

Gaspar Núñez de Arce publicó *Raimundo Lulio* (Núñez de Arce, 1982: 81-95) en 1875. Aunque el tema de la composición se sitúa en la Edad Media, poco se reflejan estos tiempos en su ambientación y en el vocabulario (en nada arqueológico); de hecho, desde el principio el autor deja claro que lo importante es el conflicto psicológico de su protagonista. Se trata de la vieja leyenda de Lulio, que se retira del mundo al descubrir que su amada tiene una llaga cancerosa en su seno. El autor busca el contraste entre las descripciones idealizantes de Blanca de Castelo y su aparición final, que se recrea en el pecho "carcomido" de la dama (93).

Desde el comienzo, se nos hace explícito el carácter alegórico de la historia: Blanca es la Ciencia que no satisface al hombre, el cual se lanza en pos de ella con ilusión hasta que al final se da cuenta de que no le llena su engañosa promesa de felicidad. Esto se explica ya en la dedicatoria previa al poema (81-82): no hay que olvidar que la alegoría precisa de datos que la encuadren. Blanca representa la Ciencia que aleja de Dios, y Raimundo, la Razón que la persigue. Ahora bien, el protagonista, que guarda poco del personaje histórico medieval, parece un trasunto de la voz del poeta si tenemos en cuenta otras composiciones de su primer libro, *Gritos del combate* (Núñez de Arce, 1875), en el que va incluido este *Raimundo Lulio*.

En *La selva oscura* (Núñez de Arce, 1982: 145-59), publicada en 1879, el autor plantea una variación del mismo tema, el desengaño de la Razón. El protagonista cae en una selva oscura, de la que le rescata no Virgilio, sino el vate italiano Dante. El propósito moral declarado del texto será la necesidad de unos ideales en medio del desengaño y de la duda. La codificación alegórica es más continuada que en *Raimundo Lulio* y se extiende a la caminata del poeta con los pies ensangrentados antes de encontrarse con el florentino. El Maestro le explica al protagonista que camina por la selva mortal del desengaño, por donde todo el mundo debe ir alguna vez, y que lo fundamental para salvarse es conservar la luz, es decir, impedir que la razón se exima de su freno. Al término de la composición, el poeta, que durante el segundo y último canto asume la voz de Dante para narrar su viaje de ultratumba y su historia de amor, logra la paz: tras el repentino ataque de una pantera, se despierta y reclama la ilusión consoladora, que entra a través de la ventana.

Finalmente, *La visión de Fray Martín* (Núñez de Arce, 1982: 170-90), de 1880, plantea el asunto de la duda y la fe; se trata de la herejía del atormentado monje Lutero, que se debate, antes de fundar el protestantismo, entre la fe y la razón, entre la opulencia degradada y material de Roma y sus aspiraciones espirituales. Este poema está especialmente cargado de apariciones sobrenaturales, como la de la Duda transformada en inquietante dama (185).[1]

Pues bien, estas composiciones fueron en general recibidas con ambivalencia y extrañeza por los críticos de su tiempo, que no supieron cómo situarlas y terminaron por apreciar más la historia en sí que su significado alegórico. Esto le sucede al padre Blanco García (1891: II, 334) y a Marcelino Menéndez Pelayo (1882: 305), el cual prefiere, antes que el poema "simbólico" sobre la razón y la ciencia personificados en Raimundo y su dama, el poema de la "pasión [...] tan ardiente, tan terrible y tan humano, que apenas deja ojos para descifrar el misterio escondido bajo estas figuras"; gusta de la leyenda por sus datos históricos, pero le preocupa que la lírica se llene con estas poesías alegóricas "de la tiesura y entono, de la solemnidad y el énfasis, propios de la escuela de Quintana" (306). Así pues, la crítica de entonces disocia la alegoría de la lectura del poema (es posible e incluso mejor leer los versos sin pensar en su significado oculto) y achaca a este recurso unos valores clasicistas, considerándolo como un salto hacia atrás.

Para Menéndez Pelayo, este tipo de "poesía feudal" constituye "un convencionalismo semejante al convencionalismo bucólico de otras edades", y esto "no sienta bien a la índole enteramente moderna de la poesía de Núñez

---

[1] Núñez de Arce (1915: 62 n3): "Pinto la duda hermosa y atractiva, porque en realidad lo es. ¡Ojalá no lo fuera tanto!"; las notas que el escritor añadió al poema no aparecen en Núñez de Arce (1982).

de Arce". El poeta en *La selva oscura* y *La visión de Fray Martín* "se lanza desaforadamente al símbolo y a la alegoría", recursos que no se separan del sentido estético dominante en la poesía medieval pero que no llegan a ser "claros y traslúcidos, como pide el arte" hoy en día, por lo que el autor debe explicarlos con advertencias y comentarios (1882: 306). Si la imitación medievalista es algo superado y propio de los románticos, y la alegoría un discurso para clásicos, Menéndez Pelayo cree que Núñez de Arce debe mirar hacia otra parte. Además, el crítico no está de acuerdo en atraer el pasado hacia el presente y cree que el poeta entiende a sus personajes de manera algo estrecha, asimilándolos a su propia índole, transponiéndoles su fisonomía de "tribuno escéptico y desengañado" (308).[2]

También Juan Valera (1905: II, 215-54) habla de la dificultad de atinar con la interpretación de lo "simbólico" en este tipo de poemas. Y aunque acepta el sentido racional y moral de la poesía de Núñez de Arce, rechaza la "funesta manía de pensar" que transpira, por ejemplo, *La selva oscura*: el castigo de Dios al que emplea la razón, con el que Valera no está de acuerdo (233-34). Además, retomando la lectura de la alegoría como algo frío y no emocional, el novelista afirma que "el sentido de la poesía es el de la pasión y sus raptos, y se concierta mal con la dialéctica mesurada y fría llena de distingos y salvedades" (237). El uso de la alegoría le lleva a leer esta poesía como creación de la inteligencia, producto único del cerebro y no del corazón. Sería curioso, en este sentido, comparar el *Raimundo Lulio* de Núñez de Arce con el de Valera, quien se centra en las razones sentimentales de la protagonista.[3] Valera, que prefiere las composiciones "realistas", donde no hay seres sobrenaturales y sí pintura de la sociedad contemporánea (244), se opone a la obsesión de los filósofos contemporáneos de considerar que se encuentran en la edad de la razón frente a la de la fe. Una obsesión que, no obstante, compartían muchos lectores, pues *Raimundo Lulio* se recibió como "el drama de la fe y de la duda" y se recogió sobre todo, gustara o no, su mensaje "simbólico" (Anónimo, 1882: 7).

Otro escollo con el que se topan los poemas de Núñez de Arce es su clasificación como composiciones épicas, pues la lírica inspirada en las bala-

---

[2] Que el poeta preste su fisonomía al protagonista de su composición también se le reprocha a Ferrari (con respecto a Pedro Abelardo), como veremos. Lo mismo se le achacará a Campoamor, quien "convierte a Torralba en otro Campoamor" (Navas Ruiz, 1997: 79).

[3] El planteamiento del poema de Valera (1908: I, 340-48) nos hace percibir la diferente idiosincrasia de estos dos escritores: aquí no hay moralización, y quien cobra protagonismo es la dama, no el santo ni el narrador. Como siempre, el novelista se recrea en la figura de la mujer de fuerte carácter y apasionada, al igual que todas sus heroínas, que se destacan por su valor.

das germánicas comienza por entonces a florecer y a tener gran éxito.[4] A medida que lo épico cede el paso a lo lírico, la poesía de Núñez de Arce recibe el calificativo de desfasada. Un problema que afectará también a la crítica de nuestros días, que no aprecia en exceso la obra de Núñez de Arce y hereda varios de los planteamientos expuestos. J. Urrutia (1998: 288), por ejemplo, considera estos poemas poco modernos, en el sentido de que son posrománticos, o poesía legendaria "anticuada".[5] Por su parte, J. Romo Arregui lo considera, haciéndose eco de Menéndez Pelayo, discípulo de Manuel José Quintana, y asegura que si es romántico en la elección de los temas (antibucolismo, duda, progreso, siglo), en su presentación legendaria y en la parte ideológica asignada a la poesía, se presenta como neoclásico en su uso de los metros (Romo Arregui, 1946: 132). La investigadora acusa a Núñez de Arce, como el polígrafo santanderino, de reflejar en *La selva oscura* su personalidad de político desengañado y escéptico. Asimismo, piensa que el símbolo y la alegoría no son siempre claros, por ejemplo en *La visión de Fray Martín*, poema en el que la ficción entra "dentro de lo racional, apartándose de lo imaginativo" (133). La frialdad y la supuesta confusión alegórica son, pues, continuamente rechazados.

Por su parte, A. Valbuena Prat (1960: III, 284) critica el "confuso simbolismo" de Núñez de Arce y lo considera, como cantor de la duda en *La selva oscura* o *Raimundo Lulio*, "más retórico que sincero". José María Cossío (1960: I, 516-18), quien señala cómo la crítica de su tiempo (entre otros Palacio Valdés) creía ociosa la explicación del "simbolismo" al comienzo de *Raimundo Lulio*, lee con más interés el drama que la simbología que le atribuye el autor. Cossío piensa, retrotrayéndonos a Valera, que el poema salió del "cerebro" de Núñez de Arce, pero sin las complicaciones simbólicas que luego adquirió para hacer reflejar a su poesía las preocupaciones del siglo. Eso sí, acertadamente, no considera que el tratamiento del tema sea romántico, porque su Edad Media no es la de la primera mitad de siglo sino que se recrea, como la de Echegaray, en lo "truculento dramático" (Cossío, 1960: I, 531).[6]

---

[4] Aún así, hay que decir que Armando Palacio Valdés valora precisamente a Núñez de Arce por sus composiciones en este género, como *Raimundo Lulio*, si bien no deja de considerarle, de manera negativa, discípulo de Quintana (véase Alborg, 1999: 417).

[5] Pese a ello, Urrutia (1983) considera acertadamente que el conjunto de la obra de Núñez de Arce se aleja del Romanticismo, pues se sitúa de lleno en un contexto muy concreto: el de la burguesía de la Restauración.

[6] Sobre el medievalismo esteticista y truculento de Echegaray, véase Sanmartín Bastida (2003). No obstante, Cossío considera neorromántico otro poema de Núñez de Arce, *El vértigo*, una composición de tintes lúgubres cercana a los poemas alegóricos mencionados, donde

El caso de Ferrari

Emilio Ferrari, quien junto con los discípulos de Núñez de Arce, José Velarde y Antonio Fernández Grilo, ha sido objeto de despiadados comentarios por parte de varios críticos, se mostrará en muchos puntos acorde con su maestro. Como Núñez de Arce, problematizará en sus poemas el pensamiento analítico, la cultura que se define por una ciencia progresista pero desestabilizadora. Y, también al igual que él, se plantea en su discurso ante la Real Academia Española la crisis de la literatura, como resultado de la mezcla de positivismo y misticismo, diletantismo en ciencias y modernismo en artes (Ferrari, 1905).

Pero Ferrari supo acomodarse a los nuevos tiempos a través de lo que la crítica ha llamado poema arqueológico. *Pedro Abelardo: poema* fue escrito en 1884, y en él Ferrari se adelanta a la concepción actual del siglo XII como centuria individualista, sobre todo desde la importancia que otorga al espíritu "libre" de Abelardo.[7] El choque entre el deseo individual y las normas sociales que sugería este personaje estaba en la base de la sensibilidad moderna y Ferrari leerá la historia medieval en este sentido.

Según el poeta, el protagonista, Abelardo, haciéndose eco del espíritu de "independencia" que se agitaba entonces, "llama a juicio a las verdades religiosas para fundar la fe sobre el raciocinio, quebranta el yugo de autoridad, abre el camino a la investigación, ilumina el misterio, explica, allana, vulgariza" (Ferrari, 1910: 15). Como Núñez de Arce, Ferrari escoge una figura del Medievo que represente las inquietudes del presente y que exprese la tensión en antítesis del binomio razón y ciencia frente a la fe, a través de la oposición de Pedro Abelardo y San Bernardo (el intelectual ascético frente al protagonista sensual y crítico).

Si en el Canto I, tras ser obligado a quemar sus libros y acusado de amar con pasión la verdad, Abelardo decide entrar en un monasterio, en el segundo da rienda suelta a su amor y se casa en secreto con Eloísa. En el tercero, el protagonista muere, tras haber visto frustrada su relación por el descubrimiento de la misma. En el poema, el alegorismo no es tan claro como en Núñez de Arce, donde todo se hacía explícito (a pesar de las protestas de confusión de los críticos). Ferrari, como José-Maria de Heredia, discípulo de Leconte de Lisle, deja en sus versos más espacio al lector que su maestro, por lo que la

---

se enseña que la conciencia, creada por Dios, no deja sin castigo el crimen. También Romo Arregui (1946: 132) la clasifica de neorromántica, dentro de su carácter legendario.

[7] Cf. Freedman (1995: 15), quien señala cómo en el siglo XX se atribuye al XII el descubrimiento de un mundo mental interior y dividido.

historia que cuenta resulta más independiente de su significado sustitutivo. Por otro lado, la Edad Media se describe minuciosamente, con un apartado de "Notas" arqueológicas que nos recuerda uno de los problemas a los que se enfrentan las obras medievalistas de entonces: el de la conjugación de erudición y presentación realista con la ficción literaria, problema heredado de los románticos y que acabará resolviendo Flaubert (Sanmartín Bastida, 2004).

La lectura del pasado en el *Pedro Abelardo* de Ferrari está lejos del uso patriótico-político que demostró el autor en otro poema suyo, el romance "Dos cetros y dos almas" (Ferrari, 1910: 296-98). De las críticas contemporáneas se deduce que se favoreció una apreciación ideológica de la obra de Ferrari: el romance gustó más al bando conservador, frente a *Pedro Abelardo*, que atrajo la lectura de los progresistas.[8] Éstos aprecian que Ferrari siga los consejos de su maestro: la necesidad de que la poesía cante "las realidades de la época en que vivimos", pues sólo "las naciones decaídas se alimentan de recuerdos" (Ferrari, 1910: 122). Ferrari, como Núñez de Arce en *La selva oscura* o *Raimundo Lulio*, no pretende resucitar épocas pretéritas, sino presentar los problemas morales de su tiempo a través de hombres que vivieron en otros siglos.[9] En las críticas del momento se insiste asimismo en la identificación del personaje con el autor, y se discute sobre si Abelardo es trasunto o no de Ferrari: si Emilio Castelar lo niega (Ferrari, 1910: 239), Blanco García (1891: II, 353) lo afirma. Castelar destaca de Abelardo su esfuerzo por llevar la ciencia, la dialéctica y el raciocinio a la teología, y el hecho de que exprese las contradicciones entre razón y fe (Ferrari, 1910: 244).[10] El político extrae así la lectura última del poema, cuya resolución resulta en este caso más ambivalente que la de los versos de Núñez de Arce.

La crítica también destaca que Ferrari describe con fidelidad la realidad de la época (Ferrari, 1910: 246), algo muy apreciado en los tiempos del Realismo, aunque para Blanco García (1891: II, 353) se peque de anacronis-

---

[8] A partir de ahora, recojo las críticas recogidas en Ferrari (1910) sobre el recital que dio en el Ateneo de Madrid, que incluía ambas composiciones. Hay que decir, no obstante, que, entre los "progresistas", hubo excepciones. Clarín criticó duramente la obra de Ferrari, alegando problemas semánticos y didácticos (véase Martínez Cachero, 1960: 164 n32).

[9] Elige para ello un tema muy célebre, pues los amores de Abelardo y Eloísa se aireaban en la literatura de cordel, como vemos en García de Diego (1971: 399-400) y Romero Tobar (1974: 530). Sobre la difusión de esta historia, véase también Martínez Cachero (1960: 161 n26).

[10] Castelar gustará de este personaje, al igual que apreciará a Martín Lutero, de quien se ocupa Núñez de Arce en *La visión de Fray Martín*. Abelardo es para él "asomo indeciso, y el otro [Lutero] plenitud completa de la herejía moderna" (en Ferrari, 1910: 241). Castelar, proyectando también los ideales del presente en el pasado, valora en estos hombres la emancipación del espíritu.

mo. Luis Alfonso alabará, en este sentido, que la poesía nazca de la conjunción de "la ciencia de los libros y la fantasía del lector" (Ferrari, 1910: 262). Sin embargo, varios autores reconocen que en principio no miraron con buenos ojos a Ferrari porque para ellos volver al pasado era cosa del Romanticismo (259, 272-73 & 280-81), lo mismo que sucedía, como hemos visto, con Núñez de Arce; sólo después de oír sus versos se dieron cuenta de que se trataba de algo diferente, acorde con su tiempo, aquello que Lamartine llamó "la razón cantada" (273).[11] No obstante, un siglo después, la crítica contemporánea sigue tachando muchas de estas composiciones de neorrománticas, afirmando que su éxito editorial no depende de su valor estético, y acusándolas de realizar un salto atrás.[12]

La alegoría en contexto

Para explicar estas reacciones, habría que decir que el uso de la alegoría en estos poemas desconcierta bastante a los críticos, quienes no saben muy bien cómo clasificarlos. Por un lado, su ambientación en el pasado los hace susceptibles de comparación con los románticos; por otro lado, desde el credo poético romántico, se rechaza su uso de lo cerebral alegórico. Sin embargo, bastaría con observar lo que estaba pasando en Europa para situar mejor una corriente que no nació de la nada.

El medievalismo alegórico que se da en los poetas españoles que escriben en estas décadas podríamos situarlo en paralelo con el de Lord Tennyson en Inglaterra, o el de Victor Hugo en *La Légende des siècles*; ambos pretenden llevar a cabo una representación universalista de una serie de valores ideológicos, enfrentada a lo que luego sería la estética lánguida y anecdótica finisecular.[13] Los monólogos dramáticos de Núñez de Arce se

---

[11] Antonio Cortón comenta esto en *El Liberal* (Ferrari, 1910: 273): "Pero los idilios embelesan un solo instante, y la poesía de nuestro siglo debe ser, como dice Lamartine, la *razón cantada*". La expresión se recoge del prefacio a las *Oeuvres complètes* (Lamartine, 1834, I, "Des Destinées de la poésie"): "La poésie sera de la raison chantée, voilà sa destinée pour longtemps; elle sera philosophique, religieuse, politique, sociale". También Menéndez Pelayo (1882: 308) relacionará la obra de Núñez de Arce con Lamartine, estableciendo una nueva conexión entre estos autores alegoristas y el Romanticismo.

[12] Martínez Cachero (1960: 168), que dedica un artículo a examinar la obra de Ferrari, achaca el éxito de la recitación de su *Pedro Abelardo* a que el autor era un "espléndido lector" y no a las calidades del poema.

[13] En *The Idylls of the King* de Tennyson, el rey Arturo es el prototipo de héroe que salva a la sociedad, en la línea de los que pintó Carlyle. Durante el proceso de escritura de esta obra,

acercan bastante a los de Tennyson (Pérez García, 1998), y es precisamente Menéndez Pelayo (1882: 306) quien relaciona primero a estos dos autores, aunque sólo sea por su uso del medievalismo.[14] Ciertamente, Tennyson, junto con Bunyan y los cuadros de caballeros errantes, deja una huella que se extiende a los simbolistas franceses.[15] El caso es que Núñez de Arce, cuando se pone a escribir, ya conoce bien a Tennyson y sus cuentos de la Tabla Redonda, como demuestra en su controvertido discurso sobre la poesía leído en el Ateneo (Núñez de Arce, 1887), el cual, por su rechazo del diletantismo francés, ha llevado a muchos a criticar su incomprensión de la poesía europea. Núñez de Arce muestra en este texto que no sólo lee la literatura inglesa (se refiere a Tennyson, Rossetti y Swinburne), sino también la escuela parnasiana francesa, que estaba asimismo llevando a cabo experimentos alegóricos. El poeta español habla de Leconte de Lisle y de los poemas helénicos y los *antiques*, aunque no hace alusión a los bárbaros.[16] Parte de su conocimiento podría provenir de las traducciones de un compañero suyo poeta, Fernández Shaw, quien se extiende sobre los miembros del Parnaso en el prólogo a sus versiones de François Coppée (Fernández Shaw, 1966: 101). Coppée escribió cuentos en verso, como los *Contes en vers et poésies diverses* (de 1880), y el discípulo de Núñez de Arce, Ferrari, se aproximará a los de carácter más alegórico o cotidiano, y no a los fantásticos incluidos en el libro de Coppée, que no dejaron legado hasta el Modernismo (atemporales, con eco de cuento de hadas).

Poco se valora el hecho de que el discurso y la obra de Núñez de Arce o Ferrari demuestren la penetración evidente de las corrientes estéticas europeas del momento; por el contrario, lo que se suele señalar es su crítica de

---

entre los años 50 y 70, Tennyson "worked out symbolisms which he may not have fully envisaged in the 1850s: Arthur, for instance, represents 'the Ideal Soul of Man coming into contact with the warning elements of the flesh'" (Girouard, 1981: 182). Esta obra presenta una poderosa y triste descripción de la caída de un ideal, el de Arturo, tras la cual la única consolación es la posibilidad de su vuelta.

[14] Menéndez Pelayo (1888: 107) critica que los poemas de Walter Scott se hayan olvidado cuando están en boga obras del mismo género "sin duda inferiores" como los *Idilios del Rey* de Tennyson, mostrándonos con este comentario el éxito del que disfrutaban los textos del poeta inglés en los años 80.

[15] Por ejemplo, Paul Verlaine en *Sagesse*, de 1880, muestra el clima moral que respira en su prisión a través de un paisaje artúrico con personajes alegóricos (I.1 "Bon chevalier masqué qui chevauche en silence", en Verlaine, 1902-05: I, 195-96), y lo encuadra en una "Moyen Age énorme et délicat" (I.10 "Non. Il fut gallican, ce siècle, et janséniste!", v. 2; *ibid.*, I, 213).

[16] Véase Sanmartín Bastida (2002: 196). Hay que recordar que, según Rubén Darío (1953: 43), a principios de siglo apenas era conocido Leconte de Lisle en lengua castellana.

los poetas decadentistas franceses, que se califica de "miopía poética" (Peña, 1986: 63), olvidando que también autores como Juan Valera mostraron por esas mismas fechas un rechazo hacia estas producciones.[17] No obstante, Valbuena Prat (1960: III, 284) destacó tempranamente la filiación parnasiana de Núñez de Arce, aunque prestando más atención al cuidado de la forma y la cincelación de los versos que a la aproximación alegórica hacia los temas.[18]

Situando a Ferrari y Núñez de Arce en la producción europea de su tiempo, su empleo de la alegoría y los rasgos de su poesía asombrarían menos y se apreciarían más. Estos autores optan por un recurso al que se podía llegar por varias vías de acercamiento, no sólo por la lectura de los poetas europeos, sino también por la aproximación al Medievo, camino que habían dejado labrado los románticos. En los certámenes poéticos (especialmente en los catalanes) se observa que la alegoría medieval se erige como modelo constante. Temáticamente, y a imitación del estilo cancioneril, podemos encontrar poemas dedicados a motivos como el Castillo del Amor, la Fortuna o la Danza de la Muerte.[19] Este último motivo será uno de los favoritos de los parnasianos franceses, quienes tras Baudelaire, que sentía un gusto extremo por la alegoría, la elegirán como fuente de inspiración (Dakyns, 1973: 114).[20] Y aparecerá también en *La tentation de Saint Antoine* de Flaubert (1966: 236).

Importante es también la presencia de la alegoría en la novelística española de la época. Por ejemplo, abunda en las narraciones de tema oriental: como muestra podemos aducir la novela de Manuel Ibo Alfaro, *La flor de Marruecos* (de 1875), cuyo protagonista, Abselam, hace uso de este recurso para esconder su verdadera personalidad; también el narrador, como los poetas de los certámenes poéticos del XIX, usa y abusa del lenguaje de las

---

[17] Además, como reconoce Mansberger Amorós (1998: 286), las actitudes conservadoras hacia esta poesía las comparten también Manuel de la Revilla y Clarín.

[18] Urrutia (1995: 170-71; 1998: 288), siguiendo a Cossío, no ve una influencia tan clara de los parnasianos, porque cree que los versos de Núñez de Arce tienen poco que ver con la impasibilidad de Leconte; pero sí los asocia con los poetas ingleses de la época, al igual que hizo Cernuda (1957: 41).

[19] El poema *La nova amor* de Mateu Obrador i Bennàssar, que recibió un premio en un *certamen* barcelonés (Misteriosa, 1877), es un ejemplo de este uso alegórico mimético, con el corazón del amante como un fuerte castillo donde residen Entendimiento, Coraje, Poesía y Esperanza (véase Sanmartín Bastida, 2002: 164).

[20] En España, encontramos su eco en autores como Espronceda o Pardo Bazán, y alusiones directas en Llombart, Franquesa y Gomis, y Fernández Grilo (Sanmartín Bastida, 2002: 223). La *Danza de la Muerte* había sido editada en París en 1856 por Florencio Janer.

flores (cada flor representa una idea), discurso de origen supuestamente musulmán.[21]

En cuanto a la novela realista, el simbolismo continuado y narrativizado de los personajes tempranos de Benito Pérez Galdós podría leerse en clave alegórica, aludiendo a la situación política y social de su tiempo. Y en la ficción historicista, Castelar se acerca a la alegoría de Núñez de Arce en el planteamiento de secuencias de su *Fra Filippo Lippi* o en *El suspiro del moro*, algo que llamó la atención de Clarín. Si las descripciones de Castelar están "impregnadas de ciencia" y "cada personaje trazado" se constituye en "una idea", con "el simbolismo de una intención filosófica profunda", es porque los personajes se pintan para hacer ver mejor los conceptos "y su ropaje" (Alas, 1966: 1262-63).

Saltándonos más ejemplos, llegaríamos a *La quimera* de Emilia Pardo Bazán, resumen de las corrientes literarias del fin del XIX (Whitaker, 1988: 16), donde la alegoría también está presente. La escritora gallega estaba fascinada por un diálogo de dos monstruos, la Quimera y la Esfinge, que aparece en una famosa novela de Gustave Flaubert, *La tentation de Saint Antoine* de 1874 (1966: 238-43). Esta obra fue muy conocida y aplaudida en España en el último tercio de siglo, según se deduce por el número de veces en que se la cita en comparación con otras producciones del escritor francés.[22]

Si prestamos ahora atención a su propuesta, veremos que Hilarión, convertido en el Diablo al final del capítulo V de la historia del santo, se presenta a sí mismo como la Ciencia (Flaubert, 1966: 214).[23] La alegoría de la

---

[21] En Madrid, según nos revelan las memorias de Julio Nombela (1976: 291), los jóvenes de entonces, imitando los Juegos Florales medievales que se ponen de moda, remedaban las antiguas *Cortes de amor* con fiestas en las que un escritor adjudicaba "a cada señorita el nombre de una flor femenina y a los caballeros el de una flor del género masculino". Por otro lado, podríamos poner otros muchos ejemplos de novela oriental alegórica, como la narración de Manuel Fernández y González *La historia de los siete murciélagos: leyenda árabe*, de 1863, donde el autor forja una fantástica alegoría en la que siete murciélagos simbolizan los siete pecados capitales (véase Carrasco Urgoiti, 1956: 427).

[22] Para Clarín, por ejemplo, Flaubert fue "el poeta sublime de *La tentación de San Antonio* y de *Salambó* y *Herodías*" (Alas, 1966: 1262). El tema de las tentaciones de San Antonio también atraerá la atención de Núñez de Arce, como se ve en su comentario de los cuadros de El Bosco, Pieter Bruegel y David Teniers (Núñez de Arce, 1915: 62 n3).

[23] El Diablo transporta en el capítulo siguiente al anacoreta a través del firmamento, entre las estrellas y los planetas, hasta que La Tierra no es más que una bola minúscula a sus ojos, perdida en el infinito. Se le plantea entonces al santo el cuestionamiento del Diablo/Ciencia: que el universo no tenga propósito y nuestro entendimiento sea limitado. El Diablo, como en la tradición bíblica, le provoca dudas sobre el sentido ilusorio de la realidad y de la fe, sobre la imposibilidad de conocer el afuera: "Mais es-tu sûr de voir? es-tu même sûr de vivre. Peut-être qu'il n'y a rien!" (Flaubert, 1966: 226).

ciencia en Flaubert plantea, como en Núñez de Arce y Ferrari, la problemática entre fe y razón que divide esta época. Al igual que los protagonistas de los poemas españoles, San Antonio es evocado en lucha, en este caso contra los pecados capitales. Como tantos autores de la época, Flaubert bebe del mito romántico del *Fausto* de Goethe, aunque también tuviera en mente el *Ahasvérus* de Edgar Quinet.[24]

Flaubert nos confirma en esta obra cómo la ciencia es representante de una filosofía materialista que preocupa especialmente al artista decimonónico, quien encuentra en la alegoría una forma concretizada de expresar sus inquietudes. Tanto el autor francés como los poetas españoles Núñez de Arce y Ferrari (y Campoamor) plantearán una angustiosa dicotomía desde este recurso, quizás porque la alegoría, estructurándose como un juego binario, consigue encauzar la tensión de dos polos (razón/ciencia frente a fe, en estos casos) mediante una narración temporalizada y espacializada.

Como dice A. Fletcher (1964: 322-23), "Allegory does not accept doubt; its enigmas show instead an obsessive battling with doubt". En su libro este crítico muestra cómo la alegoría sirve para calmar la angustia y luchar contra la duda a través de un uso llevado al extremo de la simetría y el equilibrio (343). En nuestros poetas se observa esa imaginería dualística que caracteriza a la alegoría (222): Lulio/Blanca, Abelardo/Bernardo; y también cómo hay un deseo de que la lectura final se haga restringida, no deje libertad al lector (304-05). Con la dialéctica y el debate, el escritor alegorista regula el ritmo desasosegante de su duda, evitando que se focalice algo distinto a esa polarización que es parte de la construcción alegórica, que suele oponer los poderes del Bien a los del Mal. El ordenado ritual dará al menos un cierto grado de certidumbre a un mundo lleno de cambios, desbordado por aceleradas transformaciones y nuevos valores.[25]

Conclusiones

De todo este panorama podemos deducir varias conclusiones. En primer lugar, que la alegoría se convierte en el tercero en discordia: entre las estéticas del Realismo y del Simbolismo (que se han transformado en pilares del canon literario) aparece como figura desconcertante en una serie de poetas

---

[24] Jacques Suffel, "Préface", en Flaubert (1966: 13-24, en 14 & 17). Según Suffel, Flaubert quería rivalizar a su manera con las pinturas de la Edad Media y del Renacimiento, que también evocan alegóricamente al santo en esta lucha contra los pecados (16).

[25] "Its effect is to allow a degree of certainty in a world of flux" (Fletcher, 1964: 344).

españoles, y la respuesta a esta aparición por parte de los críticos es negativa. La alegoría no satisface a los defensores del símbolo, directos herederos del Romanticismo, que prefieren su espíritu integrador y su estructura no fragmentada a una alegoría preestablecida a base de piezas narrativas. No contenta tampoco a los partidarios del realismo en el arte, que rechazan su mundo construido artificiosamente, su reflejo no-directo de la realidad, sino a través de todo un aparato visual y narrativo. Además, si se trata de abarcar el pasado, se pide que no haya anacronismos, y Ferrari y Núñez de Arce caen en ellos, desde la identificación de su tiempo y de su espíritu atormentado con el del protagonista. Y aunque Ferrari trate de imitar más eruditamente la realidad, y no imponga los significados sustitutivos, sigue sin convencer, quizás porque el empleo del pasado, aunque dote de prestigio las composiciones, llevará también la marca del credo romántico. La alegoría, en estos autores, no supo separarse de narraciones pretéritas, después de que fuera precisamente la vuelta al Medievo del Romanticismo la que volviera a ponerla sobre el tapete.

Entre los críticos realistas, la alegoría y la ambientación en el pasado se consideran cosas de otros tiempos, fuera de lugar cuando prima la escritura de ambientes contemporáneos y el uso del lenguaje cotidiano. Sin embargo, no se rechaza el espíritu del símbolo: tras su reivindicación por el Romanticismo, el rasgo simbolista se hace recurrente en todo el XIX, aunque haya que distinguir entre una escuela simbolista que aparece a finales de siglo y un simbolismo que se prolonga durante la centuria, corriente de idealismo poético. Juan Valera, en un discurso de 1905, reconocerá (sin entusiasmo) el recurso al simbolismo como la tendencia común en el presente racionalista.[26]

Si De Man (1991) muestra que los primeros románticos todavía no distinguen claramente entre símbolo y alegoría, en España la yuxtaposición tarda aún más en asentarse en el discurso teórico. Como hemos podido observar por la terminología de los críticos, todavía no está entonces definitivamente establecida la diferencia entre símbolo y alegoría, aunque los prejuicios contra la alegoría fría (instintivamente opuesta al símbolo emocional) sean los escollos principales para la aceptación de los poemas aquí estudiados. Flaubert o Pardo Bazán son autores prestigiosos para la crítica independientemente del uso de este recurso, pero no sucede lo mismo con

---

[26] Valera rechaza que a partir del Renacimiento y de poetas como Edmund Spenser (con personajes en *The Faerie Queen* que son personificaciones del catolicismo, el protestantismo y de otras ideas políticas o religiosas), las figuras de la mitología pasen a ser entes retóricos y abstracciones sin vida. Para él, Victor Hugo sigue la línea de Spenser, pues sus criaturas son pensamientos filosóficos que se personifican (Valera, 1905: II, 329; 1909: 145).

Núñez de Arce o Ferrari, a pesar de que se alinean con el credo realista en otros aspectos de su poesía (por ejemplo, en el vocabulario científico o técnico que utilizan). Parece que la poesía, por las connotaciones de expresión de subjetividad íntima que había adquirido con el Romanticismo, se considera especialmente inapropiada para el empleo alegórico. En la narrativa, la alegoría es tolerada porque se encuentra compensada con una más directa representación lingüística, pero en la generación posromántica, educada en la lectura biográfica de los versos, el uso de la alegoría en un poema épico semeja un alambicamiento excesivo. Estamos en un momento en que se reclama incluso la composición del poema científico, en que se replantea el sentido de la continuación de la poesía cuando el discurso directo de la prosa parece el más adecuado a los nuevos vientos que soplan.

El problema no se halló, pues, en la alegorización de la ciencia, que también planteaba Flaubert, sino en que, desde una poesía intimista que rechaza lo "cerebral", la alegoría semeja pasada de moda, aunque se presentara dentro de un género, el épico, que supuestamente se correspondía con el espíritu teleológico que animaba a las grandes disciplinas científicas en plena elaboración (Gothot-Mersch, 1985: 7). En estas décadas, la historia y la leyenda suministraban cuadros interesantes desde los que el poeta podía desarrollar las pasiones de su tiempo, tal como proponía Leconte de Lisle (9). Pero la crítica que juzga a Núñez de Arce y Ferrari se topa con el mismo problema con el que se encuentra la historiografía francesa a la hora de releer a Leconte de Lisle: una sensibilidad distinta (11).[27] De los parnasianos franceses se dirá algo semejante a aquello de lo que se acusa a Núñez de Arce: que no dejan paso a la libertad o al vagabundeo de la imaginación del lector, que dan todo demasiado hecho, sin resquicio para la sugerencia (cf. Fletcher, 1964: 304-05).

Si a través del historicismo se plantea el tema de la ciencia, que por su prosaísmo escéptico se considera enemiga de la poesía y de la fe, paradójicamente, sin embargo, es una ciencia que contribuye a la creación poética, como puede verse en la investigación erudita llevada a cabo por autores como Leconte de Lisle o Ferrari, o incluso en la psicologización de los personajes poéticos que aparece en Núñez de Arce (por ejemplo en *El vértigo*, un tanto determinista). El caso es que el problema de la ciencia y de la duda filosófica sobre la primacía de lo material o de lo espiritual, ya anunciado en

---

[27] Los poemas sobre animales de Leconte de Lisle (por ejemplo, "Le Sommeil du condor") se han interpretado también de manera alegórica, lo que no ha contribuido a su popularidad. El lector realiza una lectura simbólica porque el autor, según Gothot-Mersch (1985: 18), deja las evocaciones disponibles.

la época romántica, vuelve ahora obsesivamente dentro de una tendencia al universalismo, al planteamiento metafísico de la existencia. Dualismo y antítesis serán las figuras que expresen los fantasmas de una conciencia dividida entre la preeminencia de la materia y del espíritu, y esa tensión bipolar será la que atraiga la presencia de la alegoría, sugeridora siempre de binomios.

Pese a los inconvenientes que presenta su recepción, no conviene olvidar que estos poemas introdujeron un modelo diferente de historia legendaria (Shaw, 1986: 102), que pocos poetas habrán sido tan leídos como Núñez de Arce antes de su muerte, y que al día siguiente en que *Pedro Abelardo* se puso a la venta "el público de Madrid lo leyó con avidez", según informó el periódico *El Adalid* (Ferrari, 1910: 297).[28]

La alegoría en Núñez de Arce o Ferrari no fue, pues, una mera casualidad, y por su huella, tanto en ellos como en los parnasianos o en Flaubert, "on sent le besoin de la solidité, fût-elle un peu massive", como diría Proust refiriéndose a la obra de Leconte de Lisle (Gothot-Mersch, 1985: 21), escritura "masiva" que en unos es marmoreidad y en otros parece arquitectura poética. Hoy en día, cuando la crítica reconoce que la escritura del Realismo se construye estableciendo en primer plano el estilo (es decir, que el grado cero de la escritura, adoptando la terminología de Barthes, es una leyenda), Núñez de Arce y Ferrari, más encuadrados en su tiempo de lo que hasta ahora ha sido aceptado, pueden ser comprendidos desde su especial cuidado por la formación del equilibrio, la disposición de los planos, la oratoria.[29] Abrazan así de fondo las preocupaciones de su época, y especial-

---

[28] Shaw (1986: 102) destaca, en la evolución de la leyenda, el cambio de tono y estilo que se da con *El drama universal* de Campoamor en 1869 y, sobre todo, con *Raimundo Lulio* en 1875 y *El vértigo* en 1879: "la última alcanzó un éxito tan sorprendente que en cuarenta años se hicieron más de cincuenta ediciones. A partir de entonces la leyenda se apartó de su fácil estilo narrativo habitual y asumió matices solemnes y a veces simbólicos". Romo Arregui (1946: 66) afirma que hasta el año del fallecimiento de Núñez de Arce "las ediciones de sus libros de versos pasaban, en España y América, de cuatrocientas, unas de dos mil quinientos ejemplares, otras de mil y las menores de quinientos. Las fraudulentas eran más de dos centenares". Efectivamente, en la Widener Library de Harvard encontré muchas ediciones de Núñez de Arce de los años 80. *La visión de Fray Martín*, por ejemplo, en 1882, iba por la octava edición. Además, poetas como Manuel Reina (1880) reescriben la obra. Por ello, si bien, como dice Aullón de Haro (1988: 83 & 122), la leyenda adquiere sesgo didáctico y la altura tonal se convierte en condición temática, no creo, como él sostiene, que perdiera importancia decisoria en la poesía de esos años.

[29] Véase, sobre la puesta en escena del estilo durante el Realismo, la magnífica monografía de Rosen & Zerner (1988).

mente la inquietud que trae la creciente e inquietante presencia de la ciencia. Para expresarla, para estructurar lo que se estaba desestabilizando, responden de manera osada al supuesto carácter científico abstracto y cerebral de la nueva cultura con un recurso al que se acusa de lo mismo, y que atraía incomprensiones por ello, por estar distanciado de la nueva poética emocional que considera lo retórico insincero y poco moderno. Quizás ahora, después de la relectura alegórica de realidad y literatura por parte de autores como Walter Benjamin o Paul de Man, haya llegado, por fin, el momento de reivindicarles.

Obras citadas

Alas, Leopoldo ("Clarín"), 1966. "Un viaje a Madrid", en *Obras selectas de Leopoldo Alas "Clarín"*, introd. Juan Antonio Cabezas, 2a. edición, Madrid, Biblioteca Nueva, 1252-79 [*Un viaje a Madrid*, Folletos literarios 1, Madrid, Librería de Fernando Fé, 1886].
Alborg, Juan Luis, 1999. *Historia de la literatura española*, V: *Realismo y Naturalismo: la novela*, 3: *De siglo a siglo: A. Palacio Valdés. V. Blasco Ibáñez*, Madrid, Gredos.
Anónimo, 1882. "Siluetas contemporáneas: Núñez de Arce", *La Diana*, 5 (1 de abril), 5-8.
Aullón de Haro, Pedro, 1988. *La poesía en el siglo XIX: Romanticismo y Realismo*, Madrid, Taurus.
Blanco García, P. Francisco, 1891. *La literatura española en el siglo XIX*, 2 tomos, Madrid, Sáenz de Jubera Hermanos.
Campoamor, Ramón de, 1873. *El drama universal, poema en ocho jornadas*, 3a. edición, Madrid, Imprenta de Victoriano Suárez.
Carrasco Urgoiti, María Soledad, 1956. *El moro de Granada en la literatura (del Siglo XV al XX)*, Madrid, Revista de Occidente.
Cernuda, Luis, 1957. *Estudios sobre poesía española contemporánea*, Madrid/ Bogotá, Ediciones Guadarrama.
Cossío, José María, 1960. *Cincuenta años de poesía española (1850-1900)*, 2 tomos, Madrid, Espasa-Calpe.
Dakyns, Janine R., 1973. *The Middle Ages in French Literature 1851-1900*, Oxford Modern Languages and Literature Monographs, London, Oxford UP.
Darío, Rubén, 1953. *Los raros*, 2a. edición, CA 1119, Buenos Aires, Espasa-Calpe.
De Man, Paul, 1991. "Retórica de la temporalidad", en su *Visión y ceguera: ensayos sobre la retórica de la crítica contemporánea*, trad. Hugo Rodríguez-Vecchini & Jacques Lezra, Río Piedras, Universidad de Puerto Rico, 207-53 ["The Rhetoric of Temporality: Allegory and Symbol", en *Interpretation: Theory and Practice*, ed. Charles S. Singleton, Baltimore, Johns Hopkins Press, 1969, 179-90].

Fernández Shaw, Carlos, 1966. *Poesías completas*, introd. Melchor Fernández Almagro, Madrid, Gredos.

Ferrari, Emilio, 1884. *Pedro Abelardo: poema*, Madrid, s.n. (Impr. de E. Rubiños).

— 1905. *La poesía en la crisis literaria actual: discursos leídos ante la Real Academia Española en la recepción de D. Emilio Ferrari. Contestación de D. José Echegaray*, Madrid, Antonio Pérez.

— 1910. *Obras completas*, II: *Poemas: Pedro Abelardo. Dos cetros y dos almas. Un dia glorioso. La muerte de Hipatia. Poemas vulgares: Consumatum. En el arroyo*, Madrid, s.n. (Imprenta de la *Revista de archivos*).

Flaubert, Gustave, 1966. *La tentation de Saint Antoine*, introd. Jacques Suffel, Collection GF131, París, Garnier-Flammarion [Paris, Charpentier, 1874].

Fletcher, Angus, 1964. *Allegory: The Theory of a Symbolic Mode*, Ithaca, Cornell UP.

Freedman, Paul, 1995. "The Return of the Grotesque in Medieval Historiography", en *Historia a debate: medieval*, ed. Carlos Barros, Santiago de Compostela, Historia a Debate, 9-19.

Gaos, Vicente, 1969. *La poética de Campoamor*, 2a. edición, con un apéndice sobre la poesía de Campoamor, Madrid, Gredos.

García de Diego, Pilar, 1971. "Catálogo de pliegos de cordel", *Revista de dialectología y tradiciones populares*, 27.3-4, 371-409.

Girouard, Michael, 1981. *The Return to Camelot: Chivalry and the English Gentleman*, New Haven, Yale UP.

Gothot-Mersch, Claudine, 1985. "Préface", en Leconte de Lisle, *Poèmes barbares*, ed. Claudine Gothot-Mersch, Paris, Gallimard, 5-25.

Lamartine, Alphonse de, 1834. *Oeuvres complètes*, 4 tomos en 2, Paris, Gosselin.

Mansberger Amorós, Roberto, 1998. "Dos discursos restauracionistas en la crisis de fin de siglo: Gaspar Núñez de Arce y Emilio Ferrari", en *Estudios de literatura española de los siglos XIX y XX: homenaje a Juan María Díez Taboada*, Madrid, CSIC, 282-92.

Martínez Cachero, José María, 1960. "La obra de Emilio Ferrari", *Archivum*, 10, 137-228.

Menéndez Pelayo, Marcelino, 1882. "Don Gaspar Núñez de Arce", en *Autores dramáticos contemporáneos y joyas del teatro español del siglo XIX*, 2 tomos (1881-1882), Madrid, Fortanet, II, 293-317.

— 1888. "De las ideas estéticas durante el siglo XIX en Inglaterra", *Revista de España*, 124 (noviembre-diciembre), 82-121.

Misteriosa, La (Associació), 1877. *Certàmens literaris de La Misteriosa: composicions premiades en lo del any 1877, quart de sa instauració*, s.l., s.n. (Barcelona, Estampa de *La Renaixensa*).

Navas Ruiz, Ricardo, 1997. "Campoamor y la ironía romántica: reflexiones sobre *El licenciado Torralba*", *Salina*, 11, 76-84.

Nombela, Julio, 1976. *Impresiones y recuerdos*, introd. Jorge Campos, Madrid, Tebas.

Núñez de Arce, Gaspar, 1875. *Gritos del combate: poesias*, Madrid, s.n. (Impr. de Fortanet).
— 1879. *La selva oscura: poema*, Madrid, s.n. (Impr. de Fortanet).
— 1887. *Del lugar que corresponde a la poesía lírica en la literatura moderna, y juicio acerca de alguno de sus más preclaros cultivadores: discurso leído por el Sr. D. Gaspar Núñez de Arce el día 3 de Diciembre de 1887 en el Ateneo Científico y Literario de Madrid con motivo de la apertura de sus cátedras*, Madrid, Rivadeneyra.
— 1915. *La visión de Fray Martín: poema*, 32a. edición, Madrid, s.n. (Impr. La Editora) [Madrid, s.n. (Impr. de Fortanet), 1880].
— 1982. *Poesías completas*, introd. Arturo Souto Alabarce, Sepan Cuantos 356, México, Porrúa.
Palenque, Marta, 1990. *El poeta y el burgués: poesía y público 1850-1900*, Sevilla, Alfar.
Peers, E. Allison, 1973. *Historia del movimiento romántico español*, trad. José María Gimeno, 2a. edición, 2 tomos, Madrid, Gredos.
Peña, Pedro J. de la, 1986. *La poesía del siglo XIX: estudio*, Valencia, Víctor Orenga.
Pérez García, Norberto, 1998. "Antecedentes españoles decimonónicos del monólogo dramático: la poesía de Gaspar Núñez de Arce", en *Estudios de literatura española de los siglos XIX y XX: homenaje a Juan María Díez Taboada*, Madrid, CSIC, 336-41.
Reina, Manuel, 1880. "Núñez de Arce y *La visión de Fray Martín*: impresión", *La Ilustración española y americana*, 10 (15 de marzo), 171.
Romero Tobar, Leonardo, 1974. "Algunos romances de cordel del siglo XIX", *Revista de dialectología y tradiciones populares*, 30.3-4, 529-530.
Romo Arregui, Josefina, 1946. *Vida, poesía y estilo de Don Gaspar Núñez de Arce*, Anejo 34 de la *RFE*, Madrid, CSIC.
Rosen, Charles, & Henri Zerner, 1988. *Romanticismo y Realismo: los mitos del arte del siglo XIX*, Madrid, Hermann Blume.
Sanmartín Bastida, Rebeca, 2002. *Imágenes de la Edad Media: la mirada del Realismo*, Anejos de la *Revista de Literatura* 56, Madrid, CSIC.
— 2003. "Una relectura estética del teatro histórico de Echegaray", *BHS*, 80, 193-207.
— 2004. "¿Imaginación o fidelidad histórica?: la escritura del pasado después del Romanticismo", *Salina*, 18, 153-60.
Shaw, Donald L., 1986. *Historia de la literatura española*, V: *El siglo XIX*, Barcelona, Ariel.
Urrutia, Jorge, 1983. "El camino cerrado de Núñez de Arce", *Anales de Literatura Española*, 12, 491-508.
— (ed.), 1995. *Poesía española del siglo XIX*, LH 390, Madrid, Cátedra.
— 1998. "Campoamor y el Realismo poético", en *Historia de la literatura española*, IX: *Siglo XIX (II)*, ed. Leonardo Romero Tobar, Madrid, Espasa Calpe, 273-89.
Valbuena Prat, Ángel, 1960. *Historia de la literatura española*, 4 tomos, Barcelona, Gustavo Gili.

Valera, Juan, 1905. *Discursos académicos*, Obras completas 1-2, 2 tomos, Madrid, Imprenta Alemana.
— 1908. *Poesías*, Obras completas 17-18, 2 tomos, Madrid, Imprenta Alemana.
— 1909. *Crítica literaria (1861-1863)*, Obras completas 22, Madrid, Imprenta Alemana.
Verlaine, Paul, 1902. *Sagesse*, en sus *Oeuvres complètes*, 3a. edición, 5 tomos, Paris, Léon Vanier, 1902-05, I, 193-293 [*Sagesse*, Paris, Société générale de librairie catholique, 1881].
Whitaker, Daniel S., 1988. *"La quimera" de Emilia Pardo Bazán y la literatura finisecular*, trad. Daniel Iglesias Kennedy, Madrid, Pliegos.

ALEGORÍAS DE LA MODERNIDAD:
LAS RUINAS DE LA HISTORIA A FINALES DEL SIGLO XX

ÓSCAR CORNAGO BERNAL
CSIC-Madrid

> Las obras de arte no son sólo alegorías, sino también su cumplimiento catastrófico.
>
> (Adorno, 1980: 117)

En comparación con otras épocas, como la Edad Media o el Barroco, la Modernidad podría pasar como un período reticente a adoptar la expresión alegórica. El devenir cultural de un período que *grosso modo* puede darse como definitivamente abierto a finales del siglo XVIII, con la Revolución Francesa y la mayoría de edad de la razón proclamada por Kant, parece haber privilegiado otras vías de expresión como la poesía simbólica o la narración realista. A finales de dicha centuria se asiste a la sustitución de una poética con un fuerte componente retórico, según la cual las obras de arte deben imitar modelos heredados de las tradiciones clásicas, por una poética estética, ligada a las ideas de subjetividad, percepción sensorial, libertad creadora u originalidad, puestas en marcha con el Romanticismo. Desde ese momento, el concepto de *alegoría* parece desaparecer de la producción crítica para ser sustituido por términos que hasta entonces habían sido casi homónimos, como el de *símbolo* o *metáfora*, de cuya figura se trató de derivar la alegoría como metáfora continuada ya desde la retórica clásica. Esta operación cultural ha sido bien estudiada por Paul de Man (1991) en un amplio trabajo titulado "Retórica de la temporalidad", aunque la voz de alarma fue dada ya por Walter Benjamin (1990), cuya obra se recuperó en los años sesenta como uno de los cimientos más sólidos del pensamiento de la alegoría en una época sólo aparentemente ajena a dicho mecanismo de representación (Menke, 1991; Kurz, 1993; Fischer-Lichte, 2001).[1]

---

[1] Paralelamente, desde el campo de la hermenéutica, Gadamer (2001: 108-20) ha señalado el problema que encierra la oposición entre símbolo y alegoría a partir del siglo XIX.

Desde el Romanticismo, la alegoría se carga con una fuerte connotación peyorativa que llega hasta nuestros días. Para el espíritu romántico, con sus sueños de libertad y revoluciones, sus mitos de lo original y lo auténtico, lo que Gadamer denomina el "arte vivencial", que inaugura la Modernidad, este tropos se revela como una figura marcadamente retórica, un modo rígido de expresión, carente de la flexibilidad formal y la dimensión intimista de la que gozaba el símbolo. La alegoría constituía un lenguaje abiertamente codificado según unas reglas impuestas desde un afuera a la propia obra de arte, revistiéndose por ello de un tono didáctico, moralista o dogmático. Dirigida por una finalidad expresiva unívoca, por un principio teleológico que le resta autonomía artística, parecía carecer del sello creador a través del cual el nuevo poeta, transformado en vate, víctima o profeta, vuelca su subjetividad sobre la realidad exterior, convertida ahora en un personalísimo mundo interior. Los nuevos horizontes poéticos, tratando de llegar más de cerca a la vida "real", parecían mirar en otra dirección. Distanciándose de la fría rigidez de la abstracción, de su mundo artificioso y deshumanizado, de su estudiada puesta en escena, el símbolo parecía colmar esa ambición de totalidad orgánica, unidad y armonía, ajena a la yuxtaposición de elementos heterogéneos característica de la construcción alegórica.

Pasando de la teoría romántica de la poesía al debate sobre el género narrativo, otra de las formas artísticas por excelencia de las dos últimas centurias, su distancia crítica con respecto a los modos alegóricos no es menor. A pesar del carácter igualmente narrativo de muchas alegorías, convertidas en visiones, batallas o viajes, tanto la novela como el relato breve evolucionaron a lo largo del Ochocientos hacia un lenguaje supuestamente transparente que habría de llevar a su más perfecta realización el cinematógrafo; se trataba de la ansiada verosimilitud y el efecto de lo real perseguido por toda la contemporaneidad. También en este caso, la alegoría, con su aparatosa arquitectura formal, ponía de manifiesto el artificio que subyace a su puesta en escena, pero también a cualquier otro lenguaje, denunciando la pretendida neutralidad de las poéticas del realismo, la "inocente" retórica del realismo. Frente a la relación directa que el signo realista aspira a tener con el objeto referido, con la realidad vivida, la alegoría remite a unos elementos escenificados, extraídos de su contexto, e introducidos en un espacio y un tiempo distintos del cotidiano, que es el espacio alegórico, un campo de mostración artificial donde los objetos se disponen para su exhibición, enigma que reta la capacidad de descodificación del observador. Por eso, los signos de la alegoría, como los signos del teatro, son siempre signos de otros signos, no aspiran a una relación directa –mimética, según la teoría clásica– con el objeto real. Frente al movimiento de disolución del símbolo o del lenguaje realista en su anhelo de trascender su propia imagen, su materialidad ancilar, disolución en el instante mágico de la fusión con lo simbolizado o relatado, la alegoría se alza como pura mediación, escritura fija y permanente, quieta ostentación de un mecanismo semiótico que se pone en escena a sí mismo, ofreciéndose a los ojos del alegorista. "La alegoría del siglo XVII no es convención de la expresión, sino expresión de la convención", dirá Benjamin (1990: 169; *Ursprung des deutschen Trauerspiels*, "Antinomien der Allegorese", en *GS*, I.i, 351).

En su tan citada tesis de habilitación de 1925 –auque paradójicamente rechazada por la universidad–, el autor de *El origen del drama barroco alemán* lleva a cabo una defensa radical de la alegoría, convirtiendo, a lo largo de toda su obra posterior, el desechado tropos retórico en paradigma de la Modernidad. Dicha reivindicación no responde, sin embargo, a un mero prurito academicista o pirueta formal con ánimo de escandalizar, sino que en su base late una revisión integral de lo que hasta entonces se había considerado la Modernidad, es decir, del proyecto ilustrado de emancipación del hombre en alas del progreso social y la razón instrumental. El pensamiento de la alegoría en el siglo XX va a implicar una reconsideración hermenéutica de los sistemas semióticos a la luz de sus formas de funcionamiento. Tras esta perspectiva se esconde en última instancia una crítica epistemológica, es decir, el cuestionamiento de los modos de conocimiento y la producción de sentido; y como construcción de sentido por excelencia se alza la propia Historia como discurso hermenéutico. De esta suerte, la alegoría, en tanto que ejercicio de ostentación de sus propios mecanismos de significación, se convierte en una imagen igualmente "alegórica" de otros mecanismos de significación, los de la propia realidad como construcción historiográfica, es decir, narrativa, y por ende reflejo de su condición ontológica:

> Y, si bien es cierto que ésta carece de toda libertad "simbólica" de expresión, de toda armonía formal clásica, de todo rasgo humano, sin embargo, en esta figura suya (la más sujeta a la naturaleza) se expresa plenamente y como enigma, no sólo la condición de la existencia humana en general, sino también la historicidad biográfica de un individuo. (Benjamin, 1990: 159; *Ursprung*, "Symbol und Allegorie in der Romantik", 343)

No es, por tanto, de extrañar que la introducción a dicha obra, dedicada a la crítica del conocimiento, se abra con un interrogante acerca del modo de exposición que en cada momento adopta el texto filosófico y las formas de codificación historiográficas en las que éste se apoya. La alegoría se manifiesta como un medio de hacer visibles los mecanismos internos de significación, de desvelación –en palabras de Benjamin– de la *facies hippocratica* de la Historia, de su aparente linealidad y causalidad lógica, de lo que Hegel explicó como la evolución dialéctica del Espíritu encarnado en la Razón histórica como modo de llegar a su perfección teleológica. Los conflictos bélicos que asolaron Europa, cuna del pensamiento ilustrado, durante la primera mitad del siglo XX desvelaron de un modo más traumático y menos teórico las insuficiencias de este proceso dialéctico de emancipación del Hombre a través de la razón. La lectura alegórica de la Historia la hace visible como un mecanismo de significación con capacidad para distanciarse del propio curso aparentemente lineal y unitario de la "realidad", que pierde así dicho revestimiento unitario, es decir, su linealidad temporal y su lógica causal.

El carácter espacial de la alegoría no excluye, sin embargo, una condición radicalmente temporal, pero este tiempo, el tiempo de la Historia, es ya un tiempo referido, que queda aprehendido y fijo en ese "después de" que inaugura el tiempo alegórico, tiempo de la escritura instalado ahora en un pretérito concluido. El manto helado de la alegoría petrifica la Historia, convirtiéndola en un escenario, suspendida en un tiempo detenido que gira sobre sí mismo. La Historia sólo deja aprehenderse como proceso fatal de decadencia, inevitable camino de destrucción, vocación de muerte y ruinas, sueño apocalíptico que descubriera Benjamin en el cuadro *Angelus Novus*, de Paul Klee (1971: 82; "Über den Begriff der Geschichte", These IX, en *GS*, I.II, 697-98). Bajo el signo de lo perecedero, la Naturaleza se convierte en modelo para la Historia. Como acto de significación, la Historia se naturaliza, y la Naturaleza desvela su carácter histórico, ofreciéndose como enigma a la mirada melancólica del hombre moderno, abrumado por un sentimiento ontológico de culpabilidad, la falta que ha de redimir por su deseo de conocimiento, o como explica Benjamin: "El estado de ánimo en él dominante es el luto, que es al mismo tiempo la fuente y el contenido de las alegorías" (1990: 227; *Ursprung*, "Die Schrecken und Verheißungen des Satan", 403). La función de la alegoría, como refiere en su lectura alegórica del *Angelus Novus*, sería la de despertar al hombre del sueño del mito de la Historia, del dulce engaño del sistema capitalista como mecanismo capaz de dar un sentido a las cosas.

A través de este efecto de desmitificación de la Historia explica De Man (1991: 207) la "mala fama" que recae sobre la retórica durante el siglo XIX. La secularización del mundo moderno privó a los sistemas de representación de un valor trascendental que garantizase el sentido de la realidad. Ello obligó al desarrollo de una estrategia que siguiese permitiendo la unión entre lo expresado y la forma de expresión, entre el significado y el significante: "La supremacía del símbolo, concebido como la expresión de la unidad entre la función semántica del lenguaje y su función representacional, llega a ser un lugar común que habrá de fundamentar el gusto, la crítica y la historia literaria" (De Man, 1991: 210). El idealismo dominante desde el Romanticismo hace que las relaciones sujeto-objeto sean sustituidas por relaciones intersubjetivas, que imponen términos como "afinidad" o "empatía". La Naturaleza deja de ser un mundo distante del individuo, el espacio de la otredad, para subsumirse bajo la temporalidad extendida del sujeto, estrategia de poder y homogeneización. De esta manera, con la Modernidad, se pone en marcha una empresa de antropologización de la realidad. El mundo objetivo se ve reducido a la medida de la individualidad humana y la alteridad del objeto o del otro queda negada. El "yo" toma de la Naturaleza la estabilidad temporal para contrarrestar su condición efímera, pero al mismo tiempo impone sobre ésta su perspectiva subjetiva. La suplantación de la alegoría por el símbolo se explica por la necesidad de seguir postulando una identificación entre el sujeto y el objeto, salvando así la distancia fatal que a partir del siglo XVIII separa la experiencia del yo del mundo objetivo: "Es ese conocimiento doloroso el que se percibe en el momento en que la primera literatura romántica encuentra su verdadera voz" (De Man, 1991: 230). De este modo, la historiografía literaria lleva a cabo un ejercicio de ocultamiento que el teórico flamenco califica como "un acto de mala fe ontológica" (233), la empresa desesperada por desarrollar una temporalidad que trata de pasar como "natural", carente de retórica, la temporalidad lineal de la Historia.

Sin embargo, el triunfo del modelo simbólico y las poéticas realistas habrían de atravesar las turbulentas aguas surgidas del descubrimiento cada vez más evidente del entramado retórico que el pensamiento alegórico, latente en la propia Modernidad, no ha dejado de denunciar. La reflexión sobre las estéticas del Barroco, la irrupción de las vanguardias y la sucesión de las diferentes escuelas formalistas a lo largo del siglo XX han contribuido a la consolidación definitiva de este enfoque semiótico a partir de los años sesenta, con el florecimiento de numerosas corrientes teóricas que conocieron un nuevo pistoletazo de salida con el estructuralismo francés y la Nueva Crítica estadounidense, contexto en el que se sitúa la teoría crítica del mismo Paul de Man, a lo que siguió el debate acerca de la (Pos)modernidad. A pesar de lo que cierta historiografía, en la línea de la corriente denunciada por De Man, haya podido divulgar, lo cierto es que todo el panorama occidental, incluido el ámbito hispánico, ha compartido un mismo devenir, escindido entre la utilización de los distintos sistemas de producción de sentido y, sobre todo, de la Historia como mecanismo de significación, y la reflexión radical acerca del carácter contingente de dichos mecanismos. La alegoría en el siglo XX se convierte, antes que nada, en la alegoría de la propia Modernidad, en la puesta en escena de la Historia, haciendo así visibles los telares de la representación.

A partir de los años sesenta la cultura occidental inicia una nueva etapa de la Modernidad con la asimilación de las vanguardias y una profunda reflexión sobre lo que hasta entonces había supuesto la tradición social, política y artística contemporánea. Dentro de este contexto de una Modernidad radical cada vez más consciente de sí misma, no es un azar el hecho de que algunas de las poéticas más renovadoras de las últimas décadas apunten a la actualización de las estrategias alegóricas. En su mayor parte, se trata de autores que vivieron el ambiente intelectual de estos años, pero sus obras se extienden en todos los casos a lo largo de las décadas de los ochenta y noventa. Así se pueden citar las trazas alegóricas que caracterizan la producción más renovadora de Juan Goytisolo en narrativa; la obra de Miguel Romero Esteo y la producción escénica de La Zaranda en drama y teatro; y, finalmente, en relación al cine, la producción del director británico Peter Greenaway. Nótese que, en todo los casos, el hecho de haber optado por un lenguaje de ascendencia alegórica para reflexionar sobre sus propios medios de producción artísticos, pero también sobre la propia Historia como mecanismo de producción de sentido, ha hecho que la propia historiografía de la cultura haya dejado a estos autores, en mayor o menor medida, al margen de los cánones oficiales, más afines a los modelos realistas o simbólicos.

La mirada estructuralista de Juan Goytisolo

La revolución narrativa llevada a cabo por Juan Goytisolo a partir de los años sesenta a través de la trilogía *Señas de identidad* (1966), *Reivindicación del conde don Julián* (1970) y *Juan sin tierra* (1975), tiene lugar en paralelo a los nuevos caminos abiertos por el Estructuralismo francés o la crítica norteamericana. El escritor catalán emprende una senda literaria y un pensamiento crítico que ya no iba a abandonar. Su nueva poética tiene, sin duda, mucho que ver con el pensamiento alegórico del siglo XX; así, por ejemplo, la creciente consciencia de la realidad como enigma y jeroglífico, a menudo identificada con la caótica realidad de las grandes urbes, que también inspirara a Benjamin, pero en otras ocasiones con el espacio abigarrado de las plazas atestadas de gente, fenómeno especialmente llamativo en culturas de fuerte componente oral, lo que alcanza su expresión literaria más brillante dentro de la obra de Juan Goytisolo en el capítulo final de *Makbara* (1980), "Lectura del espacio en Xemaá-El-Fná". Bajo el ojo atento del hombre moderno, pero también del alegorista, la realidad, como el paisaje historizado del pensador alemán, se transforma en la expresión de un enigma, los signos crípticos que ocultan un misterio cifrado. Recurriendo a Iuri Lotman, Goytisolo (1990: 88) describe la "ciudad palimpsesto" como un entrelazamiento de textos, explosión de signos, espacio fragmentado característico de la Modernidad: "fenómenos de hibridación y mezcla dinámica de discursos que representan a mis ojos el sello inequívoco de la modernidad".

Esta mirada estructuralista responde, como explica Barthes, a un interés común a toda la cultura contemporánea por aquellos mecanismos que hacen las cosas inteligibles, es decir, que proveen de significados a la realidad, mecanismos puestos en escena por la misma alegoría: "Ce qui m'a passionné toute ma vie, c'est la façon dont les hommes se rendent leur monde intelligible. C'est, si vous voulez, l'aventure de l'intelligible, le problème de la signification" (Barthes, 1981: 12). En *Reivindicación del conde don Julián*, la primera novela que se sitúa desde el comienzo en ese nuevo espacio literario abierto tras la ruptura con los códigos realistas, esta perspectiva semiótica guía la mirada narrativa que convierte la realidad (del relato) en una sinfonía de signos:

> caminas dibujando jeroglíficos : inmerso en la multitud, pero sin integrarte a ella: a diferente diapasón : captando sutilmente la presencia (irrupción) de signos que interfieren (violan) el orden aparente de las cosas : movimientos bruscos, ruidos desabridos, gestos ásperos : pequeñas (sordas) explosiones de violencia : ecuación cuyos términos desconoces, escritura que inútilmente quisieras descifrar. (Goytisolo, 1970: 40)

La alegoría, como se da a entender en el pasaje anterior, irrumpe en el "orden aparente de las cosas" como un acto de violencia, una revelación que de repente transforma el "texto" de la naturaleza o del paisaje urbano, abriéndolo a una pluralidad de significados, proyectándolo hacia espacios crípticos, ilimitándolo, como diría Barthes (1971: 10), en el ejercicio de su teatralización que acentúa la dimensión espacial del texto. Éste es también el efecto destructor que implica la alegoría, al hacer visible la distancia insalvable entre el mundo referido y el campo de representación; de ahí que sólo como proceso de destrucción, de decadencia y caos, se haga visible el tiempo de la Historia. De este modo, la revelación alegórica viene unida a un sentimiento de caos y apocalipsis que acompaña toda la obra de Goytisolo, ese "después de" en el que se sitúa la alegoría y al que alude el título de una de sus novelas ya a comienzos de los años ochenta, *Paisajes después de la batalla* (1982).

La alegoría como proceso de construcción escénico en Miguel Romero Esteo y La Zaranda

El carácter escénico de la alegoría la distingue como un procedimiento artístico especialmente adecuado para el mundo del teatro. A lo largo de la historia, la escena ha adoptado a menudo la condición alegórica. En el siglo XX, y en reacción contra las corrientes dominantes de ascendencia realista, la escena se ha erigido como un espacio cerrado y diferente, un espacio de artificio y teatralidad que crece sobre su propia materialidad, ostentando, como la propia alegoría, el carácter "falso" de todo lo que en ella ocurre –eso que el drama realista trataba de ocultar–, para gozarse en la apariencia decadente de sus objetos, su degradada condición física y material, un espacio abierto a la otredad, a un más allá en el que se sitúan los actores frente a la realidad cotidiana del mundo del espectador.

La obra de Miguel Romero Esteo, levantada sobre un sentido extremo de la teatralidad, entronca plenamente con el debate acerca de la alegoría, y no únicamente como alegoría de una situación política, a lo que algunas lecturas han querido reducirla desde concepciones excesivamente superficiales de la alegoría. La primera fase de su producción dramática (décadas de los sesenta y setenta) se encuadra dentro del ciclo de las Grotescomaquias.[2] Constituyen obras de carácter ritual, donde los elementos sacralizadores se ven acentuados a través del contraste con un fuerte tratamiento grotesco. Su producción se vincula así con la proyección trascendental o cósmica propia de la alegoría. No obstante, el teatro imprime a la alegoría un desarrollo específico gracias a su modo característico de comunicación artística. A lo largo de la obra se va construyendo, en el aquí y ahora de la representación, ante los ojos del espectador atónito, el edificio inquietante de la alegoría. En un principio, el espectador, de acuerdo con las poéticas dominantes, trata de entenderlo todo de un modo realista; pero progresivamente se van acumulando los signos que denuncian el carácter alegórico de lo que está presenciando. La escena ya no es una prolongación de la realidad objetiva, ni el tiempo escénico un reflejo del tiempo lineal de la Historia, sino que a través de la representación se construyen un tiempo y un espacio propios, que son el tiempo del ceremonial escénico al que asiste el espectador, el tiempo

---

[2] A partir de los primeros años ochenta Romero Esteo desarrolla un ciclo dramático de carácter mítico y tono épico: las tragedias de los orígenes, que giran en torno a la civilización tartesia, reivindicada por el autor como inicio de la cultura hispana y más ampliamente europea. Este ciclo comparte también una condición alegórica, aunque de un carácter más complejo (Cornago Bernal, 2003: 243-58).

aparte y el espacio otro de la alegoría. Gradualmente, el público –y en su caso el lector– comprueba cómo todo aquello tiene un significado distinto del cotidiano, un significado que se alza amenazante, abriéndose sobre un vacío, sobre la distancia insalvable, hecha visible cada vez de forma más clara, entre el espacio y el tiempo inmediatos de la representación, por un lado, y el tiempo de la Historia y la realidad objetiva, por otro, anclados en un pasado irrecuperable, y traídos a la escena únicamente en tanto que simulacros que se cierran sobre sí mismos, que acaban con el fin de la representación, incapaz de llegar más allá, pero también de escapar a la representación, condenados a realizar los mismos gestos y las mismas acciones; un mundo escénico cuyo referente teatral más conocido sería la poética de Tadeusz Kantor.

El tiempo de la Historia, el movimiento lineal hacia delante, se revela como una ilusión, un simulacro; así comienzan los personajes de *Horror vacui*, una vez más, con el año de la Polka, sobre un ritmo medido de infinitas repeticiones, volviendo una y otra vez sobre lo mismo:

> seguimos
> seguimos
> seguimos adelante
> seguimos adelante
> seguimos adelante, siempre adelante
> seguimos adelante, siempre hacia adelante
> seguimos adelante hacia el futuro
> seguimos adelante hacia el futuro
> Siempre hacia el futuro
> Siempre hacia el futuro [...]
> Siempre hacia el futuro misericordioso
> Siempre lejos del círculo vicioso;[3]

pero la alegoría no conoce el tiempo lineal, y el "adelante" no existe, el futuro es imposible y la escena se cerrará fatalmente sobre sí misma.

Cada obra de Romero Esteo evoluciona a partir de un impulso de entropía, que comparte esa vocación ruinosa de la alegoría. A medida que el ritual avanza, los débiles presupuestos realistas, la lógica causal y el tiempo lineal, se van deshaciendo, la alegoría muestra sus caracteres más nítidos, su esce-

---

[3] *Horror vacui* será publicada próximamente por el Centro para la Documentación y Edición del Teatro de la Junta de Andalucía; por ello, cito por la copia mecanografiada (Romero Esteo, s.f.: 2).

nario de muerte, su expresión detenida de todo lo que *ha sido* y que ya *no es*, sino en forma de representación, detenida y muerta, como se concluye en *Horror vacui*:

> No hay tema, no hay sistema, no hay acción dramática, no hay argumento.
> Es el repeluzno del sacramento.
> El repeluzno...
> (Romero Esteo, s.f.: 324)

Una vez más, la Historia sólo se deja aprehender como proceso de decadencia, principio de entropía que la Historia encuentra en el modelo de la Naturaleza y lo efímero. Es por eso que la mayor parte de las obras de Romero Esteo tienen lugar en escenarios barrocos y decadentes, antiguos espacios catedralicios en ruinas, que expresan desde el aquí y ahora de la representación alegórica un tiempo pretérito, invocado como realidad imposible, la imposibilidad del mito lineal y teleológico del progreso (figs. 6 y 7). La alegoría se presenta como resultado de un proceso de destrucción que se alimenta con los materiales de derribo de una Modernidad nacida bajo el signo postrero de la finitud, así se enumeran *ad nauseam* esos materiales al final de *Horror vacui*:

> ... las filosofías, las sociologías, las marxologías, las fraseologías, las éticas, las estéticas... [...] ... las metodologías, las cientifismologías, las homologías, las teologías, las cloacas y las cañerías, las ideologías y demás nihilismos varios como los telediarios. [...] Acumular bibliografías muertas que no van a ningún sitio, acumular imágenes muertas que no van a ninguna parte, la funerala, el arte de los cementerios en plan barroco. (Romero Esteo, s.f.: 312)

De forma paralela, pero desde un campo artístico propiamente escénico, también el colectivo gaditano La Zaranda reconstruye en cada una de sus obras, ante los ojos desorientados del espectador, la cara terrible y estática de la alegoría, su tiempo escénico y su imagen retenida, como el instante amarillento captado en una foto antigua, la expresión de la muerte como alegoría de la Historia. Al tiempo que se acentúa la materialidad desgastada de los objetos empleados, como cuerdas, metales o maderas, se aplica un tratamiento reiterativo de los sonidos y la declamación, entonaciones recurrentes que se convierten en *leitmotiv* de la obra. El título de algunas de sus obras anticipan ya el tono alegórico de éstas, como en *Cuando la vida eterna se acabe* (1997) o *Ni sombra de lo que fuimos* (2003), que puede entenderse como una referencia a ese plano temporal estático de la alegoría, o *La puerta estrecha* (2000), donde unos extraños personajes son incapaces de acabar su viaje, atrapados en la oscuridad del escenario como imagen del mundo, mientras el sistema de tensiones alegórico crece sobre las parejas de opuestos: ir-llegar, camino-hospedaje, viaje-parada, noche-día, oscuridad-luz, entrar-salir (Cornago Bernal, 2001). A medida que se desarrollan estas obras, se hace más evidente la ausencia de un pasado o un futuro para estos personajes, que quedan encerrados en el mismo espacio alegórico que están construyendo, la faz terrible de la realidad como eterna representación. Las referencias iniciales a un pasado lineal o a una esperanza de futuro, a las que el espectador se aferra para la construcción de una trama realista, se pierden en el creciente juego de repeticiones sin sentido, recorridos laberínticos que vuelven sobre el punto de partida, desconsoladora imagen final de un tiempo circular, de una presencia ausente, el sentido de la Historia.

La puesta en escena del discurso cinematográfico en Peter Greenaway

Algunos de los exponentes más originales del cine van a evolucionar de modo comparable a partir de los años sesenta, confluyendo en una reivindicación de las estrategias alegóricas. Como ocurre en algunos de estos directores, la obra de Peter Greenaway constituye una reflexión en profundidad acerca de los materiales y formas de significación más específicas, en este caso del cine, entendido igualmente como acto de representación, la puesta en escena de la propia práctica cinematográfica.[4] Desde sus comienzos, el director de origen galés ha defendido una práctica cinematográfica emancipada del modelo literario, es decir, del cine como narración de una trama realista, y para ello ha intensificado procedimientos estructurales que hacen visible el modo de organización específico de cada película. A menudo se recurre a formas artificiales de clasificación, como los listados alfabéticos y las taxonomías, pero con frecuencia se trata, como en el teatro alegórico o en la narrativa de Goytisolo, del desarrollo de una representación teatral con carácter ritual, como en *The Baby of Mâcon* (1993), puesta en escena explícita de un misterio medieval, o *Prospero's Books* (1991), proceso de repre-

---

[4] A esta amplia corriente se adscriben desde algunas de las producciones de la Nouvelle Vague hasta el más reciente movimiento Dogma, liderado por el danés Lars von Trier, así como creadores tan diversos como Jean-Marie Straub y Danièle Huillet, Raoul Ruiz, Chantal Akerman, Lucian Pintilie, Jacques Rivette, John Cassavetes, Louis Malle y el propio Greenaway (Picon-Vallin, 1997); entre los ejemplos españoles, el cine musical de Carlos Saura constituye uno de los casos más paradigmáticos de transformación del plató en espacio de la alegoría (Cornago Bernal, 2002).

sentación de *La tempestad*, de Shakespeare. Como en Romero Esteo, la idea de juego o contrato se presenta como un principio estructurador impuesto desde afuera, principio fatal que va a adquirir una condición casi ceremonial; así, por ejemplo, sucede en uno de sus primeros largometrajes, de 1982, *The Draughtsman's Contract*, o, posteriormente, en *Drowning by Numbers*, de 1988.

La utilización constante de elementos extraídos a modo de citas directas de la historia de la pintura, especialmente del período barroco y sobre todo de los maestros flamencos, constituye un mecanismo de construcción fundamental. Uno de los protagonistas de Z.O.O. se identifica como sucesor de Van Meegeren, pintor conocido por haber tratado de falsificar los cuadros de Vermeer. La obsesión de este excéntrico cirujano consiste en poner en escena, es decir, en materializar, dar realidad física a las escenas tan minuciosamente recreadas por el pintor holandés, como *La alegoría del arte de la pintura*. Poner de manifiesto el artificio de la autenticidad constituye, efectivamente, uno de los ejes centrales en la poética cinematográfica de Greenaway, y para esta finalidad el lenguaje alegórico, de explícita condición teatral, se apunta como un medio idóneo. Al mismo tiempo, el afán por mostrar, por hacer explícito el hecho de la mostración, así como los diferentes modos de clasificación a que se presta la realidad, haciendo visible el artificio inherente a cualquiera de estos sistemas de ordenación, ya sea la disposición de los animales en un zoológico o de los objetos en una exposición, contribuye a explicar la relevancia de los procedimientos alegóricos en el mundo estético de Greenaway.[5]

The Cook, the Thief, His Wife and Her Lover (1989) desarrolla una de las tramas que de modo unitario más se ajustan al modelo de una alegoría de la Historia contemporánea. El mismo director se ha referido a ella como una imagen de la sociedad británica de los años ochenta, es decir, del período thatcherista, un reflejo de la creciente pérdida de valores en el mundo occidental a medida que todo se iba moviendo bajo los intereses exclusivos de la economía. La obra adquiere desde el principio un carácter escénico, al iniciarse con el descorrimiento de un telón rojo y la introducción de la cámara en un submundo apocalíptico donde todo va a adquirir un fuerte tono de extrañamiento. El modelo de una gran ópera barroca está presente desde el comienzo, así como el carácter alegórico, con esas enormes letras que apa-

---

[5] A este respecto, resulta significativa la coincidencia en la imagen del zoo como metáfora y alegoría de la realidad, tanto en *Pontifical* (1969), de Miguel Romero Esteo, como en Z.O.O., de Greenaway.

recen en la escena inicial y con las que se formará una palabra en caracteres luminosos, que bien puede entenderse como una suerte de emblema que preside toda la representación: el juego de palabras entre el nombre del Ladrón, Spika, personaje mafioso de modales repugnantes, y "aspic", animal por otro lado de claras connotaciones alegóricas.

El título de la película anticipa el carácter genérico de los personajes, propio de las alegorías en tanto que personificación de valores abstractos; de este modo, el Cocinero representa el mundo de las artes y el refinamiento, el Ladrón simboliza el poder, la Mujer es la seducción, pero también la inteligencia para sobrevivir en ese mundo, y, finalmente, el Amante representa la cultura, el mundo de los libros y la memoria de la Historia. Casi toda la acción tiene lugar en ese extraño restaurante de aspecto cósmico. La fuerte estilización de toda la puesta en escena recuerda constantemente el carácter artificioso, operístico y ceremonial de la obra. El tono escatológico está presente también desde el comienzo: la representación se abre y se cierra con la palabra "comer": ingerir los deshechos humanos productos de la digestión, al comienzo, y comer un cuerpo humano, escena de canibalismo con la que se cierra la película. Se trata, por tanto, de una estructura circular, que acaba con la bajada del telón, pero circular también en el sentido de los ciclos biológicos. *Homo homini lupus* sería la imagen emblemática que corona toda la alegoría. Significativo es que el asesinato del Amante a manos del Ladrón se realice a base de taponarle las vías respiratorias con las páginas de su libro favorito, sobre la Revolución Francesa, acontecimiento que inaugura la Modernidad. Una vez más, la Historia moderna se hace presente como proceso de entropía y degeneración, como apocalipsis, caos y ruinas, no sólo en tanto que destrucción de los sistemas sociales y aniquilación física, sino también en el sentido biológico de descomposición de los cuerpos, tema recurrente en la obra de Greenaway: la Naturaleza –como quería Benjamin– convertida en alegoría de la Historia.

Conclusión

La representación alegórica se convierte en uno de los paradigmas de autorreflexión estética en el siglo XX (Horn & Weinberg, 1998). A pesar de que parece estar al margen del curso del tiempo, el pensamiento de la alegoría en el siglo XX responde a la profunda condición estética y temporal sobre la que se levanta la Modernidad. Es por esto que Adorno, desarrollando las tesis de Benjamin, se refiere a la Historia como el tema fundador de la alegoría: "la alegoría es expresión, y lo que se representa en ese espacio, lo que expresa, no es otra cosa que una relación histórica. El tema de lo alegórico es historia sin más"; se trata, como afirma el pensador de la Escuela de Estudios Sociológicos de Frankfurt, de "captar el Ser histórico como Ser natural en su determinación histórica extrema, en donde es máximamente histórico", es decir, hacer visible la profunda condición histórica, y, por tanto, escénica y estética, de la realidad y el hombre (Adorno, 1991: 117). La alegoría supone un rodeo, un recorrido indirecto que permite construir una distancia capaz de hacer visible el modelo dialéctico de la Historia en su fundamental condición temporal, como proceso de decadencia y destrucción. Es por esto que en la alegoría se cruza la Historia, como construcción de sentido en el tiempo, con su condición para la muerte.

La alegoría levanta un sistema de tensiones entre elementos opuestos que permite escapar a este circuito dialéctico de la Historia, fragmentarlo y mostrarlo, desde la distancia, en su proceso de funcionamiento. Mediante lo que Benjamin llamó una estrategia de los extremos, la alegoría se mueve entre el polo de la presentación y la representación, la realidad y la ficción, lo efímero y lo eterno, el movimiento y lo detenido, ejercicio de construcción y destrucción, la vida y la muerte, la Historia y el instante. Esto es lo que Willem van Reijen (1994), siguiendo a Benjamin, propone como la auténtica crítica de la Modernidad, la imposible reconciliación de los contrarios, de la unidad que disuelva la diferencia del movimiento negativo de la dialéctica. Benjamin aplica a la alegoría una dimensión mesiánica, tomada de la tradición judía y su historia bíblica de la Salvación, que luego proyecta sobre la filosofía materialista de la Historia. El resultado sería un proyecto de salvación, no *en* la Historia, sino *de* la Historia, una vía de escape que corrija los excesos del proyecto ilustrado de la Modernidad, como querían Adorno y Horkheimer, haciendo visible su propia dinámica, desarrollada hasta sus extremos, condición excesiva y apocalíptica que adquiere a menudo la propia sociedad occidental en el fenómeno, por ejemplo, de las grandes urbes a partir del siglo XIX.

La alegoría recupera para la Modernidad un movimiento negativo, una dinámica de falta y carencia, que vuelve a enfrentar al hombre con el misterio de la otredad como destino inevitable y enigmático; algo que Friedrich Schlegel ya anticipara al referirse a la alegoría como expresión de lo sublime, lo que está más allá de las formas, antes de sustituir este término por el de *símbolo* (De Man 1991: 210). Bajo la faz bienpensante del modelo occidental de Historia, línea ininterrumpida de progreso en la que se realiza el Espíritu como Razón histórica, la alegoría irrumpe, como en la escena de Romero Esteo, de manera fatal, iluminando un vacío que se hace cada vez más grande, más amenazante, hasta llegar al instante de la apoteosis, la epifanía de la Muerte, del vacío y el caos, los límites de la Historia y la representación; ese hiato que inaugura, siguiendo a Foucault (1968), el fenómeno moderno de la representación, el vacío entre las palabras y las cosas, entre los signos y la realidad. En el centro de la Modernidad se descubre una dimensión catastrófica, una condición temporal que sólo permite ver la Historia como ruinas, un principio de entropía que hace visible el vacío íntimo sobre el que crece la Modernidad, la faz inhumana y excesiva que acompaña a todo lo humano, constituyéndolo al tiempo que lo deshace. La alegoría habla al hombre de ese *plus* que escapa a la capacidad de inteligencia, reconciliándolo con aquello que no puede entender; se trata del propio sentido de la Historia como expresión de lo efímero expuesto a la mirada melancólica del hombre moderno.

Obras citadas

Adorno, Theodor W., 1980. *Teoría estética*, trad. Fernando Riaza & Francisco Pérez Gutiérrez, Madrid, Taurus [*Gesammelte Schriften*, VII: *Ästhetische Theorie*, ed. Gretel Adorno & Rolf Tiedemann, Frankfurt, Suhrkamp, 1970].
— 1991. "La idea de historia natural", en su *Actualidad de la filosofía*, trad. José Luis Arantegui Tamayo, Barcelona, Paidós Ibérica, 103-34 ["Die Idee der Naturgeschichte" (1932), en *Gesammelte Schriften*, I: *Philosophische Frühschriften*, ed. Rolf Tiedemann, Frankfurt, Suhrkamp, 1973, 345-65].
Barthes, Roland, 1971. *Sade, Fourier, Loyola*, Collection Tel quel, Paris, Seuil.
— 1981. *Le grain de la voix: entretiens (1962-1980)*, Paris, Seuil.
Benjamin, Walter, 1971. "Tesis de filosofía de la historia", en su *Angelus Novus*, trad. H. A. Murena, introd. Ignacio de Solá-Morales, Barcelona, Edhasa ["Über den Begriff der Geschichte", Ms. inédito 1940; *GS*, I/1-3, II, 691-704].
— 1990. *El origen del drama barroco alemán*, trad. José Muñoz Millares, Madrid, Taurus [*Ursprung des deutschen Trauerspiels*, Berlin, Rowohlt, 1928; *GS*, I/1-3, I, 203-430].
Cornago Bernal, Óscar, 2001. "La alegoría barroca en la escena española contemporánea: la puerta estrecha, La Zaranda", en *Discursos teatrales en los albores del siglo XXI: FIT 2000*, ed. Juan Villegas, Alicia del Campo & Mario Rojas, Irvine, Gestos, 95-102.
— 2002. "Diálogos a cuatro bandas: teatro, cine, televisión y teatralidad", en *Del teatro al cine y la televisión en la segunda mitad del siglo XX: actas del XI Seminario Internacional del Instituto de Semiótica Literaria, Teatral y Nuevas Tecnologías de la UNED, Madrid, Casa de América, 27-29 de junio de 2001*, ed. José Romera Castillo, Francisco Gutiérrez Carbajo & Dolores Romero López, Madrid, Visor, 549-60.
— 2003. *Pensar la teatralidad: Miguel Romero Esteo y las estéticas de la Modernidad*, Madrid, RESAD/Fundamentos.

De Man, Paul, 1991. "Retórica de la temporalidad", en su *Visión y ceguera: ensayos sobre la retórica de la crítica contemporánea*, trad. Hugo Rodríguez-Vecchini & Jacques Lezra, Río Piedras, Universidad de Puerto Rico, 207-53 ["The Rhetoric of Temporality: Allegory and Symbol", en *Interpretation: Theory and Practice*, ed. Charles S. Singleton, Baltimore, Johns Hopkins Press, 1969, 179-90].

Fischer-Lichte, Erika, 2001. "Die 'Allegorie' als Paradigma einer Ästhetik der Avantgarde: eine semiotische re-lecture von Walter Benjamins *Ursprung des deutschen Trauerspiels*", en su *Ästhetische Erfahrung: das Semiotische und das Performative*, Basel, Francke, 121-37.

Foucault, Michel, 1968. *Las palabras y las cosas: una arqueología de las ciencias humanas*, trad. Elsa Cecilia Frost, México, Siglo Veintiuno [*Les Mots et les choses: une archéologie des sciences humaines*, Paris, Gallimard, 1966].

Gadamer, Hans-Georg, 2001. *Verdad y método: fundamentos de una hermenéutica filosófica*, trad. Ana Agud Aparicio & Rafael de Agapito, Hermeneia 7, Salamanca, Sígueme [1a. edición 1977; trad. de *Wahrheit und Methode: Grundzüge einer philosophischen Hermeneutik*, 3. erweiterte Auflage, Tübingen, Mohr, 1972].

Goytisolo, Juan, 1966. *Señas de identidad*, México, Joaquín Mortiz.

— 1970. *Reivindicación del conde don Julián*, México, Joaquín Mortiz.

— 1975. *Juan sin tierra*, Barcelona, Seix Barral.

— 1980. *Makbara*, Barcelona, Seix Barral.

— 1982. *Paisajes después de la batalla*, Visio Tundali/Contemporáneos 18, Barcelona, Montesinos.

— 1990. "La ciudad palimpsesto", en su *Aproximaciones a Gaudí en Capadocia*, Madrid, Mondadori, 85-101.

Horn, Eva, & Manfred Weinberg (eds.), 1998. *Allegorie: Konfigurationen von Text, Bild und Lektüre*, Wiesbaden, Westdeutscher Verlag.

Kurz, Gerhard, 1993. *Metapher, Allegorie, Symbol*, 3a. edición, Kleine Vandenhoeck-Reihe 1486, Göttingen, Vandenhoeck & Ruprecht.

Menke, Bettine, 1991. *Sprachfiguren: Name, Allegorie, Bild nach Benjamin*, München, Fink.

Picon-Vallin, Béatrice (ed.), 1997. *Le film de théâtre*, Paris, Centre National de la Recherche Scientifique.

Reijen, Willem van, 1994. *Die authentische Kritik der Moderne*, München, Fink.

Romero Esteo, Miguel, 1969. *Pontifical*, Madrid, Casa Carrasco Valencia.

— s.f. *Horror vacui*, copia mecanografiada inédita.

Figuras 6 y 7: Miguel Romero Esteo, *Horror vacui*: "Y sabe que ya es el túnel del final de la Historia, y que ya viene otro túnel del que no habrá memoria, y será obscuro el túnel de obscura la esperanza" (dir. Luis Vera, 1996).

Mujeres en la ventana:
alegorías del cuerpo, alegorías del alma

José Manuel Pedrosa
Universidad de Alcalá

En un artículo publicado en 2003 con el sugestivo título de "Ventanas de alta madrugada", el escritor español Enrique Vila-Matas (2003: 14) glosaba algunas reflexiones que el gran narrador argentino Roberto Arlt había hecho a propósito de las ventanas, y justificaba en una simple frase –"la de historias que hay en ellas"– la fascinación que estos huecos abiertos en la piel de nuestras casas han ejercido, en muchos tiempos y lugares, sobre escritores de todo tiempo, lugar y condición.

Es cierto que una ventana está hecha para mirar –sobre todo de dentro hacia fuera–, o bien para ser mirado o ad-mirado –sobre todo de fuera hacia dentro– y, por tanto, es casi inevitable pensar o imaginar las ventanas asociadas a personas que realicen alguna de las dos acciones –o las dos simultáneamente– a su través. Ello nos aboca, casi fatalmente, a imaginar relaciones, explicaciones, interpretaciones –en definitiva, relatos– que vinculen a quienes miran y a quienes son mirados. Tales relatos podrán tener un elemento discursivo más o menos complejo, que dependerá del modo y del marco narrativos en que se desarrollen y se inscriban los tres elementos –mirador, mirado y ventana por la que se mira–, pero es seguro que también tendrán una dimensión espacial, visual, figurativa, porque las representaciones que nos hacemos de las ventanas y de quienes miran o son mirados a través suyo son casi inevitablemente de ese tipo. Vivimos en edificios, en calles, en coches con ventanas, nos asomamos al mundo a través de ventanas y, en nuestra vida cotidiana, las ventanas son sobre todo artefactos visuales, objetos que vemos tan presentes por todas partes, tan sobreentendidos en nuestras vidas, que casi no hace falta que nos refiramos verbalmente a ellas –para eso lo hacen los escritores–, por más que las necesitemos como imprescindibles referencias espacio-visuales en nuestro mundo. Es seguro que, si un día desapareciesen, de repente y como por arte de magia, todas las ventanas del mundo, hablaríamos más de ellas *in absentia* de lo que lo hacemos ahora, cuando están naturalmente integradas en el espacio que nos rodea y en el campo cotidiano de nuestra mirada.

Una ventana no es únicamente, por tanto, un objeto potencialmente generador de relatos –¡"la de historias que hay en ellas"!– acerca de quienes habitan a este o al otro lado suyo. Antes aún que eso, es un objeto delimitador de espacios, un artefacto que combina y funde la dimensión narrativa y la icónica, y que necesitamos imaginar con una forma física y dentro de una perspectiva determinadas, como paso previo a su utilización para evocar o para fantasear sobre las relaciones personales que genera, y de construir discursos al respecto.

Teniendo en cuenta todo esto, podemos ya preguntarnos si es o si puede ser la representación de una ventana, cuando es imaginada en un contexto artístico, una alegoría. Como ha señalado Jeremy Lawrance en su revisión del concepto formulada en este volumen, Cicerón definió la alegoría como "varias metáforas en continuidad" (*Orator ad M. Brutum* xxiv.94); el romántico Friedrich Creuzer, en su *Symbolik und Mythologie der alten Völker* (1810-12: I, 83), añadió la famosa distinción de que el símbolo encierra "una totalidad momentánea", la alegoría "un progreso por una serie de momentos". Aunque la definición de la alegoría dista posiblemente de ser una cuestión cerrada, a mí me gustaría añadir mi convicción de que, además de un símbolo complejo y progresivo –es decir, discursivo, narrativo–, la alegoría debe tener también una cierta dimensión de símbolo visual, representativo, figurativo. De ser más o menos adecuada esta triple definición, las ventanas y las relaciones humanas que son capaces de hacernos imaginar, sí pueden perfectamente funcionar como artefactos alegóricos. Sobre todo si podemos constatar –como intentaremos ahora– que los otros elementos de que se rodea –es decir, el personaje que mira y el personaje que es mirado– suelen asumir una *dispositio* cronoespacial caracterizada por su estabilidad, por su funcionamiento como *topos* artístico acuñado en producciones tanto literarias como iconográficas que se suceden dentro de lo que podamos considerar una prolongada y verificable tradición artística.

Porque, como enseguida vamos a comprobar, la asociación recurrente de las ventanas con mujeres situadas en su espacio interior y con hombres situados en el exterior, con situaciones típicas –mujeres recluidas adentro y hombres libres afuera–, con argumentos más o menos habituales –mujeres que aspiran a franquear la frontera de la ventana, hombres que buscan acceder a la mujer traspasando ellos o ayudando a las mujeres a que traspasen ese límite–, han dado lugar a una enorme cantidad de discursos artísticos, tanto verbales como iconográficos, que alcanzan la categoría de *tópicos*, y que por el hecho de ser "continuos" según requería Cicerón, "progresivos" según pedía Creuzer, cronoespaciales –verbalizables y visualizables al mismo tiempo– según me parece a mí que son, pueden considerarse como auténticas alegorías. Los ejemplos que traeremos a colación van a confirmarnos que la ventana, la mujer reclusa de dentro, el hombre libre de fuera, pueden funcionar en muchos marcos artísticos como símbolos que acaban integrándose en una alegoría compacta, es decir, en una idea compleja, verbalizable, representable, capaz de incluir relaciones de género, de identidad, de poder, y de suscitar relatos, tramas, argumentos que suelen disponerse de un modo tan tradicional como artístico.

Antes de comenzar a desgranar tales ejemplos, es preciso advertir de que éstos han sido seleccionados entre muchos más posibles, y elegidos sobre todo en el marco de la tradición hispánica. Al lector se le ocurrirán, sin duda, muchos más casos a medida que vaya avanzando por estas páginas, pero los condicionamientos de espacio han obligado a realizar una criba que ha buscado sólo lo representativo y que espero no atenuará la validez de las conclusiones generales que se puedan obtener. No quiero dejar de apuntar, antes de empezar, que he procurado evitar, en este trabajo, las recreaciones literarias del muy extendido ritual de los cantos de ronda bajo la ventana o frente al balcón de la pretendida, para no incidir de forma repetitiva en una cuestión a la que yo mismo y otros autores hemos dedicado estudios recientes (Pedrosa, 1991, 1992 y 2000; Castilla Pérez, 2003). También he de señalar que existe un libro muy extenso e importante, *Par la fenestre*, que reúne 34 estudios sobre la presencia, el sentido, el simbolismo de la ventana en la literatura medieval francesa y europea, y que constituye un punto de referencia teórica imprescindible para cualquier acercamiento al tópico (Connochie-Bourgne, 2003). Aunque las limitaciones de espacio no nos permitan un comentario más extenso, hay que señalar la importancia de artículos –cada uno de un autor diferente– que llevan títulos tan sugerentes como "Fenêtres mystiques", "Des fenêtres sur l'Autre Monde", "Des fenêtres ouvertes sur l'imaginaire", o "Fenêtres épiques", o, por su estrecha relación con el motivo concreto que ahora nos ocupa, los titulados "Una femme à sa fenêtre: de la lyrique à l'hagiographie", "La bien-aimée à la fenêtre: un motif dans les romancéros carolingien et épico-national du Siècle d'Or", "Sainte Barbe et sainte Christine aux fenêtres du martyre", y "Pierre Bersuire: une fenêtre allégorique sur la destinée humaine". Finalmente, deseo señalar también que no es posible abordar aquí una cuestión clave, a la que ya he dedicado algún estudio anterior (Pedrosa, 2003), y que deberá ser aún ampliada en algún otro trabajo más extenso: la de la ventana como espacio liminar, como vía de tránsito a un estatus personal diferente, como espacio asociado a determinados ritos de iniciación o de paso que suelen vincularse a lugares estrechos, críticos, vigilados (puertas, umbrales, encrucijadas, túneles, pasadizos, desfiladeros, laberintos, puentes, escaleras, rocas que chocan, bocas de cuevas, columnas abatibles, mandíbulas de animales, etc.). Las connotaciones eróticas y sexuales de muchos de los episodios literarios y de las escenas artísticas que a continuación comentaremos, centrados a menudo en el tópico de la mujer recluida en su condición o bien de virgen o bien de oprimida o reprimida sexualmente, condición de la que sólo se liberará cuando ella o el varón *pasen* a través de la ventana, confirman el simbolismo iniciático del tópico, y aconsejan que sea revisado y desarrollado en algún estudio posterior.

Comenzamos ya nuestro recorrido en busca de ventanas y de mujeres que miran o que son (ad)miradas a través de ellas en la tradición hispánica, por la que puede justamente considerarse –la elección no es casual– cumbre de la alegoría medieval española: la *Cárcel de amor* de Diego de San Pedro, cuya protagonista, Laureola, reclusa detrás de su ventana, se ve obligada a expresar su amor y a intercambiar complicidades con Leriano –por mensajero interpuesto– a través de la dura "rexa no menos fuerte que cerrada":

> En tanto que Leriano escrevía ordené mi camino, y recebida su carta partíme con la mayor priesa que pude; y llegado a la corte, trabajé que Laureola la recibiese, y entendí primero en dárgela que ninguna otra cosa hiziesse, por dalle algún esfuerço. Y como para vella me fuese negada licencia, informado de una cámara donde dormía, *vi una ventana con una rexa no menos fuerte que cerrada*; y venida la noche, doblada la carta muy sotilmente púsela en una lança, y con mucho trabajo echéla dentro en su cámara. Y otro día en la mañana, como disimuladamente por allí me anduviese, *abierta la ventana, vila y vi que me vido, como quiera que por la espesura de la rexa no la pude bien devisar*. Finalmente ella respondió, y venida la noche, cuando sintió mis pisadas echó la carta en el suelo, la cual recebida, sin hablarle palabra por el peligro que en ello para ella avía, acordé de irme. (San Pedro, 1995: 105-06, cursivas mías)

No todas las ventanas de nuestra literatura más clásica operaron como mediadoras en elevados asuntos de amor. Algunas se abrieron a relaciones y a diálogos más cómicos y más turbios, como la ventana que en la *Segunda parte del Lazarillo* de Juan de Luna se convierte en clave de pacto entre una prostituta y su querido: "que no había de entrar en nuestra casa cuando viese a la ventana jarro, olla o otra vasija, señal que no había lugar para él" (Anónimo & Juan de Luna, 1988: 383); o como las que aparecen en un relato del *Sobremesa y alivio de caminantes* de Joan Timoneda y en uno de los *Cuentos* de Joan Aragonés:

> Había prometido un señor de salva una capa riquísima a un truhán, la cual había sacado en un recibimiento del rey. Ya que hubieron dejado el rey en su posada,

parándose el dicho señor a tener palacio con unas damas que estaban en una ventana, comenzó de lloviznar. El truhán, congojado, dijo:
—Aguije, señor, que llueve, y se moja.
Respondió el señor:
—¿Y qué se te da a ti que me moje?
—Dáseme, porque se moja y gasta mi ropa. (Timoneda & Aragonés, 1989: 259-60)

Acaeció que un caballero de alta sangre, mas pobre de hacienda, servía a una señora muy rica y hermosa, mas de linaje de las doce tribus. Y como ella se viese tan poderosa y hermosa, no solamente menospreciaba al caballero, mas hacía burla de él por ser pobre. Pues como un día estuviese a la ventana, y él llegase y le suplicase hiciese por él, dijo ella a un paje suyo:
—Dame un dinero.
Dado que se lo hubo, tomólo ella y arrojóselo como por limosna, motejándole de pobre. El caballero, como vio el dinero en tierra, dijo a un criado suyo, de manera que la dama lo pudo bien oír:
—Mozo, toma ese dinero, y guárdalo bien, porque es uno de los treinta. (Timoneda & Aragonés, 1989: 318, cuento IV)

En las grotescas aventuras galantes del *Buscón* de Quevedo no faltaron tampoco las ventanas ni las damas que se guardaban detrás de ellas. Tal se advierte, por ejemplo, en el pasaje en que don Pablos embauca a una incauta "muchacha [que] se remató, cudiciosa de marido tan rico, y trazó de que la fuese a hablar a la una de la noche, por un corredor que caía a un tejado, donde estaba la ventana de su aposento" (Quevedo, 1981: 231). O en aquel desdichado episodio en que don Pablos cuenta que "subí en el caballo, y di dos vueltas calle arriba y calle abajo, sin ver nada; y, al dar la tercera, asomóse doña Ana. Yo que la vi, y no sabía las mañas del caballo ni era buen jinete, quise hacer galantería. Dile dos varazos, tiréle de la rienda; empínase y, tirando dos coces, aprieta a correr y da conmigo por las orejas en un charco" (245). Incluso cuando el mismo narrador evoca la justicia que se hizo con su padre, el turbio verdugo al que se injurió por las calles para darle escarmiento público, no puede dejar de ironizar sobre el hecho de que "las damas diz que salían por verle a las ventanas, que siempre pareció bien mi padre a pie y a caballo" (81-82).

Todo el teatro de los Siglos de Oro —lo mismo en el terreno del drama que en el de la comedia— tiene como tópico de los más característicos la presencia de la mujer escondida o guardada detrás de su ventana, y los accidentados amores que se entablan a través de ésta. Recuérdese, por ejemplo, que en *El caballero de Olmedo* lopesco o en *El alcalde de Zalamea* calderoniano, los entramados de galanteos, agravios, celos y raptos sobre los que orbitan los trágicos argumentos tienen por principal escenario la noche, las rejas de la ventana o el balcón de las mujeres. O que, en la divertida comedia *El acero de Madrid*, del mismo Lope, podemos encontrar versos como los siguientes:

> Allégome a la ventana,
> y, aunque mucha gente veo,
> no está allí lo que deseo,
> y quítaseme la gana.
> (Lope de Vega, 2000, vv. 347-50)

La ventana, de tanto uso y abuso como se le dio en todo tipo de asuntos amorosos, llegó a adquirir matices y a sufrir alusiones y connotaciones peyorativas y chocarreras. La tradición oral que corría pareja a la letrada proporciona ejemplos tan significativos como los refranes anotados en el *Vocabulario* de Gonzalo Correas: "Moza ke se asoma a la ventana kada rrato, kiérese vender barata", "Muxer en ventana, o puta o enamorada", "Muxer ventanera, uvas de karrera" (Correas, 1967: 559, 563). Refranes que han llegado hasta la tradición oral moderna, como el que en el pueblo jienense de La Yedra reza todavía: "¿Mujer ventanera? Mujer yedrera" (Sánchez Salas, 2000: 186, con la explicación siguiente: "Se suele decir este refrán aludiendo a la fama que tienen las féminas [de este pueblo] de ser muy cotillas"); o que, a veces, quedaban engastados dentro de poemas más cultos, como aquel del siglo XVI que advertía de que

> Muger que podáys çufrir
> que no sea mucho fea,
> ni muy alta de chapín,
> ni cuenta con fray Martín
> ni a bentana asomadera.
> (Labrador Herraiz & DiFranco, 2003: 49)

La vena popular que desde hace siglos ha alumbrado o inspirado versos de este tipo ha seguido viva hasta hoy. Las siguientes son estrofas de diversas canciones orales que añaden a la tópica escena de la mujer y del hombre situados a ambos lados de la ventana todos los matices de la pasión, del desdén y de los celos –y también, a veces, de la ironía y de la burla–:

> Si quieres que suba, suba,
> como yedra subiré,
> y entraré por tu ventana

y contigo dormiré
el sueño de la mañana.
      (Flores del Manzano, 1996: 157)

Con un cigarrillo puro
puse un ramo a tu ventana.
Puse un ramo a tu ventana
de rosas y de claveles,
y en el medio de los dos
puse otro de laureles...
      (Alonso Hernández, 1980: 184)

–Dime, niña bonita,
dime primero
si tu ventana tiene
buen subidero.
–Buen subidero tiene,
pero se escurre;
si tú me das la mano,
mejor se sube.
      (Urbano, 1999: 34)

Quisiera ser como un gato
para entrar por tu ventana,
a pasar contigo el rato
hasta que fuese mañana.
      (Pendás Trellés, 2000: 93)

Orcereña de mi vida:
toda la noche me tienes
de pechos en la ventana
y no eres para decirme:
toma una tetica y mama.
      (Sánchez Salas, 2000: 346)

Algún día por te ver
abrí puertas y ventanas,
y ahora por no te ver
las tengo todas cerradas.
      (López Valledor, 1999: 108)

No eras tú, no eras tú,
que es tu hermana,

la que anoche
estaba en la ventana.

Debajo de tu ventana,
de tu ventana debajo,
tengo yo la sepultura,
si contigo no me caso,
¡ramillete de hermosura!

María sé que te llamas,
el apellido no sé,
asómate a la ventana
y te lo preguntaré.

Asómate a la ventana
si te quieres asomar,
te asomes o no te asomes,
a mí lo mismo me da.
>   (Cuatro canciones comunicadas
>   por Mar Jiménez, de Terrinches,
>   Ciudad Real, junio de 2001)

Yo venía de regar
y estabas en la ventana;
me hiciste una señita
que estaba sola y que entrara.
>   (Flores del Manzano, 1996: 173)

¡Ay! mi dulce amor,
si vienes a verme,
entra por la ventana
y no hagas ruido,
que mi padre no quiere
que hable contigo...
¡Ay! mi dulce amor,
si vienes a verme,
entra por la ventana
y no despiertes
a mi padre, que tiene
sueño de liebre.
>   (Calabuig Laguna, 1987: 170)

Si tú no fueras mi prima,
prima que no fueras nada,

yo sería el primer ladrón
que por tu ventana entrara
y a robarte el corazón.
(Flores del Manzano, 1996: 148)

Quítate de esa ventana,
no me seas ventanera,
que de la ventana sale
la que es mala y la que es buena.
(Escribano Pueo, Fuentes Vázquez,
Morente Muñoz & Romero López,
1994: §213)

Tírate desa ventana,
non seas tan ventareira;
unha cuba de bo viño
non precisa de bandeira.
(*Cantigas do viño*, 1968: §180)

Tienes el jubón nuevo,
los codos rotos,
de estar a la ventana
viendo los mozos.
(Lafuente y Alcántara, 1865: §258)

Ventanitas a la calle
bajitas son peligrosas,
para padres de familia
que tienen hijas hermosas.
(Llano Roza de Ampudia, 1924: §428)

Ventanas a la calle
son peligrosas
porque la madre tiene
hijas hermosas.
(*Eibar Kantuz Kantu*, 2001: §107)

Ventanas a la calle
nunca son buenas,
para madres que tengan
hijas solteras.
(Carrizo, 1926: 161)

> No quiero que a misa vayas
> ni a la ventana te asomes,
> ni cojas agua bendita
> donde la cogen los hombres.
> (Lorenzo Perera, 1981: 135)

> Desde la mi ventana
> lo veo todo,
> veo suegra, cuñada,
> y el bien que adoro.
> (Gutiérrez Macías, 1968: 62)

> Las chicas de Zaragoza
> se asoman a los balcones
> y se dicen unas a otras:
> Mi novio tiene cojones.
> (Urbano, 1999: 113).

Nos separamos ahora del repertorio más popular para conocer el modo en que algunos de los escritores más importantes del mundo moderno y contemporáneo español e hispánico han recreado el tópico que nos ocupa, y cómo éste ha seguido plenamente vivo y operativo hasta hoy. En la monumental *Regenta* de Clarín, las ventanas y balcones de la protagonista operan muchas veces como cauces de comunicación de Ana Ozores con el mundo exterior –y también, lógicamente, de intercambio de complicidades con su amante–, a despecho de las diatribas que algún reaccionario lanza contra estos espacios, en defensa de lo que era considerado como la moralmente ideal reclusión doméstica femenina:

> Un mozalbete se enamora de cualquiera de las niñas... *¡Vade retro!* Se le despide con cajas destempladas. En casa se rezan todas las horas canónicas, maitines, vísperas... después el rosario con su coronilla, un padrenuestro a cada santo de la Corte Celestial; ayunos, vigilias; *y nada de balcón*, ni de tertulia, ni de amigas, que son peligrosas... Eso sí, tocar el piano si se quiere y coser a discreción. (*La Regenta*, cap. XII, en Alas, 1984: I, 516)[1]

Los versos de don Antonio Machado acertaron al comparar este tipo de interiores domésticos con una prisión:

---

[1] Véanse, además, Alas, 1984: I, 398, 438, 453, 454, 456, 462, 572, 573, 579, 581, 582, 628, 639, 655 y 661; II, 69, 159, 160, 162 y 273.

¡Oh! enjauladitas hembras hispanas,
desde que os ponen el traje largo,
¡cuán agria espera! ¡Qué tedio amargo
para vosotras entre las rejas
de las ventanas,
de estas morunas ciudades viejas,
de estas celosas urbes gitanas!
(Machado, 1980: 211)

El provocador Valle-Inclán de *La hija del capitán* enmarcaba diálogos como el siguiente en escenas de hampa y prostíbulo:

EL GOLFANTE: ¿Cuál es tu ventana?
LA SINI: Te pones en aquella reja. Por allí te hablaré... Si puedo. (Valle-Inclán, 1992: 211)

Evocaremos también la obsesión de las mujeres de *La casa de Bernarda Alba* lorquiana con las ventanas, única vía de comunicación del claustrofóbico encierro interior con la libertad –incluida la amorosa– de fuera: "Hacemos cuenta que hemos tapiado con ladrillos puertas y ventanas. Así pasó en casa de mi padre y en casa de mi abuelo" (García Lorca, 1976: 129); "Una vez estuve en camisa detrás de la ventana hasta que fue de día porque me avisó con la hija de su gañán que iba a venir y no vino. Fue todo cosa de lenguas" (136-37); "Era la una de la madrugada y subía fuego de la tierra. También me levanté yo. Todavía estaba Angustias con Pepe en la ventana" (148); "LA PONCIA: Oye, Angustias, ¿qué fue lo que te dijo la primera vez que se acercó a tu ventana? ANGUSTIAS: Nada. ¡Qué me iba a decir! Cosas de conversación. MARTIRIO: Verdaderamente es raro que dos personas que no se conocen se vean de pronto en una reja y ya novios. [...] ANGUSTIAS: Cuando un hombre se acerca a una reja ya sabe por los que van y vienen, llevan y traen, que se le va a decir que sí" (149-50); "Esas cosas pasan entre personas ya un poco instruidas que hablan y dicen y mueven la mano... La primera vez que mi marido Evaristo el Colín vino a mi ventana... Ja, ja, ja" (151-52); "¿Por qué te pusiste casi desnuda con la luz encendida y la ventana abierta al pasar Pepe el segundo día que vino a hablar con tu hermana?" (155); "Abrir puertas y ventanas | las que vivís en el pueblo, | el segador pide rosas | para adornar su sombrero" (161).[2]

---

[2] Véanse más referencias a las ventanas en las págs. 132, 142, 161, 169, 172-73; "mujeres ventaneras", 174.

Uno de los poemas (en prosa) más tempranos de Pablo Neruda, fechado en 1922 y titulado *Canción*, evoca a su prima Isabela, hacia la que se sintió platónicamente atraído durante su infancia:

> Pero muchas veces te he rozado, Isabela. Porque tú serás quién sabe dónde esa recogida mujer que, cuando camino en el crepúsculo, cuenta desde la ventana, como yo, las primeras estrellas. (Neruda, 2001: 234)

Los versos amorosos de Miguel Hernández se basaron muchas veces también en la metáfora de la ventana:

> Cada vez que paso
> bajo tu ventana,
> me azota el aroma
> que aún flota en tu casa...
> (*Cancionero y romancero de ausencias*,
> 18, en Hernández, 1984: 174)

> No te asomes
> a la ventana,
> que no hay nada en esta casa.
> Asómate a mi alma...
> (*Cancionero y romancero de ausencias*,
> 95, en Hernández, 1984: 22)

Gabriel García Márquez localiza la chispa que prendió el fuego de *El amor en los tiempos del cólera* justo detrás de una ventana:

> Hicieron el mismo recorrido en sentido contrario por el corredor de arcadas, pero esta vez supo Florentino Ariza que había alguien más en la casa, porque la claridad del patio estaba ocupada por una voz de mujer que repetía una lección de lectura. Al pasar frente al cuarto de coser vio por la ventana a una mujer mayor y a una niña, sentadas en dos sillas muy juntas, y ambas siguiendo la lectura en el mismo libro que la mujer mantenía abierto en el regazo. Le pareció una visión rara: la hija enseñando a leer a la madre. La apreciación era incorrecta sólo en parte, porque la mujer era la tía y no la madre de la niña, aunque la había criado como si lo fuera. La lección no se interrumpió, pero la niña levantó la vista para ver quién pasaba por la ventana, y esa mirada casual fue el origen de un cataclismo de amor que medio siglo después aún no había terminado. (García Márquez, 1999: 86)

Y Carmen Martín Gaite, en una de sus mejores novelas, *Entre visillos*, convierte una vez más la ventana en punto de fuga de las relaciones de la mujer con el mundo: "Julia miraba a la calle a través de los cristales. Se volvió un instante hacia su hermana. –Toma, llévame el velo y la chaqueta si vas para allá" (Martín Gaite, 2002: 17); "Mercedes abrió las hojas del mirador y se asomó, inclinando el cuerpo hacia la izquierda. Se veía, cerrando la calle, la torre de la Catedral y la gran esfera blanca del reloj como un ojo gigantesco" (24); "Vi las traseras de las casas que daban a la vía, en lo alto de un terraplén escurridizo, las ventanas abiertas y encendidas. Ventanas de cocina. Prepararían la cena. Era un barrio de casas pobres. Por las ventanas salían voces agudas, de mujer" (37); "Le conté lo de la noche que le había visto las manos en la ventana. Y se rió mucho. Dijo que qué romántico. Me espiaba la expresión y yo no me reía" (78); "Me fui a buen paso hacia la pensión por las calles vacías, y mirando las ventanas de los edificios, me imaginaba la vida estancada y caliente que se cocía en los interiores" (215); "–¿Pero cómo puede ser? ¿No se ve el río desde tu ventana? –Pues, sí. Pero nunca me he fijado. A mí me parece tan natural que ni me fijo. Un río como otro cualquiera. Agua que corre" (220).

Las representaciones de mujeres en las ventanas, que tan extraordinario favor literario han alcanzado en tantos tiempos y lugares, han encontrado también en la iconografía –como advertíamos al principio de este trabajo– otro cauce de expresión privilegiado. Muchos ejemplos podríamos comentar, desde ciertas representaciones del arte arcaico griego hasta las caras tristes o indiferentes de la mujer que mira hacia la ventana de Edward Hopper, pero las limitaciones de espacio nos obligan a dejar simplemente apuntada la cuestión, y a citar algunos párrafos de un magnífico artículo de María Dolores Bastida de la Calle (1996: 298-99) que ofrecen una clara y sintética introducción a la cuestión:

> Es en el primer cuarto de siglo XIX cuando aparece la figura de la mujer en la ventana como un motivo iconográfico favorito. Existen naturalmente antecedentes parciales de ese motivo, por una parte en ciertos mensajes que ya el Renacimiento italiano, y el arte Flamenco, habían utilizado para dibujar un aspecto crucial del ideal femenino: el estado de inocencia sexual anterior al matrimonio consumado. La ventana, como metáfora que definía a la mujer, como signo de contención, reiteraba el carácter de interior de un espacio femenino preservado de luchas y confusiones en el mundo exterior. Ejemplos de pintura renacentista del siglo XV –las *Anunciaciones* de Fra Angélico, Filippino Lippi, Lorenzo di Credi–, o de pintura flamenca –*Díptico con la Anunciación* de Petrus Christus, *La Anunciación* de Roger Van Der Weyden–, simbolizan todos ellos el estado de virginidad de María, la santidad del espacio que garantizaba su pureza [...]
>
> La iconografía de la mujer en la ventana asumió, asimismo, préstamos de la tradición pictórica holandesa del siglo XVII –*Visita del oficial* de Jan Vermeer,

Madre e hija pelando manzanas de Pieter de Hooch–, que enlazaría con la vena francesa del Intimismo que discurre desde Chardin (*Cuatro escenas domésticas*) en el siglo XVIII, a Bonnard, Vuillard o Matisse en la transición del XIX al XX. En todas ellas es evidente la instauración del tipo de vida de clase media; los artistas registran mujeres que parecen encontrar placer en escenas domésticas, a las que agrada un interior confortable. Un mundo de mujeres dispuesto para ver el mundo a través de la ventana, un paradigma de marco dentro del marco.

Pero frente a este perfil iconográfico de mujer que acepta las tareas realizadas en la domesticidad, el "hogar" en cuyo interior la ventana no va más allá de servir como foco de luz, surge en el siglo XIX una imagen de mujer y ventana que refleja una emoción nueva, que arranca, sin duda, de Caspar David Friedrich, en *Mujer mirando por la ventana de su estudio*, 1822, y se cierra pasado un siglo en *Figura en una ventana* de Salvador Dalí, ya entrado el XX (1925).

Las siempre sutiles fronteras entre significante y significado, entre arte y verdad, entre la representación y su modelo, se encarnan a veces en ejemplos en que lo alegórico se funde con lo realista, en que la necesidad de símbolo viene determinada por los condicionantes de la vida práctica, en que a la abstracción alegórica no le queda más remedio que descender del idealismo artístico a la perentoria concreción real. Aunque refleje unos hechos muy alejados –sólo en lo geográfico; en otros aspectos quizás no tanto– de nosotros, la siguiente información periodística sobre el modo en que mujeres y hombres se han relacionado hasta hace muy poco, a través de ventanas mediadoras, en el Afganistán de los fundamentalistas talibanes, cumple la función de recordarnos que ninguna alegoría es del todo arbitraria, ni ideal, ni gratuita, que todo símbolo complejo, continuo, narrativo o *narrable* –es decir, alegórico– que se emplea para comunicar indirectamente alguna cosa a alguien, obedece, o al menos obedeció en algún momento, a reflejos y a necesidades enraizados en lo más auténtico y real de la condición humana:

> El método del cortejo era muy largo, casi agotador. Primero se entablaba una relación epistolar: los dos jóvenes que habían sabido de su existencia a través de familiares o amigos cómplices se escribían notas durante un tiempo. Si la cosa funcionaba y había conexión, entonces se pactaba la primera cita a cara descubierta. Era lo más complicado. No hay que olvidar que los talibanes prohibían a las mujeres salir a la calle sin *burka* y que, incluso con el brutal velo que impone la tradición afgana, tenían enormes restricciones en sus movimientos y no debían ir solas por la calle, ya que podían arriesgarse a tener un encontronazo con la brutal policía del Ministerio de la Promoción de la Virtud y la Erradicación del Vicio. Además, el mulá Omar había pedido que los cristales de las habitaciones, en las que había mujeres, se ennegreciesen, para no poder ser contempladas desde el exterior por un extraño. Pero esa norma, en los bloques de apartamen-

tos de Kabul, era casi imposible de cumplir. Por esa rendija se podía colar el principio de una relación.

La cita funcionaba de la siguiente manera, según las palabras de Parlika, corroboradas por jóvenes afganos, que pidieron no ser citados por su nombre al hablar de estas cosas: se quedaba en una ventana, en la que aparecía la chica que, cuando pasaba el chico, se quitaba el *burka* durante unos instantes para poder ser contemplada. La cita perfecta se producía cuando el chico y la chica conseguían ventanas en bloques enfrentados, de nuevo con la colaboración de amigos, y podían mirarse durante más tiempo. Cuanto más alto era el bloque, mejor, porque había menos posibilidades de que pasase por allí una patrulla talibán y descubriese el horrible crimen de ver a una mujer en una ventana sin *burka*. Si el encuentro visual había funcionado, entonces se pasaba a la siguiente fase: el teléfono. Los jóvenes se llamaban y veían si la relación iba a más. (Altares, 2001: 9)

Obras citadas

Alas, Leopoldo ("Clarín"), 1984. *La Regenta*, ed. Juan Oleza, con Josep Lluis Sirera & Manuel Diago, LH 182-83, 2 tomos, Madrid, Cátedra [Barcelona, Biblioteca Arte y Letras, 1884-85].
Alonso-Hernández, José Luis, 1980. "Algunas claves para el reconocimiento y la función del símbolo en los textos literarios y folklóricos", en *Teorías semiológicas aplicadas a textos españoles: Actas del I Symposium Internacional del Departamento de Español de la Universidad de Groningen, 21, 22 y 23 de Mayo de 1979*, ed. J. L. Alonso-Hernández, Groningen, Rijksuniversiteit, 163-91.
Altares, G., 2001. "Noviazgos bajo los talibanes", *El País*, 3 de diciembre de 2001, 9.
Anónimo & Juan de Luna, 1988. *Segunda parte del Lazarillo: Anónimo, edición de Amberes, 1555 y Juan de Luna, edición de París, 1620*, ed. Pedro M. Piñero, LH 282, Madrid, Cátedra.
Bastida de la Calle, María Dolores, 1996. "La mujer en la ventana: una iconografía del XIX en pintura e ilustración", *Espacio, tiempo y forma*, 9, 297-315.
Calabuig Laguna, Salvador, 1987. *Cancionero zamorano de Haedo*, Zamora, Diputación.
Cantigas do viño, 1968. *Cantigas do viño seguidas de recitados, ensalmos i esconxuros*, Vigo, Castrelos, 1968.
Carrizo, Juan Alfonso, 1926. *Antiguos cantos populares argentinos*, Buenos Aires, Silla Hermanos.
Castilla Pérez, Roberto (ed.), 2003. *Ronda, cortejo y galanteo en el teatro español del Siglo de Oro: Actas del I Curso sobre teoría y práctica de teatro, organizado por el Aula Biblioteca Mira de Amescua y el Centro de Formación Continua, celebrado en Granada, los días 7-9 de noviembre de 2002*, Granada, Universidad.

Connochie-Bourgne, Chantal (ed.), 2003. *Par la fenestre: études de littérature et de civilisation médiévales*. Actes du 27e Colloque du Centre universitaire d'études et de recherches médiévales d'Aix, 21-22-23 février 2002, Sénéfiance 49, Aix-en-Provence, Université de Provence.

Correas, Gonzalo, 1967. *Vocabulario de refranes y frases proverbiales (1627)*, ed. Louis Combet, Bordeaux, Institut d'études ibériques et ibéro-américaines.

Creuzer, [Georg] Friedrich, 1810-12. *Symbolik und Mythologie der alten Völker, besonders der Griechen*, 4 tomos, Leipzig-Darmstadt, Leske.

Eibar Kantuz Kantu, 2001. *Eibar Kantuz Kantu*, Eibar, Diputación Foral de Gipúzkoa-Ego Ibarra.

Escribano Pueo, M. L., T. Fuentes Vázquez, F. Morente Muñoz & A. Romero López, 1994. *Cancionero granadino de tradición oral*, Grupo de investigación "Sociolingüística infantil andaluza" 4, Granada, Universidad.

Flores del Manzano, Fernando, 1996. *Cancionero del valle del Jerte*, Cabezuela del Valle, Cultural Valxeritense.

García Lorca, Federico, 1976. *La casa de Bernarda Alba*, ed. Allen Josephs & Juan Caballero, LH 43, Madrid, Cátedra [*La casa de Bernarda Alba: drama de mujeres en los pueblos de España*, Biblioteca contemporánea, Buenos Aires, Losada, 1945].

García Márquez, Gabriel, 1999. *El amor en los tiempos del cólera*, Barcelona, Mondadori [Barcelona, Bruguera, 1985].

Gutiérrez Macías, Valeriano, 1968. *Por la geografía cacereña: fiestas populares*, Madrid, El autor.

Hernández, Miguel, 1984. *El hombre acecha. Cancionero y romancero de ausencias*, ed. Leopoldo de Luis & Jorge Urrutia, LH 197, Madrid, Cátedra [*Cancionero y romancero de ausencias*, 1938-41; 1a. edición, póstuma, en *Obra escogida: poesía, teatro*, introd. Arturo del Hoyo, Colección literaria: novelistas, dramaturgos, ensayistas, poetas, Madrid, Aguilar, 1952].

Labrador Herraiz, José Julian, & Ralph A. DiFranco, 2003. *Cancionero manuscrito mutilado (RAE 5371 bis)*, Cleveland, Cleveland State University.

Lafuente y Alcántara, Emilio, 1865. *Cancionero popular: colección escogida de coplas y seguidillas*, 2 tomos, Madrid, Carlos Bailly-Baillière.

Llano Roza de Ampudia, Aurelio de, 1924. *Esfoyaza de cantares asturianos*, Oviedo, Marcelo Morchón.

López Valledor, Fanny, 1999. *Literatura de tradición oral nos Coutos (Ibias)*, A Caridá, Xeira.

Lorenzo Perera, Manuel J., 1981. *El folklore de la Isla de El Hierro*, El Hierro, Editorial Interinsular Canaria & Cabildo Insular.

Machado, Antonio, 1980. *Los complementarios*, ed. Manuel Alvar, LH 117, Madrid, Cátedra [*c*.1915-*c*.1922; 1a. edición, póstuma, *Los complementarios y otras prosas póstumas*, Buenos Aires, Losada, 1957].

Martín Gaite, Carmen, 2002. *Entre visillos*, Barcelona, Destino [1a. edición 1957].

Neruda, Pablo, 2001. *Obras completas*, IV: *Nerudiana dispersa, I (1915-1964)*, ed. H. Loyola, Barcelona, Galaxia Gutenberg-Círculo de Lectores.

Pedrosa, José Manuel, 1991. "El romance lírico de *El rondador sediento* en el folclore sefardí de Oriente", *Revista de folklore*, 129, 75-81.
— 1992. "La canción de ronda de *Las calles del amor* entre los sefardíes de Oriente", *Revista de folklore*, 134, 39-47.
— 2000. "Historia y poética de los cantos de ronda en la Edad Media y en los Siglos de Oro españoles", *Boletín de la Biblioteca de Menéndez Pelayo*, 76, 15-32.
— 2003. "La lógica de lo heroico: mito, épica, cuento, cine, deporte... (modelos narratológicos y teorías de la cultura)", en Centro Etnográfico Joaquín Díaz, *Mitos y héroes: catálogo de la exposición*, Urueña, Fundación Joaquín Díaz, 37-63.
Pendás Trellés, Emilio, 2000. *Cuentos populares recogidos en el penal del Puerto de Santa María (1939): cancionero y obra poética*, ed. Jesús Suárez López, Gijón, Ayuntamiento.
Quevedo, Francisco de, 1981. *La vida del Buscón llamado Don Pablos*, ed. Domingo Ynduráin, texto fijado por Fernando Lázaro Carreter, LH 124, Madrid, Cátedra [*Historia de la vida del Buscón, llamado don Pablos: ejemplo de vagamundos y espejo de tacaños*, Çaragoça, Vergés, 1626].
San Pedro, Diego de, 1995. *Cárcel de amor. Tractado de amores de Arnalte y Lucenda. Sermón*, ed. José Francisco Ruiz Casanova, LH 8, Madrid, Cátedra [*Carcel de amor*, Sevilla, Quatro compañeros alemanes, 1492].
Sánchez Salas, Gaspar, 2000. *La formación de gentilicios, seudogentilicios y otros dictados tópicos en la provincia de Jaén*, Tesis doctoral, Universidad de Alcalá.
Timoneda, Joan, & Joan Aragonés, 1989. *Buen aviso y porta cuentos. El sobremesa y alivio de caminantes. Cuentos*, ed. María Pilar Cuartero & Maxime Chevalier, CC n.s. 19, Madrid, Espasa-Calpe [Juan Timoneda, *El sobremesa y alivio de caminantes*, Çaragoça, Miguel de Guesa, 1563; *El buen aviso y portacuentos*, 1564].
Urbano, Manuel, 1999. *Sal gorda: cantares picantes del folklore español*, Madrid, Hiperión.
Valle-Inclán, Ramón del, 1992. *Martes de carnaval. Esperpentos*, ed. Jesús Rubio Jiménez, CA A256, Madrid, Espasa-Calpe.
Vega, Lope de, 2000. *El acero de Madrid*, ed. Stefano Arata, CCa 256, Madrid, Castalia.
Vila-Matas, Enrique, 2003. "Ventanas de alta madrugada", *El País: Babelia*, 1 de noviembre de 2003, 14.

ÍNDICE ONOMÁSTICO

Abelardo, Pedro (1079-1142, filósofo y teólogo, amante de Eloísa), 297, 299, 300, 301, 305, 308
Abentofail (Abū Bakr Ibn Ṭufayl, de Gaudix, c.1105-85, aut. *Ḥayy ibn Yaqẓān*), 19, 21, 25, 28
acedia, 106, 108, 110-11, 120
Acteón, 228-34, 236, 243
Adam de Perseigne, ocist (s. XII, poeta), 53
Adam de Saint-Victor († c.1185, himnógrafo), 57
Adamnán, San (c.624-704, abad de Iona), 77
Adán, 56, 58
Adgar (aut. *Le gracial* c.1165-80), 63, 65
Adorno, Theodor W. (1903-69, fundador Institut für Sozialforschung de Frankfurt), 313, 325-26
Ælred of Rievaulx (Aelredus Rievallensis, 1109-66, monje sajón), 98
Afonso López de Baian (s. XIII, poeta), 85-88
Aguilar, Juan Bautista (continuador del *Teatro de los dioses de la gentilidad* de Baltasar de Vitoria 1688), 240
Agustín, San (354-430, obispo de Hipona, Padre de la Iglesia), 28, 53, 54, 56, 60, 128, 132, 153, 175, 199, 227, 233, 238, 241
Akerman, Chantal (1950-, cineasta), 323
Alain de Lille (Alanus de Insulis, c.1128-c.1202, aut. *De planctu naturae* y *Anticlaudianus*), 51, 177
Alas, Leopoldo, "Clarín" (1852-1901, novelista), 300, 303, 304, 340
Alboraique, El, 30, 147
Alciato, Andrea (1492-1550, aut. *Emblemata* 1531), 19, 238
Alcobaça, monasterio de, 94, 131, 135
Alcuino (c.735-804, teólogo y poeta), 56
Aldus Manutius (1449-1515, editor), 242

alegoresis, 19-20, 21, 28, 57, 71, 226, 236, 243, 257, 262, 265
Alegre, Francesc (fl. 1450-c.1505, trad. Ovidio 1494), 209, 229, 230
Alejandro Magno (356-323 a.C.), 111-13, 115, 120-21, 207, 213, 214
Alemán, Mateo (1547-c.1614, aut. *Guzmán de Alfarache* 1599-1604), 40
Alencar, José Martiniano de (1829-77, aut. de *O Guarani* 1857, *Iracema* 1865), 38
Alfonso III de Aragón (re. 1285-91), 211
Alfonso IV de Aragón (re. 1327-36), 211
Alfonso V de Aragón, I de Nápoles (el Magnánimo, re. 1416-58), 207, 212
Alfonso X de Castilla (el Sabio, re. 1252-84), 28, 63, 86, 87, 96, 97, 98, 99-100, 101, 108, 112, 117, 129, 218, 229
Alhazen (Abū 'Alī al-Ḥasan Ibn al-Haytham, c.965-1039, aut. *Kitāb fī l-Manāẓir* o *Thesaurus opticae*), 22
Allen, C., 226
Altares, G., 344-45
Alvar, C., 90
Álvarez, N. E., 113
Amado, T., 129
Ambroa: ver Pero Garcia d'Ambroa
Ambrosio, San (c.339-97, Doctor de la Iglesia), 130
Amiens, Notre-Dame de (catedral, s. XIII), 112
Ammirato, Scipione (aut. *Della segretezza* 1598), 274
Anguillara, Giovanni Andrea dell' (c.1517-65, trad. Ovidio), 233-34, 236, 237
Aníbal (c.247-c.183 a.C., general púnico), 213
Ansari al-Qaderi, M. Fazl-ur-Rahman, 72
Anselm of Bury (abad de Bury Saint Edmunds 1121-48), 59, 66
Anselmo de Canterbury, San (1033-1109, teólogo), 59

Apolo, 183
Apuleyo (Lucius Apuleius, 125-c.180, aut. *Metamorphosis* o *Asno de oro*), 18, 20
Aquinas: ver Tomás de Aquino
Aragón o Villena, Pedro de († 1385, hijo de Alfonso de Aragón, conde de Denia; padre de Enrique de Villena), 192
Aragonés, Juan (s. XVI, aut. *Cuentos*), 334-35
Arato (s. III a.C., poeta helenístico), 239
Arbolanches, Gerónimo (s. XVI, poeta), 180
Arcimboldo, Giuseppe (1527-93, pintor), 283
Argos, 116, 274
Arias Perez de Vuitoron (s. XIII, trovador), 91-92
Ariosto, Ludovico (1474-1533, aut. *Orlando furioso* 1516), 19, 31, 295
Aristóteles (384-22 a.c., filósofo), 23, 72-73, 108, 178, 197, 219, 237, 257
Arlt, Roberto (1900-42, escritor argentino), 331
Arnoul d'Orléans (Arnulfus Aurelianensis, s. XII, comentarista de Ovidio y Lucano), 229
Arouca, convento de, 85, 87
Arredondo y Alvarado, Gonzalo de (abad de Arlanza, aut. *Crónica rimada de Fernán González* y *Castillo inexpugnable de la fe* 1528), 157, 214
Arte de trovar do *Cancioneiro da Biblioteca Nacional*, 84
Arturo (rey de Bretaña), 301
Astor Landete, M., 193, 195
Auerbach, E., 25, 27, 36, 55, 190
Augusto (C. Julius Caesar Octavianus, 63 a.C.-14 d.C., emperador romano), 213, 214, 230-31
Aullón de Haro, P., 308
Austin, J. L. (1911-60, filósofo positivista), 261
Avicena (Abu ʿAlī al-Ḥusayn b. ʿAbd Allāh Ibn Sīnā, 370-428/980-1037, de Isfahan, filósofo aristotélico, aut. *Shifāʾ*), 73-74, 80
Ávila, Martín de (trad. Boccaccio c.1430), 230

Azevedo, Luís Marinho de (Lucindus Lusitanus, aut. *El príncipe encubierto* 1642), 274
Babel, torre de, 114, 155
Babilonia, 112, 155
Baco, 241
Badel, P.-Y., 128-29
Baian: ver Afonso López de Baian
Balaguer, Joan (s. XV, poeta), 195-96
Balzac, Honoré de (1799-1850, escritor), 36
Baños de Velasco y Azevedo, Juan (aut. *Séneca ilustrado en blasones* 1670), 272
Barcelona, 105, 196, 215, 230
Barclay, John (1582-1621, poeta neolatino escocés, aut. *Argenis*), 19
Barth, John (1930-, novelista), 17
Barthes, R., 308, 319
Bastida de la Calle, M. D., 343
Basurto, Fernando (aut. *Florindo* 1530), 215
Baudelaire, Charles (1821-67, poeta), 34, 35, 37, 40, 281, 284, 288-89, 303
Beckett, Samuel (1906-89, escritor), 17
Beda, San (c.673-735, polígrafo), 55, 56, 58
Bellegarde, Jean-Baptiste Morvan, abbé de, SJ (1648-1734, trad. Ovidio 1701-16), 240
Benjamin, Walter (1892-1940, crítico), 13, 18, 23, 26, 29, 31, 32, 34, 35, 37, 288, 309, 313, 315-16, 318, 325, 326
Berceo, Gonzalo de (s. XIII, poeta), 20-21, 22, 25, 28, 51-66, 203
Bermúdez de Pedraza, Francisco (s. XVI, cronista granadino), 273
Bernard de Clairvaux, San, OCist (1090-1153, teólogo), 57, 60, 132, 137, 195, 299, 305
Bernardino de Siena, San, OFM (1380-1444, predicador), 151
Bernis, C., 193
Bernstein, A., 136
Berruguete, Pedro de (1450-1504, pintor), 207
Bersuire, Pierre (Berchorius, c.1290-1362, aut. *Ovidius moralizatus*), 229, 231, 333

Bestiario de Aberdeen, 92
Biblia, 28, 51, 54-56, 83, 88, 129, 130,
    132, 145, 152, 155, 191, 194, 208, 217,
    227, 228, 229, 237, 241 282. *Génesis*,
    30, 55, 72, 147, 155. *Éxodo*, 30, 76.
    Deuteronomio, 76, 182. *Esdras*, 88.
    Job, 152, 155, 282. *Salmos*, 53, 62, 98,
    107, 146, 148, 153, 154, 161, 162, 163,
    304. *Proverbios*, 22, 155, 217.
    Eclesiastés, 100. *Cantar*, 131, 132,
    155, 190, 194. *Isaías*, 58, 75, 161.
    Jeremías, 91, 155. *Ezequiel*, 57, 147.
    Daniel, 260. *Mateo*, 53, 63, 147, 163,
    180. *Marcos*, 75. *Lucas*, 53, 154, 163,
    190, 195. *Juan*, 56, 163. *Hechos*, 260.
    1 Corintios, 275. *Gálatas*, 51. *Efesios*,
    52. *1 & 2 Timoteo*, 147, 163. *Hebreos*,
    51, 55. *Apocalipsis*, 99, 163, 190, 192,
    195, 282. ~, libros apócrifos o deutero-
    canónicos: Sirac o Eclesiástico, 98,
    146, 147, 153, 161, 163. Oración de
    Manasés, 163. ~, *Glossa ordinaria de*,
    151, 153, 154
Biedermeier (nombre dado a la cultura del
    período posromántico), 37
Blake, William (1757-1827, poeta), 281,
    282-84
Blanca de Navarra (1424-64, reina de
    Enrique IV de Castilla), 212
Blanco García, F., 296-300
Blecua, J. M., 171
Boccaccio, Giovanni (1313-75, poeta), 206,
    229, 230
Boccalini, Traiano (1556-1614, satirista
    veneciano anti-español, aut. *Ragguagli
    di Parnaso*), 19
Boecio (*c*.480-524, aut. *De consolatione
    Philosophiae*), 173, 175, 206
Bonifacio, San (Winfri∂, † 755, mártir), 77
Bonnard, Pierre (1867-1947, pintor), 344
Bonsignori, Giovanni (trad. *Ovidio
    Metamorphoseos vulgare* 1497), 230-31
Boosco Deleitoso, 129-32, 137-40
Borges, Jorge Luis (1899-1986, escritor),
    17, 20, 23, 25, 282
Bosch, Hieronymus (*c*.1450-1516, pintor),
    284, 304

Boucher, François (1703-70, pintor), 281,
    287
Bozal, V., 285
Brea López, M., 85, 94, 95
Brémond, C., 133
Brocense, el: ver Sánchez de las Brozas
Bruegel, Pieter, de Oude (*c*.1525-69,
    pintor), 207, 214, 304
Bruyne, E. de, 83
Buenaventura, San, OFM (Giovanni di
    Fidanza, 1221-74, Doctor seraphicus),
    73-74
Bueno, J. L., 108
Bunyan, John (1628-88, aut. *Pilgrim's
    Progress*) , 33, 255-56, 302
Burgo de Osma, El, 145, 149, 158
Burke, Edmund (1729-97, aut. *A
    Philosophical Inquiry into the Origin
    of Our Ideas of the Sublime and
    Beautiful* 1757), 281
Burroughs, Edgar Rice (1875-1950, aut.
    Tarzan of the Apes 1912), 19
Bury Saint Edmunds, monasterio de, 59,
    61, 63, 64, 66
Bustamante, Jorge de (trad. Ovidio 1536),
    232-33, 234, 237, 244
Buxheim, Cartuja de, 65

Cadalso, José de (1741-82, escritor), 20,
    34, 37
Calderón de la Barca, Pedro (1600-81), 20,
    29, 33, 38, 243, 266-67, 335
Calixto III (papa 1455-58), 19, 156
Cambronero, Carlos (1849-1913,
    historiador), 286
Camille, Michael, 107, 108
Camões, Luís Vaz de (1524-80, poeta), 295
Campoamor, Ramón de (1818-1901,
    poeta), 294-95, 297, 305, 308
Cancioneiro da Ajuda, 85, 95
Čapek, Karel (1890-1938, escritor), 17
Caralhote, Dom, 90
Carlos II de España (re. 1661-1700), 269
Carlos V, I de España (1500-58), 213, 269
Carlyle, Thomas (1795-1881, aut. *Lectures
    on Heroes, Hero-Worship, and the
    Heroic* 1841), 301

Carruthers, M., 107-08, 111
Cartagena, Alfonso de (1398-1458, obispo de Burgos, escritor), 151
Casas Rigall, J., 204
Casiodoro, OSB (c.490-585, monje), 154
Cassavetes, John (1929-89, cineasta), 323
Castelar, Emilio (1832-99, escritor), 300, 304
Castigos y documentos de Sancho IV, 52
Castigos y exemplos de Catón, 208
Castillejo, Cristóbal de (c.1485-1550, poeta), 243
Català, Lluís (s. XV, trovador), 192-93
Catalina de Siena, Santa (1347-80), 77-78
Cernuda, Luis (1902-63, poeta), 171, 181, 295, 303
Cervantes Saavedra, Miguel de (1547-1616), 20, 31, 32, 33, 38, 39, 40, 209, 214, 249-62
Chanson de Roland, 116
Chardin, Jean-Baptiste Siméon (1699-1779, pintor), 344
Chartres, Notre-Dame de (catedral y escuela, s. XII), 58, 112
Chaucer, Geoffrey (c.1342-1400, poeta), 25, 53
Chesneau, Augustin (aut. *Orpheus eucharisticus* 1657), 274
Chesterton, G. K. (1874-1936, escritor), 23
Chrétien de Troyes (fl. 1160-82, poeta), 54, 63, 272
Cicerón (M. Tullius Cicero, 106-43 a.C., orador), 17, 132, 149, 332
Cid (Ruy Díaz, c.1043-99), 38, 213, 214
Clarín: ver Alas, Leopoldo
Clemente de Alejandría (c.150-c.215, teólogo), 218, 241
Coleridge, Samuel Taylor (1772-1834, poeta), 30-31, 33
Coloquio de la Memoria, la Voluntad y el Entendimiento, 172
Conqueste du Chasteau d'Amours, 143, 151
Constantino I (c.285-337, emperador), 213
Constantinopla (İstanbul), 156
Conti, Natale (Natalis Comes, c.1520-82, aut. *Mythologiae* 1551), 238, 241

Cooper, James Fenimore (1789-1851, aut. *The Last of the Mohicans* 1826, etc.), 36
Coplas de Mingo Revulgo, 29, 147
Coppée, François (1842-1908, poeta), 302
Córdoba, 171
Corneille, Thomas (1625-1709, hermano del dramaturgo Pierre, trad. Ovidio), 239-40
Correas, Gonzalo (c.1570-1631, gramático), 336
Cortón, Antonio (1854-1913, periodista y diputado portorriqueño), 301
Cossío, J. M., 235, 243, 298, 303
Cota, Rodrigo († 1497, poeta), 209, 214
Courcelles, D. de, 192
Covarrubias Orozco, Sebastián de (1539-1613, lexicógrafo, aut. *Emblemas morales* 1610, *Tesoro de la lengua castellana* 1611), 17
Covarrubias, Juan de Orozco (c.1545-1610, hermano de Sebastián de Covarrubias, aut. *Emblemas morales* 1591), 29-30, 274
Cowling, D., 143, 150-51, 153, 155
Creuzer, Georg Friedrich (1771-1858, filólogo), 332
Criado del Val, M., 111
Cristo, 30, 55, 56, 58, 65, 75, 77, 98, 132, 147, 153, 154, 156, 189-91, 194, 197, 227, 229, 232, 251, 274-75, 288
Crónica de Juan II, 212
Crónica popular del Cid, 214
Culler, J., 25, 26, 31, 32, 33, 34, 35
Cupido y Psique (apólogo alegórico contado en el *Asno de Oro* de Apuleyo), 226

Dagenais, J., 84, 91
Dalí, Salvador (1904-89, pintor surrealista), 344
Dante Alighieri (1265-1321, poeta), 22-23, 24, 31, 33, 35, 79, 134, 206, 210, 282, 283, 295, 296
Danza de la Muerte, 28, 303
Darío III de Persia (re. 336-31 a.C., vencido por Alejandro), 112

ÍNDICE ONOMÁSTICO 353

Darío, Rubén (1867-1916, poeta modernista), 302
David, rey de Israel, 58, 155, 213, 214
David, Jacques-Louis (1748-1825, pintor neoclásico), 287
De Hooch, Pieter (1629-84, pintor), 344
De Man, P., 24, 25, 32, 33, 34, 293, 306, 309, 313, 316, 317, 326
De Quincey, Thomas (1785-1859, ensayista), 32
Defoe, Daniel (1660-1731, aut. *Robinson Crusoe*), 19
Delacroix, Eugène (1798-1863, pintor), 284
Deyermond, A., 108, 112, 119, 120, 145, 194
Diana, 219, 228, 231-34, 236, 239, 241, 254, 256, 257
Dido, 173, 183
Dionisio Pseudo-Areopagita (aut. putativo *De caelesti hierarchia*, *De ecclesiastica hierarchia*, *De divinis nominibus*), 218
Dionisos, 183
Disputa del alma y el cuerpo, 52
Disticha Catonis, 62
Dolce, Ludovico (1508-69, poeta y dramaturgo veneciano, trad. Ovidio), 232, 236, 237
dorveille, 110, 119
Doscientas del Castillo de la Fama, 213
Dronke, P., 100

Ecbasis captivi (*c*.940, fábula), 208
Echegaray, José de (1832-1916, dramaturgo), 298
Echeverría, Esteban (1805-51, escritor argentino, aut. *El matadero*), 38
Eco, U., 26, 28, 59, 83, 128, 137
Efrén de Siria, San (s. IV, himnógrafo), 193
Eiximenis, Francesc, OFM (*c*.1340-1409, aut. *Lo crestià*, *Vida de Crist*), 195
El Bosco: ver Bosch, Hieronymus
El Saffar, R., 252
Elena y María, 52, 203
Eloísa (amante de Abelardo), 299, 300
emblema, emblemática, 18, 19, 30, 111, 157, 203, 207, 216, 271-74, 325. Ver también retórica

Enrique IV de Castilla (re. 1454-74), 156
Entremès de les set cadires, 213
Erasmo (1456-1536, humanista), 19, 229, 237
Escipión (P. Cornelius Scipio Africanus, el Mayor, 236-184 a.C., general), 120, 213
Esopo (aut. putativo de fábulas, trad. por Phaedrus, Avianus, Odo of Cheriton, etc.), 18, 19, 36. *Livro de Exopo*, 129, 140
Espina, Alonso de (aut. *Fortalitium fidei* 1458-*c*.1464), 143-58
Espronceda, José de (1808-42, poeta), 294, 303
estoria, 108
Étienne de Bourbon, OP (*c*.1190-*c*.1261, predicador e inquisidor), 134
Etiopía, 135
Euquerio de Lyon, San (fl. *c*.450), 56, 59
Eusebio (*c*.260-*c*.340, obispo de Cesarea, aut. *Canones chronologici*), 227, 238
Eva, 21, 58, 193
Evémero de Mesene (s. IV a.C.), 227, 232
Éverard de Gateley (monje de Bury Saint Edmunds *c*.1250, aut. leyendas marianas en anglo-normando), 61-65
Éverard le Moine (probablemente de Gateley), 62

Faetón, 238
fantasma, 107
Faral, E., 111, 115
Feijoo, Benito Jerónimo, OSB (1676-1764, pensador ilustrado), 284
Felipe I el Hermoso (re. 1504-06, marido de Juana la Loca), 215
Felipe II de España (re. 1556-98), 226
Felipe IV de España (re. 1621-65), 226, 274
Fenollar, Bernat (1440-1516, organizador del certamen *Trobes en lahors de la Verge Maria* València 1474; dedicó su *Història de la Passió* a Isabel de Villena 1493), 194
Ferécides de Siro (s. VI a.C., mitógrafo), 206
Fernán González (legendario I conde de Castilla *c*.930-70), 213, 214

Fernández de Oviedo: ver Oviedo
Fernández de Santaella: ver Santaella
Fernández y González, Manuel (1821-88, novelista), 304
Fernández Grilo, Antonio (1845-1906, poeta), 299, 303
Fernández Shaw, Carlos (1865-1911, poeta y zarzuelista), 302, 308
Fernando de Antequera, I de Aragón (re. 1412-16), 211, 213
Fernando el Católico, II de Aragón, V de Castilla (1452-1516), 210, 212, 215
Fernando VII de España (re. 1814-33), 286
Ferrari, Emilio (1850-1907, poeta), 293-94, 297, 299-303, 305-308
Ferrer, Bonifaci (1350-1417, OCart, hermano de san Vicent Ferrer), 194
Ferrer de Valdecebro, Andrés, OP (1620-80, aut. *Govierno general, moral y politico hallado en las aves* 1658), 274
Ficino, Marsilio (1433-99, neoplatónico), 237
figura: ver tipología
Filippino Lippi (c.1457-1504, pintor), 343
Filippo Lippi (c.1406-69, pintor), 304
Filón de Alejandría (Philo Judaeus, c.20 a.C.-c.50 d.C., filósofo judío), 71
Fineman, J., 19, 25, 33
Fís Adamnáin, 77
Flaubert, Gustave (1821-80, novelista), 293, 300, 303, 304, 305, 306, 307, 308
Fletcher, A., 31, 139, 140, 305, 307
Flores, R., 133
Fontenelle, Bernard le Bovier de (1657-1757, filósofo y poeta ilustrado), 227-28
Forcione, A. K., 252-53, 254-55, 260
Foster, D. W., 29, 182
Foucault, M., 327
Foulché-Delbosc, R., 170-71, 175
Fra Angelico, OP (Guido di Pietro, c.1387-1455, pintor), 343
Fracastoro, Girolamo (1478 ó 1483-1553, humanista y poeta neolatino), 205
Fragonard, Jean-Honoré (1732-1806, pintor), 281
Franquesa i Gomis, Josep (1855-1930, poeta y catalanista), 303

Frazer, Sir James G. (1854-1941, antropólogo, aut. *The Golden Bough* 1890), 228
Freud, Sigmund (1856-1939, psicólogo), 228
Friedrich, Caspar David (1774-1840, pintor), 344
Frye, N., 22, 29, 255
Fulgencio (Fabius Planciades Fulgentius, fl. 500?, mitógrafo), 228-29, 231, 232, 234, 236, 238, 241
Fuseli, Henry (Johann Heinrich Füssli, 1741-1825, pintor), 281, 283-84
Fuster, J., 189, 190-91, 198

Gadamer, H., 11, 31, 313, 314
Gaos, V., 295
Garcia d'Ambroa: ver Pero Garcia d'Ambroa
García de Santa María: ver Santa María
García Lorca, Federico (1898-1936, poeta), 341
García Márquez, Gabriel (1928-, novelista), 342
Garcilaso de la Vega (c.1501-36, poeta), 208
Garsias Toletanus, *Garsuinis*: ver *Tractatus Garsiae*
Gautier de Coinci, OSB (1177-1236, poeta), 60, 65
Gedeón, 58
Gerhoh von Reichersberg (1093-1169, prior), 155
Gil de Biedma, Jaime (1929-90, poeta), 173-74
Gil de Zamora: ver Juan Gil de Zamora
Gil Perez Conde (s. XIII, trovador), 95
Goethe, Johann Wolfgang von (1749-1832, poeta y filósofo), 30, 35, 54, 127, 294, 305
Góngora y Argote, Luis de (1561-1627), 20, 21, 171, 181, 225-26, 238, 244
Gothot-Mersch, C., 307-08
Goya y Lucientes, Francisco José de (1746-1827), 35-37, 281, 283-89
Goytisolo, Juan (novelista), 318-19, 323
Gracián, Baltasar, SJ (1601-58, aut.

Agudeza y arte de ingenio, El Criticón), 17, 18-20, 23, 24, 28, 29, 32, 203, 265, 269, 275
Granada, reino naṣrí de, 147, 156, 157
Grand Olympe des hystoires poetiques du prince de poesie Ovide, Le, 231
Green, O., 171
Greenaway, Peter (1942-, cineasta), 318, 323-25
Greenblatt, S., 25, 34
Gregorio I, San (el Grande, papa 590-604, Doctor de la Iglesia), 54, 77
Gryphius, Sebastian (1493-1556, impresor alemán de Lyon), 242
Guicciardini, Francesco (1483-1540, historiador), 270
Guilhem de Peitieu (1071-1126, VII conde de Poitiers, IX duque de Aquitania, trovador), 97-98
Guilhem X de Aquitania (hijo de Guilhem de Peitieu), 97

Haro, Pedro Fernández de Velasco, conde de (1399-1470, bibliófilo), 178, 212
Hauf, A., 189, 190-92, 194, 195, 196, 198-99
Héctor, 213
Hegel, Georg Wilhelm Friedrich (1770-1831, aut. *Vorlesungen über die Philosophie der Geschichte*), 316
Heliodoro de Emesa (s. III, aut. de la novela bizantina *Aethiopica*), 19, 218, 219
Henri d'Andeli (fl. 1220-40, clérigo normando, aut. *Bataille des sept arts*), 21
Hércules, 29, 114, 120, 209, 235, 236, 242, 287
Heredia, José-Maria de (1842-1905, poeta), 299
Hermes Trismegisto (nombre helénico del dios egipcio Thoth, aut. putativo de los 18 tratados gnósticos del *Corpus Hermeticum* reunidos por humanistas italianos en el s. XV), 30
Hernández, Miguel (1910-42, poeta), 342
Hesíodo (s. VII a.C., poeta, aut. *Teogonía*), 285
historia, 108

Historia troyana polimétrica, 116
Homero (s. VIII a.C., poeta), 18, 19, 71, 134, 206, 228
Honorio de Autun (Augustodunensis, fl. 1106-35, aut. *De philosophia mundi, Imago Mundi, Elucidarium*, etc.), 74
Hopper, Edward (1882-1967, pintor), 343
Horacio (Q. Horatius Flaccus, 65-8 a.C., poeta), 17, 19, 218
Horapolo (s. V a.C., aut. *Hieroglyphica*), 30
Horkheimer, Max (1895-1973, sociólogo de la escuela de Frankfurt), 326
Horozco: ver Covarrubias, Juan de Orozco
Hugo, Victor (1802-85, novelista), 294, 301, 306
Hugues de Fouilloy, OSB (Hugo de Folieto, c.1100-72, aut. *De avibus*), 94. *Livro das Aves* (trad. portuguesa), 94
Huillet, Danièle (1936-, cineasta), 323
Huizinga, J., 25-26

Ibn Gabirol, Šelomo ben Yehuda (c.1021-58, de Málaga, poeta y filósofo), 22
Ibn al-Haytham: ver Alhazen
Ibn Saʻīd, ʻAlī ibn Mūsā, al-Maghribī (1213-74 ó 1286, de Sevilla, aut. *Rāyāt al-mubarrizīn wa-ghāyāt al-mumayyazīn* 1243), 22
Ibn Sīnā: ver Avicena
Ibn Ṭufayl: ver Abentofail
Ibn Zabarra, Yosef ben Meʼir (médico de Barcelona, aut. *Sefer šaʻašuʻim* c.1200), 29
Ibo Alfaro, Manuel (1828-85, novelista), 303
iconografía: ver figuras simbólicas
Ildefonso de Toledo, San, OSB (c.606-67, arzobispo de Toledo, aut. *De perpetua virginitate Sanctae Mariae*), 56, 61, 64
Index librorum prohibitorum, 230
Isabel I de Castilla, la Católica (1451-1504), 152, 189, 211, 212, 214
Isidoro de Sevilla, San (c.560-636, Doctor de la Iglesia, aut. *Etymologiae*), 23, 25, 56, 84, 85, 203, 206, 226, 227, 239
Isla, José Francisco de, SJ (1703-81, aut. *Historia del famoso predicador Fray*

Gerundio de Campazas, alias Zotes 1758 y otras obras ilustradas), 284
Islam, 72, 144, 156
İstanbul (Constantinopla), 156

Jaime I de Aragón (el Conquistador, re. 1213-76), 211
Jameson, F., 37
Janer, Florencio (1831-77, historiador), 220
Jauß, H. R., 21, 25, 27, 28, 35, 51
Jean de Garlande (Johannes de Garlandia, c.1195-1272, aut. *Parisiana poetria, Integumenta Ovidii, Stella maris, Epithalamium Beate Virginis Marie,* etc.), 64, 229
Jerónimo, San (c.342-420, Padre y Doctor de la Iglesia, trad. Biblia Vulgata), 153, 179, 182
Jerusalén, 56, 58, 88
Jesé, 58
José Bonaparte (rey de España 1808-13), 286
Jovellanos, Gaspar Melchor de (1744-1811, *esprit* ilustrado), 284
Juan Casiano (c.360-c.435, cenobita, aut. *Collationes Patrum*), 56
Juan Gil de Zamora, OFM (Johannes Aegidii, c.1240-c.1318, colaborador de Alfonso X, aut. *De preconiis Hispanie, Liber Marie,* etc.), 63
Juan II de Castilla (re. 1406-54), 171, 207
Judas Macabeo (patriota, fl. 167-61 a.C.), 213
Julio César (C. Julius Caesar, 100-44 a.C., dictador romano), 207, 213, 214
Jung, M., 27, 28, 52
Júpiter, 235, 241
Justino Mártir, San (100-165, apologista), 241
Juvenal (Decimus Junius Juvenalis, c.62-c.143, poeta satírico), 19, 175

Kafka, Franz (1883-1924, escritor), 17, 35
Kahrl, S., 133
Kant, Immanuel (1724-1804, filósofo, aut. *Beobachtungen über das Gefühl des Schönen und Erhabenen*), 31, 313
Kantor, Tadeusz (1915-90, director de teatro), 321

Kellogg, R., 256
Kipling, Rudyard (1865-1936, escritor), 19
Klee, Paul (1879-1940, pintor), 316
Kupfer, M., 120
Kurtz, B. E., 34, 152-53

La Boétie, Étienne de (1530-64, aut. *Discours de la servitude volontaire*), 268
Lactancio (c.240-320, apologista), 241
Lamartine, Alphonse de (1790-1869, poeta), 301
Landino, Cristoforo (1424-1504, aut. *Comento sopra la Comedia di Dante*), 210, 238
Langland, William (c.1330-c.1400, poeta alegórico, aut. *Piers Plowman*), 199
Lanzarote, 90
Lapa, M. R., 86, 87, 92, 98
Lapidarios, 28, 115-17
Larra, Mariano José de (1809-37, escritor), 34, 36, 37, 50
Lausberg, H., 130
Lavinius, Petrus, OP (ss. XV-XVI, probablemente "Frère Lubin" burlado por Rabelais en *Gargantua* por su alegoresis cristiana de Ovidio), 231
Lazarillo de Tormes, Segunda parte de, 334
Le Mierre, Antoine-Marin (1723-93, poeta), 24
Leconte de Lisle, Charles-Marie-René (1818-94, poeta), 299, 302, 303, 307, 308
Lecoy, F., 108, 111, 116, 117
Legge, D., 62-63
Leite de Vasconcelos, 131
Leonardo da Vinci (1452-1519, pintor), 287
Leonor de Avis (a Rainha Velha, 1458-1525, viuda de João II), 131
Lévi-Strauss, Claude (1908-, antropólogo), 228
Lewis, C. S. (1898-1963, escritor y filólogo), 24, 26, 27, 191, 198
Lewis-Smith, P., 253
Liber miraculorum Sancti Emiliani, 60
Libro de Alexandre, 106-15, 117-18, 120
Libro de Apolonio, 98

Lida de Malkiel, M. R., 169, 171, 172, 173, 175, 177, 179, 180
Livio (Titus Livius, 64 ó 59 a.C.-12 ó 17 d.C., historiador), 175
Livro da Corte Enperial, 131
Livro das Aves: ver Hugues de Fouilloy
Livro de Exopo: ver Esopo
Llanos (poeta del *Cancionero general* de 1511), 209
Llombart, Constantí (1848-93, poeta de la Renaixença valenciana), 303
Llull, Ramon (c.1233-c.1315, filósofo), 52, 295-98, 300, 305, 308
Loga, Valerian von (historiador del arte, aut. *Francisco de Goya* 1903), 286
López, Gregorio (1542-96, ermitaño de Zacatecas y Oaxtepec, aut. *Tratado del Apocalipsis* 1589), 273
López de Baian: ver Afonso López de Baian
López de Cortegana, Diego (s. XVI, arcediano de Sevilla, trad. *Asno de oro* c.1513 ó 1525), 20
López de Haro, Diego (s. XV, aut. *Debate entre la Razón y el Pensamiento*), 172
López Pinciano, Alonso (c.1547-c.1628, aut. *Philosophía antigua poética* 1596), 19
Lorenzo di Credi (1459-1537, pintor), 343
Lorenzo Grandín, P., 86, 88
Lorris, Guillaume de: ver *Roman de la rose*
Lotto, Lorenzo (c.1480-1556, pintor), 194
Lough Derg: ver Purgatorio de San Patricio
Louis XII de Francia (re. 1498-1515), 215
Lubac, H. de, 19, 55, 151-52
Lucano (M. Annaeus Lucanus, 39-65, de Córdoba, aut. *Pharsalia*), 171
Lucena, Juan de (c.1430-1506?, aut. *Diálogo de vita beata*), 172
Luciano de Samosata (c.125-c.180, sofista), 18, 19, 215
Lucrecia, 173
Lucrecio (95-55 a.C., aut. *De rerum natura*), 227
Ludolphus de Saxonia OCart (Cartusiensis, c.1300-77, aut. *De vita Christi*), 189
Luna, Álvaro de (c.1390-1453, privado de Juan II, aut. *Libro de las claras mugeres*), 19, 171, 172

Luther, Martin (1483-1546, teólogo), 229, 296, 300

Machado, Antonio (1893-1936, poeta), 220, 340-41
Macías (s. XV, trovador), 79, 340
Macrobio (fl. c.400-20, gramático neoplatónico, aut. *Saturnalia*), 120
Madsen, D. L., 138
Maestro de James IV de Escocia (fl. c.1520, miniador), 196
Maimónides (R. Moše ben Maimon 1135-1204, exegeta y filósofo), 21, 22, 25, 28, 41, 72
Malinowski, Bronisław (1884-1942, antropólogo), 228
Malle, Louis (1932-95, cineasta), 323
Manchester, John Rylands Library, 161
Manrique, Gómez (c.1412-90, poeta), 207
Manrique, Jorge (1440-79, poeta), 152, 180-81
Mansion, Colard (s. XV, impresor, aut. *La Bible des poètes de Ovide* 1484), 231-32
María, Santa, 51-66, 134, 156, 163, 189-98
Márquez Villanueva, F., 178
Márquez, Juan (1565-1621, agustino, aut. *El governador cristiano*), 275
Marte, 241
Martí, Ramón, OP (c.1225-c.1286, orientalista, aut. *Pugio fidei* 1278), 144
Martim Soarez (s. XIII, trovador), 90
Martín de León, San (c.1150-1203, canónigo de San Isidoro de León, teólogo), 99
Martín Gaite, Carmen (1925-2000, novelista), 342-43
Martín I de Aragón (re. 1396-1410), 211
Martin Moxa (s. XIII, trovador), 93-95, 101
Martínez Cachero, J. M., 300-1
Martínez de Toledo, Alfonso (1398-1468, aut. *Arcipreste de Talavera*), 27, 206
Martins, M., 29, 131, 137
Martire d'Anghiera, Pietro (Petrus Martyr ab Angleria, 1457-1526, humanista), 212, 215
Martorell, Joanot: ver *Tirant lo Blanc*
Matisse, Henri (1869-1954, pintor) 344

Mejía, Fernando (aut. *Nobiliario vero* 1492), 205
Meléndez Valdés, Juan (1754-1817, poeta), 284
Melquisedec, 55
Melville, Herman (1819-91, novelista), 34, 35
Mena, Juan de (1411-56, poeta), 169-84
Mendo, Andrés, SJ (1608-84, teólogo, aut. *Arcano de príncipes*), 272
Mendoza, fray Íñigo de, OFM (*c*.1425-*c*.1508, aut. *Coplas de Vita Christi*), 172, 181-82, 189
Menéndez Pelayo, Marcelino (1856-1912, filólogo), 171, 296-97, 298, 301, 302
Mercurio, 116, 241, 274
Mestre de Villahermosa (s. XIV, pintor), 196
Meun, Jean de: ver *Roman de la rose*
Mey, Juan Felipe († 1612, impresor y humanista, trad. Ovidio), 237
Meyūhas Ginio, A., 143, 144
Michael, I. D. L., 52, , 111, 120, 121
Michelangelo Buonarotti (1475-1564, pintor y poeta), 282
Midas, rey de Frigia, 240
Miller, J. H., 32
Milton, John (1608-1674, poeta, aut. *Paradise Lost* 1667), 31, 283, 295
Minerva, 220
Miraflores, Cartuja de, 207
Misal de santa Eulàlia, 196
mnemoténica, 105, 106-8
Moisés, 21, 135, 227, 237, 241
Mölk, U., 230, 238
Monsalvo Antón, J. M., 143, 144
Montano, Vicente (s. XVII, economista, aut. *Arcano de príncipes*), 272
Monteverdi, Claudio (1567-1643, compositor), 249, 257
Montoya, Pedro de (s. XV, obispo de Burgo de Osma, bibliófilo), 149, 161
Montsoriu, Aldonça de (abadesa de Santa Trinidad, Valencia), 189
Moratín, Leandro Fernández de (1760-1828, dramaturgo), 284
Morlini, Girolamo (ss. XV-XVI, jurista, aut. *Novellae* 1520, que incluye la *Comedia sin nombre*), 215

Moros, Lope de: ver *Razón de amor*
Morvan de Bellegarde: ver Bellegarde
Moss, A., 230, 231
Müller, Max (1823-1900, orientalista, fundador de la disciplina de la religión comparada), 227
Mussato, Albertino (1261-1329, aut. *Ecerinis*), 215

Napoléon Bonaparte (1769-1821, emperador), 287
Nápoles, 212, 214, 215
Narciso, 227
Narrenschiff, Das, o *Nave de los necios* (poema satírico de Sebastian Brandt, 1494), 216
Natura, 121
Naudé, Gabriel (1600-53, aut. *Considérations politiques sur les coups d'État*), 269
Navigatio Sancti Brendani, 79
Nebrija, Antonio de (Aelius Antonius Nebrissensis, 1444-1522, humanista), 23, 212, 215
Neruda, Pablo (Neftalí Ricardo Reyes Basoalto, 1904-73, poeta), 342
Newton, Isaac (1642-1727, matemático), 281, 282
Nicolas de Lyre, OFM (*c*.1275-1349, aut. *Postilla litteralis super totam Bibliam*), 151, 153
Nicolau, Pere (fl. *c*.1390-1408, pintor), 196
Nigel of Canterbury (fl. 1170-1200, preceptor de Christ Church Canterbury, aut. *Speculum stultorum, Miracula Sancte Dei genitricis virginis Marie*), 65
Noé, 30
Nombela, Julio (1836-1919, periodista), 304
Novalis (Georg Friedrich Philipp von Hardenburg, 1772-1801, poeta romántico), 17
Núñez de Arce, Gaspar (1834-1903, poeta), 293-308
Núñez de Toledo *o* de Guzmán, Fernando, el Comendador griego (*c*.1475-1553, humanista), 171

Obrador i Bennàssar, Mateu (1852-1909, periodista y filólogo), 303
Odón de Cluny, San (879-942, teólogo), 155
Olaus Magnus (Olof Månsson, 1490-1558, aut. *Historia de gentibus septentrionalibus*), 259
Ó Maolchonaire, Tuileagna, OFM (fraile irlandés residente en Oxford y Madrid, bardo, aut. *Graiméar Uí Maolchonaire* 1659), 78
Orestes, 215
Orfeo, 227, 243
Orologi, Giuseppe († 1576, trad. Ovidio), 233, 238
Oroz, Leandro (1883-1933, pintor), 220
Orozco: ver Covarrubias, Juan de Orozco
Ortega y Gasset, José (1883-1956, profesor de metafísica), 39-40
Orto do Esposo, 130-37, 140
Orwell, George (Eric Arthur Blair, 1903-1950, aut. *Animal Farm* 1945), 17
Osona, Francisco y Rodrigo de (ss. XV-XVI, pintores valencianos), 196
Osuna, Francisco de, OFM (1492-1541, místico, aut. *Abecedario espiritual* 1525-54), 209
Ovide moralisé, 34, 229
Ovidio (P. Ovidius Naso, 43 a.C.-17 d.C., poeta), 19, 28, 111, 225-31, 234-35, 237-38, 240, 242-44
Oviedo, Gonzalo Fernández de (1478-1557, cronista de Indias), 171
Owst, G. R., 152

Pablo, San, 51, 55, 190
Pai Gómez Charinho (s. XIII, almirante de Castilla, trovador), 85-88
Palacio Valdés, Armando (1853-1938, novelista), 298
Palencia, Alfonso de (1424-92, cronista y gramático), 23, 28, 29, 147, 156, 217
Palma, Bachiller (¿Alonso?, s. XV, aut. *Divina retribución sobre la caída de España*), 212
Palmaroli, Vicente (1834-96, pintor), 287
Paraíso, 54, 56, 65, 98

Pardo Bazán, Emilia, condesa de (1851-1921, novelista), 303, 304, 306
Parnaso, el, 173, 302
Parnasse, parnasianos (escuela poética de la revista *Le Parnasse contemporain*, opuesto al romanticismo y en favor de "l'art pour l'art"), 303, 307, 308
parodia, 54, 79, 106, 113
Parra, L., 198, 203
Patricio, San (387-493, apóstol de Irlanda), 78
Paxson, J. J., 24, 105, 106, 110, 172, 198
Pedro, San, 254, 260
Pedro Damián, San (1007-72, Doctor de la Iglesia), 56
Pedro de Portugal, conde de Barcelos (1285-1354, poeta y mecenas), 91, 95
Peers, E. A., 295
Pérez de Guzmán y Gallo, Juan (1841-1928, historiador), 286
Pérez de Moya, Juan (1513-96, cosmógrafo y mitógrafo), 19, 20, 225-26, 235, 236, 239, 244
Pérez de Vuitoron: ver Arias Perez de Vuitoron
Pérez Galdós, Benito (1843-1920, novelista), 37, 304
Pérez Priego, M. A., 170, 171, 180
Pérez Sigler, Antonio (trad. Ovidio 1580), 234-36, 244
Pérez y González, Felipe (1854-1910, dramaturgo), 286
Pérez, Antonio (1534-1611, secretario de Felipe II, tacitista), 270
Pérez, Martín (fl. 1312-17, aut. *Libro de las confesiones*), 209
Pero Garcia d'Ambroa (s. XIII, poeta), 89
personificación, prosopopeya, 17, 24, 26, 27, 28, 32, 35, 52, 105, 106, 110, 119, 172, 210, 215, 257, 325
Petrarca, Francesco (1304-74, poeta florentino), 132, 137, 206, 213, 271
Petrus Christus (*c.*1410-73, pintor), 343
Phillips, G., 108, 121
Piero della Francesca (*c.*1420-92, pintor), 213
Pintilie, Lucian (1933-, cineasta rumano), 323

Pitágoras (fl. s. v a.C., matemático y filósofo), 19, 30
Platón (c.429-347 a.C., filósofo), 20, 71, 132, 238, 239
Plutarco (c.50-c.120, ensayista y biógrafo), 19, 273
Pococke, Edward (1604-91, orientalista), 19
Poe, Edgar Allan (1809-49, escritor), 35
Poirion, D., 181
Pontevedra, Biblioteca Pública Provincial, 159, 160, 161
Porfirio (c.232-c.305, filósofo neoplatónico), 197
Pórtico de la Gloria, catedral de Santiago, 58, 203
Post, C. R., 29, 105, 111, 204
prefiguración: ver tipología
Protesilao, 215
prosopopeya: ver personificación
Proust, Marcel (1871-1922, novelista), 308
Prudencio (Aurelius Clemens Prudentius, 348-c.406, de Tarraco, aut. *Psychomachia*), 27, 28, 51, 172
Pseudo-Dionisio: ver Dionisio Pseudo-Areopagita
Purgatorio de San Patricio (Purgadóir Phádraig, Lough Dearg, Co. Dhún na nGall, Irlanda), 78

Queste del Saint Graal, 90, 135-36
Quevedo Villegas, Francisco de (1580-1645, escritor), 34, 37, 203, 270, 275, 335
Quijote, El: ver Cervantes Saavedra, Miguel de
Quilligan, M., 24, 25, 33
Quinet, Edgar (1803-75, poeta), 305
Quintana, Manuel José (1772-1857, poeta), 296, 298

Raabe, P., 199
Rabano Mauro (Hrabanus Maurus, c.780-856, abad de Fulda, exegeta), 56, 94
Rabelais, François (1494-c.1553, aut. *Pantagruel* 1532 y *Gargantua* 1534-52), 33
Radewin († c.1177, poeta), 65

Rafael (Rafaello Santi, 1483-1520, pintor), 287
Ramírez de Prado, Lorenzo (1583-1658, aut. *Consejo y consejeros de príncipes* 1617), 272
Razón de amor, 21, 28, 53, 56
Regio, Raffaele (c.1440-c.1520, humanista), 231
Reijen, W. van, 326
Reimondo: ver Llull, Ramon
Reixach, Joan (c.1411-c.1484, pintor), 196
Renouard, Nicolas (s. XVII, trad. Ovidio), 238-39
Retablo de fray Bonifacio Ferrer, o de los Sacramentos, 77, 194
retórica, 17, 24, 25, 54, 84, 111, 113, 127, 128, 132, 145, 147, 203, 208, 210, 217, 219, 242, 313, 314, 316. ~ *amplificatio*, 115, 149, 209. ~ *descriptio*, 105-07, 109, 110-18, 120, 121. ~ *exemplum*, 132, 133, 134-36. ~ *figuras y tropos*, 17, 21, 22, 24, 25, 27, 28, 30, 31-32, 33, 36, 38, 40, 57, 58, 77, 83, 84, 99, 100, 107, 109, 130, 132, 137, 138, 145, 148, 149, 150, 154, 155, 157, 161, 169, 183, 190, 203, 203, 208, 209, 213, 214, 215, 216, 217, 218, 227, 229, 236, 242, 243, 270, 273, 274, 283, 285, 287, 305, 313, 314. ~ *ironía*, 17, 23, 34, 87, 210, 336. ~ *metáfora*, 17, 20, 22, 29, 52, 77, 78, 133, 145, 147, 148, 155, 175, 180, 193, 194, 203, 208, 209, 218, 242, 272, 313, 324, 332, 342, 343. *verosimilitud*, 30, 233, 250, 257, 262, 314. Ver también emblema; personificación
Revilla, Manuel de la (1846-81, poeta), 303
Rhetorica ad C. Herennium, 17
rhétoriqueurs, grands (escuela poética franco-borgoñona del siglo XV), 155
Richard de Saint-Victor († 1173, místico y exegeta), 83, 99
Riley, E. C., 257-58, 259, 261
Rimbaud, Arthur (1854-91, poeta), 282
Ripa, Cesare (c.1560-1625, aut. *Iconologia* 1602), 274
Rivera, José Eustasio (1889-1928, poeta y novelista, aut. *La vorágine* 1924), 38

Rivette, Jacques (1928-, cineasta), 323
Robinson Crusoe: ver Defoe, Daniel
Roíç, Lluís (s. XV, poeta valenciano), 193
Rojas, Fernando de (c.1475-1541, aut. *Tragicomedia de Calisto y Melibea*), 213, 232
Roman d'Alexandre, 114, 115, 116
Roman de la rose, 17, 25, 26, 54, 177, 181
Roman de Renart, 208
Roman de Thèbes, 115, 116
Romero Esteo, Miguel (1930-, dramaturgo), 318, 320-22, 324, 326
Romo Arregui, J., 298, 299, 308
Rossetti, Dante Gabriel (1828-82, poeta y pintor prerafaelita), 302
Round, N. G., 144, 156
Roxana (mujer de Alejandro), 114
Rubens, Peter Paul (1577-1640, pintor), 226
Ruiz, Juan, arcipreste de Hita (aut. *Libro de buen amor* 1343), 106-21, 173, 180
Ruiz, Raoul (1941-, cineasta), 323

Saavedra Fajardo, Diego de (1584-1648, estadista y escritor), 265, 271, 272, 273
Sade, Donatien-Alphonse-François, marqués de (1740-1814, escritor), 283
Salmerón, Fray Marcos (s. XVII, mercedario, aut. *El príncipe escondido* 1648), 274
Salomón, 22, 190, 213
Saint-Victor (escuela parisina del s. XII): ver Adam, Richard de Saint-Victor
Samaniego, Félix María Serafín Sánchez de (1741-1801, aut. *Fábulas morales* 1781), 36
Sánchez de las Brozas, Francisco, el Brocense (Sanctius, 1523-1600, gramático), 170, 238
Sánchez Viana, Pedro (s. XVI, trad. Ovidio 1589), 234, 237-38, 244
Sánchez, Tomás Antonio (1725-1802, erudito), 51
Sancho IV de Castilla (re. 1284-95), 52, 99
San Isidoro de León, monasterio, 203
Sannazaro, Iacopo (Actius Syncerus, 1458-1530, aut. *La Arcadia* 1504), 213
San Millán, monasterio de, 59, 60

San Pedro, Diego de (fl. 1480-1500, aut. *Cárcel de amor* 1492), 105, 152, 205, 334
Saint-Savin, Abbaye de (iglesia del s. XI con pinturas murales), 112
Santamaría, Alvar García de (c.1380-1460, hermano de Pablo, cronista), 211
Santamaría, Pablo de (c.1352-1435, obispo de Burgos, aut. *Scrutinium Scripturarum, Additiones in Postillam Nicolai de Lyra*), 151
Santaella, Rodrigo Fernández de (1444-1509, gramático), 217
Santiago de Compostela, catedral de, 58,203
Santillana, Íñigo López de Mendoza, marqués de (1398-1458, poeta), 71, 79, 171-72, 175, 184, 205, 207, 230
Santob de Carrión (rabí Šem Tob ibn Ardutiel, c.1290-1369, aut. *Proverbios morales, Iggeret milhamot ha-et we-ha-misparayim*), 29
Saraiva, A. J., 139
Saura, Carlos (1932-, cineasta), 323
Scala Machometi, 79
Schevill, R., 226, 234, 235, 236
Schlegel, Karl Wilhelm Friedrich (1772-1829, filólogo, aut. *Geschichte der alten und neuen Literatur* 1815, *Philosophie der Geschichte* 1829), 34, 326
Scholes, R., 256
Schopenhauer, Arthur (1788-1860, filósofo, traductor de Gracián), 18, 31, 32, 33
Scott, Sir Walter (1771-1832, poeta y novelista), 302
Searle, John R. (1932-, filósofo), 261
Sena, Jorge de (1919-1978, novelista), 134, 135
Séneca (L. Annaeus Seneca iunior, 4 a.C.-65 d.C., ensayista estoico), 18, 19, 132, 171
sermones, 143-44, 145-48, 149, 150, 153, 156
Sevilla, 212
Shakespeare, William (1564-1616, dramaturgo), 31, 283, 324
Shaw, D. L., 308

Sileno, 237
Siloé, Gil de (s. XV, escultor), 207
Simónides de Ceos (c.556-468 a.c., poeta), 288
Sixto IV (papa 1471-84), 195
Smith, William Robertson (1846-94, orientalista y crítico bíblico), 228
Solórzano Pereira, Juan de (1575-1655, jurista, aut. *Emblemata cenium regiopolitica* 1653), 271
Soto, Hernando de (1586-post 1625, aut. *Emblemas moralizadas* 1599), 272
Soto, Luis (aut. *Recibimiento de la ciudad de Valladolid a Fernando el Católico* 1509), 212
Spenser, Edmund (1552-99, aut. *The Faerie Queene*), 306
Spivak, G., 17, 32, 33, 34, 39
Stegagno Picchio, L., 93
Steiner, G., 35
Straub, Jean-Marie (1933-, cineasta), 323
Suárez de Figueroa, Diego (aut. *Camino del cielo: emblemas christianas* 1727, trad. Ovidio 1727-38), 242
Suárez, Francisco, SJ (1548-1617, Doctor eximius, teólogo neoescolástico), 270
sueño-visión, 119-20
Suffel, J., 305
Summerhill, S. J., 39
Swedenborg, Emanuel (1688-1772, visionario), 282
Swift, Jonathan (1667-1745, aut. *Gulliver's Travels* 1726), 30, 33
Swinburne, Algernon Charles (1837-1909, poeta), 76, 302

Talavera, arcipreste de: ver Martínez de Toledo
Talavera, Hernando de (1426-1507, jerónimo, obispo de Ávila, arzobispo de Granada), 206
Tamen, M., 128, 130
Tarzan: ver Burroughs, Edgar Rice
Tasso, Torquato (1544-95, aut. *Gierusalemme liberata*), 295
Teágenes de Rhegium (fl. c.525 a.C., sofista, alegorista de Homero), 206, 227

Teniers, David, de Jonge (1610-90, pintor), 304
Tennyson, Alfred Lord (1809-92, poeta, aut. *The Idylls of the King*, 1859-85), 301-2
Teodoreto de Ciro (c.393-c.457, exegeta), 241
Teófilo, 65
Teognis (fl. 500-480 a.c. poeta), 218
Thomas a Kempis, van Kempen (1380-1471, aut. *De imitatione Christi*), 189
Tiberio, emperador (re. 14-37), 270
Ticiano (Tiziano Vecellio, c.1490-1576, pintor), 226
Tiepolo, Giambattista (1696-1770, pintor), 284
Timoneda, Juan de (c.1500?-1583, editor y poeta), 334-35
tipología, prefiguración (*figura*), 27, 28, 51, 55, 56, 57, 58, 59, 65, 88, 128, 154, 190, 208, 227
Tirant lo Blanc, 191, 214
Toledo, 27, 112, 212, 250, 252
Tomás de Aquino, Santo, OP (c.1225-74, Doctor angelicus), 55, 59, 74-77, 80, 132, 137, 218, 241
Torre, Alfonso de la (aut. *Visión deleitable c.*1453), 29, 172, 205
Tractatus Garsiae de Albino et Rufino o *Garsuinis* (c.1095, atribuido a "Garsias canonicus Toletanus", pero cf. M. Pérez González, *Analecta Malacitana*, 6, 2000), 29
Trajano, emperador (re. 98-117), 213
Trier, Lars von (1956-, cineasta), 323
Troya, 114, 120, 272
turcos, 156
Tzetzes, Ioannis (s. XII, pedante bizantino, aut. *Allegoriai Homerou*), 238

Ulises, 173, 249
Unamuno, Miguel de (1864-1936, novelista y ensayista), 38-39, 50
Urrutia, J., 294, 298, 303

Valbuena Prat, A., 298, 303

ÍNDICE ONOMÁSTICO

Valencia, 189, 194, 196, 211, 212, 213.
  Museo de Bellas Artes San Pío V, 194.
  Real Monasterio de la Santísima Trinidad, 189
Valera, Diego de (1412-c.1490, cronista), 156
Valera, Juan (1824-1905, escritor), 293, 297, 298, 303, 306
Valeriano, Giovanni Pierio (1477-1558, humanista, aut. *Hieroglyphica*), 30
Valladolid, 156, 210, 212, 213
Valle-Inclán, Ramón del (1866-1936, escritor), 341
Van der Weyden, Rogier (1399-1464, pintor), 341
Van Meegeren, Henricius Antonius o Han (1889-1947, pintor y falsificador), 324
Vandendorpe, C., 127, 138
Varrón (M. Terentius Varro, 116-27 a.C., gramático, aut. *De lingua Latina*), 241
Vasconcelos, C. Michaëlis de, 87
Vasvári, L. O., 169, 171, 180
Vega Carpio, Lope de (1562-1635, poeta), 53, 336
Velarde, José (1848-92, poeta), 299
Velázquez, Diego Rodríguez de Silva y (1599-1660, pintor), 274
Venus, 241
Verardi, Carlo (1440-1500, humanista, aut. *Historia Baetica* 1493), 215
Verardi, Marcellino (fl. 1490, sobrino de Carlo, aut. *Fernandus servatus: tragicocomoedia* 1493), 215
Verlaine, Paul (1844-96, poeta), 302
Vermeer, Jan (1632-75, pintor), 324, 343
Vicent Ferrer, San, OP (1350-1419, misionero), 194

Vicente, Gil (c.1470?-c.1536, dramaturgo), 139
Vila-Matas, Enrique (1948-, novelista), 331
Villena, Enrique de (1384-1434, aut. *Dotze treballs d'Hèrcules*), 189, 206, 211, 213, 215
Villena, sor Isabel de (1430-90, aut. *Vita Christi*), 189, 191, 194-99
Virgilio (P. Vergilius Maro, 70-19 a.C., poeta), 79, 134, 208, 210, 219, 234, 296
Vitoria, Baltasar de (aut. *Teatro de los dioses de la gentilidad* 1620-23), 240-41, 244
Vives, Juan Luis (1492-1540, humanista), 219
Vuillard, Édouard (1868-1940, pintor), 344
Vuitoron: ver Arias Perez de Vuitoron
Vulcano, 227

Webster, J. C., 112
Wellington, Arthur Wellesley, duque de (1769-1852, general), 286
Wenzel, S., 134
Whitman, J., 19, 28, 105, 127, 136, 156, 179
William of Malmesbury (c.1090-c.1143, cronista, aut. *De laudibus et miraculis sanctae Mariae*), 65
Willis, R. S., 111, 112, 114
Wilson, D. de Armas, 257
Wordsworth, William (1770-1850, poeta), 33

Zaragoza, 211, 286, 340
Zaranda, La, 318, 320, 322
Zink, M., 110
Zumthor, P., 84, 128